辽宁省攀登学者资助项目
国家社科基金重大研究专项项目
北京市社科基金特别委托项目

中国经济学发展报告

（2019）

黄泰岩　等著

中国财经出版传媒集团

经济科学出版社
Economic Science Press

图书在版编目（CIP）数据

中国经济学发展报告. 2019/黄泰岩等著. —北京：
经济科学出版社，2019.12
ISBN 978 - 7 - 5218 - 1176 - 6

Ⅰ. ①中…　Ⅱ. ①黄…　Ⅲ. ①中国经济 – 经济发展 –
研究报告 – 中国 – 2019　Ⅳ. ①F124

中国版本图书馆 CIP 数据核字（2019）第 290962 号

责任编辑：于海汛
责任校对：杨　海
责任印制：李　鹏

中国经济学发展报告（2019）
黄泰岩　等著
经济科学出版社出版、发行　新华书店经销
社址：北京市海淀区阜成路甲 28 号　邮编：100142
总编部电话：010 - 88191217　发行部电话：010 - 88191522
网址：www. esp. com. cn
电子邮件：esp@ esp. com. cn
天猫网店：经济科学出版社旗舰店
网址：http：//jjkxcbs. tmall. com
北京季蜂印刷有限公司印装
710 × 1000　16 开　22.5 印张　380000 字
2019 年 12 月第 1 版　2019 年 12 月第 1 次印刷
ISBN 978 - 7 - 5218 - 1176 - 6　定价：75.00 元
（图书出现印装问题，本社负责调换。电话：010 - 88191510）
（版权所有　侵权必究　打击盗版　举报热线：010 - 88191661
QQ：2242791300　营销中心电话：010 - 88191537
电子邮箱：dbts@ esp. com. cn）

前　言

　　习近平总书记2015年11月23日下午在中共中央政治局就马克思主义政治经济学基本原理和方法论进行第二十八次集体学习时强调，要立足我国国情和我国发展实践，揭示新特点新规律，提炼和总结我国经济发展实践的规律性成果，把实践经验上升为系统化的经济学说，不断开拓当代中国马克思主义政治经济学新境界。在同年全国经济工作会议上，习近平总书记再次明确指出，在"十三五"时期，我国经济改革与发展需要遵循政治经济学的重大原则。2016年5月17日在哲学社会科学工作座谈会上的讲话中习近平总书记又进一步提出：只有以我国实际为研究起点，提出具有主体性、原创性的理论观点，构建具有自身特质的学科体系、学术体系、话语体系，我国哲学社会科学才能形成自己的特色和优势。

　　习总书记为什么在当下提出开拓当代中国马克思主义政治经济学新境界，构建具有自身特质的学科体系、学术体系、话语体系，主要原因就是"理论上可能、实践上需要"。

　　从"理论上可能"来看，主要表现为以下三个方面：

　　第一，具备了构建中国特色社会主义经济理论新体系的基本理论元素。构建新的理论学说和体系，首先需要在长期的实践中，面对问题、解释问题、解决问题，从实践经验中总结、提炼出新的概念、范畴、理论，并揭示出不同概念和范畴之间的逻辑关系、因果关系。然后在此基础上，将这些概念、范畴、理论系统化为理论学说和体系。

在长期的中国特色社会主义道路探索、经济建设、制度创新进程中，特别是改革开放以来，我们党在丰富的中国经验基础上已经总结提炼出了一些中国特色社会主义经济理论的新理论新观点，如社会主义初级阶段理论、社会主义基本矛盾、社会主义基本经济制度、改革开放理论、转变经济发展方式理论、创新驱动发展理论、新型工业化理论、新型城镇化理论、新发展理念、"五位一体"总体布局、"四个全面"战略布局、以人民为中心的发展思想、供给侧结构性改革、稳中求进，等等。这些理论和观点的形成和不断完善发展，为构建中国特色社会主义经济理论新体系奠定了基础和前提。社会主义初级阶段理论揭示了中国特色社会主义经济建设的长期性和艰巨性，确定了中国特色社会主义经济理论体系的研究背景和基础；社会主义基本矛盾要求中国特色社会主义经济建设的核心任务是解放和发展生产力，确定了中国特色社会主义经济理论体系的研究对象和研究主线；社会主义基本经济制度要求以公有制为主体、多种所有制经济共同发展，确定了中国特色社会主义经济理论体系的所有制基础；社会主义基本经济制度还要求以按劳分配为主体、多种分配方式并存，确定了把增进人民福祉、促进人的全面发展作为发展的出发点和落脚点；社会主义基本经济制度还要求坚持社会主义市场经济改革方向，确定了中国特色社会主义经济理论体系不同于其他市场经济的运行体制和机制；改革开放和创新驱动要求推进理论创新、技术创新、制度创新、文化创新和实践创新，确定了中国特色社会主义经济理论体系的强大动力系统；新型工业化、新型城镇化和"四化同步"理论要求在新一轮技术革命浪潮中不能照抄照搬发达国

家的工业化、城镇化道路，确定了中国特色社会主义经济理论
体系的不同发展道路。

2017 年 10 月 18 日，习近平总书记在党的十九大上首次提出"新时代中国特色社会主义思想"，10 月 24 日，党的十九大通过的关于《中国共产党章程（修正案）》决议，将习近平新时代中国特色社会主义思想写入党章。同年的中央经济工作会议又明确提出了习近平新时代中国特色社会主义经济思想，这就为构建中国特色社会主义经济学的学科体系、学术体系、话语体系指明了方向，奠定了"四梁八柱"的体系框架。

可见，今天我们已经具备了将这些理论和观点系统化为理论体系或学说的条件，从而可以开创当代中国马克思主义政治经济学的新境界。

第二，中国经济发展实践验证了中国特色社会主义的理论科学性、制度优越性和道路正确性。回顾中国经济近 200 多年的发展史可以发现，中华民族经历了一个由强变弱又由弱变强的"V"字型发展进程。在 1800 年左右，中国 GDP 占世界 GDP 总量的比重超过 30%，是名副其实的世界第一经济大国。肯尼迪估算了 1750～1900 年世界工业生产的相对份额，中国在 1800 年所占比重高达 33.3%，超过整个欧洲，到 1830 年还为 29.8%，远高于英国的 9.5%、美国的 2.4%、日本的 2.8% 和法国的 5.2%。① 麦迪森按照 1990 年的美元价值计算，1820 年，中国 GDP 占世界总量的 28.7%，高居世界首位，而同年，英国、日本和美国的 GDP 分别占世界 GDP 总量的 5.2%、3.1% 和 1.8%。② 但 1840 年鸦片战争的爆发，使中国进入了百年屈辱，中国经济也随之进入下降通道。1820～1870 年的 50 年间年均下降 0.37%，1913～1949 年的 36 年间年均下降 0.02%，中国 GDP 占世界 GDP 总量的比重到 1949 年迅速下降到了 5% 左右。新中国成立后，特别是改革开放以来，我国实现了 30 多年年均近

---

① 肯尼迪：《大国的兴衰》，中国经济出版社 1989 年版，第 186 页。
② 麦迪森：《世界经济二百年回顾》，改革出版社 1997 年版，第 11 页。

10%的高速增长，到2010年GDP总量超过日本，成为世界第二大经济体。2014年GDP总量进入10万美元俱乐部，是日本的2倍。中国GDP总额占世界GDP总量的比重2015年达到14%以上。

在世界经济发展史上，没有一个国家能够做到在如此长的时间中实现如此快的发展速度，从而创造了世界经济发展的"中国奇迹"。这一方面充分证明了中国特色社会主义经济制度和社会主义市场经济体制能够创造出比其他制度和体制更高的经济发展速度，充分彰显了中国特色社会主义经济制度的巨大优势和优越性，使我们具有了中国特色社会主义的道路自信、理论自信、制度自信和文化自信，从而要求我们在坚持社会主义基本经济制度的基础上推进经济理论的创新，这在经济学的发展史上是一个伟大的创造；另一方面充分说明了构建中国特色社会主义经济学说的必要性、重要性，因为中国的经济发展在理论指导上，既没有教条主义地对待马克思主义，也没有遵循西方主流经济学的理论原则，这意味着世界上还没有一个理论学说和体系能够解释中国的发展经验，从而提出了构建中国特色、中国风格、中国气派的经济理论新体系的时代任务，当然这也就责无旁贷地落到了中国经济学人的肩上。

第三，中国经济的成功发展理应孕育着与之相匹配的中国特色社会主义经济理论学说和体系。美国作为世界最发达的国家，有与之相匹配的西方主流经济学，有众多的诺贝尔经济学奖获得者；日本作为后发达国家，有与之相匹配的产业经济学。我国作为一个成功发展的世界上最大的发展中国家，理应孕育着指导发展中国家推进工业化、现代化的中国经济学。西方学者运用西方经济学的理论思维和范式，针对发展中国家面临的发展难题，提出了许多有价值的理论和学说，但毕竟他们身处发达国家，缺少发展中国家的亲身体验和感受，提出的理论难免会不适应发展中国家的实际，这也是近些年来西方发展经济学不景气的一个重要原因。中国经济学人具有难得的历史机遇，亲身经历和参与了中国经济改革与发展的大潮，积累了丰富的经验和教训，又有对马克思主义经济学的继承和发展，以及对西方经济学的借鉴和吸收，理应创造出与中国经济成功发展相匹配的中国特色社会主义经济理论学说和体系，对经济学的发展做出中国贡献，显示中国经济学的软实力。

中国经济的成功发展，归根结底是因为我们找到了中国特色社会主义道路、理论和制度。虽然中国特色社会主义经济理论还需要在未来的经济发展中得到进一步的验证和完善，但它已经成为解释中国经验、解决中国难题最科学的理论。有了这一科学的理论，我们就可以在此基础上界定范畴、规范概念、创新方法、优化表达、构建体系，形成中国特色和得到国际认可的话语体系，获取经济学世界的中国话语权。

从"实践上需要"来看，主要表现为以下三个方面：

第一，中国经济发展进入强国时代。党的十九大报告对我国经济发展进入新时代做出了如下重大判断：我国已完成从站起来到富起来的伟大飞跃，迎来了从富起来到强起来的新时代，国民经济已由高速增长阶段转向高质量发展阶段。要实现高质量发展，就必须跨越转变发展方式、优化经济结构、转换增长动力三大关口，贯彻落实以人民为中心的发展思想和创新、协调、绿色、共享、开放的新发展理念，建设现代化经济体系，形成经济发展新动能。显然，以往支撑高速增长的发展理念、经济体系和发展动能都将不适应、不支撑新时代的高质量发展，这就需要按照新时代的新发展思想、新发展理念、新经济体系、新增长动能的要求，构建指导和引领高质量发展的中国特色社会主义经济理论新体系。

第二，中国经济实现强国目标还需要长期奋斗。我国虽然已经成为世界经济大国，但远不是经济强国。这突出表现在：一是按照世界银行的划分标准，2018 年我国人均 GDP 虽然达到了接近 1 万美元，但距离进入高收入国家 12000 多美元的门槛仍有差距；在世界上近 200 个国家和经济体中，我国人均 GDP 仅排在

70多位，低于墨西哥、马来西亚、巴西等许多发展中国家；如果与发达国家相比，我国2018年人均GDP只有美国人均GDP6.25万美元的11%多，日本4万美元的17%多，欧盟3.65万美元的26%多。二是按照建设现代化经济体系的要求，我国经济发展的质量还不够高，如我国的关键技术、核心部件对外依存度依然很高，依然受制于美国等发达国家。据工业和信息化部就130多种"关键基础材料"调查显示，计算机和服务器通用处理器的高端专用芯片95%依靠进口，运载火箭、大飞机甚至汽车在内的多个领域的关键件精加工生产线，95%的制造及检测设备依赖外国供应商。① 2019年10月中国工程院对26类制造业产业链进行安全评估发现，我国有2类产业对外依赖度高，8类产业对外依赖度极高，特别是集成电路产业的光刻机、通讯装备产业的高端芯片等部分产业链存在严重的"卡脖子"短板。我国科技进步对经济增长的贡献率大约为60%左右，而主要发达国家均超过70%，美国达到了80%。从中国近代发展史来看，我国1820年GDP总量居世界第一，但到1840年却陷入百年屈辱，原因就是没有推进农业向工业化的产业升级。所以，习近平总书记在2018年1月30日下午中共中央政治局就建设现代化经济体系进行第三次集体学习时强调，国家强，经济体系必须强。从第二次世界大战以来跨越和陷入"中等收入陷阱"经济体的经验教训来看，凡是跨越"中等收入陷阱"的经济体都通过经济转型构建了现代化的经济体系，而陷入"中等收入陷阱"的经济体无一例外都没有建立起现代化的经济体系。美国对中国打贸易战开出的清单，针对的关键领域就是中国制造2025，打的就是中国要建设的现代化经济体系。因此，加快建设现代化经济体系，是历史的告诫，更是我国加速从经济大国向经济强国飞跃刻不容缓的必然选择。三是按照我国规划的发展目标，我国作为发展中国家的国际地位还将具有长期性。根据保持中高速增长的

---

① 《中国制造业尖端设备仍依赖进口》，载《参考消息》2018年7月20日第15版。

趋势推算，我国最快在 2030 年左右才能进入高收入国家行列，但依据最乐观的估计，人均 GDP 到 2035 年大约仅相当于美国的 40% 左右，到 2050 年大约相当于美国的 70% 左右，要超越美国还有相当长的路要走。即使从 GDP 总量来看，我国经济保持中高速增长，大约到 2030 年左右才能超越美国成为世界第一，但这并不意味着我国已经成为世界强国，因为当年美国 GDP 总量超越英国后，经过 50 年左右的努力后才替代英国成为世界经济强国。

第三，中国经济实现强国目标还需要科学的经济理论学说指导。我国迎来了从富起来到强起来伟大飞跃的新时代，伟大的实践需要科学理论的指导，因而构建中国特色社会主义经济理论体系从来没有像现在这样迫切，因为发展经济学解决的是一国如何跨越"低收入陷阱"，而对我国跨越"中等收入陷阱"走向现代化强国却没有解决方案；经济增长理论解决的是发达国家的经济增长问题，而对像我国这样的发展中国家如何发展如优化经济结构、公平收入分配、保护自然环境等发展问题也没有解决方案；日本、韩国等跨越"中等收入陷阱"经济体的发展经验虽然对我国跨越"中等收入陷阱"有借鉴价值，但由于经济制度、国家规模、文化传统、国际环境等各个方面存在巨大差别，甚至是根本性的不同，我国必然要走出不同的发展道路，需要不同经济发展理论的指导。这就决定了中国特色社会主义经济理论体系，既不能简单套用马克思主义经典作家设想的社会主义模板，也不能是其他社会主义国家实践的再版，更不能是西方国家现代化发展的翻版。开拓当代中国马克思主义经济学的新境界，就成为中国经济学人的历史责任和担当。

编写本书的目的，就是要为构建中国特色社会主义经济学的理论体系做出贡献，这主要是通过整理中国特色社会主义经济学的研究新进展，一方面记录历史，尽可能让文献系统化、条理化，为经济学研究奠定创新的基础和前提，让学者们一书在手，可以尽快地进入理论研究的前沿地带；另一方面在系统化、条理化过程中，总结经济思想的发展脉络，提炼出新的概念、范畴，真正体现理论与实践相结合的经济学发展理念，创造经济学发展的新历史。

参加本书写作的有（按章顺序）：黄泰岩、王琨、张仲（总论）；卫兴华、谭璇（第一章）；卫兴华、张满闯（第二章）；韩毅、金悦（第三章）；张培丽、阴朴谦、管建州（第四章）；林木西、赵德起、沈秋彤（第五章）；臧旭恒、李晓飞、陈浩（第六章）；岳希明、王庶（第七章）；孟祥慧、郑超愚（第八章）；黄茂兴、陈伟雄、李成宇（第九章）；丁守海（第十章）；綦建红、郭颖（第十一章）、张军果、李国玉、梁曦月、王应生、陈潇（第十二章）。他们分别是来自于中央民族大学、中国人民大学、山东大学、同济大学、国防大学、中央财经大学、辽宁大学的教授、副教授、讲师和博士生等。全书最后由我修改和定稿。

在本书即将出版之际，人民教育家国家荣誉称号获得者，本书的长期作者卫兴华老师与世长辞了，这不仅是中国教育界、中国经济学界的巨大损失，而且也是我们写作团队不可弥补的重大损失。卫老作为学界泰斗参加本书两章的写作，让我们感动不已，体现了他的大家胸怀和提携后学的师者风范，不愧为人民教育家；不仅如此，卫老对两章的写作还极为认真，反复斟酌，体现了驾驭全局的大家视野和精益求精的学者精神。这也是卫老给我们留下的宝贵精神遗产，我们一定要以他为榜样，为构建中国特色社会主义经济理论体系做出应有的贡献，这也是对卫老的最好纪念。

借本书的出版，寄托我们对卫老的哀思。卫兴华老师千古！

本书的出版，得到了辽宁省攀登学者项目、国家社科基金重大研究专项项目、中国特色社会主义经济建设协同创新中心和北京市社科基金特别委托项目的资助。正是有了他们的资助，我国的理论之树才更加根深叶茂。中国财经出版传媒集团副总吕萍、经济科学出版社社长李洪波、财经分社社长于海汛，及其同事们为本书又好又快地出版给予了超乎寻常的鼎力支持，在此一并表示衷心感谢！

黄泰岩

2019 年 12 月于中央民族大学

目 录

下篇　应用经济学研究新进展

总　　论

中国经济学学科体系研究新进展

2018 年，学界在推进构建中国特色社会主义经济学学科体系、学术体系和话语体系等方面取得了新的研究进展，开拓了当代中国马克思主义经济学的新境界。

一、马克思主义经济学及其当代价值

中国特色社会主义经济学的最大特色是坚持马克思主义经济学的基本原理和方法，坚持以中国经济改革与发展面临的重大理论和实践问题为导向，推进马克思主义经济学的中国化、时代化。因此，对马克思主义经济学进行持续深入的研究，并揭示其当代价值，就成为学者们的重要任务。

（一）马克思主义经济学基本原理和方法论再认识

2018 年正值马克思 200 周年诞辰之际，学者们就马克思主义经济学中的若干基本理论，如劳动价值论、货币理论、经济增长理论、贫困理论等进行了深入的探讨。

1. 劳动价值论再认识

针对理论界存在误读、误解甚至曲解劳动价值论的问题，张雷声指出，应当以逻辑整体性的视野把握马克思劳动价值论。劳动价值论既包括劳动创造价值又包括价值转化为生产价格。从劳动创造价值到价值转化为生产价格，反映了劳动价值论由价值的简单规定进一步上升为价值的复杂规定的逻辑发展过程。这一从抽象上升到具体的逻辑发展过程使劳动价值论的基本规定随着社会生产力的发展和科学技术的变化，随着经济全球化的发展和数字化新媒体的推广不断得到丰富和延伸。①

自《资本论》第3卷出版以来，尽管理论界围绕价值转形问题进行了长期讨论，但这个"百年难题"一直没有得到妥善解决，学者们仍然围绕该问题进行了深入探讨和争论。陈旸等指出，批评者对马克思研究路径的偏离造成了价值转形的"百年难题"。马克思没能够把转形过程推广到成本价格转形的原因在于其数值例模型中不包含生产技术构成的完整信息，导致了无法计算不变资本的生产价格，也不能确定净产品生产价格总量偏离其价值总量的必然性，转形理论必须在解决这一工具性缺失的前提下沿着马克思的研究路径推进。他们添加了生产的物质消耗矩阵，并在生产价格必然偏离净产品价值的逻辑前提下，用总剩余价值率不变条件取代了剩余价值总量不变条件，以迭代方法构建了广义转形数理模型，从而使马克思的转形理论实现了逻辑上的完全自洽。② 孟捷将"新解释"的研究方法推广到与总产品和非均衡相适应的情况，利用实现价值方程构建了新的转形模型，并对转形的含义做了新的阐释。他认为，价值转形不仅是由生产中形成的内含价值向生产价格的转形，在非均衡的前提下，也是由第二种市场价值向市场生产价格的转形。③ 针对有学者将价值转形问题看作是伪命题的讨论，魏峰认为，"转形伪命题"证伪了再生产均衡条件下的价值转形和鲍特基维茨的投入转形命题，价值转形问题本身并没有被证伪，"转形伪命题"的实质是价值转形路线的选择问题。围绕"转形伪命题"的争论实际上拒绝了再生产均衡转形路线和投入转形路线，未来对转形问题的研究应当以价值范畴和与之相应的均衡条件为线索。④

2. 货币理论再认识

国际金融危机的爆发，使学者们认识到要从根本上反思货币理论以重构现代经济学。货币起源问题是整个货币理论的基础，田磊等从商品占有者所面对的交换困境角度剖析了马克思的货币起源理论。指出以往对马克思货币起源理论的研究，更多关注的是价值形式的发展及其呈现出的辩证

---

① 张雷声：《马克思劳动价值论的逻辑整体性》，载《教学与研究》2018年第4期。
② 陈旸、荣兆梓：《循着马克思的路径完成马克思的工作——价值转形理论再探》，载《经济研究》2018年第4期。
③ 孟捷：《从"新解释"到价值转形的一般理论》，载《世界经济》2018年第5期。
④ 魏峰：《均衡与投入转形：再论价值转形问题的真伪》，载《经济学家》2018年第6期。

逻辑，以至于有人认为马克思对货币起源的论述只是单纯的逻辑推演，忽视了交换者的主观意志。然而，马克思丝毫没有忽视交换者的主观意志，只是强调货币起源的关键不在于有无个人意志的作用，而在于决定个人意志的作用能否实现以及能在多大程度上实现的客观条件和规律，在本质上，不是人们的主观意志而是物质生产和交往的发展推动了货币的产生和发展。马克思既从商品价值表现形式的层面，又从商品占有者所面临的内在困境的层面对货币起源进行了考察，前者抽象掉了"主体——人"的存在，后者又将之充分还原，二者的辩证统一构成了马克思分析货币起源的两重线索。①

3. 经济增长理论再认识

长期以来，学界对马克思主义经济增长理论的研究通常围绕两条路径：一是以马克思主义经典著作的思想为依托，通过构建经济增长模型研究社会资本运动规律；二是以中西方现有研究为基础，通过比较各种增长理论的异同为马克思主义经济增长理论提供借鉴。

就第一条路径而言，王艺明等认为，目前仍有四个基础问题没有解决：一是多数研究没有考虑利润率平均化理论；二是两大部类劳动生产率如何提高未达成共识；三是多数研究没有考虑固定资本投入；四是现有研究较少形成可供实证检验的理论结论。他们在考虑两大部类利润率平均化、引入固定资本投入、设定劳动节约型技术进步的基础上，结合扩大再生产公式构建了具有固定投入比例生产技术的马克思两大部类增长模型，并应用中国宏观经济数据对模型的重要假设和结论进行了实证检验。实证结果一方面支持了劳动者实物工资与劳动生产率同比增长、劳动生产率与生产资料数量同比增长和劳动节约型技术进步等模型设定，并证明了中国经济增长存在"生产资料部类优先增长"的规律；另一方面则未能证实中国经济增长过程中存在"一般利润率趋于下降"的规律。②

就第二条路径而言，多数研究侧重于比较马克思主义增长理论与新古典主义增长理论的异同，很少涉及西方经济学其他流派的观点，这种有倾向性的借鉴不利于客观、公正地认识某一学派的理论，也不利于马克思主

---

① 田磊、王峰明：《货币的起源：一种哲学现象学的考察》，载《马克思主义与现实》2018年第4期。
② 王艺明、刘一鸣：《马克思主义两大部类经济增长模型的理论与实证研究》，载《经济研究》2018年第9期。

义增长理论的进一步发展。王珺等从设定经济增长基本方程出发，探讨了马克思主义与后凯恩斯主义经济学构建闭合增长模型的不同思路，并在此基础上对这两种增长理论进行了比较分析。他们认为，两种增长理论一方面存在分歧，在所依据的理论基础、经济增长的最终决定因素、资本主义经济增长是否存在极限以及增长过程中的市场结构等问题上持不同的观点，另一方面也达成了若干共识，如都对收入分配给予特别的关注，都坚持阶级、制度、非均衡的分析方法。后凯恩斯主义增长理论在企业家行为、价格决定机制及居民消费和储蓄决策方面的研究为充实马克思主义经济增长理论的微观基础提供了很好的借鉴。①

4. 贫困理论再认识

以往的少量研究侧重于提炼马克思的贫困思想，缺少对贫困理论的全面阐述。在梳理经典文本的基础上，杜利娜从立场、本质和根源、策略三方面系统阐释了理论逻辑与实践逻辑高度统一的马克思贫困理论：第一，马克思的贫困理论坚持无产阶级立场，资本主义社会下无产阶级悲惨的现实驱使马克思深入研究资本主义社会的贫困问题；第二，马克思的贫困理论揭示了异化劳动是无产阶级贫困的本质，剥削是资本主义社会贫困问题的社会根源，资本主义私有制是资本主义社会贫困问题的制度根源；第三，马克思的贫困理论指明了无产阶级摆脱贫困的策略和方向，制度革新是贫困治理的首要前提，消灭阶级剥削是贫困治理的根本途径，发展生产力是贫困治理的根本手段。② 汪连杰分别从国家、资本和文化三个视角阐述了马克思的贫困理论：国家视角的"政治国家—贫困"理论强调政治国家的本质是资本主义社会贫困的根源；资本视角的"资本积累—贫困"理论强调资本积累过程导致了贫困的产生、积累和扩大；文化视角的"意识形态—贫困"理论强调资本主义意识形态模糊了社会对贫困的认知，阻碍了反贫困的社会实践。③

---

① 王珺、闫伟：《马克思主义与后凯恩斯主义经济增长理论比较研究——从经济增长基本方程说起》，载《经济理论与经济管理》2018 年第 8 期。
② 杜利娜：《马克思的贫困理论及当代启示》，载《马克思主义研究》2018 年第 8 期。
③ 汪连杰：《马克思贫困理论及其中国化的探索与发展》，载《上海经济研究》2018 年第 9 期。

（二）马克思主义经济学的现代价值

马克思主义经济学对于解释和解决当代经济问题仍然具有旺盛的生命力和解释力。2018 年学者们分析了马克思主义经典理论在当代和我国的应用，揭示了其时代意义和现代价值。

1. 劳动价值论在解释知识劳动和人工智能上的应用

随着全球范围内新一轮科技革命和产业革命的深化，一些西方学者提出资本主义进入了"认知资本主义"阶段。在这一阶段，非物质劳动占据了主导地位，剩余价值的获取主要依赖于基于知识的精神产品创造过程，由于知识和创造力无法与人身分离，知识产品不会被异化，因此劳动者被剥削的程度大大降低，无产阶级将被"知产阶级"取代。蔡万焕以马克思的劳动价值论为基础，分别从三个方面驳斥了"认知资本主义"的错误观点：第一，非物质劳动并没有在价值创造过程中占主导地位，一方面，"认知资本主义"定义的非物质劳动即脑力劳动中有一部分并不创造价值，另一方面，作为价值来源的物质生产劳动在当今资本主义社会中仍然占据主导地位，尽管纯粹脑力劳动的比重在提高，但仍服务于物质生产劳动；第二，劳动者依然被剥削，"认知资本主义"将文化或精神产品的生产者与所有者混为一谈，尽管创造力不能与人身分离，但它产出的产品却由于私有制而与劳动者相分离并异化，知识产权强化了资本所有者对文化或精神产品的所有权；第三，无产阶级不会被"知产阶级"取代，作为"认知资本主义"物质基础的信息和数字技术变革一方面造成了更多的相对过剩人口并导致了工人的"去技能化"，另一方面强化了资本对劳动的控制和剥削，无产阶级不仅没有消失，反而进一步加深了对资本的隶属程度。①

针对一些学者提出的所谓人工智能将使无产阶级沦为"无用阶级"的观点，蒋红群指出，人工智能之所以排斥无产阶级仍源于资本与劳动的对立，人工智能是资本主义机器大工业长期发展与技术积累的结果，在资本主义条件下又是资本谋取剩余价值的技术工具，但它本身并不创造价值。从长期趋势看，人工智能蕴含着无产阶级和人类解放的征兆，为人的自由

---

① 蔡万焕：《认知资本主义：资本主义发展阶段研究的新进展》，载《马克思主义研究》2018 年第 8 期。

全面发展创造了物质条件，因此，资产阶级才是终将被历史淘汰的"无用阶级"。①

2. 货币理论在解释数字货币中的应用

在当代社会，随着互联网、大数据、人工智能等高新技术的发展，数字货币开始登上了历史舞台。郝芮琳等以马克思主义货币理论为基础，探讨了比特币的起因、属性及发展趋势：第一，就起因来看，现行货币体系的局限催生了比特币，在制度层面上，政府滥用货币发行权和美元霸权为比特币的产生提供了土壤，在技术层面上，互联网和区块链为比特币的产生和发展提供了技术支持。第二，就属性来看，尽管目前比特币还不是完备的货币形式，但具有成为货币的潜能。在价值方面，比特币本身不具价值，其能否参与商品交易取决于社会认可程度；在社会公认方面，人们对比特币的认可是自发形成的，这种自发的认同可能影响官方决策；在货币职能方面，比特币能在一定范围内充当价格标准和流通手段，并逐渐演化出其他货币职能。第三，就发展趋势来看，在当前货币体系的矛盾中，比特币预示着新货币形式的萌芽，但新货币的形成需要经过长期的调整与适应，以比特币为代表的去中心化数字货币将在纸币和央行法定数字货币未涉及或势力薄弱的领域继续发展完善。②

杜鹃指出了比特币充当国际金融垄断集团掠夺财富的工具的一面：第一，由于美元信誉的不断透支，金融资产阶级为抛弃美元"宿主"积极布局，比特币本质上是服务于金融自由化的工具。第二，由于存在技术设计上的缺陷，在国际金融垄断的条件下，比特币完美诠释了垄断霸权在自由的属性下对财富的掠夺，是另一种"庞氏骗局"。第三，由于追求匿名性和去中心化，比特币与暗网在技术上具有天然耦合性，两者共同构成了全球黑金暗流的主要载体，充当着世界非法交易的媒介。③

3. 再生产理论在解释中美贸易战和供需失衡上的应用

陶为群依据再生产理论分析了中美贸易战对中国的影响，并提出了应对策略。由于我国是消费品主导出口的社会再生产结构，中美贸易摩擦相

---

① 蒋红群：《无产阶级会沦为无用阶级吗？》，载《马克思主义研究》2018 年第 7 期。
② 郝芮琳、陈享光：《比特币及其发展趋势的马克思主义分析》，载《经济学家》2018 年第 7 期。
③ 杜鹃：《透视帝国主义在互联网时代的新变化》，载《马克思主义研究》2018 年第 7 期。

对减少了我国的消费品出口，改变了我国的扩大再生产条件，由此造成的影响是：通过自产消费品平衡条件，两大部类资本积累相对缩减；通过自产生产资料平衡条件，生产资料出口相对增加；通过进口生产资料平衡条件，生产资料进口相对缩减。总体看，中美贸易战会导致我国当年对外贸易相对缩减、贸易顺差减少，下一年经济增长率降低。鉴于中美贸易摩擦所造成的不利影响，我国应当从三个方面加以应对：第一，在社会扩大再生产条件允许的范围内，主动调整两个部类的资本积累安排，以实现预期的社会扩大再生产；第二，拓展消费品出口市场，大力推进对新兴市场国家的消费品出口；第三，运用积极的财政政策、适度宽松的货币政策以及稳定的汇率政策缓解贸易摩擦对下一年经济增长的抑制效应。[1]

针对国内供需结构不匹配即产能过剩与海外消费增加并存的问题，杨继国等指出，忽视结构均衡的"总供求均衡"是没有意义的。供给侧结构性改革应当跳出"总量分析"方法，立足再生产结构均衡，使供给结构与需求结构相匹配，增加第 I 部类高精尖设备的供给和第 III 部类高中档消费品的生产，将低端加工业为主的外向型经济逐渐升级为高附加值的内向型经济。[2]

4. 世界市场理论在解释逆全球化方面的应用

以马克思世界市场理论为基础，学者们分析了逆全球化的原因、本质、影响和对策。

就逆全球化的原因而言，杨圣明等强调了发达资本主义国家的错误认识。一方面，美英等国没有认识到全球危机爆发的根源在于资本主义的根本矛盾，错误地以为通过推行逆全球化就可以解决危机爆发带来的一系列经济、社会问题；另一方面，美英等国也没有认识到全球经济的不平衡发展是国际经济旧秩序造成的，错误地以为通过"再工业化"将产业转移回本国就能增强本国产品的竞争力。[3] 葛浩阳则强调了世界体系结构的动态演变、经济全球化的"空间悖论"和劳资之间利益关系的调整：第一，外围和半外围国家通过加入世界体系改善了自身发展状况，压缩了中心国家

---

[1] 陶为群：《运用马克思再生产公式分析中美贸易摩擦对我国进出口的影响》，载《管理学刊》2018 年第 5 期。

[2] 杨继国、朱东波：《马克思结构均衡理论与中国供给侧结构性改革》，载《上海经济学研究》2018 年第 1 期。

[3] 杨圣明、王茜：《马克思世界市场理论及其现实意义——兼论"逆全球化"思潮的谬误》，载《经济研究》2018 年第 6 期。

的利润空间，为了保护本国市场和资本利得，贸易保护主义就成了中心国家的必然选择；第二，资本的全球流动性和生产活动的地域性构成了一种辩证发展的矛盾，使得经济全球化在面临危机时出现逆转现象；第三，全球化在使资产阶级得利的同时损害了美英本土工人的利益，导致其国内民粹主义凸显，推行逆全球化能够缓解劳资之间的紧张关系。①

就逆全球化的本质而言，杨圣明等指出，逆全球化就是美英等国利用贸易保护政策维护统治阶级的利益。② 葛浩阳也认为，逆全球化是资本面对负面局势时采取的保护自身的策略。③

就逆全球化的影响而言，杨圣明等认为，美英等国出于本国战略利益考虑推行的保护主义使区域经济合作呈现出排他性，阻碍了区域一体化进程，也阻碍了经济全球化进程。④ 葛浩阳认为，新的国际分工体系已经将全球各国的经济活动联系在一起，个别国家单方面推行逆全球化难以产生决定性影响，经济全球化仍是大势所趋。⑤

就逆全球化的对策而言，杨圣明等指出，中国要顺应经济全球化发展趋势，引导各国共同参与推进互利共赢的国际政治经济新秩序：第一，积极参与全球化，进一步扩大开放，大胆吸收和借鉴世界各国的一切文明成果；第二，提高自身劳动生产率，推进公平合理的国际经济新秩序的建立；第三，强化中国在世界市场发展中的示范引领作用，推动发展更高层次的开放型经济。⑥ 葛浩阳提出，中国要以新的理念指导实践，顺应经济全球化的历史趋势，一是要以"共商共建共享"的全球治理观推动"一带一路"建设，二是要构建"人类命运共同体"，塑造新型国际关系。⑦

二、中国特色社会主义经济学的基础理论

（一）习近平新时代中国特色社会主义经济思想

习近平新时代中国特色社会主义经济思想是马克思主义经济学中国化

---

①③⑤⑦　葛浩阳：《经济全球化真的逆转了吗——基于马克思主义经济全球化理论的探析》，载《经济学家》2018 年第 4 期。

②④⑥　杨圣明、王茜：《马克思世界市场理论及其现实意义——兼论"逆全球化"思潮的谬误》，载《经济研究》2018 年第 6 期。

的最新成果，是中国特色社会主义经济理论体系的重要组成部分，开辟了中国特色社会主义政治经济学发展的新境界。① 对此，学者们进行了全方位探讨，主要成果有：

1. 习近平新时代中国特色社会主义经济思想的实践基础

赵锦辉等认为，中国经济进入新时代是习近平经济思想产生的前提条件。一方面，经过新中国成立以来 60 多年的努力，我国经济实现了从站起来、富起来到强起来的伟大飞跃，国家面貌发生了历史性变化；另一方面，国际形势错综复杂，国内经济建设面临诸多新问题和新挑战。推进经济发展必须以新时代所面临的现实问题为中心，着眼于新实践、新思路和新战略，习近平经济思想正是在总结党的十八大以来推动我国经济发展实践基础上产生的理论结晶。② 韩保江认为，尽管中央经济工作会议指出习近平新时代中国特色社会主义经济思想是党的十八大以来 5 年多推动我国经济发展实践的理论结晶，但探究其形成来源却要追溯到习近平的个人经历和从政经验。习近平新时代中国特色社会主义经济思想"形"于党的十八大之前习近平的上山下乡经历和全部从政实践，"成"于党的十八大以来新时代中国特色社会主义经济建设的成功实践和理论归纳。③

2. 习近平新时代中国特色社会主义经济思想的理论渊源

韩保江指出，习近平新时代中国特色社会主义经济思想，作为马克思主义政治经济学和中国特色社会主义政治经济学之"集大成者"，不仅充分继承了马克思主义政治经济学的立场、观点和方法，而且充分继承了毛泽东关于社会主义经济发展的思想和邓小平、江泽民、胡锦涛创立和发展的中国特色社会主义经济发展思想，与毛泽东思想、邓小平理论、"三个代表"重要思想和科学发展观一脉相承，同时还注意吸收了中国传统文化营养和当代西方经济学中的有益成果。④

3. 习近平新时代中国特色社会主义经济思想的主要特征

赵锦辉等从三个方面归纳了习近平经济思想的主要特征，一是坚定的

---

① 陆立军、王祖强：《习近平新时代中国特色社会主义经济思想科学体系初探》，载《经济学家》2018 年第 5 期。
② 赵锦辉、吴三来：《习近平经济思想探析》，载《经济学家》2018 年第 8 期。
③④ 韩保江：《论习近平新时代中国特色社会主义经济思想》，载《管理世界》2018 年第 1 期。

马克思主义立场，即以人民为中心的立场；二是高度自觉地运用政治经济学基本原理分析经济政治问题；三是善于运用政治经济学基本方法指导经济建设实践。①

4. 习近平新时代中国特色社会主义经济思想的科学内涵

韩保江将习近平新时代中国特色社会主义经济思想表述为"1＋7"的理论结构。"1"指创新、协调、绿色、开放、共享的五大发展理念，新发展理念是习近平新时代中国特色社会主义经济思想的"灵魂"，是最重要的理论内涵。"7"指中央经济工作会议公报归纳的"7个坚持"，是习近平新时代中国特色社会主义经济思想的原则框架和理论特色，具体包括：一是坚持加强党对经济工作的集中统一领导；二是坚持以人民为中心的发展思想；三是坚持适应把握引领经济发展新常态；四是坚持使市场在资源配置中起决定性作用，更好发挥政府作用；五是坚持适应我国经济发展主要矛盾变化完善宏观调控，把推进供给侧结构性改革作为经济工作的主线；六是坚持问题导向部署经济发展新战略；七是坚持正确工作策略和方法。②

赵锦辉等从六个方面概括了习近平经济思想的主要内涵：第一，以恢宏的气势规划经济发展阶段和奋斗目标，展现实现中华民族伟大复兴的雄心壮志；第二，以敏锐的洞察力揭示经济社会主要矛盾变化，为谋划新时代经济工作提供基本前提；第三，以非凡的胆略推进经济发展思路转形，形成以新发展理念为主要内容的经济发展思想；第四，以强有力的行动推进供给侧结构性改革，建设现代化经济体系；第五，以攻坚克难的决心深化经济体制改革，发挥市场在资源配置中的决定性作用和更好发挥政府作用；第六，以宽广的视野谋划国际大势，把握机遇，推动形成全面开放新格局。③

裴长洪等深入挖掘了习近平对外开放思想指出，新时代赋予了习近平对外开放思想以全新的内涵，主要体现在四个方面：一是推动形成全面开放新格局；二是建设开放型世界经济与经济全球化新理念；三是改革全球

---

①③　赵锦辉、吴三来：《习近平经济思想探析》，载《经济学家》2018年第8期。
②　韩保江：《论习近平新时代中国特色社会主义经济思想》，载《管理世界》2018年第1期。

经济治理体系；四是构建人类命运共同体。① 陈伟雄则从主动开放、全面开放、双向开放、共赢开放四方面概括了习近平新时代对外开放思想的丰富内涵。②

5. 习近平新时代中国特色社会主义经济思想的内在逻辑

刘伟指出，习近平新时代中国特色社会主义经济思想是历史逻辑与思想逻辑、理论逻辑与实践逻辑有机统一的科学体系：首先从发展这个时代命题出发，提出了破解这一命题的新发展理念及"五位一体"总布局；其次指明了贯彻新发展理念和实现"五位一体"布局的基本方略——建设现代化经济体系；再次推出了供给侧结构性改革作为建设现代化经济体系的主线；然后强调了构建现代化经济体系和深化供给侧结构性改革需要"稳中求进"的宏观经济环境和"四个全面"的制度条件；最后回答了发展的目的——以人民为中心。③

陆立军等认为，习近平新时代中国特色社会主义经济思想以强起来为时代主题，以新发展理念为主要内容，以全面深化改革为根本动力，以坚持和完善社会主义基本经济制度为综合基础，以推动经济高质量发展和建设现代化经济体系为基本目标，形成了一个科学完整的思想体系。④

6. 习近平新时代中国特色社会主义经济思想的重大意义

赵锦辉等从三个方面概括了习近平经济思想的历史地位和重大意义：第一，习近平经济思想是习近平新时代中国特色社会主义思想的基础和核心；第二，习近平经济思想是中国特色社会主义政治经济学的最新成果；第三，习近平经济思想是推进新时代中国特色社会主义经济建设的基本纲领和行动指南。⑤ 刘长庚等认为，习近平新时代中国特色社会主义经济思想对新时代"实现什么样的经济发展，怎样实现经济发展"的科学问题给予了新的回答，丰富和发展了中国特色社会主义经济学理论，开辟了中国

---

① 裴长洪、刘洪愧：《习近平新时代对外开放思想的经济学分析》，载《经济研究》2018年第 2 期。

② 陈伟雄：《习近平新时代中国特色社会主义对外开放思想的政治经济学分析》，载《经济学家》2018 年第 10 期。

③ 刘伟：《习近平新时代中国特色社会主义经济思想的内在逻辑》，载《经济研究》2018年第 5 期。

④ 陆立军、王祖强：《习近平新时代中国特色社会主义经济思想科学体系初探》，载《经济学家》2018 年第 5 期。

⑤ 赵锦辉、吴三来：《习近平经济思想探析》，载《经济学家》2018 年第 8 期。

特色社会主义政治经济学的新境界，为推动实现中华民族经济复兴提供了行动指南。① 谢伏瞻指出，习近平新时代中国特色社会主义经济思想创造性地坚持和发展了马克思主义政治经济学，打破了国际上许多被奉为教条的西方经济学理论、概念、方法和话语，是 21 世纪马克思主义政治经济学的最新篇章，不仅书写了当代中国社会主义政治经济学，也对人类思想发展做出了重大贡献。②

习近平生态文明思想是习近平新时代中国特色社会主义思想的重要组成部分。高世楫等认为，习近平生态文明思想深刻回答了为什么建设生态文明、建设什么样的生态文明、怎样建设生态文明等重大理论和实践问题，为中国遵循新发展理念、推进美丽中国建设、构建高质量现代化经济体系、实现人与自然和谐共生的现代化提供了方向指引和根本遵循，为世界实现可持续发展、建设人类命运共同体贡献了中国智慧和中国思想。③

裴长洪等从四个方面概括了习近平对外开放思想的历史性贡献：一是为中国开放型经济与开放型世界经济的内外联动提供了中国方案；二是科学总结了以往经济全球化正反两方面的经验教训，提出了推动经济全球化朝着更加开放、包容、普惠、平衡、共赢的方向发展的新理念；三是阐发了互利共赢、多边机制汇聚利益共同点和谋求最大公约数的政治经济学新观点；四是揭示了实现中国梦的发展道路必须与人类命运共同体紧密相连的历史必然性。④ 濮灵认为，构建开放型经济新体制承载着新时代对外开放战略的理论创新、制度创新和动力创新，是对当代中国马克思主义政治经济学的创新发展，是对新时代全面深化改革总目标的坚定落实，是党治国理政务必做好的重大任务。这一战略不仅将为我国发展更高层次的开放型经济、建设现代化经济体系指明了行动方向，还将为推动建设开放型世界经济提供中国智慧、贡献中国方案。⑤

刘建武研究了习近平共享发展思想指出，以人民为中心的发展新思想

---

① 刘长庚、张磊：《习近平新时代中国特色社会主义经济思想的理论贡献和实践价值》，载《经济学家》2018 年第 7 期。

② 谢伏瞻：《马克思主义是不断发展的理论——纪念马克思诞辰 200 周年》，载《中国社会科学》2018 年第 5 期。

③ 高世楫、李佐军：《建设生态文明　推进绿色发展》，载《中国社会科学》2018 年第 9 期。

④ 裴长洪、刘洪愧：《习近平新时代对外开放思想的经济学分析》，载《经济研究》2018 年第 2 期。

⑤ 濮灵：《习近平新时代中国特色社会主义经济思想中的开放型经济新体制研究》，载《经济学家》2018 年第 4 期。

和共享发展的新理念，在新的历史条件下科学回答了如何正确认识和处理好推进发展与实现公平、做大"蛋糕"与分好"蛋糕"、以人民为中心与以经济建设为中心、共享发展与共同富裕等一系列重大理论与实践问题。在科学社会主义发展史上开启了由共享发展走向共同富裕的新特征，开辟了新时代中国特色社会主义发展的新境界。[1]

（二）新时代社会主要矛盾的转化

1. 新时代社会主要矛盾的内涵

卫兴华指出，我国社会主义初级阶段的主要矛盾的内涵已经发生了变化，不能用城乡、区域不平衡和生产力落后等来解读主要矛盾转化后的"不平衡不充分发展"。社会主要矛盾是从需求侧和供给侧两方面讲的，供给侧"不平衡不充分的发展"直接对应需求侧"人民日益增长的美好生活需要"。需求的水平提高了，要求质量更高、更多样化、更符合个性、更安全、科技含量更高的物质文化供应，只有通过供给侧结构性改革和创新发展，着力于质量型和效率型发展，才能逐渐实现新的平衡。[2]

2. 新时代社会主要矛盾转化的原因和表现

聂辉华认为，社会主要矛盾转化的原因要从供给侧和需求侧两方面分析。从供给侧来说，中国的社会生产力取得了巨大的进步，已经不再是社会生产落后的国家，已经摆脱了"落后的社会生产"这个状况；从需求侧来说，民众的需求发生了本质的变化，民众消费一方面从追求数量为主转变为追求品质为主，另一方面从追求基本的衣食住行到追求全面发展。社会主要矛盾表现在三个方面：第一，从民众角度看，虽然绝对收入总体上增加了，但民众收入和财产分布并不平衡，甚至出现了比较严重的分配不均问题；第二，从地区差距看，城乡居民之间收入和财产分化严重；第三，除了地区内部居民收入差距巨大外，地区之间的总体差距也在扩大。因此，解决社会主要矛盾，要从五个方面促成向高水平供求均衡的转换：

---

① 刘建武：《习近平共享发展思想的历史由来与重大意义》，载《马克思主义研究》2018年第3期。

② 卫兴华：《对新时代我国社会主要矛盾转化问题的解读》，载《社会科学辑刊》2018年第2期。

第一，进一步推进供给侧结构性改革，重点是"补短板"；第二，鼓励中高端消费，推动企业产品更新换代，促进产业转型升级；第三，加强区域经济协调发展，推进区域之间分工协作；第四，加快农村经济发展，早日实现乡村振兴；第五，稳定房价，拓展民众投资渠道。[①]

（三）社会主义基本经济制度理论

1. 新时代公有资本与私人资本的关系

庞庆明认为，新时代中国存在着两种性质不同又相互影响的资本——公有资本和私人资本，公有资本具有劳动人民平等占有性、有计划运行性和收益共享性，规定了社会基本经济制度的性质，而私人资本则具有自发走向资本主义和在国家引导下自觉服务社会主义的二重性。基于公有资本和私人资本的特性，新时代调整和完善资本结构必须坚持以公有资本为主体、以人民为中心的根本原则。坚持公有资本为主体，要求国有资本和集体资本共同领导、影响私人资本运行；坚持以人民为中心，要求以增进人民福祉、促进人的全面发展，朝着共同富裕方向稳步前进作为资本结构调整的出发点和落脚点。[②]

2. 非公有制经济思想演进的逻辑

白永秀等系统梳理了非公有制经济思想在我国的演进轨迹，将其分为"利用论""补充论""重要组成论""同等待遇论""同等地位论"五个递进阶段。在此基础上概括了非公有制经济思想演进的历史逻辑和理论逻辑。就历史逻辑而言，非公有制经济思想的演进遵循"发展需求—理论突破—法律与政策支持—成长壮大—新的发展需求—新的理论突破—新的法律与政策支持"这一理论与实践相互驱动、循环往复、向前迭代的过程；就理论逻辑而言，非公有制经济思想遵循了生产力与生产关系的矛盾运动规律并始终坚持生产力标准，显示出所有制结构改革的双轨制特征和增量改革与存量改革的辩证统一，演进于所有制结构改

---

① 聂辉华：《社会主要矛盾转化的经济学分析》，载《经济理论与经济管理》2018 年第 2 期。

② 庞庆明：《试析新时代中国特色社会主义下的公有资本与私人资本》，载《教学与研究》2018 年第 10 期。

革与市场机制培育的统一过程中。①

（四）社会主义市场经济理论

1. 公有制与市场经济相结合

第一，进一步阐释公有制能够与市场经济相结合的可能性和必要性。庞庆明认为，从可能性来看，社会主义公有制与市场机制分别作为容纳生产力发展的生产关系和推动生产力发展的有效方法，具有相互兼容的生产力基础、政治基础、手段基础和目标基础：社会主义公有制和市场机制都与国内国际社会化大生产的内在要求相适应；都是以坚持党的领导和政府监管为前提；都构成发展生产力、实现共同富裕的手段；都具有兼顾公平和效率的目标要求，并在保证公有制主体地位前提下，使社会主义的实质公平与市场机制的运作效率达到辩证统一。从必要性来看，公有制企业作为独立法人实体，通过主动参与市场竞争，可以有效实现公有资本保值增值，为全体人民增加更多社会福利；市场运行以公有制为载体，能够使人们减少或克服市场机制自发作用的固有弊端或消极影响，使资本收益分配兼顾国家利益、企业利益和个人利益，并确保政府调控目标的真正实现。②

第二，强调了进一步完善社会主义市场经济的方向。张开等指出，市场具有手段属性和生产关系属性，公有制与市场经济相结合产生了社会主义市场经济的内在矛盾，即市场手段属性不断催生的资本主义生产关系属性与社会主义目的之间的矛盾。必须考虑党和政府的作用，充分认识包含政府、资本和劳动的"三主体范式"，构建符合中国社会主义初级阶段的动态结构，引领和驾驭市场生产关系属性，有效化解社会主义市场经济的内在矛盾。③ 李民圣认为，应该从五个方面着手开辟社会主义制度与市场经济相结合的新境界：一是，完善基本经济制度，形成强大的公有制经济和充满活力的非公有制经济相互促进、相得益彰的局面；二是，在实践中不断深化政府与市场关系的认识，建立政府与市场相辅相成、高效良性互

---

① 白永秀、王泽润：《非公有制经济思想演进的基本轨迹、历史逻辑和理论逻辑》，载《经济学家》2018 年第 11 期。
② 庞庆明：《试析新时代中国特色社会主义下的公有资本与私人资本》，载《教学与研究》2018 年第 10 期。
③ 张开、崔晓雪、顾梦佳：《试论社会主义市场经济内在矛盾——基于中国特色社会主义政治经济学的思考》，载《教学与研究》2018 年第 3 期。

动的体制机制；三是，构建支撑创新引领发展的制度体系，建设创新型国家；四是，坚持以人民为中心，充分发挥社会主义制度优势解决好发展不平衡不充分问题；五是，坚定不移全面从严治党，把党建设的更加坚强有力。①

2. 正确处理政府与市场的关系

第一，要从中国的现实出发。黄桂田认为，一方面，从理论层面通过逻辑演绎的方法讨论带有普世意义的政府与市场的关系是非常困难的；另一方面，从来没有一成不变的政府与市场的关系。因此，构建中国特色社会主义市场经济体制中的政府与市场的关系，只能立足于中国当前的实际，从中国的现实出发，实事求是。②

第二，要着眼于中国式治理。杨春学指出，中国式经济治理与欧美社会有着实质性区别。在中国式治理中，政府组织从纵向和横向两个方面交织在一起，介入社会经济生活的各个方面，无论在广度、深度还是强度上都远远高于欧美社会，这种角色无法在新古典经济学的框架内给出充分解释。构思政府与市场的关系要着眼于整体主义、"善"治、权威的国家观，并且要以动态的观点看待政府在中国推动社会经济发展中的作用。③

三、构建中国特色社会主义政治经济学体系

（一）中国特色社会主义政治经济学的学科定位和性质

1. 中国特色社会主义政治经济学的学科定位

简新华认为，坚持社会主义方向的中国面临的主要任务是如何持续有效发展中国特色社会主义经济，而不是建立和发展中国特色资本主义经

---

① 李民圣：《社会主义市场经济是对资本主义市场经济的全面超越和扬弃》，载《红旗文稿》2018年第1期。
② 黄桂田：《正确处理政府与市场的关系，建立有中国特色社会主义市场经济体系》，载《政治经济学评论》2018年第1期。
③ 杨春学：《政府与市场关系的中国视野》，载《经济纵横》2018年第1期。

济。因此，需要构建的不是一般意义上的"中国特色政治经济学"，也不是什么其他性质的政治经济学，更不是"中国特色资本主义政治经济学"，而只能是坚持社会主义方向的"中国特色社会主义政治经济学"。[①] 邱海平认为中国特色社会主义政治经济学的学科定位应当是关于中国特色社会主义的政治经济学，要体现出中国崛起的"中国特色"，而不是原来传统的社会主义政治经济学。[②]

2. 中国特色社会主义政治经济学的本质

逄锦聚认为，中国特色社会主义政治经济学就本质而言，与马克思创立并由列宁、毛泽东继承和发展了的马克思主义政治经济学一脉相承，是当代中国马克思主义政治经济学，是中国特色社会主义理论体系的重要组成部分。它既具有马克思主义政治学的本质规定性，即坚持马克思主义政治经济学的基本原理，又与时俱进，是发展了的时代化、中国化了的马克思主义政治经济学，具有科学性、人民性、实践性、发展性和开放性等鲜明特点。[③]

（二）中国特色社会主义政治经济学的理论来源与实践基础

1. 中国特色社会主义政治经济学的理论来源

张占斌等指出了中国特色社会主义政治经济学的四个理论来源：第一，马克思主义政治经济学是理论母体；第二，毛泽东社会主义思想是基础来源；第三，国外经济学理论中的合理成分是有益借鉴；第四，中国传统文化中的优秀经济思想是丰厚滋养。[④] 周文等认为《资本论》及其启示和唯物史观是中国特色社会主义政治经济学的理论渊源。[⑤]

---

① 简新华：《创新和发展中国特色社会主义政治经济学》，载《马克思主义研究》2018 年第 3 期。

② 邱海平：《对新时代中国经济学定位的思考》，载《经济纵横》2018 年第 1 期。

③ 逄锦聚：《构建和发展中国特色社会主义政治经济学的三个重大问题》，载《经济研究》2018 年第 11 期。

④ 张占斌、钱路波：《论构建中国特色社会主义政治经济学》，载《管理世界》2018 年第 7 期。

⑤ 周文、宁殿霞：《中国特色社会主义政治经济学：渊源、发展契机与构建路径》，载《经济研究》2018 年第 12 期。

2. 中国特色社会主义政治经济学的实践基础

张占斌等认为，改革开放以来中国社会主义经济建设的伟大实践经验，是不断开辟中国特色社会主义政治经济学新境界的广阔历史舞台与动力源泉。① 周文等认为，我国当前的经济形态是在马克思主义指导下不断开辟新局面的过程性形态，中国特色社会主义政治经济学的创新发展必须从这一实际出发，立足中国国情，努力寻找中国特色的现代化发展道路，以问题为导向，回答时代之问。②

（三）中国特色社会主义政治经济学的研究对象

关于中国特色社会主义政治经济学的研究对象，学者们仍然存在不同的认识。

1. 广义生产关系

杨继国等认为，中国特色社会主义政治经济学的研究对象是"广义生产关系"，由狭义的生产关系和广义的交换关系组成，其中广义的交换关系又包括狭义的交换关系和分配关系。中国特色社会主义是与资本主义完全不同的社会形态，生产关系的内容也不同，应当对其进行具体研究。中国特色社会主义制度的确立，是在国际大背景下完成的，因而中国特色社会主义政治经济学应在资本跨国运动条件下，研究"国家资本"的起源、生产、流通和分配运动规律，研究对外贸易和世界市场与中国特色社会主义的联系。③

2. 社会主义生产方式总体

颜鹏飞认为，马克思《资本论》及其手稿关于狭义政治经济学研究对象的理论成果，实际上是中国特色社会主义政治经济学研究对象的理论渊源。马克思坚持研究对象的总体论，以生产方式为核心范畴展开了对资本

① 张占斌、钱路波：《论构建中国特色社会主义政治经济学》，载《管理世界》2018 年第7 期。
② 周文、宁殿霞：《中国特色社会主义政治经济学：渊源、发展契机与构建路径》，载《经济研究》2018 年第12 期。
③ 杨继国、袁仁书：《政治经济学研究对象的"难题"新解——兼论"中国特色社会主义政治经济学"研究对象》，载《厦门大学学报（哲学社会科学版）》2018 年第4 期。

主义运动规律的全面分析。因此，中国特色社会主义政治经济学应当以社会主义生产方式总体及其生产力和生产关系的运动规律为研究对象。①

3. 中国特色社会主义

周文等认为，作为当代中国的马克思主义政治经济学，中国特色社会主义政治经济学既有继承也要创新，其研究对象不应局限在一般层面上联系生产力来研究生产关系，还应当具体研究中国特色社会主义，以凸显政治经济学的国家主体性。要立足于我国社会实践，在当代中国的生产力与生产关系矛盾运动的基础上对中国特色社会主义作整体性分析。②

（四）中国特色社会主义政治经济学的逻辑起点和主线

1. 中国特色社会主义政治经济学的逻辑起点

一是"变形的商品"。颜鹏飞认为，马克思的《资本论》体系是以资本主义私有制条件下的商品作为政治经济学的逻辑起点，相应地，中国特色社会主义政治经济学的逻辑起点就应当是社会主义市场经济形态条件下"变形的商品"。③

二是"人的发展"。周文等认为，"人的发展"贯穿了中国特色社会主义的历史生成和展开过程，是中国特色社会主义政治经济学的逻辑起点。以此为逻辑起点，既从理论上继承了马克思主义学说蕴含的"实现人的自由全面发展"的价值内涵，又从现实层面契合了改革开放以来我国社会主要矛盾转化。④

三是特殊利益关系。马艳等提出以中国特殊利益关系作为构建中国特色社会主义政治经济学的逻辑起点，并认为这不仅是基于马克思主义经济学逻辑脉络得出的科学结论，也是对中国经济改革实践的高度总结。⑤

---

①③　颜鹏飞：《新时代中国特色社会主义政治经济学研究对象和逻辑起点——马克思〈资本论〉及其手稿再研究》，载《内蒙古社会科学》2018 年第 4 期。

②④　周文、包炜杰：《中国特色社会主义政治经济学研究对象辨析》，载《内蒙古社会科学》2018 年第 4 期。

⑤　马艳、王琳、杨晗：《中国特色社会主义政治经济学体系创新与新时代逻辑——基于马克思〈资本论〉的分析框架》，载《华南师范大学学报（社会科学版）》2018 年第 6 期。

2. 中国特色社会主义政治经济学的逻辑主线

学者们对此有不同的意见，主要有：

一是以人民为中心。张占斌等认为，中国特色社会主义政治经济学强调社会效益和经济效益的统一，其本质属性就是以人民为中心，这个属性与社会主义的本质要求具有内在的逻辑统一性。围绕"以人民为中心"这一核心内容，中国特色社会主义政治经济学紧扣解放、发展和保护生产力，从社会主要矛盾的变化、贯彻新发展理念、推动高质量发展等多个方面赋予了马克思主义政治经济学崭新的中国因素，促进了中国特色社会主义政治经济学在新时代背景下形成系统完整的理论体系。[①]

二是物质利益关系。李建平认为，经济学的研究应当以经济利益为中心建立体系结构，中国特色社会主义政治经济学以物质利益为主线，同时包含人民利益、国家利益和人类命运共同体的共同利益三个层次。[②]

三是中国特殊利益关系的演变。马艳等认为，中国特殊利益关系演变的路径投射了中国经济的总体发展和变化，是我国经济改革过程中生产力与生产关系相互作用的集中体现。厘清这一变化过程中每一阶段的时间段线、演变特征及演变动力，也就揭示了中国经济发展道路的本质，阐明了中国经济改革的完整路径，而如何协调和引导这一演变路径的未来方向，则是中国政府进行宏观调控和进一步经济改革的关键。[③]

（五）中国特色社会主义政治经济学的理论体系

2018 年学者们对中国特色社会主义政治经济学理论体系的构建仍存在较大分歧，他们基于不同的角度提出了不同的理论体系框架。

1. 以习近平新时代中国特色社会主义经济思想为魂的理论体系

洪银兴指出，新时代中国特色社会主义政治经济学的学科建设，就是对习近平新时代中国特色社会主义经济思想的学理化。他以基本立场和时

---

① 张占斌、钱路波：《论构建中国特色社会主义政治经济学》，载《管理世界》2018 年第 7 期。

② 李建平：《论中国特色社会主义政治经济学的逻辑主线和体系结构》，载《理论与评论》2018 年第 4 期。

③ 马艳、王琳、杨晗：《中国特色社会主义政治经济学体系创新与新时代逻辑——基于马克思〈资本论〉的分析框架》，载《华南师范大学学报（社会科学版）》2018 年第 6 期。

代特征为出发点，从经济发展、经济制度和经济运行三个层面整体概括了中国特色社会主义政治经济学理论体系建设的基本构想。①

2. 以人民为中心的理论体系

张占斌等围绕"以人民为中心"这一核心内容，从社会主要矛盾的变化、贯彻新发展理念、推动高质量发展、推进供给侧结构性改革、完善社会主义市场经济体制、完善社会主义基本经济制度、推动形成全面开放新格局、构建人类命运共同体、坚持问题导向战略部署和稳中求进的工作基调、加强党对经济工作的领导等十个方面构建了中国特色社会主义政治经济学的理论体系。②

3. 基于六大利益关系的理论框架

马艳等构建了以资资利益关系、劳资利益关系、资社利益关系、意识形态博弈关系、国际利益关系和生态利益关系等六大利益关系为基础的理论分析框架。她们认为，当利益关系适应生产力发展要求时，六大利益关系相互加强，彼此促进，推动经济发展；当利益关系不足以支撑生产力继续发展时，六大利益关系相互减弱，矛盾逐步积累，促使利益关系调整和变革，中国经济就是在六大利益关系的形成、巩固和衰退中不断演进的。③

4. 基于"六册结构"的理论体系

刘明远认为，中国特色社会主义政治经济学属于马克思主义政治经济学，它的属性决定了其理论结构应当与马克思主义政治经济学的奠基著作《资本论》保持一致，否则就成为另一种类型的经济学。如今学界已经基本理清了马克思"六册计划"的内容与结构，中国特色社会主义政治经济学就应当以资本→地产→雇佣劳动→国家→对外贸易→世界市场的基本结

---

① 洪银兴：《中国特色社会主义政治经济学发展的最新成果》，载《中国社会科学》2018年第9期。

② 张占斌、钱路波：《论构建中国特色社会主义政治经济学》，载《管理世界》2018年第7期。

③ 马艳、王琳、杨晗：《中国特色社会主义政治经济学体系创新与新时代逻辑——基于马克思〈资本论〉的分析框架》，载《华南师范大学学报（社会科学版）》2018年第6期。

构和逻辑顺序构建其理论体系。①

（六）中国特色社会主义政治经济学的话语体系

1. 马克思主义政治经济学的话语体系

刘荣材认为，马克思主义政治经济学是科学的理论体系，它科学地揭示了市场经济的运行规律，总结了市场经济的一般原理，是构建中国特色社会主义政治经济学的理论基础。研究中国本土问题、讲中国故事应当遵循马克思主义政治经济学的理论范式。② 余斌也指出，中国特色社会主义政治经济学的理论渊源是马克思主义政治经济学，因此，中国特色社会主义政治经济学的学科体系、学术体系和话语体系必然从属于马克思主义政治经济学的"三个体系"，尤其是话语体系上要与马克思主义政治经济学的话语体系保持一致。③

2. 用国际语言讲述中国故事

林毅夫认为，应当以国际经济学界通用的规范方法来研究中国本土的问题：秉持现代经济学的"本体"，以初生婴儿的双眼那样不带任何过去理论和经验的"常无"心态来观察世界，这样中国的经济发展与转型中许多用现有的主流理论难以解释的现象将会是经济理论创新的金矿。④

3. 中国自己的话语体系

周文认为，学界已经对改革开放 40 年来的伟大实践经验进行了很好地总结和理论提炼，形成了社会主义初级阶段、社会主义本质论、家庭联产承包责任制、经济新常态、五大发展理念、供给侧结构性改革等一系列不同于西方的原创性中国"术语"。这些自然成为中国经济学"系统化的经济学说"的崭新概念，同时又是构成中国特色社会主义经济理论的主要

---

① 刘明远：《论中国特色社会主义政治经济学的起点范畴与总体结构》，载《武汉大学学报（哲学社会科学版）》2018 年第 5 期。
② 刘荣材：《构建中国特色社会主义政治经济学的原则与路径——兼与几种流行观点商榷》，载《马克思主义研究》2018 年第 3 期。
③ 余斌：《中国特色社会主义政治经济学学科学术体系与叙述话语体系》，载《西部论坛》2018 年第 6 期。
④ 林毅夫：《我在经济学研究道路上的上下求索》，载《经济学（季刊）》2018 年第 1 期。

内容，进而成为中国经济学的理论体系和学术范式的显著标识。①

权衡认为，构建中国特色社会主义政治经济学话语体系，不是简单地在马克思主义经典作家思想观点和西方主流经济学思想之间进行选择，而是真正把二者统一于中国特色社会主义经济发展与改革开放的伟大实践中进行开放式融合与创新，逐渐形成一系列具有创新性的概念体系和学术体系。②

（七）中国特色社会主义政治经济学的方法论

1. 坚持唯物辩证法和唯物史观的根本方法论

邱海平认为，《资本论》中的方法论原则对构建中国特色社会主义政治经济学有重要的指导意义，唯物史观和唯物辩证法是马克思主义世界观和方法论，是马克思主义经济学的根本方法论。毫无疑问，作为当代中国的马克思主义政治经济学，中国特色社会主义政治经济学必须全面贯彻和运用唯物辩证法和唯物史观，但应当注意创造性地加以运用，而不是简单地照搬和模仿。③

2. 在坚持马克思主义经济学基本方法基础上创新发展

胡磊等认为，马克思主义政治经济学的具体方法包括：科学抽象法、从具体到抽象的研究方法和从抽象到具体的叙述方法、逻辑与历史相一致的方法、分析与综合相结合的方法以及数量分析法。创新和发展中国特色社会主义政治经济学需要在坚持根本方法的基础上与时俱进地推进具体方法现代化，并合理借鉴现代西方经济学研究方法。④

---

① 周文：《中国道路与中国经济学——来自中国改革开放 40 年的经验与总结》，载《经济学家》2018 年第 7 期。
② 权衡：《构建中国特色经济学话语体系要有科学的价值功能和定位》，载《中共中央党校学报》2018 年第 1 期。
③ 邱海平：《〈资本论〉与中国特色社会主义政治经济学的方法与方法论》，载《华南师范大学学报（社会科学版）》2018 年第 6 期。
④ 胡磊、赵学清：《马克思主义政治经济学的根本方法和具体方法——纪念马克思诞辰 200 周年》，载《经济学家》2018 年第 9 期。

四、中国特色社会主义政治经济学与其他学科的关系

（一）政治经济学与西方经济学的关系

关于政治经济学与西方经济学的关系，国内学者基本达成共识，即中国特色社会主义政治经济学是以马克思主义理论为指导，扎根于中国特色社会主义经济改革与发展实践中的一门学科，虽然对西方经济学理论中的部分科学合理的理论有所吸收借鉴，但绝非也不能无选择性地盲从复制。不同学者从不同角度对两个学科之间的关系进行了比较分析。

逢锦聚强调学科的本质要求，他认为摒弃马克思主义政治经济学基本原理，沿袭和复制西方经济学的理论和范式，不符合中国特色社会主义政治经济学的本质要求。在借鉴和吸收西方经济学中科学和积极的成果时，需要立足于实践来鉴别其中科学的、符合我国国情的部分，切忌生搬硬套。[①]

杨瑞龙认为，过去几十年中国的改革实践证明，教条化地照搬西方经济学很危险，需要解放思想，着眼实际，从理论教条的束缚中走出来，推动中国特色经济学的理论创新。理论是对现实问题的提炼，如果理论不能很好地反映和解释现实问题，就需要立足于现实对理论进行修正和补充。中国几十年来经济发展实践为中国特色社会主义政治经济学的发展提供了鲜活的素材、空前的机遇、巨大的挑战。[②]

邱海平从社会科学的阶段属性出发，对政治经济学和西方经济学进行了区分。他认为，哲学社会科学是一个历史科学，经济学作为典型的哲学社会科学，虽然一直致力于研究一般化的经济运行规律，但在不同时代、不同国家、不同阶段必然存在差异。中国特色社会主义政治经济学可以看作是关于中国特色社会主义的政治经济学，其根本任务是探究和阐释中国特色社会主义的规律性，因此，中国特色社会主义政治经济学并非是对西

[①] 逢锦聚：《构建和发展中国特色社会主义政治经济学的三个重大问题》，载《经济研究》2018 年第 11 期。

[②] 杨瑞龙：《四十年我国市场化进程的经济学分析——兼论中国模式与中国经济学的构建》，载《经济理论与经济管理》2018 年第 11 期。

方经济学的机械照搬。①

刘荣材从学科背后所代表的利益关系出发，指出西方经济学和中国特色社会主义政治经济学都有着鲜明的立场和原则，代表着不同阶级的利益关系。西方经济学作为资产阶级的经济学，代表的是资本家阶级的利益。而中国特色社会主义政治经济学代表的是最广大劳动人民的利益，应该立足于"社会主义"这一前提条件，研究中国现实问题，而不能为了得到西方主流经济学界的认可，把西方经济学的范式全盘套用、照搬于中国发展实践中。②

张占斌等强调，发展中国特色社会主义政治经济学既要基于中国的现实情况，也要借鉴西方经济学中理性的部分，做到吸收和批判的辩证统一。西方经济学在两个方面的研究成果值得学习，一是一些客观的研究方法，例如实证方法、数学方法、统计方法等工具；二是对一些现实问题的揭露，例如收入分配、环境恶化、资源枯竭等问题。③

程霖等认为，近代以来，中国学者一直在努力探索将西方经济学说中国化，这一过程也有助于我们构建中国特色社会主义政治经济学。需要以明确前提假设和适用范围为前提，考察西方经济学是否适用于我们的一些改革发展实践。过去几十年中国经济的成功经验中有的能够通过西方经济学来解释，但也有很多无法通过其解释，因而西方经济学只能作为中国特色社会主义政治经济学的参考理论，将西方经济学中的适用于中国实践的部分借鉴和提升，以马克思主义思想为指导，进行西方经济学的中国化。④

周文认为，西方经济学的思想不适用于发展中国家，也无法很好地解释中国经济取得的成就，中国特色社会主义政治经济学不是简单的西方经济学中国化，也不是中西方多种经济思想杂糅成的混合体，而是一门真正与西方经济学区分开来的理论体系。政治经济学在研究市场和政府关系等方面，实现了对西方经济学理论的突破和超越。当然对于西方经济学中有益部分，我们可以基于经济发展实践加以提炼和改造。⑤

---

① 邱海平：《对新时代中国经济学定位的思考》，载《经济纵横》2018 年第 1 期。

② 刘荣材：《构建中国特色社会主义政治经济学的原则与路径——兼与几种流行观点商榷》，载《马克思主义研究》2018 年第 3 期。

③ 张占斌、钱路波：《论构建中国特色社会主义政治经济学》，载《管理世界》2018 年第 7 期。

④ 程霖、张申、陈旭东：《选择与创新：西方经济学说中国化的近代考察》，载《经济研究》2018 年第 7 期。

⑤ 周文、包炜杰：《中国特色社会主义政治经济学研究对象辨析》，载《内蒙古社会科学》2018 年第 7 期。

周文也提到，中国特色社会主义政治经济学是一个与时俱进的学科，其理论体系随着国家发展需要的变化而发展。西方经济学是一门研究资源配置的学科，近年来不断聚焦于微观问题而弱化对宏观经济的研究。中国特色社会主义政治经济学不能局限于此，而应该着眼于中国经济如何实现"强起来"。[①]

（二）政治经济学与经济史学的关系

周绍东认为，经济史往往被视作是经济学的一种研究对象，但事实上经济史学是一门立足于对过去所有经济现象和问题展开研究的学科，因此在研究经济学尤其是中国特色社会主义政治经济学的过程中，不能孤立地展开研究而忽视经济史。经济学尤其是政治经济学的所有研究方法，都可以用于研究经济史。在构建中国特色社会主义政治经济学时，必须以史为鉴，将中国特色社会主义经济建设过程中取得的成功和经历的挫折作为历史经验素材，唯有将政治经济学和经济史学的研究结合起来，才能真正夯实中国特色社会主义政治经济学的话语体系和理论内涵。[②]

（三）政治经济学与发展经济学的关系

朱方明指出，中国特色社会主义经济发展理论是以马克思主义政治经济学为指导，在中国社会主义经济道路的探索实践中提炼出的创新理论。不同于发展经济学仅仅强调资本、技术、企业家精神在经济发展过程中的重要性，中国特色社会主义发展理论以人民为中心，坚持党的领导，创造性地建立了"五位一体"总体布局思想和"五大发展理念"。西方发展经济学无法解释中国经济这些年来取得的成就，也不能成为未来指导中国经济发展的指南，只有中国特色社会主义政治经济学发展理论才能真正解释中国奇迹和引领中国发展。[③]

任保平对西方发展经济学、中国特色发展经济学和中国特色社会主义

① 周文：《中国道路与中国经济学——来自中国改革开放 40 年的经验与总结》，载《经济学家》2018 年第 7 期。

② 周绍东：《中国特色社会主义政治经济学的历史开端》，载《内蒙古社会科学》2018 年第 7 期。

③ 朱方明：《政治经济学与发展经济学——论马克思主义经济发展理论中国化的新发展》，载《四川大学学报（哲学社会科学版）》2018 年第 5 期。

政治经济学之间的关系进行了全面梳理后认为，西方发展经济学不能引领中国的经济发展，需要在中国特色社会主义政治经济学的基础上发展中国特色发展经济学，来研究如何建设社会主义现代化强国。中国特色社会主义政治经济学是中国特色发展经济学的理论基础，中国特色发展经济学就是在中国特色社会主义政治经济学归纳总结的一般规律的基础上，具体对新时代中国经济发展面对的一些命题进行深入研究。中国特色社会主义是揭示中国经济发展、运行规律的理论体系，而中国特色发展经济学则是这一理论体系的核心组成部分之一。[1]

（四） 政治经济学与经济思想史学的关系

周绍东认为，不能孤立地看中国特色社会主义政治经济学，其理论体系中不仅仅包含自身理论，也应该体现新中国成立以来我国经济史和中国特色社会主义政治经济学思想史的内涵。在构建中国特色社会主义政治经济学理论体系时，无法绕开对中国特色社会主义政治经济学思想史的探讨和研究。经济思想史的研究成果是政治经济学理论的关键学理支撑，但当前学者们在开展对中国特色社会主义政治经济学的理论体系构建时，主要着眼于现实问题，而忽视了对经济思想史的梳理，因而只有将政治经济学和中国特色社会主义政治经济学思想史结合起来，方能完善中国特色社会主义政治经济学的理论体系。[2]

（五） 政治经济学与数量经济学的关系

余斌认为，政治经济学的研究不应该借鉴计量经济学，而应该在遵循马克思主义政治经济学理论原理的基础上，学习应用数学和统计学的方法论。数量经济学本质是用数据去佐证西方经济学的理论和模型，而政治经济学研究中使用数学语言和方法得出的结论必须与马克思主义政治经济学的基本原理相符合。[3]

---

[1] 任保平：《创新中国特色社会主义发展经济学阐释新时代中国高质量的发展》，载《天津社会科学》2018 年第 2 期。

[2] 周绍东：《中国特色社会主义政治经济学的历史开端》，载《内蒙古社会科学》2018 年第 7 期。

[3] 余斌：《政治经济学与计量经济学批判》，载《河北经贸大学学报》2018 年第 3 期。

（六）政治经济学与国际经济学的关系

佟家栋认为，随着经济全球化的发展，收入分配不均问题逐渐成为国际经济研究的重点问题，国际经济学也因此更加重视融合、借鉴政治经济学的理论和分析方法。未来对国际经济学的研究过程中，政治经济学的思想和理论将起到重要作用。[①]

（七）政治经济学与国民经济学的关系

国民经济学科的理论来源是政治经济学、宏观经济学、部门经济学以及一些自然科学和社会科学。在中国国民经济学科发展过程中，形成了计划制度、管理调控、经济核算和复合系统四个流派。总体上看，国民经济学科还是一门不成熟的应用经济学科，还处在发展和变化之中。[②]

（八）政治经济学与产业经济学的关系

汪立鑫指出，西方新古典主义经济学中的产业组织理论等在对国有企业问题的研究过程中过分局限于关注企业微观层面的效率。而中国特色社会主义政治经济学强调了国有企业的主导地位，在其理论体系中，国有企业从国家经济安全、竞争力和社会意义上起到提升社会总体福利的作用。因此，中国特色社会主义政治经济学中的国有企业理论完成了对传统新古典产业经济学的超越。[③]

（九）政治经济学与财政学的关系

李俊生认为，财政学被定位为隶属于应用经济学下的"二级学科"，被严重"经济学化"，导致现代财政理论丧失了解释和预测财政现象的能力。究其根源在于，当前主流的以市场失灵理论为基础的英美财政理论带有鲜明的财政政策学色彩，侧重运用经济学范式研究财政政策，损害了财

① 佟家栋：《国际经济研究进入政治经济学时代》，载《国际贸易问题》2018 年第 1 期。
② 刘瑞：《国民经济学科理论体系与流派》，载《国民经济评论》2018 年第 2 期。
③ 汪立鑫：《中国国有经济制度安排的政治经济学》，载《探索与争鸣》2018 年第 6 期。

政学自身的发展能力和对财政实践的解释力与预测力，需要重构财政学理论基础，为财政学揭示财政规律、解释财政现象、检测财政绩效、预测财政结果提供基础性的理论支撑。[①]

（十） 政治经济学与区域经济学的关系

刘斌认为，区域经济学领域的区域协调发展理论是中国特色社会主义政治经济学理论体系的重要组成部分之一，在不同阶段中国特色社会主义政治经济学都很好地发展了关于区域协调和城乡一体化的研究，有效指导了中国经济布局在空间上的优化。[②]

（十一） 政治经济学、应用经济学与国防经济学的关系

严剑峰基于对国防经济的学科性质、研究范围、研究方法以及特征的分析认为，国防经济实质上应该是属于军事学、经济学和管理学的交叉学科，但目前还是作为应用经济学的二级学科存在的。由于当前把国防经济作为应用经济学的二级学科对待，许多国防经济管理的课程不能纳入本专业来，导致了国防经济专业知识的碎片化、课程体系设置不合理、课程内容陈旧。[③]

方正起等从一系列影响国防经济学科发展的外在制度环境和内在因素出发，提出新时代如何把握当前应用经济学所要求的国际化属性、标准化属性与国防经济学科的军事应用属性、部门化属性之间的关系，有待进一步研究。[④]

白卫星等通过现状分析认为，现在国防经济学不景气，还没有"热"起来。因此，国防经济学的学术视野必须开阔，用创新、协调、开放、绿色、共享的新发展理念去思考这门亟须发展的"冷"学科。[⑤]

---

① 李俊生、姚东旻：《财政学需要什么样的理论基础？——兼评市场失灵理论的"失灵"》，载《经济研究》2018 年第 9 期。

② 刘斌：《改革开放以来中国特色社会主义政治经济学的理论演进》，载《江西社会科学》2018 年第 4 期。

③ 严剑峰：《国防经济学科发展面临的问题与建议》，载《企业家日报》2018 年 12 月 17 日。

④ 方正起：《新时代中国国防经济学科转型建设的基本路径》，载《企业家日报》2018 年 12 月 3 日。

⑤ 白卫星：《国防经济学路在何方——谈国防经济学的学科建设问题》，载《企业家日报》2018 年 1 月 29 日。

五、构建中国特色社会主义经济学学科体系需要进一步研究的问题

从中国经济发展的成功经验中总结提升理论，形成系统的经济学说，是中国经济学人肩负的时代任务，但这一任务艰巨而又复杂，需要做出长期的艰苦努力。在目前的起步阶段，应该在以下几个方面进行深入的研究：

第一，中国经济学的提法是否科学？中国特色社会主义经济学，也可以简称为中国经济学，有的学者提出经济学还能分为中国和美国的吗？我认为，中国经济学的提法是可行的。

一是从马克思写作《资本论》来看，虽然马克思是以典型的发达资本主义国家英国为背景的，但这并没有妨碍马克思揭示资本主义经济运行的基本规律。中国经济学以中国这样的发展中国家的发展为背景，以中国经济发展的成功经验为基础，揭示发展中国家的发展规律，构建发展理论，恰恰是对马克思经济学方法论的遵循和回归。

二是从西方发展经济学的形成和发展来看，经济发展理论基本是由发达国家的经济学家，依据发达国家的发展经验，给发展中国家开出的药方，显然这对发展中国家而言必然水土不服，这也是西方发展经济学陷入低谷的原因。中国经济学人作为发展中国家的学者，以自己亲身参与的中国经济改革发展实验，总结发展中国家的发展理论，虽然具有中国的标签，但为世界上所有的发展中国家寻求不同的发展道路提供了新的选择方案。

三是从西方经济学的构成来看，西方经济学也存在不同的流派，也有德国学派、瑞典学派等等，中国经济学的构建，也只是要形成中国气派、中国风格、中国特色的经济学，并没有要用中国经济学取代其他经济学。

四是从中国经济发展的成功经验来看，中国的经济发展既没有教条主义地对待马克思主义，也没有照抄照搬西方经济学的理论和西方经济发展的经验，而是创造性地走出了一条中国特色的发展道路，形成了中国特色的发展理论。

五是从中国经济未来发展的需求来看，中国经过 70 年，特别是改革

开放 40 年来的快速发展，走出了"低收入陷阱"，进入中高收入经济体的行列，正面临"中等收入陷阱"的挑战。但是，在整个世界经济理论体系中，发展经济学主要解决的是"低收入陷阱"问题，经济增长理论主要解决的是发达国家的经济增长问题，还没有系统的经济学说主要解决"中等收入陷阱"问题，中国经济发展进入新时代，恰恰需要构建系统的经济学说以解决中国如何完成从富起来到强起来的伟大飞跃，中国经济学应该应运而生。

第二，中国经济学的边界？中国经济学从理想的角度讲，应该包括理论经济学和应用经济学两个一级学科的全部经济学科，就如同今天的西方主流经济学一样，用宏观经济学和微观经济学囊括所有的经济学科，成为集大成的经济学。但是，中国经济学目前还做不到这一点，主要是因为：

一是中国经济学还处在初创期。中国经济学是一个全新的经济学体系，从概念、范畴到个别理论创新和体系构建都还处于探索中，因而不可能一步到位。由于政治经济学是全部经济学的基础学科，只有政治经济学的理论体系首先建立起来，才可能为其他学科的构建创造基本的前提，因而目前中国经济学理论体系的构建可以首先聚焦于中国特色社会主义政治经济学的创新，然后在此基础上推进其他学科的中国化。

二是中国经济学所赖以生成的社会主义改革与发展实践还在探索中。马克思《资本论》的写作是基于发达资本主义国家英国的实践，这也是马克思到英国研究和写作《资本论》的根本原因。我国仍处于社会主义的初级阶段，还没有完成从中等收入向高收入经济体的跨越，因而中国经济改革与发展伟大实践的不成熟，就不可能孕育出成熟的中国经济学。

三是中国经济学还不可能完全取代西方经济学。中国经济发展虽然取得了巨大的成功，创造出了比资本主义国家更快的经济增长速度，体现出了社会主义经济制度的巨大优势和优越性，但是社会主义还没有完全战胜资本主义，而且社会主义和资本主义两种制度还将在今后一个相当长的时间内共存和竞争，这就决定了以揭示社会主义经济运动规律的中国经济学和以资本主义经济制度为基础的西方经济学必然在相当长的时间内继续并存。

第三，中国经济学的研究内容？对中国经济学研究边界的科学界定，就决定了中国经济学的研究对象、研究任务、研究方法等基本问题。基于以上对现阶段中国经济学研究边界的界定，中国经济学目前应首先聚焦于政治经济学的社会主义部分，即聚焦于马克思主义政治经济学的中国化，开创马克思主义政治经济学的新境界。这就使中国经济学在目前阶段的研究内容具有以下特征：

一是研究中国特色社会主义经济的形成和发展。中国经济学首先要研究中国特色社会主义经济的形成和发展过程，研究中国如何一步一步完成从站起来到富起来的艰难过程，总结其中的经验和教训，上升到一般理论，为进一步的理论创新提供坚持和发展的起点。但是，中国经济学更重要的任务是为中国经济从富起来到强起来的伟大飞跃提供理论基础和指导。因此，中国经济学的重点任务是在认真梳理新中国成立以来中国特色社会主义经济理论成果的基础上，以习近平中国特色社会主义经济思想为指导，对我国结合具体国情，在经济改革与发展实践中创新和发展的经济学观点、范畴、个别理论等进行学理性、系统性研究，特别是针对我国进入新时代经济发展的新特点新思想新要求，构建中国经济学理论体系和话语体系。

二是中国经济学的研究不能替代马克思主义政治经济学的研究。由于中国经济学目前被界定为政治经济学的社会主义部分，因而马克思主义政治经济学对资本主义部分的研究仍然需要加强，这一方面是因为资本主义国家在发展实践中根据客观需要在制度允许的范围内进行了一系列重大的变革，只有认真研究这些变革，才能使马克思主义政治经济学充满生机和活力；另一方面资本主义和社会主义还将长期并存，这就需要重视对资本主义的研究。同时，马克思主义政治经济学在揭示资本主义经济运动规律的过程中，也发现了可用于社会主义的一般规律和共有规律，因而研究和弄懂马克思主义政治经济学，才能在研究中国经济学时坚持马克思主义政治经济学的基本原理和基本方法，才能推进马克思主义政治经济学的中国化。

三是中国经济学的研究不能简单替代西方经济学的研究。由于社会主义和资本主义两种制度将会长期并存，在两种制度基础上形成的经济学也必然会随之长期并存，因而研究中国经济学就需要研究西方经济学。这一方面是因为中国经济学的研究不可能偏离世界经济学发展的文明大道，必须借鉴已有经济学的一切优秀成果，并在此基础上推进理论创新；另一方面西方经济学在发展进程中也会根据实践的需要推进理论和方法创新，中国经济学必须研究这些创新成果，以便在兼收并蓄中完成经济学理论的整体超越。

上 篇

理论经济学研究新进展

第一章　政治经济学研究新进展

2018 年是马克思诞辰 200 周年，同时也是《共产党宣言》发表 170 周年，理论界围绕对马克思主义理论研究及其当代价值进行了广泛和深入的阐述与探讨。2018 年也是我国改革开放 40 周年，是全面深化改革的重要一年，也是新时代转变经济发展方式、建设现代化经济体系的关键之年。我国学界对改革开放的成就、经验以及未来展望进行了热烈的讨论。

一、纪念马克思诞辰 200 周年

2018 年 5 月 4 日，习近平总书记在纪念马克思诞辰 200 周年大会上发表了重要讲话，高度评价了马克思主义理论揭示了人类社会发展规律的科学性、为人类求解放的人民性、指引改造世界行动的实践性以及不断发展与时俱进的开放性。并提出，在新时代，要坚持把马克思主义基本原理同中国具体实际结合起来，不断推进马克思主义的中国化、时代化。同时，强调坚持辩证唯物主义和历史唯物主义的世界观和方法论，坚持和运用马克思主义的立场、观点、方法，认识和把握规律，不断开辟当代中国马克思主义新境界。[①]

在马克思诞辰 200 周年之际，学者们从不同角度围绕马克思主义的继承和发展进行了一系列思考和研究。

谢伏瞻认为，唯物史观的创建、剩余价值的发现、科学社会主义的创立是马克思的伟大发现，马克思主义是人类思想史上的伟大革命，深刻改变了人类文明发展进程。习近平新时代中国特色社会主义是对马克思主义的继承和发展，是科学社会主义、政治经济学以及马克思主义哲学在 21

---

① 习近平：《在马克思诞辰 200 周年上的讲话》，新华网，2018 年 5 月 4 日。

世纪的发展。①

卫兴华强调，马克思主义政治经济学的立场是以人民为中心。马克思关于社会主义要快速发展生产力、实现共同富裕、坚持以人民为中心、建立和发展社会主义公有制的论述，是深化社会主义改革与发展的重要理论指导。习近平新时代中国特色社会主义经济思想是马克思主义政治经济学的中国化、时代化和具体化，深入系统地回答了新时代怎样建设中国特色社会主义的具体问题。②

邱海平认为，《资本论》的历史地位体现在其方法论和理论体系的科学性和先进性上：一是运用辩证唯物主义和历史唯物主义将社会经济发展理解为生产力与生产关系、经济基础与上层建筑的矛盾运动的过程，科学地揭示了资本主义的本质和经济运动规律；二是阐明了工人阶级在推动资本主义发展和变革、以及人类解放中的重要作用，为工人阶级运动提供了理论支持；三是客观看待资本主义的历史地位，坚持历史唯物主义。《资本论》以及整个马克思主义理论，为世界人类解放的革命运动和社会主义建设提供了理论武器。在当代学习《资本论》，有助于我们认识和把握客观规律、认清世界经济本质和发展趋势、更好地建设中国特色社会主义。③

胡钧等提出，从《共产党宣言》的发表、《资本论》的出版到习近平新时代中国特色社会主义思想的建立和完善的各个阶段，分别标志着科学社会主义理论的诞生、完成和成功。在新时代，坚持中国特色社会主义道路，关键在于要树立共产主义的远大理想。同时，社会主义可以利用市场经济这种手段，充分发挥市场在资源配置中的重要作用，推动生产力的更快发展。面对市场经济考验，为捍卫公有制和社会主义改革方向，要加强市场监管、法制建设和社会主义核心价值观教育，坚持以人民为中心的发展思想，提高宏观调控的战略定力。④

---

① 谢伏瞻：《马克思主义是不断发展的理论——纪念马克思诞辰 200 周年》，载《中国社会科学》2018 年第 5 期。

② 卫兴华：《始终坚持和不断发展马克思主义政治经济学——纪念马克思诞辰 200 周年》，载《人民日报》2018 年 5 月 7 日。

③ 邱海平：《〈资本论〉的历史地位和当代价值——纪念马克思诞辰 200 周年》，载《前线》2018 年第 6 期。

④ 胡钧、施九青：《〈共产党宣言〉〈资本论〉与新时代中国特色社会主义一脉相承——纪念马克思诞辰 200 周年》，载《经济纵横》2018 年第 8 期。

二、中国特色社会主义进入新时代

党的十九大报告做出了中国特色社会主义进入新时代、正处于新的历史方位的科学论断。对此，韩庆祥等认为，中国特色社会主义进入新时代的重要根据是我国改革开放和社会主义现代化建设取得的历史性成就、党和国家事业发生的历史性变革以及社会主要矛盾的转化；根本标志是中华民族迎来了从站起来、富起来到强起来的伟大飞跃，科学社会主义在中国焕发出强大生机活力；主要目标包括夺取中国特色社会主义伟大胜利，全面建成小康社会进而全面建设社会主义现代化强国，实现全体人民共同富裕和中华民族伟大复兴的历史使命，以及走近世界舞台中央为人类做出更大贡献；行动指南是习近平新时代中国特色社会主义思想。①

对新时代的几个重要理论问题，学者们进行了多角度的探讨和研究。

（一）习近平新时代中国特色社会主义经济思想

党的十九大报告提出了"新时代中国特色社会主义思想"这一全新概念。随后，在 2017 年 12 月的中央经济工作会议中首次使用了"习近平新时代中国特色社会主义经济思想"。理论界围绕这一思想的科学内涵、内在逻辑和现实意义等进行了一系列的研究和讨论。

韩保江认为，这一思想是十八大以来中国特色社会主义经济建设的最新实践经验总结和理论概括，与马克思主义政治经济学、毛泽东经济思想以及改革开放以来的中国特色社会主义经济建设思想"一脉相承"。②

秋石提出，十八大以来，围绕新时代社会主义经济发展，党中央提出了一系列新理念、新思想、新战略，逐步形成了习近平新时代中国特色社会主义经济思想。这一思想内涵丰富，逻辑严密，具体包括创造性地提出了党对经济工作的集中统一领导、以人民为中心的发展思想、五大新发展理念、坚持和完善社会主义基本经济制度和分配制度、使市场在资源配置

① 韩庆祥、陈曙光：《中国特色社会主义新时代的理论阐释》，载《中国社会科学》2018年第 1 期。
② 韩保江：《论习近平新时代中国特色社会主义经济思想》，载《管理世界》2018 年第 1 期。

中发挥决定性作用和更好发挥政府作用、转向高质量发展和建设现代化经济体系、推进供给侧结构性改革、城乡发展一体化、人类命运共同体以及稳中求进工作总基调等内容。这一理论体系进一步深化了对共产党执政规律、社会主义建设规律以及人类社会发展规律的认识，是当代中国的马克思主义政治经济学。①

刘伟认为，习近平新时代中国特色社会主义经济思想着眼于新时代的发展命题，提出新发展理念及"五位一体"总体布局，具体形成在新发展理念指导下建设现代化经济体系的基本方略，更进一步以供给侧结构性改革为主线，引导出一系列政策、制度的创新。这一思想理论体系的内在逻辑，体现了马克思主义历史逻辑与思想逻辑、理论逻辑与实践逻辑的统一。②

逄锦聚认为，习近平新时代中国特色社会主义经济思想，强调党对经济工作的统一领导，经济发展要坚持社会主义方向、以人民为中心，并以新发展理念为指导，坚持全面深化改革，在经济发展的同时坚持人与自然和谐相处。③

洪银兴提出，我国经济进入新常态表现出结构优化和动力转换两个新特征，开始向高质量发展阶段转变。基于对经济新常态这一科学判断，五大新发展理念回答了新时代如何建设中国特色社会主义的重要问题。其中，"共享"理念体现了以人民为中心的发展思想，以及共同富裕的社会主义本质要求；"创新"和"开放"理念回答了新时代中国经济发展的动力来源；"协调"和"绿色"理念强调了产业、区域、城乡协调发展以及可持续发展的重要问题。④

顾海良认为，社会主要矛盾的转化是习近平新时代中国特色社会主义经济思想的根本特征。这一新的社会主要矛盾提出了新时代中国特色社会主义建设的主要任务。"以人民为中心"是这一思想的核心立场，回答了"为谁发展"的问题。"新发展理念"是这一思想的根本指导，指引"怎样发展"。这一思想涵盖了中国特色社会主义基本经济制度、经济体制以

① 秋石：《新时代中国特色社会主义是科学社会主义发展的新阶段》，载《求是杂志》2018年第13期。

② 刘伟：《习近平新时代中国特色社会主义经济思想的内在逻辑》，载《经济研究》2018年第5期。

③ 逄锦聚：《引领新时代中国经济发展的科学思想》，载《人民日报》2018年7月10日。

④ 洪银兴：《习近平新时代中国特色社会主义经济思想引领经济强国建设》，载《红旗文稿》2018年第1期。

及经济运行的全过程，贯穿现代化经济体系建设的始终。①

（二） 新时代社会主要矛盾转化问题

中国特色社会主义进入新时代，我国社会主要矛盾已经发生了变化，由人民日益增长的物质文化需要和落后的社会生产之间的矛盾转化为人民日益增长的美好生活需要和不平衡不充分的发展之间的矛盾。

汪亭友指出，社会主要矛盾的转变有着充分的现实依据。在我国成为世界第二大经济体的过程中，人民物质文化生活水平也在不断提高。我国总体上实现小康，不久将建成全面小康。在此基础上，人民对美好生活的需求范围日益广泛、层次不断提高，涵盖了经济、政治、文化、社会、生态等方方面面。②

关于新时代社会主要矛盾的内涵，学界还存在许多不同的解读。特别是对社会主要矛盾中不平衡不充分发展的内涵的解读存在较大的分歧。

《新时代面对面》一书引用冷溶的解读：发展不平衡，主要指各区域各方面发展不够平衡，制约了全国发展水平提升。发展不充分，主要指一些地方、一些方面还有发展不足的问题。③

谢富胜认为，在我国社会生产力总水平显著提高的情况下，发展不平衡不充分成为更加突出的问题。生产发展不充分问题是主要矛盾的主要方面，具体表现为以标准化生产方式为基础的供给结构未跟上需求结构的变化，因而出现低端供给过剩与高端供给不足并存的局面。而城乡区域等发展不平衡问题是长期存在的，需要在解决发展不充分问题的过程中得到解决。④

李慎明则从拓展"发展"的内涵出发，认为社会生产指生产力和生产关系两个方面，而"发展"则涉及"五位一体建设"和党的建设的方方面面。发展不平衡，主要体现在经济领域，具体表现为宏观和微观上的收

---

① 顾海良：《从四个思想特征看习近平新时代中国特色社会主义思想的理论境界》，载《中国纪检监察》2018 年第 12 期。
② 汪亭友：《如何认识新时代我国社会主要矛盾的转变》，载《人民论坛》2018 年第 4 期。
③ 阔步迈入新时代（〈新时代面对面〉 ②）》，载《人民日报》2018 年 2 月 23 日。
④ 谢富胜：《如何理解中国特色社会主义新时代社会主要矛盾的转化》，载《教学与研究》2018 年第 9 期。

入分配不平衡；而发展的不充分，则体现为其他领域发展的不充分。①

郝全洪提出，新时代社会主要矛盾变化涵盖了政治、经济、文化、社会、生态等诸多方面在内的主要矛盾的变化。而在经济方面体现为经济发展主要矛盾的变化，具体来说就是宏观经济总需求和总供给的矛盾由总量不平衡转变为结构不平衡。矛盾的主要方面在供给侧，根源在于供给体系的质量和效率不高。②

卫兴华认为，新时代社会主要矛盾的主要方面是"不平衡不充分的发展"。但他不赞同十九大后主流媒体将社会主要矛盾中的"不平衡不充分"解读为区域、城乡、收入等层面的不平衡以及落后地区发展不充分、国内生产力还落后等。他认为这种解读偏离了十九大报告的原意。一方面，"发展不平衡不充分"是十九大报告中谈到的我国经济社会发展存在的七方面"不足"的首要"不足"，是指相对于美好生活需要而言，质量、档次以及新结构供给还不充分，因而存在供给侧和需求侧新的不平衡。另一方面，"人民日益增长的美好生活的需要"是一个动态的概念：首先，其层次和内涵会不断提高和扩展；其次，根据财富及收入的不同，会呈现出对美好生活需要不同的具体内容，可分为三个层次，包括可实现的、期待性和期盼性的美好生活需要。全面理解和把握新时代社会主要矛盾，应与新时代中国特色社会主义建设"五位一体"的总体布局和新发展理念紧密联系起来。③

（三）建设现代化经济体系

洪银兴提出，解决发展不平衡不充分的问题、化解新时代社会主要矛盾，主要路径在于新时代社会主义现代化建设。这是逐步实现共同富裕的过程，是对发达国家的赶超过程。现代化经济体系包括四个方面：一是现代化动力体系，科技创新和产业创新并重；二是现代化的领域，包括新型工业化、信息化、城镇化和农业现代化；三是现代化供给体系，强调产业结构和市场配置体系的效率、质量等；四是现代化制度体系，为市场有效

---

① 李慎明：《正确认识中国特色社会主义新时代社会主要矛盾》，载《红旗文稿》2018年第5期。

② 郝全洪：《关于我国经济发展主要矛盾变化的思考——学习习近平新时代中国特色社会主义经济思想》，载《教学与研究》2018年第9期。

③ 卫兴华：《应准确解读我国新时代社会主要矛盾的科学内涵》，载《马克思主义研究》2018年第9期。

运行提供制度保障。①

张宇认为，建设现代化经济体系，能够为其他领域的现代化提供有力支撑，使我国在国际竞争中赢得主动。进入新时代，建设现代化经济体系应结合我国基本国情及当前国际国内环境，坚持走自己的路。坚持以新发展理念为指导，依靠创新驱动发展、协调好供求等多方面的关系、处理好经济发展与生态环境保护的关系、构建人类命运共同体以及坚持以人民为中心。②

程恩富等提出，建设现代化经济体系，一是反对片面追求 GDP 和政绩的观点，现代化经济体系建设的表象是物质和经济，但实质和服务对象是人民，应坚持"以人民为中心的发展思想"。二是反对供给侧结构性改革已基本完成的观点，强调供给侧结构性改革还需在"破"（化解过剩产能）、"立"（培育新动能）、"降"（降低实体经济成本）上下功夫。三是反对优先发展虚拟经济的观点，指出要抓住实体经济建设这个"牛鼻子"。四是反对主张生产关系和制度改革比生产力和技术变革更重要的观点，强调创新对于促进经济发展的重要性。五是反对不必急于改变城市、区域不平衡状况的观点，认为要大力推进乡村振兴战略、促进城乡区域协调发展。③

三、改革开放 40 周年中国经济发展的成就回顾与展望

党的十一届三中全会以来，我国实行改革开放，走出了一条中国特色社会主义道路。习近平总书记在庆祝改革开放 40 周年大会上的讲话中，高度评价我们党带领人民开辟的中国特色社会主义道路、理论、制度、文化的成就，指出改革开放是决定当代中国命运、实现中华民族伟大复兴的关键一招。④

---

① 洪银兴：《新时代的现代化和现代化经济体系》，载《南京社会科学》2018 年第 2 期。
② 张宇：《以新发展理念引领现代化经济体系建设》，载《人民日报》2018 年 4 月 14 日。
③ 程恩富、柴巧燕：《现代化经济体系：基本框架与实现战略——学习习近平关于建设现代化经济体系思想》，载《经济研究参考》2018 年第 7 期。
④ 习近平：《在庆祝改革开放 40 周年大会上的讲话》，新华网，2018 年 12 月 18 日。

（一）中国经济改革成就和经验的思考

林毅夫总结了改革开放以来我国经济方面的成就。我国于 2009 年超过日本成为世界第二大经济体，2010 年跨入中上等收入国家行列，并超过德国成为世界第一大出口国，2013 年超过美国成为世界第一大货物贸易国。到 2017 年我国国内生产总值占世界经济比重由 1978 年的 1.8% 提高到 15% 左右，近 40 年来保持年均近两位数的速度增长。他认为，我国经济取得巨大成就，关键在于我国坚持走中国特色社会主义道路、坚持改革开放。在推进市场化改革的进程中，利用我国劳动力丰富的比较优势、发展劳动密集型产业；同时利用发展中国家的后发优势，引进消化吸收再创新发达国家的先进技术，实现了技术进步和产业升级。此外，我国采取渐进式改革，避免照搬西方休克疗法和套用西方主流理论，实现了经济社会的快速稳定发展。[1]

刘伟等认为，改革开放以来我国经济社会发展迅速，对促进周边地区乃至世界经济发展做出了突出贡献，但具体来看我国仍然是一个发展中国家。目前我国人均收入已进入中上等收入水平，但从人均 GNI 以及经济总规模来看仍与高收入国家存在一定的距离。同时，产业结构初步形成第三产业占比最大、第一产业最小的现代国家产业格局，但仍处于工业化进程中、存在就业结构与增加值结构不匹配的问题。此外，从人类发展水平来看，我国人均寿命、受教育水平、人均收入得到明显提升，但仍与发达国家有较大差距。[2]

蔡昉反对将中国改革开放总结为"如何走向资本主义"，认为中国经济转型符合历史逻辑与理论逻辑的统一。我国农村家庭联产承包责任制改革、城市经济改革的核心企业改革、政府和市场关系的改革、对外开放等措施，是从体制上解决物质资本和人力资本的积累和配置问题的改革实践。中国经济增长的源泉，来自改革开放中所释放的二元经济发展潜力和人口红利，以及计划经济时期积累的人力资本禀赋。[3]

张卓元详细回顾了我国改革开放的历程，认为市场化改革是经济领域

---

① 林毅夫：《中国经济改革的成就、经验与挑战》，载《人民日报》2018 年 7 月 19 日。
② 刘伟、蔡志洲：《如何看待中国仍然是一个发展中国家？》，载《管理世界》2018 年第 9 期。
③ 蔡昉：《中国改革成功经验的逻辑》，载《中国社会科学》2018 年第 1 期。

改革的主线。中国改革开放从引入市场机制、尊重价值规律开始，经济体制改革的核心问题是处理好政府和市场的关系。①

胡乐明认为，改革开放在经济方面是一个市场作用不断扩大的历史过程，但并不是市场替代政府的单边过程。中国的市场化改革，并未像新自由主义及国家干预主义那样将政府与市场对立起来，而是将二者都看作是组织和协调经济活动的制度安排。②

秋石指出，改革开放的成功经验，关键一条就是坚持发展社会主义市场经济、不断理顺政府和市场的关系。政府和市场的关系处于深化经济体制改革所涉及的市场体系、企业制度等众多方面的核心位置。从党的十一届三中全会到十九大，如何处理政府和市场关系，一直是改革工作的主线。③

（二）新时代如何继续推进改革开放

黄泰岩认为，纪念改革开放最重要的现实意义在于回答在新时代是否要继续推进改革开放，以及如何推进改革开放的问题。进入新时代我国生产力水平仍然处于社会主义初级阶段，生产关系还能够继续适应生产力的发展，仍能释放出巨大制度红利。因此，在新时代继续坚持改革开放，可以为实现"两个一百年"奋斗目标、化解社会主要矛盾提供强大动力。改革开放经验的当代价值在于坚持发展是第一要务、坚持以人民为中心、坚持社会主义基本经济制度、坚持社会主义市场经济改革方向、正确处理政府和市场关系、坚持对外开放的基本国策。④

刘元春认为，当前中国经济改革面临资源配置效率恶化和制度红利快速递减的问题。改革面临的主要矛盾体现为当前的制度安排和体制建设难以化解发展不平衡不充分问题，过去积累下的资源错配难以通过传统渐进的、自上而下的改革方式解决。在新时代，全面深化改革将过渡到通过上

---

① 张卓元：《中国经济四十年市场化改革的回顾》，载《经济与管理研究》2018 年第 3 期。
② 胡乐明：《政府与市场的"互融共荣"：经济发展的中国经验》，载《马克思主义研究》2018 年第 5 期。
③ 秋石：《论正确处理政府和市场关系》，载《求是杂志》2018 年第 2 期。
④ 黄泰岩：《新时代改革开放的继承与创新》，载《辽宁大学学报（哲学社会科学版）》2018 年第 9 期。

45

层建筑和社会关系的调整来推进生产关系调整的新阶段。①

关于改革中政府与市场的关系问题，一直是理论界讨论的热点。

黄桂田谈到，政府和市场的关系，难以用一个一般化的理论、模型来解释。因而新时代构建中国特色社会主义市场经济，要立足于中国的实际来处理政府和市场的关系，不太可能模仿某种现有的模式。在过去 40 年中，政府发挥了重要作用。同时，政府和市场的关系不是一成不变的，在特定的历史阶段，如何处理政府与市场关系，需要学界反思和总结。②

刘国光重点讨论了计划和市场关系的辩证关系，强调二者都只是经济手段，认为宏观调控是广义的国家计划调控。要重视市场对激励企业竞争、优化资源配置、推动经济发展的作用，坚定不移地推进社会主义性质的市场取向改革。同时也要看到市场的缺陷和不足，加强国家必要的事前、事中和事后管理。社会主义经济中还存在市场的直接原因是人们物质利益和产权权能分离的差别，因此，社会主义市场经济既受市场价值规律的支配，同时也受"有计划按比例发展规律"的支配。既不能迷信市场，也不能将市场和计划对立起来。在资源配置的调节中，宏观层次由国家调控、中观层次由国家和市场共同调节、微观层次由市场在国家的规制下调节。③

卫兴华认为，按照邓小平提出的"三个有利于"标准来判断，改革开放 40 年，是我国生产力快速发展、综合国力大幅提高、人民生活水平得到不断满足的 40 年。我们取得的成绩是巨大的，但如果总结得失还可以提出一些问题，以有利于在新的历史时期，继续推进改革开放。第一，在现阶段，以公有制为主体、多种所有制经济共同发展的基本经济制度与"三大改造"中消灭一切私有制、搞单一公有制的理论和实践能否统一，是否可以说"三大改造"超越了新民主主义制度；第二，在非公有制经济呈现出"五六七八九"特征的现实情况下，一方面在政策上要继续支持和鼓励其发展、在宣传上不要讲不利于非公有制经济发展的言论，但另一方面要重视公有制为主体在实践中如何体现；第三，在两极分化的现实情况下如何调整收入分配制度以体现社会主义本质；第四，社会主义事业发展

① 刘元春：《新时期中国经济改革的新思路和新框架》，载《政治经济学评论》2018 年第 1 期。

② 黄桂田：《正确处理政府与市场的关系，建立有中国特色社会主义市场经济体系》，载《政治经济学评论》2018 年第 1 期。

③ 刘国光：《基于经济手段的视角解析计划与市场的关系》，载《福建论坛·人文社会科学版》2018 年第 1 期。

中，要考虑什么原因会导致公有制的主体地位被削弱，并且出现贫富分化的趋势。[1]

四、收入分配问题

在我国经济发展取得重大成就的同时，也出现了收入分配差距扩大、贫富分化的问题。我国学界围绕我国收入分配状况、产生差距的原因及实现共同富裕的对策进行了广泛的探讨和深入的研究。

(一) 收入分配领域的问题和原因

我国基尼系数长期保持在 0.4 以上、财富越来越集中在少数社会成员中的现象和趋势得到了学者们的普遍认同。此外，一些学者也从其他角度，剖析了我国收入分配问题的具体状况。

刘伟等通过测算改革开放以来我国基尼系数、泰尔指数以及极化指数等，考察了我国收入分配差距的变化趋势和结构状况。发现我国总体居民收入差距受城乡居民收入差距影响最大，其次是农村居民内部收入差距，影响最小的是城市居民收入差距。从各个区域来看，当前东部地区收入分配相对公平而西部地区收入差距最大。从行业角度看，第三产业收入不平等状况最为严重。[2]

基于对收入差距状况的不同认识，学界对于造成这一问题的原因进行了广泛而深入的讨论。

周新城认为，研究分配问题不能脱离生产方式，必须从生产资料所有制出发。在我国公有制为主体、多种所有制经济共同发展的基本经济制度下，面对生产力水平还不够高的现实情况，非公有制经济的发展和壮大有其合理性和积极作用。在私营经济、外资经济的发展中，资本主义积累的一般规律就会起作用，资本与劳动的对立表现为收入方面的两极分化。[3]

---

① 卫兴华：《改革开放 40 年的成就与反思》，载《政治经济学评论》2018 年第 11 期。
② 刘伟、王灿、赵晓军、张辉：《中国收入分配差距：现状、原因和对策研究》，载《中国人民大学学报》2018 年第 5 期。
③ 周新城：《研究分配问题必须从生产资料所有制出发——研究分配问题的一个方法论原则》，载《当代经济研究》2018 年第 1 期。

刘灿提出，居民收入差距的扩大与财产权的分布不均衡密切相关。造成居民财产性收入差距的原因，主要来自区域发展的不平衡、市场体系和制度的不完善以及居民个人禀赋的差异等。①

黄泽清等则重点研究了国际资本流动对于我国收入分配差距扩大的影响机制。一方面国内垄断资本通过与行政权力及跨国公司的结合，获得了更加有利的生产条件，从而获得更多垄断利润；另一方面国内高收入群体与国际短期套利资本相结合，通过非生产性套利行为，赚取中低收入者的收入。②

（二）收入分配制度改革

党的十九大报告中提到，新时代是全国各族人民团结奋斗、不断创造美好生活、逐步实现全体人民共同富裕的时代。促进收入分配更合理、更有序，缩小收入分配差距是提高保障和改善民生水平的重要内容。

洪银兴提出，在"富起来"的时代允许一部分地区和一部分人先富起来，而在"强起来"的时代，共同富裕的要求则更加紧迫。在进入新时代后，收入分配要根据社会主义共同富裕的要求，偏重于公平正义。一是坚持按劳分配原则，完善按要素分配；二是缩小收入差别，使人民共享发展成果。同时，促进劳动者获得非生产性要素，拓宽劳动者获得财产性收入的渠道。③

方敏结合现代化经济体系建设，认为走中国特色新型工业化、信息化、城镇化、农业现代化道路，有利于降低农业劳动人口比重、改变我国就业结构，整体上提高劳动者报酬。④

董宇坤等认为，新时代收入分配制度应体现人民共享的核心思想。在主体上强调全民共享、在范围上强调全面共享、在过程中强调共建共享。在初次分配环节，健全社会主义市场经济体制是坚持按劳分配原则、完善按要素分配的实现机制。充分发挥市场配置劳动力资源的作用，同时健全

---

① 刘灿：《马克思关于收入分配的公平正义思想与中国特色社会主义实践探索》，载《当代经济研究》2018年第2期。
② 黄泽清、陈享光：《国际资本流动与我国各收入群体收入份额的变动——基于帕尔玛比值的分析》，载《经济学动态》2018年第8期。
③ 洪银兴：《兼顾公平与效率的收入分配制度改革40年》，载《经济学动态》2018年第4期。
④ 方敏：《不断完善中国特色社会主义新时代的分配关系》，载《政治经济学评论》2018年第3期。

价格机制、竞争机制和供求机制等市场机制，保障生产要素的合理有效配置。在再分配环节，发挥政府的主要作用，通过税收和财政政策，保障分配的公平公正。①

赖德胜强调收入分配体系既要体现效率又要促进公平，一是要发挥实体经济稳定和促进就业的作用，实现更高质量和更充分的就业，提高劳动收入占国民收入的比重；二是完善初次分配制度，实行以增加知识价值为导向的分配政策，实现劳动报酬与劳动生产率同步提高；三是健全再分配政策，其中教育公平尤为关键；四是实施精准扶贫，这也是减小收入分配差距最重要的任务。②

五、非公有制经济的发展

毫不动摇鼓励、支持、引导非公有制经济发展，是坚持社会主义基本经济制度的基本要求，因而学者们对此进行了激烈的讨论。

（一）"私营经济离场论"引发的争论

2018年9月，一篇题为《中国私营经济已完成协助公有经济发展的任务，应逐渐离场》的文章在网络上引起广泛关注。文章中的观点被总结为所谓的"私营经济离场论"，引发了各界的讨论。

《人民日报》、《经济日报》等刊发文章，率先对这种"私营经济离场论"进行了驳斥。这些文章中指出，公有制经济和非公有制经济都是我国社会主义市场经济的重要组成部分，都是我国经济社会发展的重要基础。习近平总书记多次强调坚持"两个毫不动摇"。这种论调试图否定和动摇我国社会主义基本经济制度和社会主义市场经济体制，是逆改革开放潮流、企图开历史倒车的危险想法。③④

关于非公有制经济的重要地位和作用，也是学界讨论的热点问题。

① 董宇坤、白暴力：《习近平新时代中国特色社会主义收入分配理论探讨——马克思主义政治经济学的丰富与发展》，载《西安财经学院学报》2018年第8期。
② 赖德胜：《建设体现效率促进公平的收入分配体系》，载《人民日报》2018年8月30日。
③ 平言：《"两个毫不动摇"任何时候都不能偏废》，载《经济日报》2018年9月13日。
④ 李拯：《踏踏实实把民营经济办得更好》，载《人民日报》2018年9月14日。

高德步梳理了改革开放以来我国民营经济的发展历程。在立法方面，1988 年《中华人民共和国宪法修正案》《中华人民共和国物权法》等法律法规确定了私营经济的合法性，明确规定对公有财产和私有财产给予平等保护，为民营经济发展提供了法律基础和制度保障。同时，政府出台了一系列政策、规定，建立市场经济、打破市场准入门槛，确保权利、机会、规则平等。从党的十一届三中全会以来，逐步确立社会主义基本经济制度和完善社会主义市场经济建设，非公有制经济在党和国家相关法律法规政策的鼓励、支持和引导下不断发展壮大。①

韩保江认为，我国生产力发展多层次、不平衡的状况仍然没有变，具体表现为社会化大生产和"非社会化"小生产并存，这要求有不同性质的多元所有制的生产关系与之相适应。同时，从社会需求结构来看，私人产品尤其是居民消费品具有竞争性、排他性和营利性等特征，这类产品更适合由非公有制经济生产和供给，以提高产品的精细化、便利性。②

王生升提出，民营经济在稳定增长、促进创新、增加就业、改善民生等方面发挥了重要作用。国有经济与民营经济各有所长、可以优势互补、实现共同发展。建设社会主义现代化经济体系、转变经济增长方式，要更好地发挥民营经济在微观层面的生产和流通中具有较高效率的优势。③

（二）支持和推进非公有制经济发展的建议

在当前宏观经济形势下，准确认识民营企业在发展中遇到的困难，如何支持和推进对非公有制经济发展的政策，引发了各界的重视。

2018 年 11 月 1 日，民营企业座谈会在北京召开。习近平总书记在座谈会上指出，改革开放 40 年来，民营经济对我国经济发展做出了重要贡献，在国家税收、技术创新、就业等方面发挥了重要作用。强调非公有制经济的作用和地位没有变，毫不动摇鼓励、支持、引导非公有制经济发展的方针、政策没有变。同时分析了当前民营经济发展遇到的困难，提出支持民营企业发展壮大的指导意见。④

---

① 高德步：《中国民营经济的发展历程》，载《行政管理改革》2018 年第 9 期。
② 韩保江：《"民营经济是我国经济制度的内在要素"》，载《光明日报》2018 年 11 月 8 日。
③ 王生升：《经济发展新时代离不开国有经济和民营经济的共同发展》，载《光明日报》2018 年 2 月 7 日。
④ 习近平：《在民营企业座谈会上的讲话》，载《经济日报》2018 年 11 月 13 日。

林毅夫认为，为贯彻习近平总书记在民营企业座谈会上提出的重要政策举措，应从以下六个方面着手：一是鼓励和引导企业家树立长期发展的信心；二是继续推动政府职能转变，简政放权，推行行政许可和公共服务标准化；三是切实减轻企业税负；四是深化金融体制改革，解决民营企业融资中的困难；五是建立制度化、常态化政商沟通机制，各级党委和政府有效收集处理民营企业面临的困难；六是创造更加公平的竞争环境。[①]

王一鸣提出，进入新时代，必须牢牢坚持"两个毫不动摇"，一方面完善产权保护制度，一方面放宽民营企业市场准入，进而废除各种形式的不合理规定和消除歧视民营企业的各种做法，保障民营企业的活力和创造力得到发挥。[②]

关于在当前形势下，怎样对待非公有制经济的发展问题，也有学者提出不同的观点。

李稻葵认为，中国经济处于转型升级期，民营企业集中在需要转型升级的下游产业，在这个过程中，落后的企业必然会被淘汰。民营企业中经营状况差的企业难以获得银行贷款，面临"融资难"的问题，一方面是由于金融去杠杆搞"一刀切"，另一方面也是在市场规律的作用下银行等金融机构追求盈利的结果。培育地方政府融资市场、调整"一刀切"的去杠杆政策，应是金融结构和金融政策的改革重点。应该防止以保护和发展民营经济为借口，来扶持一些本来就该淘汰的企业、保护落后产能。[③]

刘俏提出，化解民营企业融资难问题，需要从深层次分析不同民营企业面临融资难、融资贵的根本原因。民营企业难以获得金融体系的融资资金，有的是由于企业自身规模小、可抵押资产少；而有的则是因为经营模式粗放、盲目追求扩张；更有的则是由于滥用股权质押等方式融资后投资于非主营业务，损害了企业长远发展。纾解民营企业融资困难，应选择基本面良好、只是出现流动性问题的企业优先支持，不搞"一刀切"或"撒胡椒面"。[④]

① 林毅夫：《民营经济发展迎来新的春天》，载《光明日报》2018 年 11 月 8 日。
② 王一鸣：《为民营企业发展创造更好条件》，载《光明日报》2018 年 11 月 13 日。
③ 李稻葵：《不能以保护民营经济为借口来保护落后产能》，新京报网，2018 年 11 月 22 日。
④ 刘俏：《以深化改革化解民营企业融资困局》，载《人民日报》2018 年 12 月 10 日。

六、构建和发展中国特色社会主义政治经济学理论体系

进入新时代，理论界围绕中国特色社会主义政治经济学的使命和责任、如何创新和发展中国特色社会主义政治经济学等问题进行了研究和讨论。

黄泰岩指出，对中国特色社会主义政治经济学体系的构建，仍然存在着分歧。在逻辑起点的选择上，有的认为是中国特色社会主义商品，有的主张是社会主义本质。在逻辑主线的选择上，有的认为是社会主义市场经济，有的认为是发展生产力和共同富裕，有的认为是以人民为中心的发展思想，还有的认为是建设现代化经济体系。因此，需要学者经历较长时期的讨论来达成基本共识。[1]

逄锦聚认为，在党的十九大胜利召开以后，中国特色社会主义政治经济学的主要任务，是在全面阐释十九大精神的基础上，围绕习近平新时代中国特色社会主义思想，对"新时代"的丰富内涵、决定因素、历史必然性、与所处时代的关系、重大理论意义和实践意义及深远影响等加以深刻阐释。构建中国特色社会主义政治经济学应以着力发展和满足人民需要为主线，进一步阐释清楚习近平新时代中国特色社会主义思想的丰富内涵，并将其贯穿于整个理论体系和话语体系的构建中。研究范围应从经济拓宽到社会，从生产力、生产关系、经济基础拓宽到上层建筑各个领域，从而把中国特色社会主义政治经济学建设成为真正为中国特色社会主义发展提供理论基础的科学。[2]

邱海平提出，说明中国特色社会主义的规律性，是中国特色社会主义政治经济学的根本任务，也是最大任务。这一理论体系，应该从当代世界的格局和形势出发，为中国特色社会主义发展和中华民族伟大复兴提供理论和实践指导。[3]

---

① 黄泰岩：《改革开放40年中国特色社会主义政治经济学的创新发展》，载《光明日报》2018年11月27日。

② 逄锦聚：《新时代新课题与中国特色社会主义政治经济学的新使命》，载《经济纵横》2018年第1期。

③ 邱海平：《对新时代中国经济学定位的思考》，载《经济纵横》2018年第1期。

　　张占斌等将中国特色社会主义政治经济学的任务和使命总结为四个方面。首先，在理论意义上，中国特色社会主义政治经济学要体现社会经济发展的一般规律，同时又应超越传统理论框架、应对时代挑战。其次，在时代意义上，要构建自己的话语体系，增强理论自觉和理论自信。再次，在实践意义上，要总结新时代实践经验、揭示经济建设规律、为新时代中国特色社会主义经济建设和向高质量发展阶段转变提供理论指导。最后，在国际意义上，要体现以人民为中心，包含人类共同的价值追求，为世界经济及经济学发展贡献中国方案和中国智慧。[①]

　　王立胜认为，新时代中国特色社会主义政治经济学是"强起来"时代的政治经济学。在新阶段，研究对象不能仅仅局限于生产关系，要扩大至研究生产力的发展问题、生态问题、国家问题等所有方面。[②]

53

---

　　① 张占斌、钱路波：《论构建中国特色社会主义政治经济学》，载《管理世界》2018 年第7 期。
　　② 王立胜：《论新时代中国特色社会主义政治经济学》，载《马克思主义与现实》2018 年第 2 期。

第二章 国际经济学研究新进展

2018 年国际经济复杂多变，逆经济全球化、贸易保护主义盛行，中美贸易战对全球经济造成严重影响。这对国际经济学的研究提出了新的问题和挑战，学者们对此进行了深入的研究，取得了新的理论进展。

一、国际贸易的基本情况

国际货币基金组织 2018 年 10 月发布《世界经济展望》报告，将全年的增长率预测值下调至 3.7%，全球经济面临下行风险，贸易保护主义与单边主义抬头。经济的减速及一些新兴经济体政治风险的显现又引起金融的收紧，导致金融市场波动。

安惠侯认为，国际力量对比将延续"东升西降""南升北降"的趋势，冲击美国独霸的国际格局。新兴市场国家与发展中国家的地位上升，必然会改变世界秩序、重塑全球治理体系。美国不甘心其地位下降，推动"美国优先"、挑起对华贸易战，将破坏世界经济秩序，中国应沉着应对。[①]

张旭东等认为，2018 年中国经济外部环境面临的不确定性增加。我国经济总体平稳，贸易摩擦对我国整体的出口和经济增长影响是可控的。中国对新兴市场和发展中国家以及"一带一路"沿线国家的贸易份额有所扩大，同时，我国外贸依存度下降，内需发挥的作用有所增强，经济模式向内需拉动转型。中国经济面对种种变局，能够变中取胜。[②]

洪俊杰等认为，中国经过 40 多年的开放型发展，逐渐从世界经济的

---

① 安惠侯：《错综复杂、动荡不安的 2018 年世界局势》，载《北京日报》2018 年 12 月 26 日。
② 张旭东、韩洁、王希：《我们对中国经济的前景是乐观的》，载《光明日报》2018 年 10 月 9 日。

边缘移向枢纽，在世界经济中的比重越来越高，从注重出口到力求进出口平衡，从吸引外资走向双向开放。但我国经济总体上仍处于价值链的低端，出口产品中简单产品占比很高，还存在缺乏国际规则制定权、全球贸易关键环节与核心技术仍受制于人等问题。中国外部经济环境的恶化给我们敲响了警钟，要求我们必须抓紧时间掌握核心技术，努力提高经济自主性。[①]

刘卫平认为，美国等发达国家与主要出口国家内部经济持续失衡，使现行国际经济体系极不稳定。发达国家一旦遭遇危机，便会求助贸易保护主义措施，向中国等顺差国转嫁危机。中国经济经过多年的高速发展，在全球经济体系中的影响力逐渐增强，当前美国等国家经济疲软，中国面临的压力也随之增大。国际分工体系的变化给中国产业升级带来巨大的压力，全球主权国家债务危机导致需求降低与热钱对中国金融系统的冲击，大宗商品价格持续上涨增加了中国的通胀压力。面临挑战，中国要认真考虑加快经济发展方式转变，加强推进与非洲、中亚等国的国际合作战略。[②]

二、"逆全球化"现象及其原因

2018 年，学界对美国挑起贸易战的真实原因与中国的对策进行了研讨，并探讨了本轮"逆全球化"现象的深层次原因。

（一）中美贸易摩擦与对策

简新华认为，美国政府挑起和升级中美贸易摩擦的原因并不是贸易赤字的扩大，而是因为中国威胁了美国的独霸地位，对此要有清醒的认识。美国对中国无端指责只是为了给它的贸易摩擦行动一个借口，其真正目的是迫使中国放弃社会主义现代化，将中国锁定到全球价值链的低端。对市场进行干预与宏观调控是市场健康发展的内在要求，美国自身也对市场进行干预与调控，它对中国的指责是双重标准。有差别的关税规则是 WTO

---

① 洪俊杰、商辉：《中国开放型经济发展四十年回顾与展望》，载《管理世界》2018 年第10 期。
② 刘卫平：《中国经济调整与再平衡：启示、挑战与策略》，载《人民论坛·学术前沿》2018 年第 2 期。

对发展中国家的合理保护，美国不能因为其实力下降就随意修改规则。[①]

谢地等回顾了自中美建交以来美国对华贸易政策的变化过程，提出贸易摩擦的根源是生产过剩。驳斥了美国政府对中国政府正常的市场干预的指责，指出美国政府对中美的正常贸易加以干预与审查。我国的社会主义性质也要求政府以社会公平为目标，对经济进行调节，对资源进行合理配置。美国挑起贸易摩擦对解决其国内的生产过剩与就业问题没有帮助。[②]

彭波认为，中国多年来就是反倾销、反补贴的最大调查对象。全球贸易环境恶化最大受害者就是中国。当前贸易保护主义盛行的一个原因是重商主义与自由贸易理论中隐含的支持贸易保护主义的结论。只有从全球价值链理论出发，准确判断一国从外贸获取的真正利益，才能打破贸易保护主义的迷思。中国发展到现阶段，应放弃出口导向的发展模式，增加居民消费，以减少贸易摩擦，推动产业升级，维持国际贸易体系的稳定。[③]

余振等认为，全球贸易链的地位和利益的争夺是贸易摩擦的主因，一国在全球价值链的攀升与参与度的增大分别对贸易摩擦呈现竞争与融合两种效应。随着中国经济的转型，出口的高附加值产品比例逐渐扩大，两种效应也在中美贸易摩擦中有所体现：竞争效应使中美贸易摩擦增多，融合效应使贸易摩擦持续的时间缩短。[④]

黄卫平提出，我们要以更开放的姿态来面对当前中美的贸易困境，要坚持在 WTO 框架内与美国谈判。在开放的过程中要注意安全，谨防重蹈苏联、日本、阿根廷等国的覆辙。美国挑起对华贸易摩擦的依据是被夸大的贸易逆差，但贸易顺差使中国资源向美国流出，换回来的却是"白条"式的美国国债，存在对中国不利之处。中美贸易战中，金融方面是美国独霸，我国无法与之抗衡。中国经济对外依存度随着中国经济发展而提升，要求我们在对外开放过程中要考虑对方利益，努力实现双赢的结果。[⑤]

---

① 简新华：《驳斥美国对中国的指责，坚持积极稳妥对外开放——纪念中国改革开放 40 周年》，载《政治经济学评论》2018 年第 6 期。

② 谢地、张巩：《中美贸易摩擦的政治经济学分析》，载《政治经济学评论》2018 年第 5 期。

③ 彭波：《基于全球价值链的外贸发展新模式》，载《国际经济合作》2018 年第 9 期。

④ 余振、周冰惠、谢旭斌、王梓楠：《参与全球价值链重构与中美贸易摩擦》，载《中国工业经济》2018 年第 7 期。

⑤ 黄卫平：《中国对外开放的理论与实践》，载《政治经济学评论》2018 年第 4 期。

（二）"逆全球化"的原因

佟家栋等通过分析历史上的两次"逆全球化"过程指出，人们在全球化中获利悬殊的事实是"逆全球化"的原因，"逆全球化"的力量随着一个经济体的不平等程度提高而加深。第二轮全球化使资本的利益诉求在全球得到实现，但全球价值链的转移使发达国家劳动者的利益受到损害，贸易保护主义则维护了这些人的利益，得到人们的拥护。美国"逆全球化"的目的是期望建立更能保护其利益的新秩序，我们正处在第二次"逆全球化"浪潮之中。①

杨圣明等归纳总结了马克思的世界市场理论，并用其分析了当前的"逆全球化"现象，将其与全球经济危机相联系。发展中国家和发达国家在全球经济体系中地位悬殊，这种不合理的国际经济旧秩序是造成全球经济失衡的原因。资本主义国家在发展的不同阶段利用不同的贸易政策来维护资产阶级的利益。"逆全球化"无法解决危机带来的一系列问题，只有构建互利共赢的国际新秩序才是正确的选择。②

栾文莲认为，经济全球化一方面极大地发展了生产力，另一方面也造成了贫富分化与失业，培育了"逆全球化"与反全球化的力量。在由金融资本主导的全球化进程中，大部分发展红利被少数跨国垄断金融资本获取，代价却由中下阶层承受，不公平的分配格局造成当下反全球化潮流。"逆全球化"是金融垄断资本主义无法解决其自身危机的反映，它削弱了西方发达国家在经济全球化进程中的地位，显示出资本主义道路衰退的历史必然。只有建立新型全球化才能最终解决资本主义全球化过程中的失衡问题。③

周强认为，世界经济的发展得益于全球化，但伴随着全球化，不同群体间获益悬殊等问题可能引发全球化本身的危机。总的来说，发达国家广大劳动者在全球化中受损是欧美各国反全球化力量上升的原因。④

---

① 佟家栋、刘程：《"逆全球化"的政治经济学分析》，载《经济学动态》2018 年第 7 期。
② 杨圣明、王茜：《马克思世界市场理论及其现实意义——兼论"逆全球化"思潮的谬误》，载《经济研究》2018 年第 6 期。
③ 栾文莲：《对当前西方国家反全球化与逆全球化的分析评判》，载《马克思主义研究》2018 年第 4 期。
④ 周强：《补偿何时能换来对全球化的支持——嵌入式自由主义、劳动力流动性与开放经济》，载《世界经济与政治》2018 年第 10 期。

三、国际资本流动效应

国际资本流动包括正常的投资与投机性资本流动，对于前者大多数学者是支持的，认为可促进经济发展，有利于我国产业转型升级。同时要注意防范投机性资本造成的金融风险。

（一）引进外资与对外投资及其对经济的影响

屠光绍提出，我国参与世界经济的方式发生了重大变化。过去我们以吸引外国投资和出口低端商品为主，较少出口中高端产品和服务贸易，现在我国出口的产品中，中高端产品逐渐增多；吸引外资手段由提供"超国民待遇"转到改善营商环境上去；对外投资迅速增长，但目前我国对外投资还存在低端重复等问题。应当从明确战略定位、完善管理机制与探索有效方法三个方面促进"引进来"与"走出去"的良性互动。以实体经济、对外投资与金融服务联动结合，创新对外投资方式，提升对外投资质量。[①]

张二震等关注在开放过程中外资的作用，认为外资对我国产业升级与融入全球价值链有重要作用。但由于我国要素价格上涨，创新动力还不足，加上金融危机后世界各国限制资本外流的措施出台，我国自 2012 年起出现资本净流出。面对新情况，我国要提高外资利用质量，加大创新力度，培育良好的营商环境，促进我国产业竞争。[②]

李磊等研究了一国接受国外投资与其对外投资的关系。中国应该继续坚持"引进来"，向外资学习与合作，同时鼓励中国企业"走出去"。要积极参与国际贸易投资规则制定，保护我国利益，促进双向开放与经济发展。[③]

李瑞琴等认为，外国直接投资对一国企业出口质量升级的影响与企业上下游关联程度有关。从出口企业贸易方式来看，纯加工贸易出口企业受

---

① 屠光绍：《以创新提高对外投资质量》，载《中国金融》2018 年第 6 期。

② 张二震、戴翔：《高质量利用外资与产业竞争力提升》，载《南开学报（哲学社会科学版）》2018 年第 5 期。

③ 李磊、冼国明、包群：《"引进来"是否促进了"走出去"？——外商投资对中国企业对外直接投资的影响》，载《经济研究》2018 年第 3 期。

影响较低，其他企业受影响较高；从所有制结构上看，与国内市场关联较弱的国企受影响较小，非国有下游企业受影响较大；从行业角度来看，上游服务业外资会显著提升下游出口企业的产品质量，而制造业的外商投资反而可能降低下游企业出口质量。因此，增大服务业开放程度，同时防范金融及信息领域的风险，改善营商环境，有助于我国产业转型升级。[1]

冼国明等研究了企业跨国并购与创新的关系，提出企业海外并购之初确实增加了创新，但该效应逐年递减。以申请专利类型衡量，发明专利和授权提升较高，而设计专利改变不明显。海外并购的效应也与参与并购的公司管理水平、母公司与标的公司的行业等因素相关。我国企业在参与国际并购上取得了一定的成效，但还要更加积极地"走出去"，提高自身管理水平，获取更大的利益。[2]

（二）防控金融国际流动风险

管涛认为，从 2008 年至 2018 年的 10 年间，国际资本进出我国的状况分几个阶段，2008 年初到 2013 年底，国际资本大体上是净流入的，2014～2017 年大体上是净流出。国际资本大进大出对我国的金融稳定造成了极大困扰。国际货币基金组织也开始逐渐接受对资本流动的必要管理。防范国际资本流动风险，关键在于降低金融体系的脆弱性。这就要求推进汇率市场化改革和调整。我国不能放任国际资本流动不加管理，但要增加管理的艺术和技巧，防止管理手段的随意使用。[3]

赵波等认为，我国跨境资本流动自 2007 年金融危机后更加频繁，国际社会对资本流动的监管态度发生转变，认同必要的资本管理，各国均积极加强了监管与国际监管合作。我国应重点监控短期的投机性套利活动，关注金融机构的外汇产品及持有外汇头寸的公司和居民的交易活动，严审外汇交易的真实性，打击非法资本转移。随着人民币国际化，本币也会成为跨境资本流动的形式，因此应推行本外币跨境流动管理的整合，统一相应的政策法规。[4]

---

① 李瑞琴、王汀汀、胡翠：《FDI 与中国企业出口产品质量升级——基于上下游产业关联的微观检验》，载《金融研究》2018 年第 6 期。

② 冼国明、明秀南：《海外并购与企业创新》，载《金融研究》2018 年第 8 期。

③ 管涛：《危机十年我国跨境资本流动管理回顾与前瞻》，载《国际金融》2018 年第 5 期。

④ 赵波、陆晓岚：《我国跨境资本流动之汇率因素分析及监管建议》，载《西南金融》2018 年第 5 期。

严海波认为，金融自由化与金融开放以来，发达国家投机资本在金融流动缺乏管制的发展中国家快进快出，洗劫其财富，向其转嫁危机，导致发展中国家损失惨重。在金融开放方面，发展中国家要学习发达国家的"金融开放式保护主义"，有选择式地开放金融，防止国际资本短期大规模地流动带来的金融风险。坚持"适度开放"与"有效保护"结合，坚持金融服务实体经济的职能，坚持平等、对等原则，在开放中也要重视经济安全。[①]

何国华等认为，对一国货币的升值预期，会降低实际利率，提升金融资产价格，增加基金部门道德风险，最终使实体部门贷款利率上升。金融风险提高到一定水平时，本币的升值预期反而会导致跨境资本流出。为防止信息不对称的风险，政府应增大宏观经济的透明度，加强对金融机构的引导，建立良好的金融稳定机制，使金融更好为实体经济服务。[②]

何诚颖等关注外资在中国人民币市场上利率套息、套汇交易及其对我国金融市场的影响。我国资本市场上长期存在套息交易，2011 年、2015 年第三季度，都发生过外资做空人民币，引发金融市场动荡的事例。随着中国开放资本账户，中国资本市场的金融监管存在不足，给金融投机提供了空间。我国资本市场上的投机资金规模巨大，且行动迅速，极大影响了我国实体经济与资本市场的稳定。因此，要权衡人民币国际化与资本账户开放的时序问题，注意防范投机交易破坏实体经济与金融稳定。[③]

四、对外贸易与产业转型升级

苏丹妮等针对中国企业出口集中在低端，靠低价格竞争的现状，提出可以通过产业积聚来提升出口产品质量，避免对国际产业网络的过度依赖导致受制于发达国家的状况。这需要政府对企业进行引导，鼓励创新，改变单个企业在全球价值链竞争中的劣势地位。[④]

[①] 严海波：《金融开放与发展中国家的金融安全》，载《现代国际关系》2018 年第 9 期。
[②] 何国华、李洁：《跨境资本流动的国际风险承担渠道效应》，载《经济研究》2018 年第 5 期。
[③] 何诚颖、王占海、吕秋红、陈国进：《人民币套息交易：市场基础和收益风险特征》，载《中国社会科学》2018 年第 4 期。
[④] 苏丹妮、盛斌、邵朝对：《产业集聚与企业出口产品质量升级》，载《中国工业经济》2018 年第 11 期。

许和连等认为，服务外包有利于发展中国家产业转型，但也要防止被固化在全球价值链低端的危险。一国在外包服务网络中与其他节点联系越强，越有利于其提高在价值链上的地位。作为承接方，接受发包国企业的指导、技术扩散效应等都会促进本国企业的服务质量，提升其在国际分工中的地位。[①]

诸竹君等认为，一国相对容易实现在全球价值链上的工艺创新升级与产品创新升级，但在功能创新升级和链条升级上常常被发达国家控制，从而被"锁定"到低端。中间品进口质量的提升有助于自主创新与产品出口的质量提升。提高知识产权保护，推动产品质量提升，实施合理的产业政策等均有助于中国产业升级与创新，提升出口质量。[②]

尚会永认为，一个企业参与国际竞争，必须具备国际竞争力，这与其参与全球价值链的程度相关，因为一个企业的竞争力受其上游供应企业的深刻影响。而下游需求的提高会促使企业提高其产品质量与生产效率。以我国汽车行业为例，由于外资掌握着完善的产业链，虽然随着这些外企有很多零部件生产链迁入，但本土企业无法融入，也就无法显著提高本土汽车工艺水平。[③]

五、扩大开放与经济安全

学界认为，在扩大开放的大趋势下，我国经济安全形势更加复杂，对我国经济管理水平提出了更高的要求。经济安全重点在核心技术、能源安全、粮食安全、金融稳定以及抵抗国际垄断控制的能力等方面。学者们分别从不同方面分析了我国面临的经济安全问题，讨论了保障我国经济安全的措施。

孔庆江认为，国家经济安全应该是一国经济能够免于或成功抵抗各种冲击而不受重大损害的状态，是以国家的经济能力为保障的。经济安全不能建立在封闭的或是绝对控制的基础上，真正的安全取决于经济细胞即企

---

① 许和连、成丽红、孙天阳：《离岸服务外包网络与服务业全球价值链提升》，载《世界经济》2018 年第 6 期。

② 诸竹君、黄先海、余骁：《进口中间品质量、自主创新与企业出口国内增加值率》，载《中国工业经济》2018 年第 8 期。

③ 尚会永：《供给侧结构性改革应重在培育具有全球竞争力的企业》，载《马克思主义研究》2018 年第 4 期。

业的活力，因而应该积极参与竞争，提高本国企业的竞争力。国家经济安全首先取决于该经济自身的可持续性。①

江涌认为，经济安全是国家总体安全的基础，要识别重大系统性风险、正确理解当今世界、认识到国有经济与意识形态在我国经济安全上的作用。"中兴事件"暴露出我国对西方的过度依赖；在西方寡头垄断的重要产业，如粮食与大宗商品贸易，奉行"自由贸易"的结果是被垄断厂商剪羊毛；随着开放扩大，金融系统风险增大；用水安全等关系国计民生的产业被外资掌控都威胁到我国经济安全。更危险的是我国金融管理部门等有一批不懂实地调查，只会照搬西方教科书的管理人员。要保证经济安全，不能放弃党的领导，不能放弃经济主权，要守住底线。②

王永春等认为，我国粮食安全形势严峻，粮食结构性短缺问题突出，主粮进口率很高。为了粮食安全，我国开始进行国际合作，但由于一些企业对其在国际上承租的土地掠夺性开发，影响了我国农企整体声誉，对我国农业企业进一步"走出去"造成阻碍。中国应该积极参与国际合作，解决粮食安全问题。③

江若尘等认为，跨国公司对我国的投资一方面对就业、优化产业结构与提高竞争力有作用；另一方面，其垄断阻碍了我国经济持续发展。跨国公司垄断不仅会攫取高额利润，而且会通过对上下游的控制、知识产权垄断、技术壁垒以及信息控制等阻碍我国企业的发展。我国要完善反垄断机制，培育本土跨国企业，构建自主的价值链以减轻垄断的跨国公司对我国信息安全的威胁。④

丁德臣分析了美元指数上升和下降的不同阶段对世界其他国家的影响，指出了美元走势背后的政治、军事与外交手段，提醒我们不能仅仅把这些看作经济问题。美国此次为了美元走强，必然利用诸如在中国周边制造事端等手段来打击中国经济。中国应当稳步推进人民币国际化、亚投行、"一带一路"等建设，加强金融安全，消除新自由主义的负面影响，努力争取国际贸易中的定价权，增强中国的经济抵抗力，以保障我国国家

---

① 孔庆江：《国家经济安全与WTO例外规则的应用》，载《社会科学辑刊》2018年第5期。
② 江涌：《当前中国经济安全态势》，载《政治经济学评论》2018年第4期。
③ 王永春、王秀东：《改革开放40年中国粮食安全国际合作发展及展望》，载《农业经济问题》2018年第11期。
④ 江若尘、陈宏军：《关于跨国公司投资对我国经济安全的若干思考》，载《科学发展》2018年第5期。

经济安全。[①]

董小君提出，扩大金融开放，有利于金融资源更高效地配置，增强我国金融业竞争力，有助于人民币国际化。但金融开放的扩大会冲击我国金融企业的业务，增大国际金融风险对国内的冲击。金融开放的后果取决于一个国家的控制力，只有在开放的同时注重安全，才能在保证公平投资环境的同时保障国家经济安全。实行有效的安全审查、建立灵活的负面清单制度、注意开放的"对等权"的利用，有利于保障我国金融的稳定性。[②]

六、比较优势的争论

在一国是否应当依据比较优势发展贸易的问题上，长期存在着两种意见的争论：一种认为落后国家单纯依靠比较优势发展贸易有落入比较优势陷阱的危险，落后国家需要扶植战略性产业，生产资料优先发展的战略有其合理性；另一种则认为一国以比较优势为依据参与国际分工与贸易，才能获得最大利益。

吴杨伟等认为，一些学者提出在贸易中要追求的"竞争优势"实质是以比较优势为基础的。在基于价格与质量的计算中，一个产品具有相对价格优势，也就有了竞争优势；二者都取决于需求；当汇率、关税等条件变化时，两者是同时改变的，因而如果将产品质量与要素的利用因素纳入考虑，竞争优势和比较优势是一致的。注重要素禀赋的"H-O模型"忽视了要素的效率及其他差异，是对比较优势理论的倒退。[③]

邓宏图等认为，新中国成立初期的重工业优先增长战略是国家在工业基础极为薄弱以及面临外部封锁及威胁的条件下实施的，有其必要性。重工业具有较强的外溢效应，是经济发展的基础条件。重工业发展不足会影响社会总产出，但一旦跨过初期的发展门槛，优先发展重工业会降低总产出，这时就要转向比较优势战略。[④]

---

① 丁德臣：《美元周期及对中国经济安全的启示》，载《宏观经济研究》2018年第7期。
② 王璐：《在对外开放中保证经济安全》，载《金融时报》2018年10月8日。
③ 吴杨伟、王胜：《再论比较优势与竞争优势》，载《经济学家》2018年第11期。
④ 邓宏图、徐宝亮、邹洋：《中国工业化的经济逻辑：从重工业优先到比较优势战略》，载《经济研究》2018年第11期。

高冠中认为，比较优势理论是李嘉图政治经济学的庸俗成分，马克思曾经批评过。林毅夫的潜在比较优势理论把资源禀赋大致相同的收入较高的国家作为追赶标杆，却无法精确评估资源禀赋结构，也不能给出禀赋相似国家的生产多样性的原因，不具有普遍性。其潜在比较优势理论虽有科学成分，但过于强调比较优势会导致发展中国家落入比较优势陷阱。①

鲁品越认为，我国对外开放在取得巨大成就的同时，也产生了许多问题。这些问题的产生是源于西方主导的不公正、不合理的国际经济秩序和我国自身在改革开放过程中的一些错误战略设计。如果一味按比较优势理论参与国际分工，有落入比较优势陷阱的危险。要跳出这个陷阱，就要遵守马克思主义的经济学，以人民为中心，以社会关系分析为基础。不能仅仅把国际收支作为对外贸易的目标，而更要注重培育国家综合国力、提升国民经济的竞争力与抗风险能力。对外开放效率在深层次上是由国际市场权力结构决定的，这种权力结构又取决于三大因素：科学技术垄断权、国际市场控制权、国际金融霸权。单单依据要素禀赋的比较优势来生产，一旦国际市场发生波动，就容易陷入贫困。中国在对外开放时，不能依据传统的静态比较优势理论来决策，而应当运用发展变化的观点，从全局出发，培育自己的竞争力，提高国家经济发展能力，维护我国的经济利益。②

在贸易理论上，程恩富提出了知识产权优势理论，即培育和发挥拥有自主知识产权的经济优势。他认为，西方的竞争优势理论过于笼统，知识产权优势理论则强调了技术和品牌的核心地位。不仅在技术上，要建立具有自主知识产权的核心技术，而且在低端制造部门，也要建立起具有影响力的民族品牌。知识产权优势是中国产业结构升级的理论基础，只有掌握了技术与品牌，才能真正实现我国的产业转型升级，增强经济安全。③

易先忠等从本土需求与产品升级的角度出发，提出离开本土需求的产业内分工难以成为增长引擎。不考虑本土需求，单纯讲依据比较优

---

①　高冠中：《如何正确反思西方经济学——对"林毅夫反思"的反思》，载《政治经济学评论》2018 年第 2 期。

②　鲁品越：《马克思主义政治经济学对我国开放战略的指导意义——从比较优势分析到市场权力结构分析》，载《当代经济研究》2018 年第 8 期。

③　程恩富：《改革开放以来新马克思经济学综合学派的若干理论创新》，载《政治经济学评论》2018 年第 6 期。

势，参加产品内分工的战略，会使企业失去成长性与产品升级的推动力量。①

七、"一带一路"倡议的意义和实施

习近平总书记于 2013 年提出"一带一路"倡议 5 年来，中国与相关国家携手合作，启动了一系列重大项目建设，成立了"一带一路"相关合作组织，举行了数次相关会议。学界一致认为，"一带一路"倡议体现了我国合作共赢的发展理念，是构建新型国际政治经济秩序的有益探索。

姜少敏认为，"一带一路"倡议体现了尊重多元、求同存异、普惠均衡、互惠互利、同舟共济、重视创新的新发展理念。自倡议提出以来，中国与沿线国家通过基础设施建设与技术合作等方式，发挥各自优势，加强产能合作，取得了不少成果。但在"一带一路"的实施过程中，还面临不少内外部的困难与挑战，需要中国加强与传统友好国家和地区合作的同时拓展与其他国家的政治经济联系。在开放过程中，要注重调查，知己知彼。②

杨志等认为，习近平总书记提倡的新发展理念包含广大发展中国家在内的全体人类，新理念的时代命题是如何构建人类命运共同体，而不是狭隘的如何争夺霸权和维护少数国家利益的问题。"一带一路"是通过"共商、共建、共享"来构建人类命运共同体的行动，是需要世界各国通力合作，建立平等国际关系，探索国际合作新机制的良好开端。③

马艳等提出，全球化过程中遇到诸多困难与冲突的根本在于如何"逆不平等性"而不是"逆全球化"。"一带一路"通过对弱小国家的基础设施建设，促进其经济发展，合作共赢而非通过掠夺弱小国家获利，是"逆不平等性"的战略。在未来"一带一路"发展过程中，在理念上要强化"逆不平等"意识，在战略上要更加明确"逆不平等性"的宗旨，在政策

---

① 易先忠、高凌云：《融入全球产品内分工为何不应脱离本土需求》，载《世界经济》2018 年第 6 期。

② 姜少敏：《"一带一路"倡议——发展经济学新发展观的伟大实践》，载《教学与研究》2018 年第 2 期。

③ 杨志、秦臻：《"一带一路"倡议是马克思主义中国化的伟大创新》，载《教学与研究》2018 年第 1 期。

上注重"逆不平等"的制度设计，这样才能更好实现"一带一路"的目标。①

李向阳认为，中国提出的"一带一路"倡议是以发展为导向的区域合作机制，它具有区域公共产品性质，这是其为国际社会认同的基础。决定"一带一路"建设成败的关键在于是否秉承正确的义利观，做到协调长短期目标、协调给予与获取、协调微观和宏观层面的关系。树立正确的义利观，不能为小利而放弃大义，同时注意保证各方利益才能使各方关系健康持续发展。"一带一路"倡议以发展为导向，能够包容不同类型的合作机制，更利于实现共同发展目标。②

门洪华认为，"一带一路"倡议是中国主动推动国际政治经济新秩序构建的行动，也是中国参与国际经济规则重塑，提高中国在国际经济治理体系中地位的重大机遇。"一带一路"倡议在国际社会上也面临一些质疑：一些西方国家，特别是美国不能接受中国影响力的扩大，不能接受中国参与国际经济规则的制定；沿线国家也担忧"一带一路"建设会加剧其对中国的依赖。中国在推进"一带一路"建设的过程中，应该注重公正、合理、透明的国际经贸投资规则的构建，把握规则的制定权，寻求对开放、包容、合作、共赢的价值认同。③

八、中国国际进口博览会是中国主动开放市场的重大宣示

2018年11月，首届中国国际进口博览会在上海成功举办。本届进博会分为企业商业展、国家贸易投资综合展和同步召开的虹桥国际经贸论坛三部分，共吸引了172个国家、地区和国际组织，3617家企业参展，其中含有220多家世界500强和行业龙头企业。学者们认为，中国作为世界第一人口大国，第二进口国与消费国，进口与消费规模在持续扩大，预计未来5年，中国进口规模将超过10万亿美元。

---

① 马艳、李俊：《中国"一带一路"倡议的"逆不平等性"分析》，载《教学与研究》2018年第2期。
② 李向阳：《"一带一路"：区域主义还是多边主义？》，载《世界经济与政治》2018年第3期。
③ 门洪华：《"一带一路"规则制定权的战略思考》，载《世界经济与政治》2018年第7期。

白明认为，扩大进口是中国作为一个贸易大国，在全球实现资源优化配置，实现进出口均衡与可持续发展的必要选择。扩大进口让中国能够充分利用国际分工优势，给其他国家带来难得的机遇，各国互惠互利，共同发展。它的意义不亚于发展出口。进博会的成交额或许不大，但可起到"四两拨千斤"的作用。在中美贸易战的背景下，进博会也有特殊意义。我们应该利用这次进博会，切实解决我国在贸易方面的诸多问题，挖掘新思路。但也要注意为不发达国家提供机会。①

李拯认为，在世界贸易保护主义泛起的状况下，中国的国际进口博览会展现了中国扩大开放的决心，国际舆论也形容进博会为世界各国的"绝佳机遇"。世界经济不能倒退到孤立状态，随着全球分工的深化，分工扩展到"产品内"，全球经济已经形成一个整体。中国作为世界最大的市场之一，扩大进口是各国难得的机遇，利于中国的高水平开放，也利于各国人民借助中国的快速发展实现其发展。中国将为世界的发展贡献自己的力量。②

盛玉雷认为，对跨国公司来说，中国市场的吸引力表面上是巨大的市场规模，更深层次的原因是因为中国人对美好生活的需要的巨大消费潜力。从国家层面上讲，进博会的意义不仅仅是提供一个外国企业进入中国或扩大对华出口的机会，而且是国家间合作发展，实现优势互补的一个包容合作的平台。③

---

① 白明：《从"为何办"与"如何办"看中国国际进口博览会》，载《杭州金融研修学院学报》2018 年第 10 期。
② 李拯：《历史大势必将浩荡前行》，载《人民日报》2018 年 11 月 6 日。
③ 盛玉雷：《让世界共享"中国机遇"》，载《人民日报》2018 年 11 月 5 日。

第三章　经济史学研究新进展

2018 年学者们在以往研究成果的基础上，对经济史上的一些重要问题进行了更为深入和广泛的研究，以便以史为鉴，推进我国经济持续稳定高质量发展。

一、中国经济史学科的发展

王连忠等认为，中国经济史学科的发展经历了一个长期的过程。新中国成立前发展缓慢，新中国成立后发展较快。在 20 世纪 50 年代至 80 年代逐渐形成了四大学派，即断代与专题学派、中国社会经济史学派、区域学派、综合学派。目前四个学派在国内的学术地位也不同，从当前学术队伍、学术成果、学术影响等方面来综合衡量，断代与专题学派的学术地位居于首位，区域学派次之，中国社会经济史学派位居第三位，综合学派处于第四位。[①]

董志凯认为，在经济增长放缓的"新常态"下，2017 年中国现代经济史研究呈现若干新特点。中国现代经济史研究的视角进一步拓宽，为改革开放 40 周年所作的回顾与展望相继面世，产业与科技史研究特别是新兴产业史研究进入经济史视野，经济史研究更加注重社会文化背景，利用地方志书、企业档案与实地调研等，使现代经济史的研究内容更加丰满。同时从部分专题研究与方法改进看，也呈现出更广、更深、更细且新意迭出的特点。[②]

[①] 王连忠、张华：《新中国成立以来中国经济史研究学派划分问题初探》，载《当代经济研究》2018 年第 10 期。
[②] 董志凯：《2017 年中国现代经济史研究的若干特点与趋势》，载《中共宁波市委党校学报》2018 年第 6 期。

徐泓认为，20 世纪 50 年代以来的大量关于中国资本主义萌芽问题的研究成果，通过搜集方志、笔记、文集、官方档案、实地调查材料以及民间文献、碑刻、契约中的相关史料，填补了过去我们对明清社会经济史认知的空白。这对于破除长期盛行的"中国停滞论"以及忽略传统中国社会的内部变革能力、认为只有靠外力才能打破停滞的"新帝国主义"理论有极重大的现实意义，也是寻求合理解释前近代明清社会经济发展迈出的重要一步，在学术史上有极重大的贡献。[①]

69

二、历史上的制度变迁

兰俏枝等认为，第一次产业革命后资本主义发展的历史，是在"无限扩张的生产和有限扩张的市场"矛盾运动中跟跄前行的历史，市场扩张是矛盾的主要方面。从马克思主义市场扩张角度看，产业革命后的资本主义发展可以分为三个阶段：资本主义生产与现实市场扩张矛盾主导阶段，资本主义生产与未来市场扩张矛盾主导阶段，资本主义生产与虚假市场扩张矛盾主导阶段。资本主义生产与虚假市场扩张矛盾主导阶段是资本主义发展的最后阶段。市场在时间和空间上将再无扩张的余地，"虚假需求"生产制造的人类必然的精神痛苦构成资本主义自我否定的动力源泉，"资本主义必然灭亡，社会主义必然胜利"的预言将在第三阶段以必然形式出现。[②]

杨德才等认为，路径依赖理论是新制度经济学分析制度变迁的重要理论。中国封建王朝的制度变迁具有鲜明的路径依赖性，这种特性与王朝的周期性兴衰息息相关。在路径依赖的形成过程中，学习效应、协同效应和锁定效应发挥着重要作用。中国封建王朝的意识形态表现出凝聚性和刚性特征，通过学习效应在制度变迁中形成路径依赖；利益集团参与的政治过程具有高昂的交易成本和合谋特征，通过协同效应将制度均衡锁定在非效率的状态；统治者的有限理性影响并决定了其在制度博弈中的预期和行为方式，通过锁定效应使制度变迁陷入困境。在路径依赖的作用下，封建王

①　徐泓：《中国资本主义萌芽问题研究范式与明清社会经济史研究》，载《中国经济史研究》2018 年第 1 期。
②　兰俏枝、高德步：《马克思主义市场扩张视角下的资本主义发展阶段：资本主义历史分期的一种新尝试》，载《湖南大学学报（社会科学版）》2018 年第 3 期。

朝的制度变迁是在既有制度之下的渐进式修补过程，并不断走向制度僵化，最终导致王朝的更迭。[①]

雷鸣等认为，"孝道"本质上是家庭内父辈和子辈间的合约，目的是为了解决农耕社会下父辈的养老和子辈的生育、抚养问题。在传统社会下的中国，父辈用自己手中的财产和其他社会资源去交换子女未来对自己的赡养，进而产生了以孝敬父母、多子多福、诸子析产等为核心的信念、规范和习俗。随着社会经济的发展，原本存在于血缘、家庭领域中的治理代际契约问题的"孝道"和"集体惩罚"，借助"关联博弈"和"重复交易"机制，不断向宗族组织、社区规范、市场经济、国家治理等领域扩散，形成了具有进化稳定均衡意义的、以"人格化交易"为特征的"治理机制"，最终成为可以表征汉民族和传统中国的价值观念、伦理规范和行为特征。[②]

三、历史上的"三农"问题

（一）中国农业经济的发展

赵志军认为，浮选出土的植物考古新资料显示，中国稻作农业起源可分四个发展阶段：距今一万年前后是稻作农业的孕育阶段，距今 8000 年前后是稻作农业形成过程的早期阶段，距今 7000 ~ 6000 年间的河姆渡文化时期仍处在稻作农业形成过程中，距今 5000 年前后的良渚文化时期稻作农业终于取代采集狩猎成为社会经济的主体。稻作农业社会的建立为古代文明的出现奠定了基础，古代文明的形成反过来又促进了稻作农业社会的建立和发展。[③]

李文涛认为，北朝时期，普通家庭至少拥有一头耕牛，促进了牛耕的发展。北朝时期，户均耕地面积比较大，耕地和锄地的效率均达不到精耕

---

① 杨德才、李梦飞：《制度变迁、路径依赖与王朝周期性兴衰：以中国封建王朝制度变迁为例》，载《安徽师范大学学报（人文社会科学版）》2018 年第 3 期。

② 雷鸣、邓宏图、吕长全、齐秀琳：《孝道、宗族、社群和市场：传统中国孝道社会实践的经济逻辑》，载《经济学》2018 年第 1 期。

③ 赵志军：《中国稻作农业起源研究的新认识》，载《农业考古》2018 年第 4 期。

细作的要求；施肥仅体现在蔬菜的种植之中，绿肥仅仅在部分的早谷地中实施；育种与前代相比，没有明显的进步。另外，长期的战争环境，致使农具价格昂贵且质量下降。因此，体现精耕细作的粮食亩产量，与汉朝相差不大，比魏晋时期要略低。这些反映出北朝时期农业未完全达到精耕细作的水准。[①]

常明明认为，土地改革后，人民政府在农村开展了以互助合作为中心的大生产运动。在运动初期，由于坚持入社退社自由、自愿互利原则，入社后的农民得到了较大实惠，因此合作化得到了各阶层农民的拥护。在合作化高潮中，由于出现了违背自愿互利原则、强迫命令的现象，损害了群众利益，进而引起部分农民的不满。在合作化完成后，由于各阶层农民入社前的经济地位不同，入社后增加收入或减少收入的程度不同，他们的思想动态也存在一定的差异，部分富裕农民收入减少，引起了"拉牛退社"风潮。[②]

（二）要素市场与农业经济发展

李楠认为，在 20 世纪 30 年代中国东北传统乡村社会中，遭受农业冲击的农户的确增加使用未成年劳动力投入的倾向，当农户农业无收获面积每增加 1% 时，11～14 岁童工的使用人数增加 0.04 人左右。然而，当该农户通过民间借贷市场获得借款后，可以缓解这一不利影响。[③]

夏如兵等认为，中国古代蚕桑业和蚕书发展在时空特征上具有一致性。北宋以前蚕书多出自黄河流域，南宋时南方蚕书首超北方，元代前期黄河流域蚕书数量有显著增长，明清时期江浙稳居蚕书出版中心地位。蚕桑业变化轨迹与之类似，宋以前全国蚕桑业中心在黄河流域，南宋时逐步南移，元代前期北方蚕桑业出现短暂复兴，至明清蚕桑业中心则完全移到江南。但二者并非完全同步。乾隆和光绪年间北方蚕书由于政府推广政策

---

① 李文涛：《北朝时期精耕细作农业体系再研究》，载《南都学坛》（南阳师范学院人文社会科学学报）2018 年第 4 期。

② 常明明：《农业合作化进程中农民心态与行为研究：以鄂、湘、赣三省为中心》，载《中国农史》2018 年第 1 期。

③ 李楠：《农业冲击、乡村借贷与童工使用：来自 20 世纪 30 年代东北北部乡村社会的考察》，载《中国经济史研究》2018 年第 1 辑。

驱动兴盛，而北方蚕桑生产依然困顿。①

何石军等认为，土地典契是一类在传统中国较为普遍且特别的地权交易形式，但在研究中对其性质和导致的投资效率却颇具争议。通过分析清华大学图书馆馆藏的 312 份典契原件，可以把典契定义为需转交资产并"以租代息"的抵押借贷合约，并从资产定价的角度提出两个典契定价假说：地租假说和利率假说。基于对典契条款的计量分析，证实了上述假说，这些量化分析结果表明典契性质定义的可操作性。同时，通过对典契原件和典契签订过程的考证发现，传统社会通过习俗约束与中人治理，大大降低了契约的不完全性导致的投资效率低下，提升了地权的交易效率。②

隋福民认为，"无锡、保定农村调查"数据有助于认识华北农户的经济行为，同时有助于深化对近现代中国经济的理解。利用第一、二次调查数据定量识别了 20 世纪 30~40 年代清苑（保定）11 个村的土地市场、劳动力市场以及非农就业情况，量化研究农户在要素市场上的选择行为以及这种选择对家庭人均收入的影响，研究发现，尽管清苑 11 个村的土地市场和劳动力市场都相对不发达，但农户仍能通过市场以理性的方式配置自己的资源。非农就业对于农户家庭人均收入的持续提高非常重要。③

（三）社会政治事件与农业经济发展

汪险生等认为，个体幼年时期的经历会对成年后的诸多决策产生影响，中国的农地流转市场可进一步为检验该命题提供场景。他们以发生在1959~1961 年的大饥荒为自然实验，利用 2014 年度中国家庭追踪调查数据，分析了早年饥荒经历对农户土地租出行为的影响。理论上，早年饥荒经历通过塑造风险厌恶偏好、形成预防性心理动机、阻碍人力资本积累等三个渠道，对农民土地的租出行为造成不利的影响。特别对于童年时期遭受过大饥荒的个体，饥荒经历对其土地租出意愿的影响会更加显著。实证结果显示饥荒程度越高的地区，村庄土地租出率越低，农户租出意愿越

---

① 夏如兵、童肖：《中国古代蚕桑业的时空变迁：以蚕书为视角》，载《昆明学院学报》2018 年第 4 期。
② 何石军、温方方：《习俗与契约治理：清代山西土地典契定价的量化分析》，载《北京大学学报（哲学社会科学版）》2018 年第 4 期。
③ 隋福民：《市场发育、非农业就业和农户的选择：20 世纪 30~40 年代保定农村的证据》，载《经济研究》2018 年第 7 期。

弱，童年时期经历过大饥荒的个体更不愿意租出土地。①

　　罗畅等认为，以王业键先生编辑的清代粮价资料库中的粮价数据为基础，考察清乾隆朝中期（1754～1777）长江流域九府的粮价波动情况，研究表明，乾隆中期长江流域粮价波动主要是由于受灾荒与战争的影响。乾隆中期，先后发生了长达 5 年的平定准噶尔与回部之役、长达 7 年的征缅甸之役和长达 5 年的第二次金川战争。为了保障军粮的供应，政府对粮食市场进行了较强的宏观调控，将长江流域的粮食大量用作军粮，并征调各省大量的马牛驴骡等牲畜来保障军需，这干扰了粮食市场的正常运行，降低了长江流域粮食市场的整合程度，也刺激了长江流域的粮价上涨。②

四、工业、企业史

（一）工业史

　　李明华认为，由于矿藏资源较为丰富、生产生活中对金属器物的大量需求以及汉人带来的先进技术，辽代金属冶铸加工业得到较快发展，达到较高水平。辽代城址中冶铸加工遗址遗迹的发现和墓葬中大量精美金属器物的出土，以较为丰富的实物资料反映出契丹冶金业的发展状况和工艺水平。辽朝政府十分重视冶金业，在中央和地方均设置了专门的管理机构和相应职官，对矿冶和金属加工进行分级管理。③

　　卢华语认为，编织业是华夏文明的重要组成部分，是我国传统文化的瑰宝。先秦时期，编织生产分官营和私营两大类，官营包括中央和地方两亚类，一般都是规模生产，以作坊形式进行；私营也有营利和自用两亚类，前者以个体或作坊形式生产，后者则主要是个体生产。无论官营和私营，由于时代不同，生产条件和环境不同，各个时代的生产类型及经营管理又各有不同内容及特点。编织品为政治生活、军事装备所必备，日常生

---

　　① 汪险生、郭忠兴：《早年饥荒经历对农户土地出租行为的影响》，载《南京农业大学学报（社会科学版）》2018 年第 3 期。

　　② 罗畅、杨建庭、马建华：《清乾隆中期（1754－1777）长江流域粮价波动研究》，载《中国社会经济史研究》2018 年第 2 期。

　　③ 李明华：《辽代冶金业的发展及其管理制度》，载《内蒙古社会科学》2018 年第 2 期。

活亦不可或缺。编织业不仅催生了纺织业，而且是社会生产的助推器，其作用和影响不容忽视。①

方书生认为，借助上海市档案馆所藏比较完整的工业用电量数据，在仔细地辨别与排除了相关干扰因素之后，对近代中后期上海工业总产值进行估算。根据相关的估算值得出 1908～1948 年上海工业总产值的变动，其中四个从高到低的峰值年依次为 1940 年、1948 年、1939 年、1936 年，结果得到了历史文献的佐证。尽管这尚非近代中后期上海工业总产值的精准复原，更多的是一种时间序列上的相对估值，但可以修正已有的推测，也有助于进一步探究近代上海工业发展的进程、水准与趋势性特征。②

林晨等认为，在新编制的中国 1957～1973 年历史投入产出表的基础上，从理论和经验两方面研究重工业基础对轻工业技术选择的影响发现，重工业基础没有改变轻工业技术演进的方向，但对轻工业技术效率产生了正面影响。对于发展中国家，尽管优先发展重工业对技术效率提升有一定作用，但符合比较优势的轻工业技术的发展才是经济增长的核心动力。③

（二）企业史

宋士云认为，改革开放以来中国企业劳动关系的变迁大体上经历了三个阶段：1979～1991 年是劳动关系从行政隶属式转向市场契约式的起步阶段，劳动关系的缔结、管理具有二元化和过渡性特点；1992～2001 年是加快推进市场化劳动关系建立的阶段，劳动关系从国家化、行政化向企业化、契约化加速推进，基本实现了企业劳动关系的市场化和法制化；2002～2017 年是建立与发展和谐稳定的劳动关系阶段，《劳动合同法》《劳动争议仲裁调解法》等一系列法律法规的颁布实施，特别是中共中央、国务院发布《关于构建和谐劳动关系的意见》，对构建和谐劳动关系做出了顶层设计和部署，进一步推动了劳动关系协调机制的完善。④

张忠民认为，在中国近代企业制度的研究中，思路与方法具有极为重要的地位与作用。这一思路与方法可以大致概括为：问题的提出—重要概

---

① 卢华语：《先秦时期编织业刍议》，载《中国经济史研究》2018 年第 5 期。
② 方书生：《1908－1948 年上海工业总产值再估算》，载《中国经济史研究》2018 年第 5 期。
③ 林晨、陈斌开：《重工业优先发展战略对经济发展的长期影响：基于历史投入产出表的理论和实证研究》，载《经济学（季刊）》2018 年第 1 期。
④ 宋士云：《改革开放以来中国企业劳动关系变迁的历史考察》，载《当代中国史研究》2018 年第 1 期。

念与范畴的辨析—中国近代企业制度生成的两大来源—中国近代企业制度
三大子系统的分解—以产权、治理结构、剩余分配为分析框架对企业制度
演变的考察—中国近代企业制度的终结—对中国近代企业制度演变路径、
特点、地位、历史走向的总体分析。①

　　朱荫贵认为，近代中国股份制企业诞生时，在其经营管理方式中吸收
和承继了延续几千年的中国商业传统。"官力"独大、儒家传统和"身
股"发展出来的职工股东化等方式，形成了中国近代股份制企业自身的重
要特点。因此，传统因素并非仅仅是单一的积极或消极的代名词，既有与
现代经济因素难以相容的部分，也有许多符合民族特点而又历经时间检验
行之有效的习惯和制度。如何鉴别和避免传统因素中消极的部分，吸收和
继承其积极、有效的内容，必然能减少制度创新所带来的社会阻力和交易
成本。②

　　陈碧舟等认为，通过对近代典型的外商企业——美商上海电力公司的
股本构成及产权结构进行研究，可较深入地剖析近代在华外商企业的产权
结构特征。研究表明，依巴斯公司凭借严密、复杂的股本构成获取了其海
外子公司——美商上海电力公司较为完整的产权。在依巴斯公司的精巧设
计下，美商上海电力公司的产权结构是附有特权股票的股份公司制。上述
产权结构不仅使依巴斯公司成功实现了海外子公司的稳定经营，亦是近代
外商企业跨国经营中产权安排的典型案例。③

五、商业、对外贸易史

（一）商业史

　　黄国信认为，基于传统文化体系的人际关系网络与国家干预的制度结
构的市场形成路径与策略，是中国传统市场形成的基本逻辑，而此路径所

　　① 张忠民：《思路与方法：中国近代企业制度研究的再思考》，载《贵州社会科学》2018
年第6期。
　　② 朱荫贵：《论近代中国股份制企业经营管理中的传统因素》，载《贵州社会科学》2018
年第6期。
　　③ 陈碧舟、龙登高：《近代在华外商企业产权结构研究：以美商上海电力公司为例》，载
《上海经济研究》2018年第9期。

形成的路径依赖，则成为中国传统市场秩序的基本逻辑。制度的非正式运作，正是市场形成的路径与策略，以及市场秩序的路径依赖得以成为事实的前提，也是传统中国"市场嵌入社会"的具体机制与表达。①

杨扬等认为，"官商关系""企业关系"以及"民间商业网络"对加强企业间商业合作、提升竞争力具有重要作用。他们梳理了中国近代商业关系的变革脉络，阐述了中国近代商业关系雏形出现的过程，认为鸦片战争后近代商业文明的输入作为外因诱发了商业文化的变迁，导致短时间内权力错配，市场力量的重新布局倒逼商业关系的重新塑造。外来商业文化推动了近代商业市场化，改造了民众商业习惯与民间商业网络的基本形态。②

许存键认为，清代川藏贸易发生了很大的变化，逐渐从茶马贸易转变为边茶贸易。由四川输往西藏的商品，以茶叶为大宗，布匹、绸缎、杂货等次之。从西藏销往四川的商品，从以马匹为主，转为以药材、毛皮等西藏特产为主。户部在打箭炉设关收税后，从税收数额的变化可以看出，从康熙后期到乾隆中期，税收保持增长；由于自然灾害、战乱，乾隆中期开始，税收发生了波动。嘉道以后，税收趋向平稳。税收趋势大体上反映了打箭炉商业的发展情况。根据税则，可以估算出乾隆时期内地运销打箭炉的商品总值为三十多万两。③

刘素敏认为，上海华商纱布交易所是近代中国棉纺织行业的交易机构，在纱厂业主的推动下得以建立。在近代化浪潮中，它不断完善组织结构和规范运营形态，组设的棉花鉴定会和评议会使棉花棉纱标准等级表的制定向制度化迈进；政府颁布的法律法规在一定程度上规范了它的成立、存在期限、交易方式等，这体现了其制度变迁包括诱致性与强制性相结合的特点。华商纱布交易所对降低棉纺行业市场风险起到了一定的促进作用，但由于长期被冠以赌博的标签，未能得到公允的评价。④

————————

① 黄国信：《从清代食盐贸易中的官商关系看传统市场形成机制》，载《扬州大学学报（人文社会科学版）》2018 年第 1 期。

② 杨扬、周建波：《近代商业关系变迁的三个层次》，载《社会科学战线》2018 年第 3 期。

③ 许存键：《清代打箭炉关与川藏商品流通》，载《西藏大学学报（社会科学版）》2018 年第 2 期。

④ 刘素敏：《挹彼注此：上海华商纱布交易所探析（1921－1937）》，载《中国经济史研究》2018 年第 6 期。

（二） 对外贸易史

李庆认为，16 世纪 70 年代以后，中国与西属菲律宾的海上贸易迅速兴起，中菲航线随之成为美洲白银输入中国的最主要渠道。伴随交易额的递增，马尼拉当局在 1581 年开始向中国商船征收一定比例的"货物税"。虽几经变革，但直到明代终结，货物税制度仍得到有效施行。因而通过对勘分析不断发现的档案材料，就可以较为完整地统计出历年的货物税数额，澄清晚明中菲贸易发展的历史走向和货物总值，进而估算经此输入中国的美洲白银数量。[①]

陈文源认为，葡萄牙人占领马六甲后，很快与活跃于南海的中国海商合作，先后在广东、福建、浙江沿海进行走私贸易。中葡商人形成了利益共同体，对明朝的贸易体制与东南沿海社会秩序造成冲击。当时广东海防的主要矛盾是明朝朝贡贸易体制与中、葡商人之利益冲突，澳门开埠乃为纾解这一矛盾而建立的缓冲平台。[②]

六、财政、金融史

（一） 财政史

黄燕认为，从秦王朝中央集权制度的建立与崩溃入手，分析了在西汉初期政府的放任自由财政政策下各方经济势力对财政收入分配的参与。探讨了汉武帝财政改革的效率与成本以及高度集权财政政策的功过，并由此得出中央政府集权需适度，地方经济势力始终有着经济权力分享的内在诉求，一旦地方经济权力被过度压缩，会出现报复性反弹的观点。[③]

孙宁遥等认为，厘金是清末为筹军饷临时试行的一项税费，在国家财

---

① 李庆：《晚明中国与西属菲律宾的贸易规模及历史走向：基于"货物税（almojarifazgo）文献的数据分析》，载《中国经济史研究》2018 年第 3 期。

② 陈文源：《明朝中国海商与澳门开埠》，载《中国史研究》2018 年第 2 期。

③ 黄燕：《从西汉兴衰看中央与地方势力的财政分权》，载《山东工商学院学报》2018 年第 3 期。

政中占重要地位。由于其具有征收不规范、抽厘广泛且频繁、贪污中饱等特点，给商民造成沉重负担，裁厘呼声不断，是历届中央政府甚为头痛的顽疾。但是由于既得利益集团力量强大，坚持裁厘的利益集团力量不足以与之抗衡，这一制度跨越晚清、民国两个不同历史阶段，数次裁撤尝试均未得成功，一直延续到南京国民政府时期才被裁撤。①

王方舟等认为，宋代是赈贷发展的新时期。赈贷制度经历了从无到有，从政府主导到官民合办的演变过程，体现了政府降低制度运行成本与提高制度效率的追求。而同时赈贷制度作为赈恤措施的一环，与其他措施相辅相成应对灾害。赈贷的施行频次与力度也能侧面反映当时时局情况与国力盛衰。②

龚浩等认为，审计制度是我国传统制度建设中的一项重要制度，传统审计制度以监审合一、执审合一为主要特征。清末新政期间，清政府逐渐从原来君主专制走向君主立宪体制，在这一历史进程中，审计制度也发生了变革，清政府开始筹建近代意义上的审计院，逐步从原来监审合一、执审合一的审计体制向独立的审计制度转型。清末我国审计制度的改革转型对当代中国也有一定的借鉴和启示意义，值得深入研究。③

（二）金融史

1. 金融制度的变迁

朱德贵等认为，最新刊布的《岳麓书院藏秦简（肆）》披露了一批有关秦律规范借贷关系的新史料。这些史料表明，秦王政十三年（前234），秦官府对民间"相贷资缗"的法律进行了一次大规模的"更修"。尤为重要的是，这批岳麓秦简不仅向世人清晰地展示了一批秦律规范公私借贷行为的法律文本，而且还披露了一些当时公职人员在出公差时向沿途"县官"借贷粮草的历史真相。④

---

① 孙宁遥、王蓉：《厘金制度变迁的利益集团分析》，载《沈阳师范大学学报（社会科学版）》2018 年第 3 期。
② 王方舟、杨乙丹：《两宋赈贷制度变迁研究》，载《学术探索》2018 年第 1 期。
③ 龚浩、高珂、洪钢：《清末我国审计制度转型及对当代的启示》，载《商丘师范学院学报》2018 年第 2 期。
④ 朱德贵、齐丹丹：《岳麓秦简律令文书所见借贷关系探讨》，载《史学集刊》2018 年第 2 期。

朱荫贵认为，19 世纪中叶，传统社会中的钱庄无限责任组织形式，信用放款且周期较短、资本规模有限及传统家族式经营管理方式，往往被认为与机器工业对资金需求量大期长的特点不相适应而受到忽视。其实，钱庄业依据时代变迁，在制度和规则运营等方面已经出现了许多变化：从中外贸易开始，到 20 世纪 30 年代，钱庄业开始从传统的独资或合伙组织进而发展演变成为"股份"公司。它以自己的变化和活动，在近代中国资本市场上进一步发挥了重要作用。近代中国钱庄业的发展轨迹证明了一个事实：传统行业并非都与现代相对立。只要依时调整，与时俱进，完全可能找到自己的生存空间并有所发展。钱庄业通过改变自身经营规则和融资放贷习惯以适应时代变化的行动，在给自身增添新的生存机遇和经营发展空间的同时，也为近代中国工业化进程中的企业筹资和资金运转做出了贡献。①

席全伟认为，中国的期货市场早在晚清时期便已开始萌芽，并在民国时期经历了快速发展阶段。但是，自新中国成立至 1988 年被重新引入，中国的期货市场经历了长时间的中断。此后，在将近 30 年的时间里，中国的期货市场经历了重新设立和快速发展、清理整顿和规范发展、稳步推进和创新发展阶段。他以制度变迁和历史演变的视角，划分和解析了中国期货市场发展的历史阶段，阐释了中国期货市场向成熟状态嬗变的主要内容。②

吴景平认为，近代中国银行制度的形塑，经历了从 19 世纪 70 年代早期构想，到 1897 年第一家华资银行即中国通商银行的制度文本的问世，直至清末初步形成华资银行业制度文本体系。虽然在银行制度的各主要问题上，不仅官商之间有着不同的取向和分歧，甚至洋务派官员与清廷决策机构之间、不同绅商之间，观点主张也并非完全一致，但是，各种讨论甚至争议的参与者，对于中国人自办银行且股本均为本国资本的必要性、迫切性认识上，则是基本一致的；各方所持立场也都是积极和建设性的。围绕近代银行制度的形塑过程，政商之间的合作、互动乃至博弈关系，其作用和结果基本上是积极、稳定的。③

①　朱荫贵：《"大分流"之后的与时俱进：传统钱庄业在近代中国的变化与特点》，载《南国学术》2018 年第 3 期。

②　席全伟：《中国期货市场发展的历史阶段和向成熟状态的嬗变》，载《中国经济史研究》2018 年第 2 期。

③　吴景平：《近代银行制度的形塑与政商关系》，载《河北师范大学学报（哲学社会科学版）》2018 年第 1 期。

　　杜恂诚认为，所谓市场整合，应该是指各地要素价格相等，或趋同。这并不符合近代中国市场的实际情况。近代中国市场的区域性价格差异明显，而且没有证据证明其有缩小差距的趋同趋势。就中国近代货币市场而言，各地货币标准紊乱，充分体现了市场的分割性。市场的分割表现为以血缘、地缘和业缘基础上的分割，更表现为行政性分割。此外，资源分布的不均衡也是造成市场分割的重要原因。对 1921 年 1 月至 11 月上海、汉口、镇江、苏州四城市旬平均银拆和洋厘数据，以及 1921 年 1 月至 1922 年 12 月上海和苏州两城市的旬平均银拆和洋厘数据的相对价格和离散系数时间序列的平稳性检验表明：即使是在经济联系比较密切的大城市之间，货币价格仍基本处于分割状态；对于 1932～1937 年上海、汉口、宁波、杭州、重庆等五城市年平均月息的相对价格和离散系数时间序列的平稳性检验，也无法得出市场整合的结论。①

　　刘杰认为，外债是指一国政府、部门、企业和其他经济组织从外国机构或外国个人筹借并承担偿还义务的资金或公开发行的外币债券。近世以来，随着国际资本的流动速率加快，跨国间政府的举债活动愈发的频繁。近代中国的国家财政逐渐从传统的王朝财政向近代财政转型。清季以来，政府或因各种缘由举借了大量内外债，而尤以外债的举借居多。

　　近代外债问题并非孤立的经济现象存在，而是与近代中国的政治、经济及外交关系的变动密切关联。外债也成为中国近代史尤其是财政金融史研究领域重点关注的问题。20 世纪 80 年代后，随着西方发展经济学者提出"起飞理论""依附理论""现代化理论"来探寻国际资本流动问题，由此对于外债及其制度的评价不尽一致。诸多学者分别站在债权人与债务人的角度，对举债动因、外债影响等诸多方面展开了论述，形成了丰富的研究成果。而如何转换已有研究视野和学术解释路径，全面考察近代中国外债的运行及其制度变迁，是一个十分重要的研究议题。由于制度史的考察往往牵涉面广，时空维度大，故学界在这方面研究较为薄弱，少有有分量的研究成果问世。

2. 货币制度的变迁

　　孙连娣认为，王莽货币制度改革是中国货币史上的光辉一页，其货币

---

　　①　杜恂诚：《近代中国货币市场的整合与分割》，载《中国社会经济史研究》2018 年第 3 期。

发行数量之大、品种之多、更易之快令人瞩目。在当代经济学视角下观察王莽所推行的货币政策，蕴含多种经济理论，如通货膨胀、兑换比例、货币职能、经济基础与上层建筑、虚值货币等，尤其是虚值货币所提倡的大额货币、货币符号理论具有超前意义，其科学性和前瞻性是值得当代经济学领域所研究的。①

管汉晖等认为，元代是我国历史上最早且唯一统一将纸币作为法定流通货币的朝代，是价值尺度从铜钱转为白银的转折点，并由此形成了世界历史上最早的银本位货币体系。元代纸币的运行机制表明，其发行初期，由于银本位制度的作用而运行良好，币值稳定；中期后，迫于财政压力，政府不得不诉诸超发纸币以弥补财政赤字，本位制度名存实亡，通货膨胀不可避免。实证检验发现，多省起义产生的财政压力是纸币发行数量持续增加的重要原因，赏赐对纸币超发的作用并不显著，而随着银本位执行力度的减弱，尤其是钞本由金银变为纸币后，财政压力促使货币超发的效应更为突出。元代纸币经历了从币值稳定到温和通胀，再到恶性通胀的阶段，这在我国古代历史上具有一般性。②

王文成认为，南宋末年李曾伯所撰《救蜀楮密奏》记载了宝祐二年（1254 年）四川钱引总量达到 16 亿贯、宋廷新发行银会 2800 万贯导致的货币危机，提出了集中纸币发行权、以东南会子取代钱引、允许银会和东南会子跨区流通的救弊之策。其部分对策付诸实施后，川蜀地区行用了 140 多年的钱引为银会所取代。他通过分析银会替代钱引的历史，反映了南宋末年纸币严重贬值、铁钱失去纸币准备金功能、纸币跨区流通趋势凸显等方面的情况，表明银两不仅取代铁钱成为川蜀新纸币——银会的价值基准，而且已成为钱引、银会、东南会子等纸币共同的价值标准，逐步成为多元货币体系中的主要货币。③

杜恂诚认为，19 世纪以来，随着越来越多国家采用金本位货币制度，自 20 世纪 70 年代起，金贵银贱呈现为一种长期的变动趋势。近代中国是一个以银铜为金属货币的国家，白银汇率曾出现过两次异常震荡，一次出现在 1919～1921 年间、一次出现在 1930～1935 年间。这两次白银汇率震

①　孙连娣：《评王莽币制改革：文献、文物、经济视域下的考察》，载《石家庄学院学报》2018 年第 1 期。
②　管汉晖、毛捷：《本位、战争与通胀：元代纸币的运行机制》，载《中国经济史研究》2018 年第 2 期。
③　王文成：《从〈救蜀楮密奏〉看南宋货币白银化》，载《中国经济史研究》2018 年第 4 期。

荡是西方国家向外转嫁危机的结果，对中国经济造成深重的负面影响。在这两次危机中，中国经济遭受的损失是环环相扣和整体性的。面对白银汇率引发的危机，中国完全处于被动的弱势地位，缺乏及时应对和化解危机的财政货币手段及经济政策措施。[1]

丁冠淇认为，1881～1911 年是中国民族工业的萌芽时期，也是国际货币制度剧变的时期。金本位制的扩张导致国际货币制度发生了改变，这不仅使中外汇率（金银比价）发生了变化，也使中国国内汇率（银钱比价）发生了变化。通过理论和经验分析，从三个角度阐述了金银比价和银钱比价对纺织业投资的影响，并应用向量自回归模型进行了相关验证。研究结果显示，金银比价上升有利于纺织业投资；银钱比价下降有利于纺织业投资。结合这一时期的国内和国际汇率变化的实际趋势，认为这一时期的汇率变动有利于中国纺织业萌芽的产生。[2]

周建波等认为，中古时期的寺院金融通过传播佛教信仰来建立商业信用，依靠宗教信仰聚集社会财富并约束借款人，有效节约了组织运作的交易成本。研究发现，佛教信仰可以有效节约交易成本，但长期看单靠宗教信仰建立商业信用是不够的，还要实现非正式制度和法律等正式制度的良性互动，才能进一步提高商业信用的能力。[3]

七、自然灾害史

阮建青等认为，市场机制是现代市场经济发展的基础，市场一体化是市场机制发育的重要表现形式。然而，市场一体化究竟是如何演化而成的？已有研究探讨了空间距离、交通运输等因素对市场一体化的影响。他们认为，作为外生冲击的自然灾害对市场一体化的演进发挥了关键作用，对粮食市场的影响尤为明显。如果某地区在长期历史发展过程中经常发生导致粮食短缺的自然灾害，那么区域间价格差异所引发的市场套利行为和中央政府赈灾措施所导致的区域间交易成本下降，将共同促进当地粮食市

① 杜恂诚：《二十世纪前期白银汇率的两次异常震荡及对中国经济的影响》，载《历史研究》2018 年第 3 期。
② 丁冠淇：《论清末双重汇率变动对中国纺织业投资的影响》，载《财经问题研究》2018 年第 1 期。
③ 周建波、孙圣民、张博、周建涛：《佛教信仰、商业信用与制度变迁：中古时期寺院金融兴衰分析》，载《经济研究》2018 年第 6 期。

场与周边粮食市场的连通，即市场一体化的程度逐渐加深。他们利用清代"宫中粮价清单"中 1746～1795 年中国主要粮食月度价格数据以及中国历史灾害记录数据进行实证分析，结果表明，自然灾害对市场一体化存在显著正向影响。①

杨双利认为，有关历史时期的数据大都有着复杂的生成过程，根据不同史料来源、计量标准、统计方法、估算依据所得出的结果千差万别。因此，进行量化历史研究时，有必要对基础数据本身进行一番细致的考察。已有的灾荒史研究中，由于对灾荒规律、文献特征、荒政制度等方面欠缺考虑，以及统计和估算方法上的粗糙与失误，相关的灾情、灾赈数据还有待进一步完善。在量化数据的获取过程中，不仅要充分考虑学术研究的现实需要，实现方法的科学化，更要注意把握研究对象的基本特征和文献记录的内在逻辑，实现方法的史学化。在数据的运用过程中，要特别注意数据之间的匹配关系及其适用范围。②

八、外国经济史

（一）研究方法

熊芳芳认为，新财政史在法国学界的兴起与近代国家形成问题的探讨密切相连。在考察财政体系的演变及其具体实践的同时，新财政史侧重将财政赋税看作相对独立的因素，探究其与政治和社会变迁之间的动态关系。以比较研究为基础，新财政史还从汲取财政资源的角度对历史上的国家形态进行了重新界定。新财政史家认为，法兰西近代国家的起源可以向前延伸至 1250～1350 年间，学者们对公共税制与国家形成的关系、绝对君主制的财政实践等问题的考察，深化了对法兰西近代国家起源以及中世纪晚期近代早期法国政治和社会性质的思考。③

---

① 阮建青、李垚：《自然灾害与市场演进：基于 18 世纪清代粮食市场的研究》，载《浙江大学学报（人文社会科学版）》2018 年第 1 期。

② 杨双利：《清代灾赈数据的生成及相关问题：以乾隆朝为中心的考察》，载《清史研究》2018 年第 3 期。

③ 熊芳芳：《新财政史视域下法兰西近代国家形成问题述评》，载《历史研究》2018 年第 3 期。

刘伟才认为，19 世纪英国人在非洲广大地区开展探险、传教、经商、征服、占领等多种活动，留下了诸多记录，贡献了大量可供非洲史研究利用的资料。就非洲经济史而言，19 世纪英国人非洲行记可以提供关于非洲的土地和物产、非洲人的生产模式和生产技术、非洲相关地区内部和对外经济关系等方面的资料，还有一些数据和图像等。以这些资料为基础，可以呈现 20 世纪前非洲相关地区或人群的经济面貌和变迁。在利用这些资料的过程中，要注意多资料的比较和互证，还要注意与其他类型资料相结合。[1]

（二）制度变迁史

欧阳晓莉认为，卡尔·波兰尼首次提出的经济体制"嵌入"社会制度的理论影响深远，但他关于古代经济的论述在国内学术界尚未引起关注。聚焦波兰尼从其"嵌入"理论发展而出的互惠、再分配和市场三种经济模式学说，揭示他认为两河流域不存在市场这一结论背后的史实依据和论证过程，并评述他的三种模式和以上结论在两河流域经济史研究中所激起的学术争议与交锋。波兰尼学说对于这一领域的贡献并不在于其具体结论，而在于能够鼓励习惯于实证研究的学者对本领域的研究范式进行探讨和反思，进而寻求从宏观视野把握两河流域经济发展的特点。[2]

莽景石认为，到 2018 年日本明治维新已经整整过去了 150 周年。基于一个元制度与派生制度的相对关系及其演进的分析框架，可探讨明治维新对日本战前工业化的影响。作为一种大规模制度变迁，明治维新与英国革命、美国革命不同，元制度与派生制度是非均衡演进的，即宪政元制度缺位条件下的替代制度与移植制度的非均衡演进。在明治维新的过程中，日本没有选择宪政民主制度，而是选择了天皇专制的威权主义制度，同时大力移植源自西方先发展国家的高效率现代经济制度。这样，元制度与派生制度的非均衡演进，在明治维新开始后的日本就转化为政治制度与经济制度的非均衡演进。明治维新表现出来的这种制度变迁模式，就其短期效应而言，由于国家具有更为强大的资源动员能力，有力地促进了日本战前

---

① 刘伟才：《19 世纪英国人非洲行记中的经济史资料及其利用》，载《上海师范大学学报（哲学社会科学版）》2018 年第 4 期。
② 欧阳晓莉：《波兰尼的经济模式与两河流域经济史研究》，载《史学理论研究》2018 年第 1 期。

工业化；但是就其长期效应而言，由于对外发动侵略战争，最终使日本战前工业化归于失败。[①]

　　在人类历史上，为什么享受垄断特权的精英愿意消除垄断，向公民开放特权？路乾通过研究美国 19 世纪早期马萨诸塞州银行业开放史指出，在政治特权与设立银行的经济权利相结合的体制中，精英之间的政治竞争导致了经济特权的不稳定及租金的消散，迫使经济权利向更多精英分配。权利在更大范围的拓展创造了大量的银行及银行资本，降低了垄断租金。向银行资本征税免除了精英的财产税，间接提高了精英从开放中获得的收益。权利开放的收益增加，权利限制的收益下降。当精英从权利开放中获得的收益高于权利限制时，促使精英开放权利的经济条件得以实现。经济快速发展与竞争性的政治架构，以及向资本征税是导致精英收益结构变化及制度变迁的关键条件。[②]

　　徐继承认为，19 世纪是德意志地区农业改革兴起并迅速推进的时期。在此期间，实行了以废除农奴制度为核心的制度变革，不仅有利于土地自由交易，也取消了对人口自由迁徙与财产流通的限制。农业生产技术也取得重大突破，四圃轮作制的推广，化学肥料的较早使用，农业机械化水平的提高，新型农作物的大面积推广等，促进了德意志地区农业经济的快速发展。19 世纪德意志的农业改革，在提供工业化所需劳动力、粮食供应、原料、资金等方面发挥了重要作用，推动了德意志由以农业为主导产业向以工业为主导产业的转型。[③]

　　王敬尧等认为，土地资源和人力资源是农业生产的两大基本要素，日本农地制度从班田制至今的变迁历程，都是围绕土地资源、人力资源、生产技术、生产组织之间的关系展开的，农地制度就是关于"人"与"地"关系的制度。土地对初级农业生产者具有溢出效应，同时对高层次的农业生产者具有需求，"人"与"地"之间自古至今这种循环流动的博弈影响着农业技术和农业生产组织的发展，这一过程就是农地制度变迁的过程，农地制度改革在不断寻求"人"与"地"均衡中促进农业现代化，围绕人的现代化，进而推进国家现代化，这是历史规律发展的必然结果，也是

———————

　　① 莽景石：《明治维新：元制度与派生制度的非均衡演进及其对日本工业化的影响》，载《现代日本经济》2018 年第 6 期。
　　② 路乾：《美国银行业开放史：从权利限制到权利开放》，载《中国经济史研究》2018 年第 2 期。
　　③ 徐继承：《19 世纪德意志地区农业改革与经济结构转型：以普鲁士为研究视角》，载《安徽史学》2018 年第 3 期。

未来人类永远不可逃避的现实问题。[①]

（三）技术变迁史

马瑞映等认为，在英国工业化进程中，棉纺织业是工业革命的核心产业和社会经济繁荣的重要基础。体系化创新是棉纺织产业崛起的核心机制，其相互强化、联动的创新模式，实现了生产要素的新组合，形成的创新合力效应保持了英国棉纺织产业持续的竞争优势。技术创新提高了棉纺织业的劳动生产效率；工厂制度创新使棉纺织业得以规模化生产；信贷金融创新解决了新兴棉纺织业的资本难题；资源的全球配置既控制了原棉的供应来源，又不断开辟新的销售市场；企业家创新则使生产要素新组合成为可能，促进了诸要素间的协同与整合。体系化创新是英国棉纺织产业发展的关键原因。[②]

（四）对外贸易史

陈思伟认为，公元1～2世纪，随着印度洋季风规律的发现、地中海世界造船技术在埃及红海沿岸的传播、埃及红海港口与尼罗河之间交通的改善以及东方商品消费市场的扩大，罗马埃及与印度次大陆远洋海上贸易迅速发展。据穆泽里斯纸草，2世纪埃及与次大陆海上贸易的参与者采取各种举措，力图规避风险，追求利润最大化。驶航于罗马埃及与印度次大陆之间的商船装载的货物类别多样且价值不菲，海上贸易参与者经济实力雄厚。随着"罗马和平"的到来、消费量的增加、政治竞争的助推和奢靡之风的盛行，罗马人对东方产品的需求增加，经由埃及的东方贸易在罗马经济中地位日益突出。罗马帝国鼎盛时期的东方贸易比学者们普遍强调的规模更大、运作更加复杂。东方贸易在帝国经济中占据着举足轻重的地位。[③]

---

① 王敬尧、段雪珊：《"人""地"关系：日本农地制度变迁与农业现代化》，载《清华大学学报（哲学社会科学版）》2018年第4期。

② 马瑞映、杨松：《工业革命时期英国棉纺织产业的体系化创新》，载《中国社会科学》2018年第8期。

③ 陈思伟：《埃及与印度次大陆的海上贸易及其在罗马帝国经济中的地位》，载《历史研究》2018年第1期。

第四章 人口、资源与环境 经济学研究新进展

2018 年人口、资源与环境经济学研究仍然表现出三大分支学科相对独立的突出特征，在关注传统研究重点的基础上，三大分支学科也分别针对各自领域出现的新问题、新现象进行了研究，取得了新的研究进展。

一、人口、资源与环境经济学学科发展

（一）人口、资源与环境经济学学科发展存在的问题

童玉芬等回顾人口、资源与环境经济学创建 20 年来的发展指出，虽然人口、资源与环境经济学从创建以来硕、博士学科点大量涌现，学科相关的学术成果和教材也较为丰富，同时多项相关国家级项目成功立项，但学科目前仍旧面临很多问题，严重阻碍了该学科的进一步发展。主要的问题有：第一，三大分支学科仍旧缺乏更深层次的有效融合，人口经济学与资源、环境经济学的交叉研究较少，同时包含三个分支的学术研究则更少；第二，学科缺乏共识，具体表现在该学科研究对象不明确、研究内容和研究体系不严谨、缺乏特有的理论、概念表述不清、体系结构不完整。导致这些问题的原因在于：第一，该学科的学科渊源导致在整合其他学科上存在困难；第二，各分支学科所属专业领域跨度大，学者难以驾驭；第三，组织建设滞后、缺乏相应的学术交流平台。在此基础上，他们提出了人口、资源与环境经济学进一步发展的对策建议。第一，应尽快建立起相应的专门学会，提供相关学者进行学术交流的平台；第二，应当重视教材建设，尽快组织具有相当造诣的专家学者，编写一系列高质量的教材，以

满足学科发展和人才培养的需要；第三，注意在相关一级学会年会中设立"人口、资源与环境经济学"专题研讨会，相互邀请相关交叉领域里学者积极参与，从而促进学科交融和良性发展；第四，在相应的学术期刊开设专门栏目，推动学科基础理论的研究。[①]

（二）资源与环境经济学

虽然人口、资源与环境经济学是理论经济学一级学科下的二级学科，但由于 2012 年教育部调整本科专业目录时，设立了"资源与环境经济学"专业，为此也有很多学者就资源与经济学学科发展进行了研究。

1. 资源与环境经济学的发展和定位

马中等系统梳理资源与环境经济学国内外发展历程后指出，自 20 世纪中叶以来，不断加剧的环境资源问题和实现可持续发展的要求，推动了环境与资源经济学的建设与发展，也为培养环境与资源经济学科人才提供了条件、机会和需求。他们将环境与资源经济学的定位总结为运用经济学原理和方法研究环境资源与可持续发展的经济学分支学科，是经济学和环境科学两大学科交叉形成的一门新兴学科。[②]

2. 资源与环境经济学人才培养体系存在的问题和对策建议

张利国等指出，地方财经院校的人口、资源与环境经济学博士研究生培养模式存在培养资源有限、培养模式特色不足、优质生源比重不高、学科研究对象不明确等问题。[③] 马中等指出，环境与资源经济学科需要加快形成完整而有特色的课程体系，强化实践教学在人才培养体系中的重要作用，完善教材体系建设，加强校际教学、科研资源的共享。[④] 支援等也指出，《资源与环境经济学》课程适宜运用"案例教学法"，能够启发认知、

---

① 童玉芬、周文：《中国人口、资源与环境经济学 20 年回顾：发展与挑战》，载《中国人口·资源与环境》2018 年第 11 期。

②④ 马中、石磊：《环境与资源经济学的发展与学科建设》，载《中国大学教学》2018 年第 6 期。

③ 张利国、张琴：《地方财经院校"人口、资源与环境经济学"博士生培养模式改革研究》，载《南昌师范学院学报》2018 年第 1 期。

引导实践，学生乐于接受，更容易引导学生知行转化。①

二、人口经济学

2018 年，关于人口经济学的大部分研究除了过去长期关注的劳动力流动、人口结构和人口政策三个方面外，还重点对户籍制度改革绩效进行了评价。

（一）户籍制度改革绩效评价

学者们对新一轮户籍制度改革中的不同政策措施进行了评价研究，基本都得出了户籍制度改革效果有限的结论。评价的主要政策有：

1. 户籍制度改革路径

长期以来，我国户籍制度改革主要遵循了利益剥离和利益扩散两条路径，利益剥离路径的理论逻辑是由于户籍制度被不合理地强加了利益分配功能，因此户籍制度改革就是要把挂靠在户口上的一系列特殊福利和公共服务与户口类型剥离。利益扩散路径就是制度受益者范围不断扩大，新进入者获得预期利益的过程，很多户籍制度改革采用的蓝印户口、购房落户、积分落户等都是采取的这种路径。邹一南指出，新一轮户籍制度改革采取差别化落户和居住证制度并行的二元路径，延续了户籍改革的利益扩散和利益剥离模式。利益扩散模式和利益剥离模式均着眼于单个城市，其成功的前提是户籍利益差异主要在城乡之间。在户籍利益的主要差异转变为不同规模城市之间的情况下，两种改革路径都陷入误区：作为利益扩散式改革积分落户演变为大城市"抢人（才）"大战，而原本的改革受益对象农民工被排除在外，造成人口红利和人口负债在大城市和小城市之间失衡配置，加剧城市发展差距；作为利益剥离式改革的居住证制度，使城市非户籍利益和户籍利益差距缩小，客观上提高了大城市的吸引力，促使流动人口进一步向大城市非户籍迁移，增加了改革难度。②

---

① 支援、黄效白：《〈资源与环境经济学〉案例教学法探析》，载《教育文化论坛》2018 年第 2 期。

② 邹一南：《户籍改革的路径误区与政策选择》，载《经济学家》2018 年第 9 期。

2. 城市积分落户政策

积分落户制作为超大城市户籍改革的重要政策，其目标在于大城市人口调控。李竞博等指出，积分落户政策的实施表面上对流动人口落户超大城市提高了可能和途径，实质上仍是选择性落户政策，只是为流动人口设定了新的落户限制条件，仅仅放开了高层次流动人口落户超大城市的条件，依然在挤出和排挤低层次流动人口。他们以天津市为例考察发现，具有相对优势的城—城流动人口虽然仍是永久迁移人群的主体，但是其迁移比例正在下降，而乡—城流动人口并没有因积分落户制的门槛设定而回流户籍地或是迁出大城市，他们是事实性的永久移民。积分落户制依然是城镇化和户籍制度改革的权宜之计，是不彻底的户籍改革政策。①

3. 户籍门槛制度

城市户籍门槛仍然在新一轮的户籍制度改革中存在，一些大城市甚至设立了更高的"门槛"，侯新烁以地级市"市辖区"为样本，构建空间异质分析模型研究户籍门槛设置与人口城市化之间的联系发现，人为设置的户籍门槛对城市化产生抑制，而这一负向影响具有多渠道效应：一是人力资本渠道。户籍门槛高虽然对流动人口的人力资本水平有筛选作用，但也会抑制潜在人力资本积累而抑制城市化；二是经济发展水平。较低的户籍门槛有利于吸引人力资本从而有利于经济发展和城市化提升；三是产业结构。高户籍门槛促进了产业结构变化，但同时抑制了投资的城市化推进力。此外，户籍门槛的作用具有空间梯度性，高户籍门槛在东部地区对城市化有更明显的抑制作用。②

（二）人口流动

学者们继续深化了人口迁移、人口集聚等人口流动对经济增长的影响，拓展了人口流动的影响因素研究，并关注了高学历人才流动的新现象。

---

① 李竞博、高瑷、原新：《积分落户时代超大城市流动人口的永久迁移意愿》，载《人口与经济》2018 年第 1 期。
② 侯新烁：《户籍门槛是否阻碍了城市化？——基于空间异质效应模型的分析》，载《人口与发展》2018 年第 3 期。

1. 人口流动对经济增长的影响

关于人口迁移、人口集聚等人口流动对经济增长的影响，学者们从不同的层面进行研究：

第一，区域经济层面。杨东亮等区分了人口集聚和人口迁移的差异，利用 2000 ~ 2015 年 31 个省份的常住人口数据计算人口密度指标，证实我国人口集聚程度按照东—中—西依次降低且集聚程度不断提高，大部分城市仍有很充足的人口集聚空间。人口集聚对我国区域经济发展水平具有显著正向作用，其中对西部地区经济影响最大。此外，人口集聚对提高集聚地区的城镇化率、人力资本水平和降低地区人口抚养比也有正向作用。①

第二，劳动力配置效率层面。史桂芬等采用中国 31 个省 2001 ~ 2015 年的面板数据实证分析发现，人口迁移促进不同地区的不同层次劳动力不断流动，技术工人向经济发达地区集聚，使劳动力结构与劳动力需求结构相匹配，人口迁移通过优化地区间劳动力配置效率而促进了经济增长。②

第三，定量层面。周天勇以没有体制限制的经济增长各方面应有水平和实有状况间的差距作为迁移受阻导致的损失。测算认为，2016 年迁移受阻造成损失占当年全国居民总收入的 11.29%，造成消费需求损失占当年居民消费总额的 18.52%，劳动力被迫窝积于农村产生劳动力产业错配，造成损失占当年 GDP 的 12.13%。③

第四，城市创业活跃度层面。叶文平等从流动人口的视角揭示了不同地区之间创业活跃度的差异之谜。他们将异质性社会个体与企业家创业的职业选择假设引入到垂直联系的自由企业家模型（FEVL）中，并采用我国 56 个城市 2010 ~ 2014 年面板数据实证考察发现，流动人口比例会提高城市创业活跃度，即城市流动人口规模越大，创业活跃度越高。其中，较大的市场规模、较强的知识溢出效应与较低的中间品价格是城市吸引流动人口，特别是创业型个体的重要因素，这类流动人口对城市创业活跃度的提高有重要的作用，同时，流动人口对城市创业活跃度影响还受到城市的市场化程度和互联网水平的正向影响。④

---

① 杨东亮、任浩锋：《中国人口集聚对区域经济发展的影响研究》，载《人口学刊》2018 年第 3 期。
② 史桂芬、黎涵：《人口迁移、劳动力结构与经济增长》，载《管理世界》2018 年第 11 期。
③ 周天勇：《迁移受阻对国民经济影响的定量分析》，载《中国人口科学》2018 年第 1 期。
④ 叶文平、李新春、陈强远：《流动人口对城市创业活跃度的影响：机制与证据》，载《经济研究》2018 年第 6 期。

92

2. 人口流动的影响因素

学者们在继续关注子女教育政策等传统影响人口流动的因素外，也将更多新兴因素纳入研究框架，进一步丰富了人口流动的影响因素研究。

第一，随迁子女教育政策。李超等利用国家卫生计生委流动人口动态监测数据进行实证检验发现，随迁子女教育政策改革、升学限制门槛低对流动人口有更大的吸引力，并且对农民工家庭的迁移距离有正向作用，其中异地高考试点对农民工流向影响最为明显，证实了教育供给水平高的沿海发达地区面临更大规模的流动人口压力。[①]

第二，房价、子女教育和空气质量。随着我国社会主要矛盾的变化，流动人口开始越来越多地将教育资源、居住条件和环境污染程度等因素作为迁移的考虑因素，李国正等在关注子女教育问题的同时，也关注到房价和空气质量也影响了人口流动。他们采用 2012～2015 年国家流动人口动态监测调查结果，通过面板数据随机效应模型研究发现房价提高、空气质量恶化都对居留意愿有显著负向影响，流动人口不仅关注房价，也越来越重视生活环境和身体健康，而高等教育水平提高有利于提升流动人口居留意愿，也显示了流动人口愈来愈注重随迁子女的教育质量。[②]

第三，社会资本。汪伟利用中国家庭追踪调查（CFPS）2012～2016年的面板数据发现，我国人口迁移存在地区偏好和同乡集聚的现象，表现为同乡关系网等形式的社会资本水平较低容易导致人口迁出，而社会资本水平较高会吸引大量人口迁入。居民因为贫富差距、户籍原因和在政府办事时受到不公待遇，以及与他人之间的信任程度高等社会资本因素更容易进行跨省迁移。[③]

第四，市场规模、地理距离、市场机会和工资。余运江等从人口流动的省际流动和省内流动两个维度分别研究人口流动的影响因素发现，市场规模对省际、省内流动都有显著影响，且这一影响作用随时间不断增强，其中第三产业市场规模对省际流动的影响持续增强，但对省内流动的影响则在减弱。市场潜能是省际流动最主要的影响因素，地理距离和就业机会

---

① 李超、万海远、田志磊：《为教育而流动——随迁子女教育政策改革对农民工流动的影响》，载《财贸经济》2018 年第 1 期。

② 李国正、艾小青、陈连磊、高书平：《社会投资视角下环境治理、公共服务供给与劳动力空间集聚研究》，载《中国人口·资源与环境》2018 年第 5 期。

③ 汪伟、徐乐、蔡嘉雯、姜振茂：《社会资本对人口省际迁移的影响研究》，载《财经研究》2019 年第 1 期。

也对省际流动具有显著影响，而影响省内流动最主要的因素是工资。①

3. 高学历人口流动

作为人口红利最主要的载体高学历人口流动开始受到学者们的关注，学者们主要从高学历的区域流动方面进行了研究。比如，童玉芬等基于"中心—外围"理论构建空间滞后模型测度京津冀高学历人口的空间集聚形成机制发现，以北京、天津为中心，河北省为外围的高学历人口空间集聚格局已经形成，北京和天津不仅具有"虹吸效应"吸引高学历人口，同时也具有"溢出效应"促进河北相邻地区提高人口集聚力。② 张剑宇等利用吉林大学 2013 ~ 2017 年毕业生就业数据和地区经济数据实证研究发现，男性高学历人才流失明显多于女性，东北生源毕业生留在东北工作的意愿明显高于外地生源毕业生，本科生和硕士生相比于博士生更倾向于在毕业后离开东北，自然科学专业的毕业生在毕业后相比于社会科学专业的毕业生也更不愿意留在东北工作，较想进入国有单位的毕业生大多选择留在东北。毕业生去经济发达地区就业的倾向在本科生和硕士生中更为强烈，东北地区较低的房价是吸引毕业生留下的重要因素。③

（三）人口结构对经济增长的影响

人口结构对经济影响的研究一直是近年来学界研究的重点，2018 年学者们继续重点从人口老龄化角度深化人口结构对经济增长各方面的影响研究。

第一，对整体经济增长的影响。围绕人口老龄化对经济增长的影响，学者们进行了大量实证研究，但却得出了截然不同的结论。齐红倩等指出，之所以存在比较多的分歧，理论上来的原因主要在于人口老龄化因素和经济增长要素的多元性，使得人口老龄化影响经济增长的机制是复杂的、路径是多维的。实证上的原因主要在于，大多学者采用一些线性模型，且衡量指标选择不统一。为此，他们使用面板平滑转移回归模型

---

① 余运江、高向东：《中国人口省际流动与省内流动的差异性》，载《人口与经济》2018 年第 1 期。

② 童玉芬、刘晖：《京津冀高学历人口的空间集聚及影响因素分析》，载《人口学刊》2018 年第 3 期。

③ 张剑宇、谷雨：《东北地区高学历人口流失及原因——基于吉林大学 2013 - 2017 年毕业生就业数据的分析》，载《人口学刊》2018 年第 5 期。

（PSTR）在非线性框架内进行实证检验发现，人口老龄化对经济增长的影响是非线性的，且存在显著的门槛特征，在我国当前阶段人口老龄化对经济增长的影响是正向和积极的，表现为倒"V"型曲线关系。此外，人口老龄化对经济增长的影响存在严重的区域不平衡性和滞后效应。[①]

第二，对产业结构升级的影响。关于人口老龄化对产业结构的影响研究存在较大争议，但基本都认为存在门槛效应。部分学者认为人口老龄化对产业结构升级存在负面影响。如赵春燕运用门槛回归模型，利用1998～2015年30个省份的省级面板数据作的实证研究发现，总体上我国人口老龄化水平对产业结构升级存在负向影响，且存在显著门槛效应。在跨越人口城市化率、平均人力资本积累和高学历人力资本积累的门槛值后，老龄化对产业结构升级有正向作用，但我国仅有北京、上海等四个省份跨过门槛，说明我国仍处于初级阶段，老龄化阻碍了产业结构升级。[②]然而，也有部分学者认为人口老龄化对产业结构升级存在正向影响。如逯进等考虑人口迁移与老龄化的交互作用，利用1993～2015年中国省级面板数据的实证研究发现，人口老龄化对产业结构存在正向影响且影响强度随着人口迁移逐渐增强。随着老龄化程度不断加深，人口迁移对产业结构的边际作用由负转正且正效应逐渐增强，其内在机理在于：人口老龄化促进了人力资本积累，倒逼企业提升技术和人力资本从而促进产业结构升级，同时也通过降低劳动生产率、增加社会保障负担和挤出科教支出等途径对产业结构升级产生负向影响。[③]

第三，对储蓄率的影响。李超等指出，根据生命周期消费理论老龄化会导致负储蓄增大，储蓄率下降，而根据第二次人口红利理论，老龄化将由于预防动机而使储蓄率上升，他们利用中国家庭追踪调查2010～2014年面板数据的实证研究发现，老龄化显著提高了中国微观家庭储蓄率，且这一正向影响在收入水平较低的家庭和农村、中西部地区更为显著，证明预防动机对储蓄率的正效应大于生命周期消费模式的负效应，中国收获了

① 齐红倩、闫海春：《人口老龄化抑制中国经济增长了吗?》，载《经济评论》2018年第6期。

② 赵春燕：《人口老龄化对区域产业结构升级的影响——基于面板门槛回归模型的研究》，载《人口研究》2018年第5期。

③ 逯进、刘璐、郭志仪：《中国人口老龄化对产业结构的影响机制——基于协同效应和中介效应的实证分析》，载《中国人口科学》2018年第3期。

第二次人口红利。此外老龄化对储蓄选择和储蓄规模都有显著正向作用。[①]
王树等通过引入双向代际因子对四期戴蒙德模型进行动态演化分析，利用
1997～2015 年省级动态面板数据进行实证检验也发现，二次人口红利理论
在我国适用，少儿抚养比对储蓄率有负向作用，而老年抚养比对储蓄率有
正向影响。随着收入增长，少儿抚养比对储蓄率的负效应持续减弱，老年
抚养比的正效应则不断增加。[②]

第四，对宏观政策调控有效性的影响。李建强等在标准新凯恩斯理论
框架内引入年龄异质性行为人主体，保留财富分配转移常用的跨期迭代模
型（OLG）特征的实证研究发现，人口老龄化使财政政策和货币政策的有
效性下降。财政政策方面，人口老龄化除了加重财政养老负担外，更损害
财政刺激效果和财政绩效质量，压缩财政政策发挥空间。货币政策方面，
老人主导的社会对通货膨胀率的容忍度下降而使得利率调整更易逼近下
限，加大货币政策操作难度，从而被迫提高非常规货币政策使用频率。[③]

第五，对房地产价格的影响。叶小青等针对不同地区的异质性，通过
构建交互效应动态面板分析模型，利用 1999～2016 年 31 个省市级数据的
实证检验发现，老年抚养比与房地产价格的关系在东部地区呈负相关，在
中部地区则呈显著正相关关系，在西部地区不具备统计上的影响，原因在
于东部地区财富主要集中在中青年群体手中，而中部地区老年群体拥有的
财富占主要地位。总体来看，我国房地产市场尚未出现明显泡沫，但泡沫
风险仍然存在，其中东部地区风险最大，此外房地产政策可以有效抑制过
热房地产且存在地区异质性。[④]

（四）　新人口政策效果评估与预测

"单独二胎"和"全面二孩"的新政策已经实施了三四年的时间，基
本具备了评估政策效果的条件，为此学者们对新的人口政策实施效果进行

---

①　李超、罗润东：《老龄化、预防动机与家庭储蓄率——对中国第二次人口红利的实证研
究》，载《人口与经济》2018 年第 2 期。

②　王树、吕昭河：《人口红利与"储蓄之谜"的实证研究——基于动态演化模型的实证分
析》，载《华中科技大学学报（社会科学版）》2018 年第 6 期。

③　李建强、张淑翠：《人口老龄化影响财政与货币政策的有效性吗？》，载《财经研究》
2018 年第 7 期。

④　叶小青、徐娟、常金华：《人口结构对房地产价格影响的实证分析》，载《统计与决策》
2018 年第 18 期。

了评估和预测。

1. 新人口政策效果评估

第一，全面二孩政策对未来人口数量的影响。学者们对"二孩"政策实施效果的实证研究大部分都得出了政策"遇冷"的结论，主要表现为家庭生育意愿不高。比如，靳卫东等建立关于城乡家庭生育政策的成本收益模型，基于家庭微观调查数据发现，农村家庭生育成本迅速增加对其生育意愿产生明显负向影响，城镇家庭的生育成本压力缓慢下降，"二孩"生育意愿小幅增长，从城乡两方面因素综合来看总体意愿生育水平呈下降趋势。[①] 付文选用中国综合社会调查（CGSS）数据对二孩意愿偏低的影响因素进行实证发现，二孩政策遇冷是因为生育成本增长、生育观念转向重质而不是重量、无人照看、政策尚不健全、教育水平升高和城市化。[②] 然而，石人炳等在对生育政策"遇冷"的含义进行界定基础上，利用 2013 ~ 2017 年湖北、湖南两省的总和生育率数据和调查发现，生育政策调整的近期效果明显，但生育政策调整的中长期效果不能适应人口长期均衡发展的要求，不改变现有政策的情况下中国将进入总量快速减小、结构老化严重的社会。[③]

第二，全面二孩政策对未来经济增长的影响。王浩名研究发现，0 ~ 9 岁出生人口增加经过大约 15 年后会对经济产生促进作用，也使储蓄、个人工作时间、利率和通货膨胀出现明显变化，有利于促进投资的快速提高。全面二孩政策保证 20 ~ 29 岁年龄组有充足数量以促进经济长期增长，30 ~ 39 岁、40 ~ 49 岁和 50 ~ 59 岁年龄组人口结构转变则在中期促进经济增长，从长期来看这三组人口结构转变不利于经济发展。[④]

2. 全面二孩政策对未来人口结构的影响预测

王浩名根据 2015 年《中国人口与就业统计年鉴》和 2010 ~ 2014 年中国社会状况综合调查和中国家庭幸福感热点问题调查等相关数据，估算

[①] 靳卫东、宫杰婧、毛中根：《"二孩"生育政策"遇冷"：理论分析及经验证据》，载《财贸经济》2018 年第 4 期。

[②] 付文：《全面放开二胎政策遇冷的影响因素分析》，载《经济论坛》2018 年第 1 期。

[③] 石人炳、陈宁、郑淇予：《中国生育政策调整效果评估》，载《中国人口科学》2018 年第 4 期。

[④] 王浩名：《全面二孩政策下人口结构转变对宏观经济的长期影响》，载《人口与经济》2018 年第 3 期。

"全面二孩"政策下潜在受益育龄妇女人数和生育意愿，从而预测了 2016 ~ 2036 年我国人口结构的变化。他们发现，由于"全面二孩"政策激励，0 ~ 9 岁出生人口在 2016 ~ 2020 年较快增长，该年龄组人口比重较快提高，2020 年后增速有所下降，但总体上仍然表现为上升趋势；主要年龄组人口比重出现波浪式变化，其中 20 ~ 29 岁年龄人口比重波浪式上升，30 ~ 39 岁和 40 ~ 49 岁年龄组人口比重波浪式下降；60 ~ 69 岁高年龄人口组波浪式上升，70 + 岁年龄组人口比重波浪式变化。[①]

茆长宝等通过对 0 ~ 14 岁少儿人口和 65 岁以上老年人口在全面二孩政策下的变化进行场景模拟分析得出，2018 ~ 2050 年间少儿人口经历增长、迅速减少、缓慢减少三个阶段，整体呈现明显下降趋势，而老年人口整体上经历增长、短暂平稳、增长、平稳四个阶段，中国未来将不可避免地进入超少子化和超高龄化状态，前者约出现在 2030 年前后，而后者将于 2037 年前后出现，中国将在 2028 年前后进入少子老龄化社会，并将在 2050 年前进入超少子化—超高龄化并存的人口年龄结构状态。[②]

三、资源经济学

能源、水资源和矿产资源仍然是资源经济学关注的重点，同时，学界对自然资源资产负债表的研究更加深化和系统化。

（一）能源

关于能源问题的讨论，仍然主要集中在能源需求和能源效率两个方面，但研究的具体内容和重点发生了明显变化。

1. 能源需求

关于能源需求的研究从过去单纯测算未来能源需求变动，转向通过更客观分析判断未来能源需求变动方向，以提高能源政策的合理性。为此，

---

① 王浩名：《全面二孩政策下人口结构转变对宏观经济的长期影响》，载《人口与经济》2018 年第 3 期。

② 茆长宝、穆光宗、武继磊：《少子老龄化背景下全面二孩政策与鼓励生育模拟分析》，载《人口与发展》2018 年第 4 期。

学者们将经济发展阶段、不同行业的能源回弹效应，以及金融因素纳入能源需求研究模型，完善了能源需求研究的分析框架。

第一，将当前所处阶段纳入能源需求研究分析框架。2012 年以后，我国煤炭需求增长与经济增长出现背离，对该现象给出合理的解释就能够更准确预测未来煤炭需求，从而对未来的能源和环境政策有着很强的指导意义。林伯强等以投入产出方法建立经济增长的结构变动与能源需求相关联的模型研究发现，煤炭需求增长在 2012 年后慢于经济增速，主要是因为受经济周期影响大的固定资本形成减少造成的。如果中国经济维持中高速发展，煤炭需求可能仍需要保持较高增速。产业结构变动以及非化石能源对电煤的替代都会导致煤炭需求的变化，更快的低碳转型将可能以一定程度的"去工业化"为代价。因此，不同情景的资本形成增长存在很大差异，会对长期经济增长造成影响。因此在制订能源与环境政策时，需要考虑到中国所处的发展阶段，注意能源、经济和环境之间的平衡。要避免过快地"去煤化"，煤炭"去产能"需要考虑未来煤炭需求，避免大量产能永久性退出可能造成的"矫枉过正"。①

第二，将不同行业能源回弹效应纳入能源需求分析框架。能源回弹效应，即由于能源效率提高而促进经济增长所增加的能源需求与理论节能量之比。冯烽考虑到行业间经济联系和结构变动对能源效率的影响，通过编制 1997 年、2002 年、2007 年和 2012 年价值型能源投入产出可比较序列表，研究发现，1997~2012 年整体经济能源回弹效应并不强，能源消费量增长主要是由于经济规模的快速扩张，提高能源效率仍将是未来很长时间重要的节能降耗手段。由于能源回弹效应具有明显的行业异质性，节能减排政策的制定应当根据综合能耗和能源回弹效应的行业异质性，从整体经济结构的角度对不同行业采取不同的节能减排政策。②

第三，将金融发展水平纳入能源需求分析框架。陈志刚等利用 1997~2015 年我国 30 个省的面板数据，将金融发展水平分为信贷规模、证券市场融资规模、金融业竞争程度和 FDI 规模四个维度，通过门槛回归模型对金融发展对能源消费的影响和渠道进行实证分析发现，随着经济增长水平上升，信贷规模和金融业竞争程度对能源消费影响呈倒 U 型，证券市场融

---

① 林伯强、吴微：《中国现阶段经济发展中的煤炭需求》，载《中国社会科学》2018 年第 2 期。

② 冯烽：《能效改善与能源节约：助力还是阻力——基于中国 20 个行业能源回弹效应的分析》，载《数量经济技术经济研究》2018 年第 2 期。

资规模对能源消费存在负向影响，FDI 规模对能源消费影响则保持正向关系。从影响渠道来看，经济增长渠道发挥了重要作用，而技术创新渠道没有充分发挥作用。[1]

2. 能源效率

对能源效率的研究学者们不再主要集中在影响因素上，而是对能源效率的测度方法和相关产业的能源效率进行测度，以使研究结果更加科学合理，从而对节能降耗提出更有效的政策建议。

第一，改进能源效率测度方法。李双杰等认为，当前测算能源效率存在着大量使用单要素指标和选取的投入产出指标存在遗漏或重复两大问题，将投入要素间的组合、替代纳入分析框架，并调整了选取指标，选择投入导向的 DEA 模型对全要素能源效率测度方法进行了修正，构建了一套新的能源效率测算指标体系。他们利用中国 30 个省份 2005～2015 年面板数据对修正方法进行实证检验发现，2005～2015 年 20 个样本省份和全国的工业能源生产率均为倒"U"型，2010 年以后全国工业能源生产率呈下降趋势。修正后的全要素能源效率测算方法得到的结果与单要素指标体系测算结果存在较大差异，2005～2015 年大部分省份的工业全要素能源效率逐步上升，证明能源利用效率的广泛提高。为此，他们指出，在涉及工业的节能政策中不宜过分强调能源生产率或能源强度等单要素指标，应当使用全要素能源效率指标，注重产业结构升级的节能效果和全要素能源效率提升的节能效果，并依靠全社会整体节能。[2]

第二，国际贸易细分行业对全要素能源效率的影响。刘叶运用能源全要素能源效率指标，将国际贸易细分为中间产品进口、中间产品出口、非中间产品进出口等分别验证了其对全要素能源效率的影响，他们发现，行业国际贸易总量、出口总量和进口总量与能源效率之间均不具有显著相关关系，但是中间产品进口总量和中间产品出口总量与能源效率之间具有显著的相关关系，前者呈正相关关系，后者呈负相关关系。意味着我国中间产品出口落入"污染天堂假说"陷阱，而中间产品进口却有助于提升能源

---

①　陈志刚、郭夏月：《金融发展影响中国能源消费的门槛效应分析》，载《中国人口·资源与环境》2018 年第 6 期。

②　李双杰、李春琦：《全要素能源效率测度方法的修正设计与应用》，载《数量经济技术经济研究》2018 年第 9 期。

效率。[1]

第三，测算全球服务业能源生产率和发展趋势。王许亮等利用 WIOD 的大样本数据与收敛分析方法，对 1995～2009 年全球 40 个经济体的 16 个服务业细分行业的能源生产率进行研究，40 个经济体被分为发达经济体和发展中经济体，研究发现全样本以及发达经济体的服务业能源生产率逐年上升，发展中经济体服务业的能源生产率则呈现下降趋势，而且服务业能源生产率存在较明显的地区异质性和细分行业异质性。全球及两类经济体的服务业能源生产率均呈现 σ 发散趋势，各经济体的服务业总体和大部分服务业行业的能源生产率绝对差异逐渐扩大。全球服务业总体和各个服务业行业的能源生产率呈绝对 β 收敛和条件 β 收敛趋势，即落后经济体的服务业增长速度高于发达经济体，各经济体服务业的能源生产率存在各自不同的稳态并向该稳态趋近。[2]

（二） 水资源

关于水资源问题的研究，学者们主要集中在继续从不同角度深化水资源对经济增长的制约和水资源利用效率的区域收敛性研究上。

1. 水资源对经济增长的约束

第一，对城镇化的约束。随着城镇化的不断发展，水资源逐渐成为约束城镇化进程的因素之一，秦腾等以长江经济带 11 个省市为研究对象，运用空间误差模型（SEM）以消除空间相关性对本问题可能产生的测算偏误，选取 1998～2015 年的面板数据对城镇化进程中水资源约束进行实证分析发现，在水资源充沛的沿长江地区，水资源对城镇化的约束依旧存在，年均城镇化发展速度由于水资源约束降低了 0.6%。在 11 个样本省市中，上海和浙江城镇化未受到水资源的约束，江苏、重庆和云南表现出较强的约束特征，可能是由于水资源利用效率低和无序城镇化，安徽、贵州等省份表现出较弱的水资源约束，受约束地区分布表现出明显的空间集聚

---

① 刘叶：《国际贸易会恶化全要素能源效率吗——基于中国 33 个工业行业的经验分析》，载《中国人口·资源与环境》2018 年第 6 期。
② 王许亮、王恕立：《服务业能源生产率变迁及收敛性分析——基于全球 40 个经济体细分行业数据的经验研究》，载《数量经济技术经济研究》2018 年第 1 期。

效应。[①]

第二，工业活动相对性缺水。武萍等将人均水资源丰富的青海省作为研究对象，界定了生态水资源基尼系数的概念和计算方法，测算出 2015年青海省水资源与农业产值、工业产值、人口的生态水资源基尼系数分别为 0.6763、0.7956 和 0.7421，表明水资源与各行政区的农业产值、工业产值和人口匹配的极不平衡，表明相对性缺水。不同行政区的水资源分配与其人口规模不匹配，而工业活动是导致水资源空间分配不平等的主要因素。[②]

2. 水资源利用效率的区域收敛性

大量的研究都认为不同地区水资源利用效率存在明显差异，比如丁绪辉等选取资本、劳动力、用水总量为投入指标，以实际 GDP 和废水排放总量为期望和非期望产出，利用非期望产出 SE - SBM 模型估算 2003 ~ 2015 年各省市水资源利用效率发现，水资源利用效率总体上呈现先下降后上升的"U"型发展趋势，研究时限内绝大多数省区水资源利用效率均有大幅度提升，但东、中、西部水资源利用效率存在显著差异，京津沪等省份水资源利用效率最高，西北省份效率最低。[③] 但是关于不同地区间水资源利用效率是否具有收敛趋势，学者们的研究存在明显分歧。

有的学者认为，区域间水资源利用效率差异呈现不断收敛趋势。[④] 比如，周迪等选用 2003 ~ 2015 年我国 31 个省份用水量和 GDP 数据的实证研究证明，我国区域水资源利用效率表现出明显的俱乐部趋同现象，四类不同俱乐部间流动性较低，总体和工业水资源使用效率都表现出明显的空间集聚，并且利用效率也存在空间溢出效应，即邻近地区较高的水资源利用效率对本地区用水效率提高有正向影响，邻近地区用水效率较低则有负向影响。[⑤]

然而，也有学者认为，区域间的水资源利用效率不存在收敛特征。比

---

① 秦腾、章恒全、佟金萍、马剑锋、支彦玲：《长江经济带城镇化进程中的水资源约束效应分析》，载《中国人口·资源与环境》2018 年第 3 期。

② 武萍、张慧、邢衍：《青海省水资源利用的匹配性研究》，载《中国人口·资源与环境》2018 年第 7 期。

③④ 丁绪辉、贺菊花、王柳元：《考虑非合意产出的省际水资源利用效率及驱动因素研究——基于 SE - SBM 与 Tobit 模型的考察》，载《中国人口·资源与环境》2018 年第 1 期。

⑤ 周迪、周丰年：《中国水资源利用效率俱乐部趋同的检验、测度及解释：2003 - 2015年》，载《自然资源学报》2018 年第 7 期。

如，刘钢等以长江经济带 11 省市 2013 年截面数据为例，用水足迹强度反映省市的水资源利用效率研究发现，长江经济带各省市水足迹强度具有显著的空间分异特征，上游地区除云南省外，水足迹强度从西到东呈递减格局，中游从西到东呈平缓格局，下游水足迹强度波动剧烈。长江经济带各省市水资源足迹强度差异较大，不具有显著的集聚特征，这种空间分异特征主要来源于区域内差异。[①] 马剑锋等从区域农业用水效率空间溢出效应影响因素的角度进行分析，一定程度上为区域间的水资源利用效率不存在收敛特征提供了一种解释。他们研究发现，在东部地区，其他省份的技术进步对本省农业用水效率有显著的正向空间溢出效应，但其他省份的效率赶超对本省有显著的负向空间溢出效应。在中部地区，其他省份的技术进步通过地理距离临近模式存在显著正向影响，在西部地区其他省份的技术进步存在显著正向影响，并且溢出效应随经济发展水平的接近而增强，在中西部地区其他省份效率追赶的溢出效应均不显著。[②]

（三）矿产资源

随着经济的不断发展和产业结构升级，越来越多的矿产资源进入学者研究的视野，2018 年学者们对铬矿和相关稀有矿产资源需求进行了预测。

1. 铬矿需求预测

铬矿是一种重要的战略性矿产资源，然而当前我国铬矿的国内供给远小于国内需求，因而对于铬矿的相关研究相当关键。郑明贵等基于 1997～2016 年统计数据，运用灰色关联分析法对我国铬矿需求影响因素进行选择，将灰色预测方法与 BP 神经网络相结合构建铬矿需求的灰色神经网络预测模型研究发现，不锈钢产量、经济增长率、工业化率和人民币汇率是影响我国铬矿需求的主要驱动变量，我国 2020～2030 年的铬矿需求量将逐年递增，2030 年达到 4174 万吨。[③]

---

① 刘钢、吴蓉、王慧敏、黄晶：《水足迹视角下水资源利用效率空间分异分析——以长江经济带为例》，载《软科学》2018 年第 10 期。
② 马剑锋、王慧敏、佟金萍：《技术进步与效率追赶对农业用水效率的空间效应研究》，载《中国人口·资源与环境》2018 年第 7 期。
③ 郑明贵、袁雪梅：《基于灰色神经网络的中国 2020－2030 年铬矿需求预测》，载《资源开发与市场》2018 年第 6 期。

2. 不同种类矿产资源需求预测

成金华等分别构建了 26 个国家铁矿石消耗与产业结构之间的面板门限回归模型和中国铁矿石、铝、铜、铅、锡、锌等六种金属矿产与产业结构之间的门限模型研究发现，产业结构变化与矿产资源需求之间存在着显著的多重作用机制，随着产业结构不断升级，矿产资源需求的品种正在逐渐增多，需求量也在不断增加，矿产资源需求由传统大宗矿产资源逐渐转向稀有矿产金属资源。在产业演进过程中，不同矿产资源先后出现拐点，大宗金属铁、铝、铜与第二产业的拐点先到达，并且铝与铜出现了第二次拐点，此后铅、锡等金属的拐点也先后到达，目前锌与高技术产业之间的门槛效应尚未到来。[①]

（四）　自然资源资产负债表

2018 年学界对自然资源资产负债表进行了大量研究。杜文鹏等对 2014 年 1 月 1 日至 2017 年 12 月 31 日"中国知网"收录的围绕"自然资源资产负债表"为研究核心的 295 篇文章进行综合分析指出，自然资源资产负债表编制技术体系的基础框架已经形成，但编制的方法论及框架体系还处于探讨期。其中，界定资源耗减程度对资源可持续利用的影响是负债核算的关键，确定自然资源合理使用的阈值范围是进行自然资源负债核算的理论基础，界定资源耗减程度对资源可持续利用的影响是负债核算的关键。[②] 围绕着自然资源资产负债表的编制方法，学者们以水资源、森林资源和土地资源等为例，进行了深入探讨。

1. 自然资源资产和负债的内涵

石薇等对自然资源资产和自然资源负债进行界定认为，只有进入经济体系、参与经济过程的自然资源才具有相应的自然资源负债，自然资源负债是经济主体对自然资源的过度消耗而导致的一种现时义务。[③]

---

① 成金华、朱永光、徐德义、王安建、尤喆、申俊：《产业结构变化对矿产资源需求的影响研究》，载《资源科学》2018 年第 3 期。
② 杜文鹏、闫慧敏、杨艳昭：《自然资源资产负债表研究进展综述》，载《资源科学》2018 年第 5 期。
③ 石薇、徐蔼婷、李金昌、汪劲松：《自然资源资产负债表编制研究——以林木资源为例》，载《自然资源学报》2018 年第 4 期。

陶建格等指出，自然资源具有生态功能和经济功能，其所有者权益主体应该包括生态系统和经济系统，因此自然权益包括生态权益和经济权益。自然资源负债的产生是由于资源过度损耗、环境污染和生态破坏，既有人为因素，也有自然因素，是经济社会为了补偿生态系统的可持续性而需要付出的经济代价。[①]

闫慧敏等将自然资源资产负债定义为：在过去自然资源开发利用过程中，因自然资源过度消耗和生态环境污染破坏形成的核算主体的现时义务。自然资源资产负债应该包括资源负债和环境负债两个部分。[②]

2. 自然资源资产负债的界定标准

关于自然资源资产负债的界定标准，学者们从不同角度进行了研究，主要有：

第一，从自然属性和社会属性两个方面来界定。闫慧敏等通过对森林资源、水资源、矿产资源和土地资源数量或质量变化引起的资源"过度"消耗进行解析，他们认为应该从资源可持续利用的自然属性界限和国家政策红线两个方面来界定自然资源资产负债核算的方法。[③] 陶建格等也指出，资源环境承载力、相关资源功能规划和生态约束红线可以作为自然资源权益和负债的界定标准，自然资源资产首先满足资源生态权益要求，其次满足资源经济权益。当自然资源资产低于界定标准时，产生自然资源负债。自然资源负债无法由自然资源偿付，自然资源负债是经济社会系统中需要进行资源保护和资源修复的活动，需要经济利益流出来偿付。[④]

第二，从可持续发展和非经济效益的最大可开采量方面来界定。石薇等指出，不同自然资源的负债临界值确认方法不同，她们以林木资源为例，认为其负债临界值应为兼顾林木可持续发展以及非经济效益的最大可开采量，将超过最大可开采量的消耗量确认为自然资源负债。根据自然资源资产客观存在和参与经济过程的两种形式，自然资源资产负债表也具有两种形式，并且两者之间存在勾稽关系。[⑤]

第三，从环境成本核算角度来界定。吴琼等从环境成本核算角度出

[①④] 陶建格、沈镭、何利、钟帅：《自然资源资产辨析和负债、权益账户设置与界定研究——基于复式记账的自然资源资产负债表框架》，载《自然资源学报》2018 年第 10 期。

[②③] 闫慧敏、杜文鹏、封志明、杨艳昭：《自然资源资产负债的界定及其核算思路》，载《资源科学》2018 年第 5 期。

[⑤] 石薇、徐蔼婷、李金昌、汪劲松：《自然资源资产负债表编制研究——以林木资源为例》，载《自然资源学报》2018 年第 4 期。

发，提出了基于虚拟治理成本和污染扣减指数的环境负债核算体系，并利用浙江省湖州市 2010～2015 年数据进行了核算验证，结果显示，2010～2015 年间，湖州市污染治理实际投入大于治理欠账，污染扣减指数呈下降趋势，环境负债为 45.67 亿元。①

第四，从资源承载能力角度来界定。薛智超等以土地资源承载能力为标尺，通过新增建设用地的人口承载效率和新增建设用地的 GDP 承载效率两个指标，衡量处于不同发展阶段城市的当前承载状态、多数城市的平均承载状态和由少数城市体现的潜在承载能力，并以多数城市的平均承载状态指标值作为判断建设用地扩张合理性的依据进而界定土地资源过耗的核算阈值，建立起土地资源承载力与负债表之间的有机连接，建构了以土地资源承载力为标尺、具有地域针对性和发展阶段针对性的负债核算技术。②

四、环境经济学

2018 年，环境经济学在继续深化环境污染和碳排放的影响因素基础上，对绿色经济发展水平，以及环境规制政策效果进行了深入研究。

（一）绿色经济发展水平

在绿色发展的大背景下，学者们从不同层面、不同角度对绿色经济发展水平进行了评估，并实证研究了绿色经济效率的影响因素。

1. 绿色经济发展水平评估

第一，区域绿色经济发展水平。王勇等基于四部委发布的《绿色发展指标体系》，对中国大陆除西藏以外的 30 个省份 2013～2016 年的绿色发展状况进行评价发现，我国整体绿色发展水平呈上升趋势，中国省域绿色发展存在较为明显的地域性差异，经济发展水平较高的东部沿海省份和生

---

① 吴琼、马国霞、高阳、潘韬：《自然资源资产负债表编制中的环境成本核算及实证研究——以湖州市为例》，载《资源科学》2018 年第 5 期。
② 薛智超、闫慧敏、杜文鹏、杨艳昭：《自然资源资产负债表编制中土地资源过耗负债的核算方法研究》，载《资源科学》2018 年第 5 期。

态禀赋较好的西南省份绿色发展指数较高。在空间分布层面，绿色发展呈现"俱乐部"收敛特征，主要是源于增长质量的空间集聚以及生态保护的地域性差别。东部和中部省份的绿色发展提升趋势要快于西部省份。[①] 邢贞成等将生态足迹指标纳入全要素分析框架，通过定义 Shephard 生态距离函数构建全要素生态效率指标，以实证分析 2000～2014 年中国区域的全要素生态效率发现，中国及其中部的全要素生态效率呈现出"先下降，后波动"的变化趋势，东部的生态效率呈现出"先下降，后上升"的"U"型变化趋势，西部的生态效率在整个研究期内基本上都呈现出下降趋势。中国全要素生态效率的地区分布大体上呈现出由西北向东南逐步提升的态势，河北、河南、山东等省份由于区域间的污染排放转移而出现生态效率塌陷现象。[②] 龚新蜀等运用 Super－SBM 模型测算中国省域生态效率水平发现，中国区域生态效率在样本期内呈不断恶化的趋势，并表现出较强的空间依赖和空间分异，总体呈东—中—西梯度递减的空间分布格局。[③] 可见，学者们对不同区域的绿色发展水平以及变动趋势仍然存在不同意见。

第二，工业绿色发展效率。陈瑶基于 R&D 驱动理论，将 R&D 引入环境方向性距离函数（DDF）模型中，区分传统资源投入要素和创新资源投入要素，并通过选择非期望产出评估国内不同区域工业绿色发展效率发现，相较于传统要素，我国工业绿色发展的创新要素利用效率更高，但波动程度较大。东部地区的工业绿色发展创新效率均值达到 0.91，远高于其他经济区域。[④]

2. 绿色经济发展水平的影响因素

第一，技术进步。胡安军等以 2005～2015 年中国 30 个省区为样本运用系统广义矩方法（SGMM）识别高新技术产业集聚对绿色经济效率的影响发现，高新技术产业集聚对绿色经济效率具有显著的促进作用，且两者之间存在"U"型关系，目前中国处于"U"型曲线拐点的右侧阶段。高

① 王勇、李海英、俞海：《中国省域绿色发展的空间格局及其演变特征》，载《中国人口·资源与环境》2018 年第 10 期。
② 邢贞成、王济干、张婕：《中国区域全要素生态效率及其影响因素研究》，载《中国人口·资源与环境》2018 年第 7 期。
③ 龚新蜀、王曼、张洪振：《FDI、市场分割与区域生态效率：直接影响与溢出效应》，载《中国人口·资源与环境》2018 年第 8 期。
④ 陈瑶：《中国区域工业绿色发展效率评估——基于 R&D 投入视角》，载《经济问题》2018 年第 12 期。

新技术产业集聚对绿色纯技术效率与绿色经济效率的作用机制一致，但对绿色规模效率仅具有线性作用关系。多样化集聚对绿色经济效率的影响显著为正，而专业化集聚对绿色经济效率的影响显著为负。[1] 陈瑶从工业绿色全要素增长率角度实证研究也发现，技术进步在 2009 ~ 2013 年期间对工业绿色全要素增长率提升作用显著，2013 年以后技术效率的贡献作用更大。全国及中东部地区的 R&D 投入强度对工业绿色发展效率产生显著的正向影响，而 R&D 投入规模以及 R&D 成果转化因素则产生负向影响。[2] 刘钻扩等利用基于 SBM 方向距离函数的 GML 指数测评"一带一路"沿线重点省域的绿色全要素生产率（GTFP）也发现，"一带一路"沿线中国重点省域 GTFP 发展现状总体较好，技术进步是主要动力。"一带一路"建设对沿线重点省域的 GTFP 和技术进步均起到了显著促进作用，影响净效应分别达 0.138 和 0.156，但研发投入对沿线重点省域的 GTFP 和技术进步主要表现出抑制作用但不显著。[3]

第二，市场分割。博文等利用长江经济带 2003 ~ 2014 年的城市面板数据，采用动态面板系统 GMM 方法实证检验市场分割对绿色增长效率的影响发现，商品及要素层面的市场分割对绿色增长效率存在非线性的影响关系。商品市场分割存在影响绿色增长效率的倒"U"型关系，97% 的样本表现为市场分割对绿色效率的抑制作用。劳动力市场分割与资本市场分割均存在影响绿色增长效率的"U"型关系，分别有 100% 样本及 87% 的样本表现为对绿色增长效率提升的抑制作用。区域层面，不同地区的商品及要素市场分割对绿色增长效率的影响存在不同的影响结果，消除商品市场分割、资本市场分割以及全部市场分割因素将分别使绿色增长效率的损失降低 0.751%、2.389% 以及 0.829%。而劳动力市场分割的消除将提高绿色增长效率 0.320 个百分点。[4] 龚新蜀等也指出，地方保护主义引致的市场分割导致资源扭曲错配，技术进步缓慢，不利于生态效率的提升。[5]

① 胡安军、郭爱君、钟方雷、王祥兵：《高新技术产业集聚能够提高地区绿色经济效率吗?》，载《中国人口·资源与环境》2018 年第 9 期。

② 陈瑶：《中国区域工业绿色发展效率评估——基于 R&D 投入视角》，载《经济问题》2018 年第 12 期。

③ 刘钻扩、辛丽：《"一带一路"建设对沿线中国重点省域绿色全要素生产率的影响》，载《中国人口·资源与环境》2018 年第 12 期。

④ 孙博文、陈路、李浩民：《市场分割的绿色增长效率损失评估——非线性机制验证》，载《中国人口·资源与环境》2018 年第 7 期。

⑤ 龚新蜀、王曼、张洪振：《FDI、市场分割与区域生态效率：直接影响与溢出效应》，载《中国人口·资源与环境》2018 年第 8 期。

　　第三，外商直接投资。龚新蜀等实证考察发现，外商直接投资（Foreign Direct Investment，FDI）对生态效率的直接效应为负，间接效应为正，表明 FDI 对本地区生态效率的效应为负，但对邻近地区具有较强的正向空间溢出效应。然而，随着市场分割程度的提高，限制内资企业获取 FDI 技术效应的能力与动力，抑制 FDI 对生态效率的正向溢出效应。[1] 邢贞成等则认为，外资规模对全要素生态效率具有显著的正向作用。[2]

　　第四，金融发展。葛鹏飞等使用"一带一路"的跨国面板数据，用金融规模、金融结构、金融效率、金融深化衡量金融发展实证研究表明，金融发展与 GTFP 负相关，基础创新能够缓解金融规模对绿色发展的负作用，基础创新和应用创新虽能有效弱化金融发展对 GTFP 的抑制作用，但会加剧金融深化的不利影响。在创新异质性约束下，金融发展与 GTFP 之间呈现较为复杂的非线性关系。随着基础创新能力的提升，金融规模、金融结构和金融深化均与 GTFP 呈现先负后正的边际递增关系，金融效率则有着"U"型的抑制作用，而在应用创新能力的调节下，金融规模有着"U"型的负向作用，金融结构的影响先负后正，金融效率和金融深化则表现出反"N"型的抑制特征。[3]

　　第五，环境规制、经济发展水平、产业结构和贸易等。邢贞成等研究发现，全要素生态效率与环境规制呈"U"型关系，加强环境规制在长远上有利于生态效率提升，经济发展水平、产业结构均对全要素生态效率具有显著的正向作用。[4] 刘钻扩等对"一带一路"沿线省域的研究发现，经济发展与 GTFP 表现为"U"型关系，沿线重点省域的经济发展水平与 GTFP 表现为负相关，沿线重点省域与"一带一路"沿线国家间的贸易对沿线重点省域的 GTFP 当前主要表现为负效应，原因是受限于沿线重点省域不合理的贸易结构和研发与经济水平的掣肘作用。[5]

　　① 龚新蜀、王曼、张洪振：《FDI、市场分割与区域生态效率：直接影响与溢出效应》，载《中国人口·资源与环境》2018 年第 8 期。
　　②④ 邢贞成、王济干、张婕：《中国区域全要素生态效率及其影响因素研究》，载《中国人口·资源与环境》2018 年第 7 期。
　　③ 葛鹏飞、黄秀路、徐璋勇：《金融发展、创新异质性与绿色全要素生产率提升——来自"一带一路"的经验证据》，载《财经科学》2018 年第 1 期。
　　⑤ 刘钻扩、辛丽：《"一带一路"建设对沿线中国重点省域绿色全要素生产率的影响》，载《中国人口·资源与环境》2018 年第 12 期。

（二）环境污染

环境污染仍然是学者们研究的重点，学者们主要围绕环境污染的影响因素尤其是空气污染的影响因素展开研究。

1. 收入差距对环境污染的影响

占华将收入差距因素引入环境污染影响因素研究，他利用 1997～2014 年的省际面板数据，重新研究了引入收入差距因素后环境库兹涅茨曲线（EKC）假说的适用性，结果发现，考虑收入分配效应后中国的 EKC 假说依旧成立，长期中污染排放随人均收入增加而下降的趋势较为明显，收入差距与环境污染间存在稳健的倒"N"型非线性关系。总体上收入差距增加不利于环境质量的改善，收入差距的环境效应有着显著的区域异质性。一方面，东部地区呈倒"N"型关系，西部地区为单调线性关系；另一方面，低收入差距地区的收入差距与污染排放也呈倒"N"型关系，高收入差距地区收入差距扩大反而有利于环境质量改善。人均收入与环境管制是收入差距对环境发挥影响的可能途径。[①]

2. 空气污染的影响因素

第一，重点行业。刁贝娣等以 2000～2014 年省域 $PM_{2.5}$ 浓度及相关重点行业为研究对象，实证分析行业驱动因素的时空异质性发现，不同行业 $PM_{2.5}$ 的影响系数演化趋势特征鲜明，从时间上看，火力发电行业与钢铁行业前期变化显著，后期逐渐趋于稳定，水泥、建筑行业的系数则在不断增加后趋于稳定，采矿行业的影响系数不断减小，供暖行业先减小后增加。从空间上看，不同区域的各产业拟合系数存在空间异质性和空间集聚效应，并表现出与产业重心相应的空间分布格局。火力发电行业较多地影响东部各省，钢铁行业则显著影响着中西部主要的产业转移接收地，水泥行业对各省域的影响系数有正有负，而余下的建筑业、供暖业和采矿行业的影响则表现出区域特色。[②]

---

① 占华：《收入差距对环境污染的影响研究——兼对"EKC"假说的再检验》，载《经济评论》2018 年第 6 期。

② 刁贝娣、丁镭、苏攀达、成金华：《中国省域 $PM_{2.5}$ 浓度行业驱动因素的时空异质性研究》，载《中国人口·资源与环境》2018 年第 9 期。

第二，产业协同集聚、贸易开放。蔡海亚等基于生产性服务业与制造业协同集聚的研究视角，构建空间计量模型和面板门槛模型，实证考察产业协同集聚、贸易开放与雾霾污染的内在联系发现，协同集聚对雾霾污染存在明显的改善作用，在剔除了加工贸易进行修正后，贸易开放对改善雾霾污染发生了实质性的转变。协同集聚与贸易开放交叉项对雾霾污染存在负向影响。贸易开放与协同集聚随着时间的推移作用从不显著变得显著。贸易开放与协同集聚对雾霾污染的作用因两者发展的不匹配而存在门槛效应。[1]

第三，轨道交通、快速公交系统（BRT）。高明等利用断点回归方法，实证考察 2014～2016 年全国新开通的 40 条轨道交通线路与 24 条 BRT 线路对空气质量指数（AQI）的影响发现，轨道交通、BRT 的开通对空气质量具有显著且稳健的改善作用，而且这种作用大小随城市异质性、交通规模与模式特点变化而变化。[2]

（三）碳 排 放

2018 年学者们继续深化碳排放影响因素和碳减排路径研究。

1. 碳排放的影响因素

第一，产业结构的合理化、高级化。孙攀等基于 1999～2014 年中国30 个省域的面板数据，采用空间杜宾面板数据计量经济模型实证考察发现，产业结构合理化、高级化均能促进碳排放减少，特别是产业结构高级化对碳排放减少的影响更为强大。由产业结构合理化、高级化引致的碳排放空间溢出效应较为显著。[3] 张琳杰等利用 1997～2016 年长江中游城市群3 省 31 个城市的面板数据，从产业结构合理化和产业结构高级化两个维度实证分析城市产业结构优化对碳排放的影响后进一步发现，长江中游城市群的产业结构高级化相较于产业结构合理化对碳减排的效果更好，长江中

---

[1] 蔡海亚、徐盈之：《产业协同集聚、贸易开放与雾霾污染》，载《中国人口·资源与环境》2018 年第 6 期。

[2] 高明、陈丽强、郭施宏：《轨道交通、BRT 与空气质量——一个城市异质性的视角》，载《中国人口·资源与环境》2018 年第 6 期。

[3] 孙攀、吴玉鸣、鲍曙明：《产业结构变迁对碳减排的影响研究——空间计量经济模型实证》，载《经济经纬》2018 年第 2 期。

游城市群 GDP 增长是目前城市碳排放增加的首要因素。[①]

第二，国际垂直分工。王敏杰等采用 45 个国家（地区）1998～2013年的数据，运用空间 Durbin 模型基于加权的经济地理空间权重矩阵分析国际垂直分工对二氧化碳排放的影响表明，国际垂直分工对于碳排放的影响是非常复杂的，直接效应系数为 0.1313，一国（地区）直接参与国际垂直分工程度的提高会增加本国（地区）的碳排放。而间接效应的系数为 −0.3474，显著为负，即邻国（地区）参与国际垂直分工会减少本国（地区）的碳排放。而从世界总体情况看，国际垂直分工会减少世界总体的碳排放。[②]

第三，对外贸易模式。余丽丽等利用 GTAP 数据库，通过多区域投入产出模型，实证分析贸易模式效应对中国碳排放净转移的影响程度表明，2004～2011 年中国对美国、欧盟、日本等国家始终是"污染避难所"决定的污染密集型出口模式，中国与发展中国家贸易的碳排放转移效应并不显著，贸易模式效应对中国对外贸易碳排放顺差的影响逐渐削弱。[③]

第四，要素市场扭曲和 FDI。张琳杰等以长江中游城市群为对象的研究表明，外商直接投资的增加会导致该区域碳排放量的增加，存在"污染避难所"效应。[④]刘海云等利用中国 2004～2015 年 30 个省份的数据，实证检验要素市场扭曲背景下双向 FDI 影响碳排放的规模效应也发现，外商直接投资（IFDI）会通过规模效应显著促进地区碳排放的增加，且要素市场扭曲和对外直接投资（OFDI）会通过促进 IFDI 的增加而加剧这一正向影响。但是，OFDI 会通过规模效应显著抑制地区碳排放的增加，对于全样本和低经济发展水平组，要素市场扭曲对 OFDI 的影响不显著，但却会显著促进高经济发展水平组的 OFDI，说明要素市场扭曲会通过促进 OFDI 而抑制地区碳排放；从全样本和低经济发展水平组的估计结果来看，IFDI 也会通过促进 OFDI 而加强其对碳排放的抑制作用，但在高经济发展水平组，IFDI 的增加则会显著抑制 OFDI。[⑤]

---

①④ 张琳杰、崔海洋：《长江中游城市群产业结构优化对碳排放的影响》，载《改革》2018年第 11 期。

② 王敏杰、刘利民：《国际垂直分工对 CO_2 排放的影响：基于 45 国（地区）空间 Durbin 模型的经验研究》，载《世界经济研究》2018 年第 8 期。

③ 余丽丽、袁劲：《碳排放视角下中国对外贸易模式识别研究》，载《中南财经政法大学学报》2018 年第 1 期。

⑤ 刘海云、龚梦琪：《要素市场扭曲与双向 FDI 的碳排放规模效应研究》，载《中国人口·资源与环境》2018 年第 10 期。

第五，财政分权、地方政府竞争。田建国等通过空间溢出效应理论实证分析财政分权和地方政府竞争同碳排放的关系发现，财政分权同碳排放总量水平正相关，财政分权的空间溢出效应为正；地方政府竞争在碳排放问题上存在"趋良效应"；财政分权和地方政府竞争的空间溢出效应具有相似性。财政分权和地方政府竞争都是主要通过空间溢出效应来影响碳排放总量水平。①

第六，银行信贷。吴姗姗基于增长模型证明银行信贷通过两种途径影响碳排放：一是作用于经济增长影响碳排放规模；二是作用于技术进步影响碳排放强度。她利用 2000～2014 年中国省级面板数据进行实证分析分析发现，银行信贷促进人均 GDP 增长，对碳排放产生规模效应，同时对碳排放强度的影响显著为负，产生技术效应。工业贷款对碳排放强度的影响显著为正，其技术效应不明显，规模效应主导碳排放变化，但是当信贷量达到一定规模时，技术效应的减排效果异常显著。②

2. 碳减排路径

2018 年，学者们从新角度提出了减少碳排放的新思路，主要有：

第一，优化碳排放责任和额度分配。张同斌等利用世界投入产出数据库和世界发展指标数据库，以优化碳排放共同责任测算方案中的责任分担系数为核心，重新测度 15 个代表性经济体的碳排放共同责任发现，发达国家的共同责任碳排放量高于其生产端责任碳排放量且低于其消费端责任碳排放量，而部分金砖国家与新兴经济体国家共同责任碳排放量则低于生产端责任排放量并高于消费端责任排放量。对责任分担系数优化后的数据表明，美国、日本、英国等发达国家的碳排放责任有所上升，土耳其、墨西哥等新兴经济体国家的碳排放责任维持稳定，而中国和俄罗斯等金砖国家的碳排放责任明显下降。因此，在共同责任测度优化的基础上，应根据各国发展的阶段特征按照"共同但有区别"原则完善碳排放的责任核算体系。③

第二，多渠道提高能源效率。钟超等研究发现，提高潜在能源效率对

---

① 田建国、王玉海：《财政分权、地方政府竞争和碳排放空间溢出效应分析》，载《中国人口·资源与环境》2018 年第 10 期。
② 吴姗姗：《银行信贷如何影响碳排放？——基于增长模型及中国经验的研究》，载《中南财经政法大学学报》2018 年第 6 期。
③ 张同斌、孟令蝶、孙静：《碳排放共同责任的测度优化与国际比较研究》，载《财贸研究》2018 年第 10 期。

于实现减排目标的贡献度最大，且仅通过调整能源结构、经济结构、人力资本、资本存量或潜在能源效率的单一减排路径难以实现中国的减排目标，中国若要实现减排目标，必须从能源结构、经济结构、人力资本、资本存量和潜在能源效率来优化减排路径。[①] 何建坤也指出，要走上"发展"和"减碳"双赢的绿色低碳发展路径，其核心指标是大幅度降低单位 GDP 的二氧化碳强度。一方面要大力节能，提高能源转换和利用效率，同时转变生产方式和消费方式，减少终端能源需求；另一方面是大力发展新能源和可再生能源，促进能源结构的低碳化，降低单位能耗的二氧化碳强度。[②]

第三，转变经济发展方式。李小胜等在对省际碳排放效率评价基础上，按照效率的高低对碳排放的额度进行分配。研究结果表明，中国各地区碳排放效率存在较大差距，以考虑效率最大化为目标，各省份二氧化碳重新分配后的效率明显提高。从分配的结果看，发达省份基本都是实际碳排放少于重新分配后的数量，效率低和经济不发达省份多数处在超排状态。对于效率低下和碳排放超标的省份，应该转变经济发展方式，调整产业结构，否则一旦建立统一的碳排放市场，按照效率分配的原则实施初始额度分配，这些地方的排放额度不足，需要从市场上进行购买，就会加重其经济负担，导致其陷入"贫穷的陷阱"。[③] 韩楠实证研究也发现，资本要素调控情景下，第二产业和第三产业固定资产投资比重分别降低和增加 1%，会导致碳排放量降低 0.17%，第三产业就业人员比重的增加对碳减排作用最显著，第二产业和第三产业就业人员比重分别降低和增加 1%，碳排放预计将下降 5.95%，创新要素调控情景下科技投入强度每增加 1%，碳排放量会呈现同比例降低，供给侧资本、劳动力及创新三要素综合调控，使得 GDP 小幅提升的同时碳排放量出现较大幅度的降低，2016 ~ 2025 年平均降幅为 7.06%。[④]

第四，征收碳税。碳税是国际公认的实现碳减排的有效经济手段。王

① 钟超、刘宇、汪明月、史巧玲：《中国碳强度减排目标实现的路径及可行性研究》，载《中国人口·资源与环境》2018 年第 10 期。

② 何建坤、卢兰兰、王海林：《经济增长与二氧化碳减排的双赢路径分析》，载《中国人口·资源与环境》2018 年第 10 期。

③ 李小胜、李月、李燕：《中国省际碳排放额度分配方法研究》，载《财贸研究》2018 年第 10 期。

④ 韩楠：《基于供给侧结构性改革的碳排放减排路径及模拟调控》，载《中国人口·资源与环境》2018 年第 8 期。

丹舟等选取芬兰、丹麦、瑞典、加拿大（BC 省）、日本五个代表性国家为例，研究发现碳税征收在实现二氧化碳减排方面的积极效用，我国可以借鉴其他国家的经验，通过完善碳税征收制度来减少碳排放，具体包括：制定完善的碳税相关法律、根据国情设计碳税税率、利用碳税收入补偿经济、设立碳税独立税种、科学制定碳税税率、建立碳税—经济互补机制等。[①]

（四）环境规制政策效果评估

学者们从直接效应和间接效应两个方面评估了环境规制政策的实施效果，主要包括：

1. 环境规制政策的直接效应

环境规制政策的直接效应主要表现为对环境和绿色全要素生产率的影响上。大部分研究基本都得出了环境规制政策有利于环境改善的结论，比如，王倩等采用 2007～2015 年省际面板数据，基于倍差法和半参数倍差模型分析碳交易试点政策的经济效应与减排效应发现，碳交易试点政策促进了碳排放与经济增长的脱钩，助力中国摆脱"碳陷阱"。[②] 但是，在不同区域、不同主体和不同时期环境规制政策效果存在差异。

第一，环境规制政策直接效应的区域差异。王晓红等运用主成分分析法和功效系数法测算 2007～2016 年中国省域循环经济绩效发现，省域循环经济绩效对周围（相近）省域存在显著的正向溢出效应，环境规制对循环经济绩效呈现先促进后抑制的作用。与中西部样本相比，东部样本的空间溢出效应较为显著，不同区域之间存在明显的空间异质性，节能型与减排型环境规制在促进循环经济绩效提升方面存在互补效应。[③]

第二，环境规制政策直接效应的主体差异。周源等以浙江省湖州市2011 年实施纺织印染行业环境专项规划为研究对象，通过对微观企业环境排污与经济发展的面板数据进行双重差分回归分析发现，地方政府制

① 王丹舟、王心然、李俞广：《国外碳税征收经验与借鉴》，载《中国人口·资源与环境》2018 年第 S1 期。
② 王倩、高翠云：《碳交易体系助力中国避免碳陷阱、促进碳脱钩的效应研究》，载《中国人口·资源与环境》2018 年第 9 期。
③ 王晓红、冯严超：《环境规制对中国循环经济绩效的影响》，载《中国人口·资源与环境》2018 年第 7 期。

定、实施行业性环境政策，显著降低了相关企业的废水排放强度，但是并没有降低企业的全要素生产率。绿色治理政策显著降低了内资企业、大中型企业的废水排放强度，而对于外资企业的废水排放强度影响不明显。[①]

第三，环境规制政策直接效应的时期差异。黄庆华等测算 2003～2015 年中国 36 个工业行业的绿色全要素生产率发现，绿色全要素生产率与污染减排成本互为格兰杰因果，但与污染排放强度仅存在单向格兰杰因果关系。短期内，近期的环境政策确实能够促进绿色全要素生产率增长，长期来看，政策之后不仅不能促进绿色全要素生产率持续增长，还会诱发企业提高污染型经济产出。[②]

2. 环境规制政策的间接效应

学者们从企业全要素生产率、劳动生产率和经济发展水平等角度评估了环境规制政策的间接效应。

第一，环境规制政策对企业全要素生产率的影响。张海玲等选取 2007～2015 年 CSMAR 数据库收录的 9038 个企业样本实证研究发现，企业基于前沿的技术距离越近，环境治理越有利于全要素生产率提升。对于临近前沿型企业，环境治理分别通过自主创新机制和模仿追赶机制推动全要素生产率增长，对于中间型企业，环境治理主要通过模仿追赶机制提升企业的全要素生产率水平，而对于远离技术前沿的企业，环境治理未能通过任何一种机制"倒逼"企业实现全要素生产率增长。[③]

第二，环境规制政策对劳动生产率的影响。宋德勇等采用中国 35 个工业行业 2005～2015 年的面板数据，并根据环境规制强度的差异将行业划分为重、中、轻度污染行业，实证考察发现，环境规制与劳动生产率之间存在倒"U"型非线性关系，且当前中国正处于倒"U"型的左端，环境规制能够有效促进劳动生产率的提升，但两者相互关系受到行业污染密集程度的影响。资本深化在环境规制与劳动生产率之间的中介效应显著，且中介效应显著为正，行业资本深化水平的加深有利于环境规制对劳动生

① 周源、张晓东、赵云、陈璐怡、薛澜：《绿色治理规制下的产业发展与环境绩效》，载《中国人口·资源与环境》2018 年第 9 期。
② 黄庆华、胡江峰、陈习定：《环境规制与绿色全要素生产率：两难还是双赢?》，载《中国人口·资源与环境》2018 年第 11 期。
③ 张海玲、张宗斌、闫付美：《基于技术距离的环境治理对企业全要素生产率的影响》，载《中国人口·资源与环境》2018 年第 10 期。

产率的提升，高资本密集行业中资本深化在环境规制与劳动生产率之间的中介作用明显低于低资本密集行业。①

第三，环境规制政策对经济发展水平的影响。王倩等基于省际面板数据的实证研究发现，中国碳试点政策的提出与实施，未显著影响试点地区的经济发展水平。②

五、人口、资源与环境的相互关系

（一）人口、资源与环境三者相关关系

侯燕飞等指出，人口增长率越高，资源消耗越高，而提高人力资本增长率，可以缓解对资源需求的增长速度，改善环境质量。他们通过门槛模型实证检验表明，能源消费强度与碳排放量之间存在人口数量与人力资本的双门槛效应。当人口数量的对数高于 6.403 和 8.291 门槛值之后，随着人口数量增长，能源消费强度对碳排放量的正向影响逐渐增强。当人力资本增长率越过 1.107 和 1.800 门槛值之后，随着人力资本提高，能源消费强度对碳排放量的正向影响逐渐减弱。摆脱资源与环境困境的出路并不是只有减缓人口数量的过快增长，发展教育也具有节能减排、保护环境的积极意义。③

（二）人口、资源与环境的两两关系

关于人口、资源与环境的关系，仍然主要集中在人口与资源，以及资源与环境之间的关系研究上。

---

① 宋德勇、赵菲菲：《环境规制、资本深化对劳动生产率的影响》，载《中国人口·资源与环境》2018 年第 7 期。
② 王倩、高翠云：《碳交易体系助力中国避免碳陷阱、促进碳脱钩的效应研究》，载《中国人口·资源与环境》2018 年第 9 期。
③ 侯燕飞、陈仲常：《中国人口发展对资源消耗与环境污染影响的门槛效应研究》，载《经济科学》2018 年第 3 期。

1. 人口与资源的关系

（1）人口与水资源的关系。

学界对人口与水资源关系的研究，主要集中在人口对水资源需求的影响和水资源对城市人口的约束上。

第一，人口结构对水资源的需求。金巍等运用系统 GMM 模型和面板门槛模型，对中国 31 个省份 2000～2016 年人口结构变动对用水量影响的实证研究发现，我国人口结构因素中人口老龄化是对用水量影响最大的因素，技术进步和提高第三产业占比对水资源需求具有显著抑制作用，人口规模变化对用水量有显著正向影响。东部地区受人口结构变动影响最大，恩格尔系数下降、人口城镇化和农业劳动人口占比上升都对用水量有正向影响，西部地区的水资源禀赋对用水量影响为正，产业结构的影响显著高于东中部。[1] 胡振等（2018）以西部城市家庭为研究对象，利用 2014 年中国城市居民家庭消费金融调查数据分析发现，家庭人口对生活用水量的边际影响呈"显著降低—缓慢增加—略微下降"的趋势。不同年龄段家庭成员增加对生活用水影响不同，未成年人对生活用水的边际影响呈倒"U"型，青年人的边际影响呈"U"型变化，中年人和老年人对生活用水的影响不确定但老年人的影响随家庭规模增大而减小。[2]

第二，水资源对人口的约束。付正辉等以青海省西宁市为研究对象，基于区间模糊线性规划方法，构建基于水资源约束下的区域适度人口规划模型的实证研究发现，人均水资源量是西宁市人口增长的重要限制条件，而水资源的污染还未达到其承载极限。提高居民满意度会对区域适度人口产生抑制作用，如果想让居民达到设置的高满意度，测算出的区域适度人口总量已经与西宁市目前实际人口总量接近，因此西宁市需要对人口进行严格控制。[3]

（2）人口与能源的关系。

沈可等利用中国 29 个省市 1995～2015 年面板数据进行实证分析发现，北方地区人均生活能耗明显较高，经济发达地区人均能耗也相对较

---

[1]　金巍、章恒全、张洪波、孔伟、毛广雄、张陈俊、严翔：《城镇化进程中人口结构变动对用水量的影响》，载《资源科学》2018 年第 4 期。

[2]　胡振、何晶晶、李迎峰：《城市家庭居住碳排放的人口边际效应》，载《人口与经济》2018 年第 6 期。

[3]　付正辉、陆文涛、赵颧瑾、郭怀成：《水环境约束下区域适度人口研究》，载《北京大学学报（自然科学版）》2018 年第 1 期。

高。从动态变化看，各省市人均能耗均有所增长，其中中部省市增幅最大。城镇化对人均生活能耗呈"U"型影响，在当前中国城镇化已经进入后期，城镇化水平提高会显著增加人均能耗。此外，人口老龄化和家庭小型化都对人均能耗有显著的正向作用。[①]

2. 资源和环境的关系

学界对资源与环境关系的研究主要包括集中在将能源和环境同时纳入经济增长分析框架，以及能源与环境的相互影响上。

第一，将能源和环境同时纳入对经济增长影响的分析框架。白俊红等将能源对环境的影响因素纳入能源效率提高对经济增长的影响研究，利用EBM – DEA 模型测算我国地区能源效率，并利用动态空间面板模型对环境约束下的能源效率提高对经济增长影响进行实证研究发现，无论是否考虑环境因素，能源效率提高对经济增长都有显著正向作用，但引入环境效应后能源效率对经济增长的正向影响更强。[②] 李虹等利用我国 2005～2016 年282 个城市的面板数据，将城市划分为 115 个资源型和 167 个非资源型城市，将产业结构转型分为产业结构合理化和高级化，以环境规制和资源禀赋为门槛变量进行实证分析发现，环境规制和资源禀赋对两类产业结构转型均存在显著门槛效应，当环境规制为门槛变量时，严厉的环境规制有利于产业结构升级，当资源禀赋为门槛变量时，资源禀赋水平提高不利于资源型城市的产业结构升级，而对非资源型城市的影响不显著。[③]

第二，清洁能源替代对环境的影响。汤韵等利用 2002～2013 年我国120 个城市的数据，对城市天然气管道、供应和使用对燃煤的替代及对空气污染影响的实证研究发现，天然气长输管道的联通显著促进了城市天然气管道铺设和供求量，而且这种促进作用会通过替代燃煤有效遏制空气污染。天然气与液化石油气存在替代关系，后者对空气污染也有遏制作用。天然气替代煤炭主要发生在民用方面，对工业的影响不显著，主要是因为工业燃煤的使用和排放的监督成本较低、管理严格，且煤改气在工业领域

① 沈可、史情：《人口结构与家庭规模对生活能源消费的影响——基于中国省级面板数据的实证研究》，载《人口研究》2018 年第 6 期。

② 白俊红、聂亮：《能源效率、环境污染与中国经济发展方式转变》，载《金融研究》2018年第 10 期。

③ 李虹、邹庆：《环境规制、资源禀赋与城市产业转型研究——基于资源型城市与非资源型城市的对比分析》，载《经济研究》2018 年第 11 期。

的成本要远大于在民用领域。[1]

第三，环境规制对能源效率的影响。陶长琪等利用我国 2004～2015 年省级面板数据，采用 PSTR 面板平滑转移模型对环境规制对全要素能源效率的作用进行实证研究发现，能源消费结构转变与环境规制对全要素能源效率影响的适配关系显著存在，在化石燃料占比较高时，环境规制对全要素能源效率呈现负向作用，随着化石燃料占比下降，负向作用逐渐减弱直至转为正向作用。除此之外，单纯降低能源消费比重或消费规模可以提高环境规制的调控效果。但并不能使调控效果达到最优，应该同步降低能源消费比重和规模才有更好的效果。[2]

---

[1] 汤韵、梁若冰：《能源替代政策能否改善空气质量——兼论能源定价机制的影响》，载《中国人口·资源与环境》2018 年第 6 期。

[2] 陶长琪、李翠、王夏欢：《环境规制对全要素能源效率的作用效应与能源消费结构演变的适配关系研究》，载《中国人口·资源与环境》2018 年第 4 期。

下 篇

应用经济学研究新进展

第五章 国民经济学研究新进展

国民经济学相关领域的研究在 2018 年中取得了较多新的进展，主要包括国民经济学学科建设、中国经济发展、供给侧改革、政府治理、宏观经济调控、微观规制改革等多个方面的诸多热点。

一、国民经济学学科发展

国民经济学科研究的对象是国民经济如何运行和管理，力图揭示国民经济运行和管理规律性，为此国民经济学科研究的核心命题集中在三个层次上：国民经济运行和国民经济管理；经济总量、经济结构、经济平衡和国民经济核算；政府经济管理职能、宏观调控、社会经济发展战略与规划和经济政策。国民经济学科的理论来源是政治经济学、宏观经济学、部门经济学以及一些自然科学和社会科学。在中国国民经济学科发展过程中，形成了计划制度、管理调控、经济核算和复合系统四个流派。总体上看，国民经济学科还是一门不成熟的应用经济学科，还处在发展和变化之中。[①]

林木西认为，对于国民经济管理理论创新来说主要有三点：一是明确新时代国民经济管理的目标；二是坚持以人民为中心；三是建设社会主义现代化的强国。[②]

现代化经济体系为国民经济管理理论创新丰富了科学内涵，林木西等认为，这应该包括四部分：一是国民经济系统，主要包括系统概论、系统结构、系统环境；二是国民经济运行，主要包括总体分析、需求动力与需求管理、供给推力与供给侧结构性改革、周期波动；三是国民经济发展战

---

① 刘瑞：《国民经济学科理论体系与流派》，载《国民经济评论》2018 年第 2 期。
② 林木西：《新时代国民经济管理理论创新》，载《政治经济学评论》2018 年第 9 期。

略与规划，主要包括国民经济与社会发展战略、国民经济规划；四是国民经济管理，主要包括管理目标、监测预警与综合评价、宏观调控、预期管理、资产管理和微观规制。①

二、经济发展

（一）中国经济发展的挑战

我国经济发展仍处于并将长期处于重要战略机遇期，经济运行稳中有变、变中有忧，外部环境复杂严峻，经济面临下行压力。这些问题既有短期的也有长期的，既有周期性的也有结构性的。要加快经济结构优化升级，提升科技创新能力，深化改革开放，加快绿色发展，参与全球经济治理体系变革，变压力为加快推动经济高质量发展的动力。② 我国经济正处在转变发展方式、优化经济结构、转换增长动力的攻关期，还有很多坡要爬、坎要过，需要应对可以预料和难以预料的风险挑战。③

国务院发展研究中心"经济转型期的风险防范与应对"课题组认为，今后一个时期，我国长期积累形成的风险易发、高发，有可能会集中释放。基于经济转型期六部门风险分析框架，需要重点关注的风险涉及金融、房地产、政府债务、产业转型、人口老龄化、社会分化和外部冲击等诸多领域。④

丁守海等认为，未来中国经济发展的重点并不在于经济增长有多快或目标翻几番，而在于高质量发展，这对发展动能的转换提出了很高的要求，它要从原发式创新的技术潜力、结构性非均衡的势能差、体制性障碍所蕴含的制度红利中寻找答案。⑤

中国人民大学中国宏观经济分析与预测课题组认为，当前中国经济以

---

① 林木西、黄泰岩：《国民经济学》，经济科学出版社 2018 年版，第 13 页。
② 中央经济工作会议：http://politics.people.com.cn/n1/2018/1222/c1024-30481785.html。
③ 2018 年政府工作报告：http://www.gov.cn/zhuanti/2018lh/2018zfgzbg/zfgzbg.htm。
④ 国务院发展研究中心"经济转型期的风险防范与应对"课题组：《打好防范化解重大风险攻坚战：思路与对策》，载《管理世界》2018 年第 1 期。
⑤ 丁守海、丁洋、吴迪：《新时代高质量发展重在动力系统与调节机制再造》，载《上海经济研究》2018 年第 8 期。

下三大特征将是理解中国宏观经济的要点：一是经济企稳但难以快速反弹；二是风险有所缓和但警报并没有解除；三是结构虽有所优化但面临政策退出的冲击。[①]

中国人民大学中国宏观经济分析与预测课题组认为，新常态新阶段的四大深层次问题分别是外部环境的改善难以过高期待，内部市场景气的传导机制不畅，投资持续下滑的趋势难以扭转，储蓄率居高不下消费难有提升。[②]

125

（二）中国经济发展的影响因素

1. 结构调整

武建新等认为，就产业结构调整对绿色经济增长的直接效应而言，产业结构合理化和高级化均显著促进了中国经济的绿色增长。[③]

王军等认为，消费升级会对就业数量产生轻微的不利影响，但是有助于我国就业质量的改善；产业结构的优化会对就业数量的增加和就业质量的改善都产生积极的影响，且对就业质量改善的影响力度是对就业数量增加的 5.93 倍。[④]

李志俊等认为，就单一的产业调整策略而言，过剩行业去产能会带来一定负面影响，但产业结构优化和节能效应非常明显；高技术产业产能提升具有显著的促增长、调结构效应。[⑤]

楠玉等认为，有效实现经济转型和经济结构调整必须要保持经济中高速增长，同时稳步迈入中高端发展水平。我国当前仍处于经济结构服务化引致的结构性减速阶段，向中高端发展水平的迈进仍不容忽视。[⑥]

---

① 中国人民大学中国宏观经济分析与预测课题组：《新常态迈向新阶段的中国宏观经济——2017－2018 年中国宏观经济分析与预测》，载《经济理论与经济管理》2018 年第 2 期。
② 中国人民大学中国宏观经济分析与预测课题组：《结构性去杠杆下的中国宏观经济——2018 年中期中国宏观经济分析与预测》，载《经济理论与经济管理》2018 年第 8 期。
③ 武建新、胡建辉：《环境规制、产业结构调整与绿色经济增长——基于中国省级面板数据的实证检验》，载《经济问题探索》2018 年第 3 期。
④ 王军、詹韵秋：《消费升级、产业结构调整的就业效应：质与量的双重考察》，载《华东经济管理》2018 年第 1 期。
⑤ 李志俊、原鹏飞：《产业供给侧结构性改革的影响及效果研究——基于产业结构变动的视角》，载《经济经纬》2018 年第 2 期。
⑥ 楠玉、袁富华、张平：《中国经济增长跨越与迈向中高端》，载《经济学家》2018 年第 3 期。

2. 金融发展

魏杰认为，要想充分发挥现代化经济体系在实现现代化强国中的重大作用，一方面是要掌握技术话语权与金融话语权；另一方面则是要防范与抵抗各种风险。中国不爆发系统性金融风险，才能实现现代化的目标。[1][2]

李健等认为，金融发展对中国经济增长的影响取决于金融发展和实体经济之间的增长差异。当金融发展增速超过实体部门经济增速24.34%时，金融发展会对中国经济增长产生显著的负面影响；当增速差异不高于24.34%时，金融发展会对中国经济增长产生显著的正向影响。[3] 张志明认为，我国现阶段金融与实体经济不协调主要表现为金融部门过度膨胀、资本脱实向虚严重、金融市场配置扭曲，导致产业空心化严重和金融风险集聚。产生这一问题的根源是经济金融化的弱点，使金融系统对实体经济有效供给不足，金融部门过度膨胀而实体经济弱化。[4]

殷剑峰认为，金融改革的基本方向是建立开放的市场导向体系，让市场在金融资源配置中发挥决定性作用，发展强大的资本市场以及培育与资本市场密切相关的机构投资者，改革人民币的发行机制，推动人民币成为关键储备货币。[5]

梁琳等认为，当前中国金融发展并不是绿色的，金融体系对经济的低碳绿色转型尚未表现出积极的作用。[6]

王柄权等认为，金融市场和银行中介的发展都促进了实际行业结构向经济波动最小化行业结构收敛，因而缓解了经济波动，行业间资本生产率增长率的相关性是金融发展通过引导行业资源重配以向波动最小行业结构收敛而发挥经济波动缓解作用的必要条件。[7]

① 魏杰：《防范金融风险，建设现代化经济体系》，载《政治经济学评论》2018年第1期。
② 魏杰：《2018年中国经济政策最新预判——十九大报告蕴涵的现代化经济体制理念》，载《湖南大学学报（社会科学版）》2018年第3期。
③ 李健、张兰、王乐：《金融发展、实体部门与中国经济增长》，载《经济体制改革》2018年第5期。
④ 张志明：《金融化视角下金融促进实体经济发展研究》，载《经济问题探索》2018年第1期。
⑤ 殷剑峰：《比较金融体系与中国现代金融体系建设》，载《金融评论》2018年第5期。
⑥ 梁琳、林善浪：《金融结构与经济绿色低碳发展》，载《经济问题探索》2018年第11期。
⑦ 王柄权、李国平：《中国金融发展与经济波动——资源重配视角的分析》，载《财经论丛》2018年第1期。

3. 投资需求

投资需求是总需求的重要组成部分，也是经济增长的重要引擎。李晖等认为，投资对金砖国家经济的带动作用明显大于发达国家，与其他国家相比，中国的投资效应偏高，发达国家投资主要用于第三产业发展，而金砖国家则主要投资于第二产业部门。①

徐枫等认为，投资者对不同类型的创业投资政策的需求程度存在差异，金融支持政策对创业投资的重要性程度最大，其次是退出渠道政策，然后是人才激励政策，最后是税收优惠政策。②

投资主要取决于企业的预期投资收益和预期投资成本的比较。李阳等就资产价格通过企业的预期投资收益和预期投资成本对投资的影响进行分析后认为，资产价格对企业预期投资收益的影响是正向的，对预期投资成本的影响是负向的；而投资与企业的预期投资收益正相关，与企业的预期投资成本负相关。因此，资产价格对投资的影响是正向的。③

4. 消费需求

殷杰兰认为，我国经济要保持持续稳定增长，必定要靠内需和消费。然而当前我国居民收入占 GDP 的比重较低，居民的消费倾向也较低。同时，我国城乡收入和消费的巨大差距，也是导致我国人均消费水平较低的重要原因之一。④

中国人民大学中国宏观经济分析与预测课题组认为，当前中国经济仍然面临一定的下行压力，尤其需要警惕消费增速过快下滑、宏观税负进一步加重、民间投资复苏乏力、部分企业效益状况显著恶化、去杠杆过程中金融体系不稳定性加剧等主要风险点。⑤

李晖等认为，受国情和发展阶段的影响，中国消费对经济的驱动作用不仅低于发达国家，也低于其他金砖国家，贡献偏弱的主要原因在于消费

---

① 李晖、唐志鹏：《中国经济增长的内需动力因素分析——基于 WIOD 数据库的国际比较研究》，载《现代经济探讨》2018 年第 6 期。

② 徐枫、马佳伟：《基于投资者政策需求视角的中国创业投资发展影响因素研究》，载《宏观经济研究》2018 年第 3 期。

③ 李阳、王劲松：《资产价格对投资影响的理论分析》，载《经济问题》2018 年第 4 期。

④ 殷杰兰：《改革开放 40 年居民消费对经济结构转型的影响》，载《财经科学》2018 年第 10 期。

⑤ 中国人民大学中国宏观经济分析与预测课题组：《结构性去杠杆下的中国宏观经济——2018 年中期中国宏观经济分析与预测》，载《经济理论与经济管理》2018 年第 8 期。

对第三产业的拉动作用显著低于其他国家。现阶段中国消费对经济增长的诱发作用较高，扩大消费对带动中国经济发展有很大上升空间。①

5. 制度变迁

我国制度变迁的中国特色主要表现为：中国的制度变迁并不根源于"华盛顿共识"，采用的是渐进的制度变迁方式，把自下而上的制度变迁与自上而下的制度变迁结合起来，从"权利限制准入秩序"向"权利开放准入秩序"转变。卢现祥等认为，今后我国制度变迁理论研究要重点解决以下问题：要从政府主导的市场经济转向让市场决定资源配置的市场经济；要把对外开放与深化市场经济体制改革有机结合起来；要深化要素市场的改革，改革和完善要素产权制度；要把生产技术与社会技术结合起来。②

社会主义初级阶段的基本经济制度是公有制为主体、多种所有制经济共同发展，坚持这一基本经济制度是维系社会主义市场经济的前提条件。刘国光等认为，深化中国经济体制改革，应坚持社会主义市场经济体制改革方向，以坚持和完善社会主义基本经济制度为制度基础，抓住政府与市场关系这个核心问题，正确认识和处理好公平与效率、先富与共富、民富与国富的关系。③

6. 要素配置

洪银兴认为，中国的市场经济是由计划经济转型而来，市场发育程度低，因此市场体系和市场秩序的混乱现象更为严重，难以实现市场配置资源的有效性。因此，需要推进以市场整体有效为目标的市场秩序和规范建设。建立法治化的营商环境，降低市场交易成本，基于信息不完全建立克服机会主义行为的体制机制，建立统一开放竞争有序的市场等，所有这些都是当前加快完善社会主义市场经济体制的内容。④ 要素市场化的市场监

---

① 李晖、唐志鹏：《中国经济增长的内需动力因素分析——基于 WIOD 数据库的国际比较研究》，载《现代经济探讨》2018 年第 6 期。

② 卢现祥、朱迪：《中国制度变迁 40 年：回顾与展望——基于新制度经济学视角》，载《人文杂志》2018 年第 10 期。

③ 刘国光、王佳宁：《中国经济体制改革的方向、目标和核心议题》，载《改革》2018 年第 1 期。

④ 洪银兴：《完善产权制度和要素市场化配置机制研究》，载《中国工业经济》2018 年第 6 期。

管体制改革涉及全面实施市场准入负面清单制度，清理废除妨碍统一市场和公平竞争的各种规定和做法，支持民营企业发展，激发各类市场主体活力。深化商事制度改革，打破行政性垄断，防止市场垄断，加快要素价格市场化改革，放宽服务业准入限制，完善市场监管体制。①

（三）中国经济发展转型

1. 发展战略转型

国务院发展研究中心"国际经济格局变化和中国战略选择"课题组认为，未来 15 年是我国比较优势转换期，是中国作为新兴大国崛起的关键期，也是国际格局大调整期。新一轮技术革命、全球经济治理变革、大国博弈等重要因素，将深刻改变未来国际经济格局。面对国际格局的深刻变化，中国要充分利用大国优势，积极参与全球经济治理体系变革，主动营造外部环境。同时，要适应中国比较优势转换，充分发挥本土市场优势、人力资本优势、基础设施和产业配套优势，加快体制机制的改革创新，大力吸引全球生产与创新资源、高端制造与现代服务产业，增强创新能力，培育参与国际竞争的新优势，进一步提升中国在全球价值链中的地位和国际影响力，确保 2035 年基本实现社会主义现代化。中国应牢牢把握住以信息技术为代表的新技术革命和绿色发展带来的机遇，着眼于提升产业国际竞争力，着力推进关键领域市场化改革，加快推进高水平对外开放，积极稳妥参与全球经济治理，处理好与守成大国的关系，以"一带一路"建设为重点，加快构建"人类命运共同体。②

2. 发展方式转型

林毅夫认为，新时代发展关键在于推动实体经济产业转型升级。在中国经济的总体发展态势下，新时代中国经济发展的关键在于实体经济的发展。实体经济是一国经济的立身之本，是财富创造的根本源泉，是国家强

---

① 洪银兴：《基于完善要素市场化配置的市场监管》，载《江苏行政学院学报》2018 年第 2 期。

② 国务院发展研究中心"国际经济格局变化和中国战略选择"课题组：《未来 15 年国际经济格局变化和中国战略选择》，载《管理世界》2018 年第 12 期。

盛的重要支柱。发展实体经济离不开制造业，需要创新驱动。①

任保平等认为，新时代我国经济从高速增长向高质量发展转型的路径在于：构建现代化的经济体系，建立高质量的经济体系。实现三大变革，提高发展动力的质量；实现活力、效益与质量的有机结合，提高供给体系的质量；提升企业效率，构建高质量发展的微观主体。发挥质量型政策的作用，建立高质量发展的宏观调控体系。②

钞小静等认为，在理论层面，马克思主义政治经济学对经济发展质量提出了发展动力、发展结构以及发展效率三个方面的要求；在实践层面，我国在发展动力、发展结构和发展效率三个层面上对经济发展质量的提升仍有约束，今后应通过三维创新驱动、结构再平衡支撑以及发展效率提升三个维度不断形成新推力，推动中国经济高质量发展。③

3. 政府治理转型

李瑞昌认为，随着机构改革的深入推进，政府概念从狭义的政府转向广义的政府；改革范围扩大到党政军群机构；改革的目标演变为国家治理体系和治理能力现代化。④

张紧跟等认为，当前基层政府普遍面临权小、责大、能弱的结构性困境，基层治理能力的弱化带来国家治理目标虚化、公共服务型政府建设虚化、基层治理异化等问题，并最终损害了国家治理有效性和合法性。新一轮机构改革必须正视和回应当前基层治理能力弱化的现实，通过构建权能匹配的基层政府治理结构，增强基层政府价值引领能力，实现基层政府治理法治化、民主化等途径，增强基层治理能力，夯实基层政府治理现代化的基础。⑤

余璐等认为，我国地方政府协同治理阻滞因素主要源自治理环境层面的资源短缺和配套制度滞后、治理方式层面的治理流程不畅、治理结构层

---

① 林毅夫：《中国改革开放40年经济发展态势与新时代转型升级展望》，载《西部论坛》2018年第6期。

② 任保平、李禹墨：《新时代我国高质量发展评判体系的构建及其转型路径》，载《陕西师范大学学报（哲学社会科学版）》2018年第3期。

③ 钞小静、薛志欣：《新时代中国经济高质量发展的理论逻辑与实践机制》，载《西北大学学报（哲学社会科学版）》2018年第6期。

④ 李瑞昌：《机构改革的逻辑：从政府自身建设到国家治理体系现代化》，载《华南师范大学学报（社会科学版）》2018年第6期。

⑤ 张紧跟、周勇振：《以治理现代化深化基层政府机构改革》，载《华南师范大学学报（社会科学版）》2018年第6期。

面的结构失衡和分散化治理。提升区域经济协调发展过程中的地方政府合作共治水平，需要从基础环境层、技术保障层和治理主体层三个方面共同努力，尽快跳出协同治理标准、协同治理功能和协同治理行动的发展困境。①

翟云认为，"互联网＋政务服务"加快了我国政府职能转变进程，驱动着"放管服"改革向纵深推进，并赋予政府治理模式重塑新动能。②

4. 制造业转型

改革开放 40 年来，制造业发展迅猛：创新投入不断增加、工业出口能力大大提高、部分产业已达到世界先进水平。然而，在国际竞争格局中，我国制造业产业长期处于价值链低端，缺乏高端产品与服务，供需严重不匹配。对此，冯晓莉等提出了制造业企业转型升级具体路径：首先，利用专利导航技术，企业可以发掘行业高端技术、产品专利，找到自身的优势或者缺陷，做好专利布局，力争取得行业技术领先水平，补足行业短板；其次，通过正当抢注商标，扩大市场份额，提高品牌知名度，同时也要借力核心技术打造高质量的产品，与同类相区别，形成品牌优势，提高供给质量；在大数据、云计算等高科技的发展下，最终融合先进的信息技术，转变传统思维方式，以顾客的需求为出发点，走定制化、个性化的制造之路，推动制造业供需匹配，实现价值链两端共同提升。③

余东华等认为，要素市场扭曲和资本深化是影响我国制造业转型升级的重要因素。我国要素市场扭曲状况长期存在，资本价格负向扭曲程度更为严重，低廉的要素成本导致资本深化加快，对制造业内部结构合理化产生了抑制作用；在要素市场扭曲情况下，资本深化和资本过量投入导致了产能过剩和创新惰性，在长期内不利于制造业转型升级。加快要素市场改革、推进技术创新、提高资本使用效率，是推动制造业转型升级的有效举措。④

---

① 余璐、戴祥玉：《经济协调发展、区域合作共治与地方政府协同治理》，载《湖北社会科学》2018 年第 7 期。

② 翟云：《重塑政府治理模式：以"互联网＋政务服务"为中心》，载《国家行政学院学报》2018 年第 6 期。

③ 冯晓莉、耿思莹、李刚：《改革开放以来制造业转型升级路径研究——基于微笑曲线理论视角》，载《企业经济》2018 年第 12 期。

④ 余东华、张维国：《要素市场扭曲、资本深化与制造业转型升级》，载《当代经济科学》2018 年第 2 期。

聂国卿等认为，实行更加严格的环境规制对推动我国制造业的创新转型必然具有显著的"激励"效应。环境规制对我国制造业创新转型的推动作用与制造业自身的污染属性以及其所处的创新转型阶段密切相关。目前环境规制对推动我国制造业转型升级成功的"合力效应"尚不明显。[①]

（四）中国经济发展动力

1. 全面深化改革

黄泰岩认为，新时代我国仍处于社会主义初级阶段的基本国情没有变，实现"两个一百年"发展目标、推动经济高质量发展和建设现代化经济体系等任务，都要求继续坚持改革开放。应通过落实创新驱动战略、推进供给侧结构性改革、理顺政府与市场关系等途径，进一步深化改革开放。[②] 改革的周期性变化规律对于新时代全面深化改革具有重要的意义；经济面临下行压力，恰是改革最佳窗口期；改革进入新周期，才能孕育经济运行新周期；激发人民的改革激情与活力，才能推动改革周期性运动；加强顶层设计，才能推动改革全面深化。[③]

田国强认为，中国作为转型经济体，面临着发展驱动和现代经济体系双转型滞后问题，其根本原因在于治理结构的失衡，这是导致实际经济增长低于潜在经济增长的关键性制度根源。解决经济结构失衡、体制结构失衡、治理结构失衡的根本出路，在于按照十九大的精神，贯彻五大新发展理念，形成具有包容性的现代化经济体系和有效的社会治理体系，以此推动质量变革、效率变革、动力变革，提高全要素生产率。同时，以法治、执行力和民主监督来提升国家能力和政府执行力，推动改革发展美好蓝图的落地。[④]

任保平等认为，要实现我国经济从高速增长向高质量发展的转变，就

---

① 聂国卿、郭晓东：《环境规制对中国制造业创新转型发展的影响》，载《经济地理》2018年第7期。

② 黄泰岩：《新时代改革开放的继承与创新》，载《辽宁大学学报（哲学社会科学版）》2018年第5期。

③ 黄泰岩：《我国改革的周期性变化规律及新时代价值》，载《经济理论与经济管理》2018年第11期。

④ 田国强：《十九大与全面深化改革的新使命、新任务》，载《人民论坛·学术前沿》2018年第2期。

需要构建高质量发展的评判体系。高质量发展的评判体系包括：高质量发展的指标体系、政策体系、标准体系、统计体系、绩效评价体系、政绩考核体系。[①]

金碚认为高质量发展阶段必须有更具本真价值理性的新动力机制，即更自觉地主攻能够更直接体现人民向往目标和经济发展本真目的的发展战略目标。这种新动力机制的供给侧是创新引领，需求侧则是人民向往。这种新动力机制的内在要求就是市场经济工具理性与经济发展本真理性的有效契合。[②]

2. 供给侧结构性改革

谢地认为，如果把体制、机制、制度创新及政府治理问题置于供给侧结构性改革范畴加以考量，深化供给侧结构性改革无疑是建设现代经济体系的关键环节，更是实现我国经济真正"强起来"的关键步骤。[③]

马晓河认为，供给侧结构性改革的目的是以需求为导向增加有效供给，路径是以市场为导向增加资源配置活力，动力是以改革为引擎增加有效制度供给，最终提升经济增长的质量和效益，形成供求结构高效对接、生产力得到解放发展、经济保持中高速、产业迈向中高端。[④]

实现经济高质量发展，必须以供给侧结构性改革为主线。胡鞍钢等认为，应从两个方面做好供给侧结构性改革：一是优化结构，淘汰落后产能，着力解决结构性产能过剩；推进去库存、去杠杆、降成本、补短板，提高户籍人口城镇化率，拉动潜在消费，探索各种 PPP 模式，扩大有效投资，形成供需动态平衡；消除要素流动的制度性壁垒，优化资源配置；推动传统产业转型升级，大力发展新兴产业。二是增加有效供给，营造创业、创新、创智的良好环境，发挥创新拉动经济发展的乘数效应；加强以5 年规划为核心的宏观调控，控制各类经济风险，提高发展质量。[⑤]

伍茜溪认为，政府、市场、企业三方应共同从供给侧协调发力，方能

---

① 任保平、李禹墨：《新时代我国高质量发展评判体系的构建及其转型路径》，载《陕西师范大学学报（哲学社会科学版）》2018 年第 3 期。

② 金碚：《关于"高质量发展"的经济学研究》，载《中国工业经济》2018 年第 4 期。

③ 谢地：《深化供给侧结构性改革是我国经济"强起来"的关键步骤》，载《政治经济学评论》2018 年第 1 期。

④ 马晓河：《推进供给侧结构性改革若干问题思考》，载《中国特色社会主义研究》2018年第 1 期。

⑤ 胡鞍钢、程文银、鄢一龙：《中国社会主要矛盾转化与供给侧结构性改革》，载《南京大学学报（哲学·人文科学·社会科学）》2018 年第 1 期。

培育和增强经济发展新动能，推动新常态下的中国经济持续发展。政府深化简政放权、提供优质服务，能够发挥市场的有效性；有效的市场能够提高资源的配置效率，从而提高全要素生产率；竞争性的市场，能够激发企业创新的自觉性，增强企业的创新能力，进一步提高供给质量和效率。[①]

40 年的改革开放，中国经济经历了四大转型：从计划经济到市场经济的转型，从封闭经济到开放经济的转型，从二元经济到现代经济的转型，从高生育率到低生育率的转型。宋立刚认为，这些转型是推动中国经济高速增长的源泉，也是解释经济增长下滑的主要原因，同时还是判断未来经济走向的基本依据。但这些转型仍有不彻底的地方，仍有很大的改进空间。只有实施供给侧结构性改革，才能使这些转型向着有利于可持续增长的方向变化。供给侧结构性改革的关键是解决制度的深层问题，核心任务还在于通过制度改革解决要素的最优配置。通过制度改革，不断降低制度性交易成本，不断提高制度的适应性效率，这才是实现中国经济进一步转型、跨越"中等收入陷阱"的根本举措，更是未来实现国家长治久安的制度保障。[②]

3. 自主创新

洪银兴认为，我国进入新时代的现代化，创新是第一动力。要实现对发达国家科技和产业的赶超，既需要基础研究达到世界一流水平，还需要打通科学到技术再到产业的转化通道。[③] 陈昌兵认为增长理论就是不断探索发展根本动力，发展根本动力在于创新。进入新时代，我国第一、第二和第三产业发展的主要动力已转换到创新上，创新是新时代我国高质量发展的动力。在创新驱动下，我国将由依靠要素投资和牺牲环境为主发展，转型升级为服务业升级和高端制造业发展、深度城市化和技术创新等。[④]

韩晶等研究表明，创新通过产业结构调整"中介作用"影响经济增长的机制是存在的：中部、西部地区经济增长对创新的影响强度较大，东部

---

① 伍茜溪：《供给侧视角下经济发展新动能培育探析》，载《云南财经大学学报》2018 年第 4 期。
② 宋立刚：《改革开放 40 年中国经济结构转型研究》，载《人民论坛·学术前沿》2018 年第 23 期。
③ 洪银兴：《创新是新时代现代化的第一动力》，载《经济理论与经济管理》2018 年第 1 期。
④ 陈昌兵：《新时代我国经济高质量发展动力转换研究》，载《上海经济研究》2018 年第 5 期。

地区所处的创新阶段更加领先，进一步突破前沿技术，容易遭遇瓶颈；中国长期经济增长需要进一步突出创新的主体地位，加大对产业内部技术创新的投入，促进技术创新对产业结构高级化作用的有效发挥。[①]

4. 对外开放

李磊等研究发现，外资溢出对企业向中、高收入国家或地区的投资影响较强；对于商贸服务型、研究开发型、垂直生产型对外直接投资的正向影响更为明显。外商投资在直接促进内资企业走出去的同时，还通过提升内资企业生产率水平，间接推动了其对外直接投资。[②] 白俊红等研究发现，中国各地区均存在着一定程度的资本和劳动力错配，但对外直接投资显著地改善了中国整体资本和劳动力的资源错配，提高了资源配置效率。[③]

三、宏观经济调控

（一）转变政府职能

宗良等认为，未来中国既要坚定推进市场化改革，完善市场机制，让市场对资源配置发挥决定性作用；同时应进一步完善宏观调控机制，让政府发挥较好作用。[④] 张继焦认为，目前政府的作用是主导性的，随着市场经济制度的不断完善，地方政府直接干预经济的职能将会逐步弱化，社会力量的作用也会逐渐减弱，企业作为市场主体的作用将会逐渐增强。[⑤]

孙涛等认为，我国机构改革与职能转变历经从"被动配合"到"主动作为"，新一轮党政机构改革更是以职能逻辑为主线，受公共价值导向

① 韩晶、酒二科：《以产业结构为中介的创新影响中国经济增长的机理》，载《经济理论与经济管理》2018 年第 6 期。

② 李磊、冼国明、包群：《"引进来"是否促进了"走出去"？——外商投资对中国企业对外直接投资的影响》，载《经济研究》2018 年第 3 期。

③ 白俊红、刘宇英：《对外直接投资能否改善中国的资源错配》，载《中国工业经济》2018 年第 1 期。

④ 宗良、范若滢：《政府与市场"两只手"的有机结合——宏观经济理论历史演进、未来路径与理论模型》，载《金融论坛》2018 年第 4 期。

⑤ 张继焦：《经济社会结构转型：政府、市场、社会三者的不同作用》，载《湖南师范大学社会科学学报》2018 年第 1 期。

的影响，政府职能的内涵、属性、结构、运作体现了责任、服务、分权、法治的导向。①

何大安等认为，政府作为宏观调控的行为主体，其选择行为在受到动机、偏好、认知和效用期望等内生规定的同时，也会在一定程度上受科技进步及其实施手段的影响。大数据、人工智能、互联网和物联网等的发展，正在改变着政府思维模式及其选择行为。②

（二）宏观调控目标与机制

洪银兴等从分析视角、发展理念、政策主线、实施机制和政府作用五个方面，总结了五年多来中国宏观经济调控理论与实践发生的深刻变化，认为在习近平新时代中国特色社会主义经济思想指导下，新时代中国宏观经济调控体系已初步确立。③

宗良等认为，中国宏观经济调控的逻辑，是坚持问题导向，针对不同时期面临的突出风险和问题，理性选择"供给管理"与"需求管理"组合，给出具体措施，并在实践中检验、调整。从本质上看，供给侧结构性改革是宏观调控模型在限定条件下的特殊情形。④

杜秦川认为，我国经济发展新常态对创新宏观调控提出了更高要求，供给侧结构性改革背景下创新宏观调控应遵循市场化导向原则、促进深化改革原则、促进经济发展原则、法治化导向原则。⑤

李云庆等认为，运用创新的信用价值论理论原理，采用3个层次的生产方式，即实体价值生产、信用价值生产和社会资本生产，对经济发展进行宏观调控，我国经济在未来30年仍可实现持续高速增长。⑥

① 孙涛、张怡梦：《从转变政府职能到绩效导向的服务型政府——基于改革开放以来机构改革文本的分析》，载《南开学报（哲学社会科学版）》2018年第6期。
② 何大安、杨益均：《大数据时代政府宏观调控的思维模式》，载《学术月刊》2018年第5期。
③ 洪银兴、刘伟、高培勇、金碚、闫坤、高世楫、李佐军：《"习近平新时代中国特色社会主义经济思想"笔谈》，载《中国社会科学》2018年第9期。
④ 宗良、范若滢：《宏观调控理论的创新思维、模型构建与中国实践》，载《国际金融研究》2018年第11期。
⑤ 杜秦川：《供给侧结构性改革下创新宏观调控的方向》，载《宏观经济管理》2018年第6期。
⑥ 李云庆、蔡定创：《实施三层级宏观调控 促进经济高质量发展》，载《宏观经济管理》2018年第9期。

（三） 宏观调控政策

1. 财政政策

付文飙等认为，财政政策从政府行为、要素相对价格、企业技术水平和创新能力三个途径影响经济高质量发展，金融政策则通过资本积累和 TFP 增长影响经济发展质量。当前我国对高质量发展以及财政金融对我国高质量发展影响的研究仍很薄弱，一方面在主流经济学范式下缺少一个系统的理论分析框架；另一方面也缺少基于中国国情和发展阶段的中国特色高质量发展道路的研究。[①]

邹卫星等发现财政政策的增长效应不容忽视，但推动作用有限，单凭财政政策难以实现经济增长目标。财政支出规模和行政管理型支出与经济增长率正相关；经济建设型支出、科教文卫型支出和社会保障型支出均与经济增长率负相关。财政支出结构的解释力要大于财政支出规模；要维持快速的经济增长，需要重视财政支出规模及其结构的作用。[②]

张杰等认为，减税有助于稳定经济波动，尤其是减比例税，但减税的经济稳定效应弱于转移支付；生产性财政支出的经济稳定效应最强，但容易造成过度投资；由于中国税收体系不完善，个税主要由工薪阶层承担，产生福利扭曲效应；全部财政稳定政策集成体系的经济稳定效应优于单一财政政策。[③]

2. 货币政策

金春雨等发现，并不存在一成不变的最优货币政策规则，最优的货币政策规则随着不同经济时期的政策目标及外部环境而变化；货币供应量规则最不可取，它的政策空间最小、福利损失最大；在中央银行更希望稳定宏观经济指标并且货币政策偏好较大的时期，泰勒规则是最佳选择；如果中央银行更希望刺激经济发展，并且货币政策偏好较小，则前瞻性利率规

[①] 付文飙、鲍曙光：《经济高质量发展与财政金融支持政策研究新进展》，载《学习与探索》2018 年第 7 期。

[②] 邹卫星、房林、谢振：《财政政策对经济增长的效应研究》，载《学习与实践》2018 年第 9 期。

[③] 张杰、庞瑞芝、邓忠奇：《财政自动稳定器有效性测定：来自中国的证据》，载《世界经济》2018 年第 5 期。

则更适合。[①]

庄子罐等发现，与未预期货币政策冲击相比，包含预期货币政策冲击的模型表现效果更佳，且预期货币政策冲击对大多数宏观经济变量的影响更大，因而忽略预期冲击会低估货币政策的实施效果；与价格型货币政策相比，数量型货币政策对中国宏观经济波动的影响程度更大且政策效果的持续时间更长，但是不能忽视价格型货币政策对消费、通胀的调控作用；无论何种规则下，货币政策冲击对投资的影响最大，对通货膨胀的影响较小。[②]

徐忠认为，我国仍属于转型过程中的不发达经济体，经济结构也不稳定，货币调控方式选择和转型须服从和服务于高质量发展转变，仍需深化发展金融市场微观基础、制度保障和产品功能等金融市场体系。[③]

3. 产业政策

改革开放 40 年来我国利用产业政策不断培育并积累高端要素、优化国内外市场环境，积极提升国际产业分工地位以及产业结构升级。但宋文月等认为，特惠性产业政策与非均衡的产业发展模式也造成了较大的政策实施成本，制约了产业升级效率。实现高质量发展阶段的产业升级，需要政府通过调整产业政策措施、构建以竞争政策为基础的政策体系以及进一步优化国家治理体系等方式，保障市场机制的有效性，提高企业的自主创新水平与产业国际竞争力，促进产业结构与价值链升级。[④]

江飞涛等认为，中国的产业政策越来越注重市场机制的作用，但仍保留了大量直接干预市场的措施，由此带来的不良政策效应日趋突出。当前，中国应转为实施以功能性政策为主体的产业政策体系，重在完善市场机制、维护公平竞争、促进创新、推动产业绿色与包容性发展。[⑤]江飞涛等还对林毅夫与张维迎产业政策之争进行了回顾和评述，重新厘

---

① 金春雨、张龙、贾鹏飞：《货币政策规则、政策空间与政策效果》，载《经济研究》2018年第 7 期。

② 庄子罐、贾红静、刘鼎铭：《货币政策的宏观经济效应研究：预期与未预期冲击视角》，载《中国工业经济》2018 年第 7 期。

③ 徐忠：《经济高质量发展阶段的中国货币调控方式转型》，载《金融研究》2018 年第 4 期。

④ 宋文月、任保平：《改革开放 40 年我国产业政策的历史回顾与优化调整》，载《改革》2018 年第 12 期。

⑤ 江飞涛、李晓萍：《改革开放四十年中国产业政策演进与发展——兼论中国产业政策体系的转型》，载《管理世界》2018 年第 10 期。

清了产业政策中的市场机制与政府作用及两者的关系，提出在以功能性产业政策或横向性产业政策为代表的新产业政策模式下，市场应居于主导地位，政府在为市场机制的有效运转提供必要的市场基础制度方面扮演着关键性角色。在新的产业政策模式下，市场与政府是互补与协同的关系。[①]

4. 国民收入分配政策

洪银兴认为，富起来时代的收入分配改革重在效率，改革集中在两个方面：一是各种生产要素参与收入分配后形成按劳分配为主体、多种分配方式并存的基本分配制度；二是实施允许一部分地区和一部分人先富起来的大政策，并产生了明显的提高效率、充分动员各种创造财富要素的效果。深化收入分配制度改革应集中在两个方面：一是坚持按劳分配原则，完善按要素分配；二是缩小收入差距，使人民共享发展成果。[②]

贾康等认为，深化收入分配制度改革，需在"激励—约束"框架下，廓清"公平与效率"关系的准确内涵，对收入差异形成原因做出正确分析，为把握好政策理性奠定认识基础。中国优化收入分配的基本思路，应是共同富裕愿景为"目标导向"，结合"问题导向"，加快推进由"先富"向"共富"的战略转换。[③]

张车伟等发现，从初次分配看，近年来我国劳动报酬份额有所提高，但实际工资水平原地踏步的状况并没有发生根本性变化，这是一种对劳动者不利的分配格局；从二次分配看，居民部门收入占国民收入的份额约为 54%，虽然近年来略有上升，但还远未达到合理水平；从税费负担看，有将近 1/3 的居民收入因缴纳税费而变得不可支配，这使得工薪劳动者在分配格局中的不利地位雪上加霜；从居民收入差距看，我国基尼系数一直在高位徘徊，是经济可持续发展与全面建成小康社会的重要负面因素。[④]

───────────

①　江飞涛、李晓萍：《产业政策中的市场与政府——从林毅夫与张维迎产业政策之争说起》，载《财经问题研究》2018 年第 1 期。
②　洪银兴：《兼顾公平与效率的收入分配制度改革 40 年》，载《经济学动态》2018 年第 4 期。
③　贾康、程瑜、于长革：《优化收入分配的认知框架、思路、原则与建议》，载《财贸经济》2018 年第 2 期。
④　张车伟、赵文：《我国收入分配格局新变化及其对策思考》，载《北京工业大学学报（社会科学版）》2018 年第 5 期。

四、微观规制改革

（一）经济性规制

吕昱江认为，经济新常态下，产业政策和竞争政策的结合与平衡变得更加重要，这就为经济性规制提出了新的挑战。同时，经济性规制及其制约机制的完善，也与转变政府职能、深化行政体制和机构改革有密切联系。传统经济性规制的弊端在实践中逐渐凸显，需要通过改革，从命令型规制转向激励型规制。但在缺乏制约的情况下，激励型规制更有可能会失效、失败。可见，加强对经济规制的监督非常重要，然而我国在制约经济性规制方面，面临着规制机构不独立等不足。应将分散于各政府职能部门中的各种经济规制职能优化组合成统一的规制机构，直属于中央政府保持相对独立，政府相关部门与规制机构"监管"分离，政府相关部门主要设定规制政策框架，并对规制机构进行监督。另外，大众传媒也要在舆论监督方面，起到相应的积极作用。①

（二）环境规制

何兴邦认为，环境规制有助于显著促进综合经济增长质量的改善，即环境规制有助于显著改善经济增长效率，促进经济绿色发展程度，提升社会福利水平。不过，环境规制显著加剧了收入不平等且环境规制对产业结构升级和经济发展稳定影响并不显著。②

孙玉阳等认为，行政命令型、市场激励型环境规制工具与产业结构升级呈现倒"U"型关系，公众参与型环境规制暂时未对产业结构升级产生影响。③

---

① 吕昱江：《新常态经济规制及其制约机制完善》，载《新经济导刊》2018 年第 10 期。
② 何兴邦：《环境规制与中国经济增长质量——基于省际面板数据的实证分析》，载《当代经济科学》2018 年第 2 期。
③ 孙玉阳、宋有涛、王慧玲：《环境规制对产业结构升级的正负接替效应研究——基于中国省际面板数据的实证研究》，载《现代经济探讨》2018 年第 5 期。

于潇认为，环境规制政策经济效应内生于环境资源的价值属性、经济增长对环境的依赖以及环境领域的市场失灵，并且环境规制政策经济效应的发挥受到中国情境、交易成本、工具选择的外在约束。①

彭聪等意外发现，经济发达地区的环境规制强度并不比经济欠发达地区更高，反而可能更低。究其原因在于，消除地区规模效应后，经济欠发达地区在突发环境事件罚款与污染损害赔款等二级指标上相较经济发达地区更高。②

李虹等认为，对于资源型和非资源型城市，无论是产业结构合理化还是高级化，环境规制、资源禀赋均对其存在着显著的门槛效应。③

（三） 规制体制改革

戚聿东等认为，在新经济的运行逻辑下，传统上基于垄断、信息不对称、外部性、公共产品、信息安全等因素而产生的政府规制需求发生了根本变化。为适应新经济发展，政府规制改革方向上应从强化规制转向放松规制，内容上应从经济性规制转向社会性规制，方式上应从歧视性规制转向公平竞争规制，方法上应从正面清单制转向负面清单制，流程上应从前置审批转向后置监管，机构上应从专业型部门转向综合型部门，机制上应注重使用"规制沙盒"。④

程如烟通过研究主要国家面向创新的规制改革做法，即探索建立创新友好的规制框架，针对新兴技术领域进行规制改革，减轻规制负担并提高其灵活性，认为对我国规制改革具有如下启示：建立创新友好性规制框架，以加快我国创新建设进程；针对新兴技术领域加强规制的前瞻性研究；进一步减轻规制的行政负担。⑤

涂远博等认为，企业偏好于通过行贿来获取政治关系抑制了企业创新，反腐切断了政治关联，促进了企业创新。过度的政府规制导致的权利

---

① 于潇：《环境规制政策影响经济增长机理的生成逻辑》，载《经济问题探索》2018 年第6 期。
② 彭聪、袁鹏：《环境规制强度与中国省域经济增长——基于环境规制强度的再构造》，载《云南财经大学学报》2018 年第 10 期。
③ 李虹、邹庆：《环境规制、资源禀赋与城市产业转型研究——基于资源型城市与非资源型城市的对比分析》，载《经济研究》2018 年第 11 期。
④ 戚聿东、李颖：《新经济与规制改革》，载《中国工业经济》2018 年第 3 期。
⑤ 程如烟：《一些国家面向创新的规制改革浅析》，载《科技管理研究》2018 年第 22 期。

寻租是腐败的源头，简政放权压缩寻租空间抑制了腐败发生。[1]

江南认为，政府规制创新能力不足、政府规制的多方"博弈"以及道德、诚信体系缺失，是限制分享经济发展的重要因素，政府应在适度规范引导及监督的基础上，营造更加有利的发展环境。[2] 罗英等也认为，政府监管应当以制度创新来回应共享经济的技术创新，在包容审慎基础之上坚持激励为主的监管理念，构建自我规制为主、行政监管为辅的合作监管体制；建设更注重信息甄别的网上信用平台，并注重提升消费者的信息识别与吸收能力，同时重视发挥非正式监管规则的作用。[3]

（四）规制体系改革

改革开放 40 年来，中国垄断产业改革与发展取得了长足的进步，在产权制度、竞争优化以及规制体系构建等方面均具有积极进展，尤其是产权制度中政企分开和竞争优化方面取得了历史性成就，但是其改革仍然面临不完全、不彻底的问题：产权改革尤其是混合所有制改革仍处于初步阶段，还有很大的空间；拆分措施促进竞争仍有局限，有效竞争依然不足；独立规制机构尚未真正建立，规制体系仍待理顺。在新时代中国特色社会主义建设的新背景下，垄断产业仍需在产权结构调整、有效竞争完善与重建规制体系等方面继续深入推进中国垄断产业改革，同时垄断产业改革与发展应该统筹国内与国际两个市场以同时推进高质量发展与提升企业的全球市场竞争力。作为供给侧结构性改革等多项改革的载体，垄断产业改革经验有助于为全面深化经济体制改革产生辐射作用，为推动中国经济高质量发展做出更大贡献。[4]

---

[1] 涂远博、王满仓、山冰：《规制强度、腐败与创新抑制——基于贝叶斯博弈均衡的分析》，载《当代经济科学》2018 年第 1 期。

[2] 江南：《分享经济视域下共享出行的政府规制行为》，载《江西社会科学》2018 年第 6 期。

[3] 罗英、钟光耀：《面向共享经济的政府监管创新研究》，载《湖南社会科学》2018 年第 2 期。

[4] 肖兴志、韩超：《中国垄断产业改革与发展 40 年：回顾与展望》，载《经济与管理研究》2018 年第 7 期。

第六章 产业经济学研究新进展

2018 年我国改革开放已经走过 40 年历程。经过 40 年的深化改革开放，我国经济已进入新常态。为转变经济发展方式，优化经济结构，转换经济增长动力，以供给侧结构性改革为主线，坚定扩大总需求，构建现代化经济体系，促进高质量发展，成为新时代我国经济研究的重大时代课题。为此，学界围绕产业经济学的一些主要理论和实践问题，如产业组织理论、反垄断与规制、产业升级与产业转移、产业集聚与产业关联、产业发展、产业政策和研发创新等进行了深入研究，取得了一些新的研究成果。

一、产业组织理论

（一）网络经济学

1. 互联网 +

"互联网 +"促进了中国制造业的创新发展。王可等利用 2012 年世界银行对中国制造业企业的调查数据，探讨了互联网技术在中国制造业中发挥的作用。研究发现，互联网的使用推动了我国制造业的创新活动，提高了制造业供应链上下游企业之间的信息分享意愿，且其本身也可以作为一种高效的商品销售和营销渠道在制造业中发挥作用，并提升制造业绩效。①

① 王可、李连燕：《"互联网 +"对中国制造业发展影响的实证研究》，载《数量经济技术经济研究》2018 年第 6 期。

同样，"互联网＋"也提升了我国装备制造业的全要素生产率。肖利平利用 2006～2016 年分省面板数据，估计了"互联网＋"对装备制造业全要素生产率的效应。研究发现，"互联网＋"对装备制造业 TFP 有显著的促进作用，且"互联网＋"对 TFP 的效应存在地区差异性，东部地区"互联网＋"对 TFP 的效应比中西部地区更为明显。"互联网＋"对装备制造业技术效率具有显著的促进作用。技术效率的提升主要来自"互联网＋"的规模效应。[①]

推动"互联网＋"养老服务的供需双侧改革，是我国应对老龄化社会的重要举措。孔伟艳运用"需求－供给"分析框架，研究当前中国"互联网＋"养老服务发展中的问题，提出"政府建库、社会运营、政社合作、供需双革"的基本思路，建议在供给侧强化供需匹配、明确供给主体、鼓励企业创新，在需求侧重建社会信任、针对老人赋能、促进老人消费。[②]

"互联网＋"显著提升了公司业绩。杨德明等采用 2013～2015 年中国上市公司相关数据，实证检验"互联网＋"对传统企业业绩的影响及影响机制。研究发现，实施"互联网＋"的公司每股收益平均提升了约 31%，而资产收益率则平均提升了约 24%。影响机制检验表明，"互联网＋"通过差异化和盈余质量促进了企业业绩的提升。[③]

"互联网＋"作为一种新经济模式，改变了传统的市场关系网络。贺婷通过在沙河网批市场进行以参与观察与半结构式访谈为主的田野调查，发现"互联网＋"使商户的工具性关系更具工具性，情感性关系更具情感性；"互联网＋"使商户关系网络呈现出工具性增强而情感性减弱的趋势，市场关系网络由传统的"市场共同体"变为"工具性圈层格局"。[④]

电子商务给快递带来红利的同时又倒逼着传统快递加速转型升级。沈颂东等构建快递与电子商务产业链协同度模型，依据 2008～2015 年监测的面板数据研究快递与电子商务产业链的协同度。研究发现，快递与电子

① 肖利平：《"互联网＋"提升了我国装备制造业的全要素生产率吗》，载《经济学家》2018 年第 12 期。

② 孔伟艳：《推动"互联网＋"养老服务的供需双侧改革》，载《宏观经济研究》2018 年第 8 期。

③ 杨德明、刘泳文：《"互联网＋"为什么加出了业绩》，载《中国工业经济》2018 年第 5 期。

④ 贺婷：《"互联网＋"与市场关系网络的转变——基于沙河网批市场的田野调查》，载《产业经济评论》2018 年第 3 期。

商务均向着有序化的方向发展；电子商务有序度大于快递有序度；快递与电子商务呈现出良好的协同发展态势，但协同发展仍不稳定。[①]

2. 互联网金融

互联网金融会影响银行风险承担。顾海峰等选取 2007～2016 年 107 家中资银行年度面板数据，研究了互联网金融与银行风险承担的关系。结果表明，互联网金融对银行风险承担的影响表现为边际递增的单门限效应，银行资本充足率越高，其风险承担对互联网金融冲击的反应越敏感；互联网金融对银行风险承担的影响程度存在功能性差异；不同类型货币政策对银行风险承担的调控差异显著。[②]

可利用互联网金融模式去尝试解决健康产业发展遇到的问题。苏汝劼等认为，互联网金融主要有四种模式：P2P、众筹、大数据金融和互联网信托模式，他们探讨了健康产业和以上四种互联网金融模式相互结合的途径和方法，分析在互联网金融背景下如何实现健康产业的发展，并提出了利用互联网金融促进健康产业发展的几点建议。[③]

战明华等利用一个包括企业、家庭和银行的最优决策一般均衡模型，分析了互联网金融影响货币政策银行信贷渠道的微观机理。研究发现，一是总体上，互联网金融主要是通过降低金融市场的摩擦来弱化货币政策银行信贷渠道；二是微观机理上，互联网金融对货币政策银行信贷渠道的影响，是通过影响银行负债结构、证券市场流动性和企业融资结构实现的。银行负债结构效应对货币政策银行信贷渠道产生了显著影响。[④]

3. 双边市场

双边平台投资行为会影响竞争市场均衡。雷辉等构建了包含投资与定价策略的双寡头竞争模型，分析了平台企业的投资行为对市场均衡价格结构、市场份额分配、平台利润等的影响。研究发现，最优投资与定价水平

---

① 沈颂东、亢秀秋：《大数据时代快递与电子商务产业链协同度研究》，载《数量经济技术经济研究》2018 年第 7 期。
② 顾海峰、杨立翔：《互联网金融与银行风险承担：基于中国银行业的证据》，载《世界经济》2018 年第 10 期。
③ 苏汝劼、张寰宇：《利用互联网金融发展中国健康产业的模式和途径分析》，载《宏观经济研究》2018 年第 3 期。
④ 战明华、张成瑞、沈娟：《互联网金融发展与货币政策的银行信贷渠道传导》，载《经济研究》2018 年第 4 期。

是依赖于投资成本系数大小的双阈值决策问题；平台对投入资源的定价规则以及对双边用户的依赖程度，受固有效用与交叉网络外部性之间大小关系的影响；平台的投资策略改变了市场份额的均匀分配并从相反方向影响了两平台的收益等。①

交叉网络外部性与平台异质性会影响对角兼并。曲创等考察平台对角兼并行为的市场圈定效应，并对谷歌与 Double Click 并购案进行剖析。平台异质性程度增强会加强对角兼并对关键性投入品价格上升的作用，交叉网络外部性则会进一步加剧对角兼并对竞争性平台利润的侵蚀，最终形成市场圈定效应。②

苏治等从互联网平台类企业行为的角度分析了行业市场结构形成机制与特征，构建了符合互联网行业市场结构特征的新垄断竞争理论。研究发现，中小型互联网平台类企业进出市场的高度流动性和大型互联网平台类企业垄断地位的相对稳定性，共同形成了行业特有的"分层式垄断竞争"市场结构，垄断集中于大型互联网平台类企业的主营业务中，这种市场结构是长期均衡现象。③

刘重阳等通过内嵌广告市场和商品市场的双边市场垄断者模型，剖析了搜索平台、用户、广告主三者之间的互动机制。研究发现，用户的有限认知、平台的信息优势、宽松的外部监管是市场失灵发生的条件。逐利性的非中立搜索平台可能对虚假信息默许而导致劣币效应。④

（二）厂商行为

1. 定价行为

参加限时抢购的消费者将同时面临低价诱惑和缺货后悔。宋志平采用基于高价后悔和缺货后悔的购买行为选择函数，刻画了消费者的理性行

① 雷辉、熊丹：《双边平台投资行为对竞争市场均衡的影响研究》，载《经济管理》2018年第4期。

② 曲创、刘洪波：《交叉网络外部性、平台异质性与对角兼并的圈定效应》，载《产业经济研究》2018年第2期。

③ 苏治、荆文君、孙宝文：《分层式垄断竞争：互联网行业市场结构特征研究——基于互联网平台类企业的分析》，载《管理世界》2018年第4期。

④ 刘重阳、曲创：《平台垄断、劣币现象与信息监管——基于搜索引擎市场的研究》，载《经济与管理研究》2018年第7期。

为，由此得到消费者的最优购买决策。并进一步得到网络零售商的最优定价策略，进而分析不同商品供应量下网络零售商的最优定价、商品可得率和期望收益。研究发现，网络零售商可以运用限时抢购策略，来决定两个销售期的最优价格和折扣销售期商品的可得率，实现预期利润最大化。①

"电商造节"是比较热门的话题。张昊分析了电商自营商品促销定价的行为机制及销售竞争带来的影响，并进行实证检验表明，这些电商总体上都采取了在集中促销期降价，并以高低交错的调价方式提升了促销效果。销售竞争增大了集中促销期商品的降价幅度，但也使相应商品在平时的价格上调幅度更高。这并不意味着消费者能够获得真正的实惠。②

罗新星等应用博弈理论，探讨了集中化和分散化供应链模型下产品的两阶段定价问题。研究表明，随着策略消费者风险偏好程度的增加，制造商的批发价格不受影响，而零售商的第一阶段价格下降，第二阶段价格上升，且降价和提价的幅度相等，而供应链的总利润随策略消费者的风险偏好程度增加而下降等。③

2. 差异化行为

区位差异会影响企业能力与企业边界。杨虎涛等从企业的区位差异与能力差异入手，对企业边界的选择问题进行分析，发现区位差异对于企业的生产属性与交易属性都会产生影响。区域间市场环境的不同，外部性的不同，外部约束条件的不同都会对企业边界选择产生影响，而且这些因素会随时间推移发生变化，影响企业能力，从而赋予企业边界动态性。④

要素价格扭曲影响异质性企业区位选择。蒋含明测算了 1998～2007 年中国大陆 267 个城市的要素价格扭曲，考察要素价格扭曲对于不同生产效率企业选址产生的影响。研究发现，较高要素价格扭曲水平对于该地区新进入的低效率企业的期望值具有显著为正的影响，高效率企业的期望值为负；地区运输成本和环境管制强度对不同效率企业选址存在不同影响。⑤

①　宋志平：《基于消费者限时抢购行为的网络零售商定价策略研究》，载《价格理论与实践》2018 年第 11 期。

②　张昊：《"电商造节"中的微观价格行为及竞争效应》，载《财贸经济》2018 年第 11 期。

③　罗新星、陈元元：《基于策略消费者风险偏好行为的供应链定价研究》，载《经济与管理评论》2018 年第 5 期。

④　杨虎涛、姜景军：《区位差异、企业能力与企业边界——对威廉姆森模型的拓展》，载《学习与实践》2018 年第 2 期。

⑤　蒋含明：《要素价格扭曲与异质性企业区位选择——基于泊松面板回归的实证研究》，载《中国经济问题》2018 年第 6 期。

3. 异质性企业

贸易自由化和企业异质性影响了产品范围调整。易靖等构建贸易自由化与多产品企业的分析框架，并使用 2000～2006 年的海关和工业企业数据，研究了贸易自由化及企业异质性对企业内资源配置和产品范围调整的作用机制。研究表明，贸易自由化使多产品出口企业的产品范围缩小且向生产核心产品集中；组织效率、资本密度及生产率高的企业受贸易自由化进程中产品范围缩小的影响较小；企业专业化于核心产品生产可以提升企业生产率。[①]

王立勇等构建了 DSGE 模型研究政府消费性支出和政府投资性支出对国有经济与非国有经济影响的差异性。研究结果表明，政府投资性支出乘数大于政府消费性支出乘数；政府消费性支出和投资性支出对国有经济的乘数效应均大于对非国有经济的乘数效应；金融摩擦和企业异质性对政府支出乘数有显著影响，长期政府消费性支出乘数和政府投资性支出乘数对于金融摩擦呈单调递减态势。[②]

4. 市场进入行为

周开国等分析了不同市场结构下，企业退出与进入市场的最优策略，并深入探讨政府与市场在其中扮演的"角色"及两者的协同效应。研究发现，市场风险加剧了企业退出与进入的难度，并对相应成本有"放大"作用；当市场风险较大时，政府通过调节市场风险更为有效，在长期，调节退出与进入成本以及企业淘汰率相对更加有效。[③]

吕炜等运用动态随机一般均衡模型，分析了政府市场进入管制政策对上游行业杠杆率的影响机制。研究发现，政府放松市场管制会拉动上游行业的杠杆率水平，政府前期的管制程度越高，放松管制时上游行业的杠杆率水平上升的幅度就相对越高。政府在放松管制时需要把握好时机，降低

[①] 易靖韬、蒙双：《贸易自由化、企业异质性与产品范围调整》，载《世界经济》2018 年第 11 期。

[②] 王立勇、徐晓莉：《纳入企业异质性与金融摩擦特征的政府支出乘数研究》，载《经济研究》2018 年第 8 期。

[③] 周开国、闫润宇、杨海生：《供给侧结构性改革背景下企业的退出与进入：政府和市场的作用》，载《经济研究》2018 年第 11 期。

决策成本。[①]

毕青苗等考察行政审批改革对企业进入率的影响程度，研究结果证明了基于规模临界值的企业进入率更具有实用性。实证分析发现，在 1998 ~ 2007 年间，设立行政审批中心的地级市，企业进入率显著提高约 2 ~ 25 个百分点。行政审批中心主要是通过进驻部门实现跨部门协调，便于企业进入市场。[②]

5. 并购行为

吴剑峰等对企业社会责任与跨国并购的关系进行了研究综述与展望。他们将现有涉及企业社会责任与跨国并购之间关系的研究概括为两大研究领域：一是跨国并购情境下研究企业社会责任的必要性；二是企业社会责任与跨国并购之间的关系（从跨国并购流程和社会责任履行方两个维度进行细分），并提出该领域未来的五个研究方向。[③]

跨国并购与绿地投资的逆向技术溢出效应存在差异。孙灵希等构建对外直接投资的逆向技术溢出模型，对 2003 ~ 2015 年期间上市公司数据进行测算。结果表明，对外投资后，跨国并购企业的全要素生产率整体高于投资前，跨国并购的逆向技术溢出效应大于绿地投资。[④]

企业并购是否创造价值一直是学术界以及社会公众的重要议题。刘莉亚等利用 2004 ~ 2014 年中国沪深两市 A 股上市公司的面板数据，实证研究了不同企业的效率差异对企业并购决策的影响。研究表明，那些中等规模且盈利能力较强的高生产率企业，倾向于收购规模较小但经营良好的低生产率企业；收购后，收购方提高了标的方的生产效率和产出。[⑤]

自 2000 年以来，中国企业海外并购数屡创新高。朱婕等检验了东道国制度环境、双边投资协议以及二者共同对企业跨国并购区位选择的影响。研究发现，企业更偏向于制度环境较好的国家开展并购，双边投资协

① 吕炜、高帅雄、周潮：《严格管制还是放松管制——去杠杆背景下的市场进入政策研究》，载《财贸经济》2018 年第 4 期。
② 毕青苗、陈希路、徐现祥、李书娟：《行政审批改革与企业进入》，载《中国工业经济》2018 年第 2 期。
③ 吴剑峰、乔璐：《企业社会责任与跨国并购的关系：研究综述与展望》，载《经济管理》2018 年第 11 期。
④ 孙灵希、储晓茜：《跨国并购与绿地投资的逆向技术溢出效应差异研究》，载《宏观经济研究》2018 年第 10 期。
⑤ 刘莉亚、金正轩、何彦林、朱小能、李明辉：《生产效率驱动的并购——基于中国上市公司微观层面数据的实证研究》，载《经济学（季刊）》2018 年第 4 期。

议对企业跨国并购的区位选择没有直接影响，但是却能替代东道国良好制度环境的缺失。[①]

二、反垄断与规制

（一）反垄断

涉及数据聚集的企业并购案正逐年增多。韩春霖等通过梳理欧盟竞争委员会 2016 年对微软并购领英案的反垄断审查思路，分析数据聚集对竞争的影响。导致数据聚集的并购案与不涉及数据的并购案在竞争评估原则、方法等方面无实质差别，但数据市场兼具多边市场、网络效应、多归属性、动态性、隐私保护等特殊性，需依个案具体分析。[②]

王燕等以 2015 年商务部无条件通过的中国南车和中国北车合并案为例，着重分析了中国南车和中国北车合并带来的效率改进。研究发现，公布合并后中国南车和中国北车股票累计异常收益率出现非常明显的正向反应，而竞争对手股票平均累计异常收益率出现负向反应，与效率充分改进横向并购模型的结论一致。[③]

忠诚折扣是近年来最具争议的反垄断话题之一。钟洲等构建了一个允许产品或消费者存在异质性、"小厂商"存在产能约束的理论模型，对忠诚折扣潜在的反竞争问题进行探讨。当产品存在异质性时，"大厂商"可能通过忠诚折扣排挤竞争对手；而当消费者需求数量存在异质性时，"大厂商"可能通过忠诚折扣排挤竞争对手，也可能借此强行分割市场。忠诚折扣的福利影响在理论上是不确定的。[④]

---

① 朱婕、任荣明：《东道国制度环境、双边投资协议与中国企业跨国并购的区位选择》，载《世界经济研究》2018 年第 3 期。
② 韩春霖：《反垄断审查中数据聚集的竞争影响评估——以微软并购领英案为例》，载《财经问题研究》2018 年第 6 期。
③ 王燕、臧旭恒、刘龙花：《基于效率标准的横向并购反垄断控制效果事后评估——以中国南车和中国北车合并案为例》，载《财经问题研究》2018 年第 5 期。
④ 钟洲、王麒植：《忠诚折扣、产品和消费者的异质性与竞争壁垒》，载《中国工业经济》2018 年第 9 期。

（二） 政府规制

1. 政府治理与生产率

雾霾污染显著降低了中国经济发展质量。陈诗一等系统考察雾霾污染对中国经济发展质量的影响及其传导机制，并估计了政府环境治理的减霾效果和对中国经济发展质量的影响。研究发现，雾霾污染显著降低了中国经济发展质量；城市化与人力资本是雾霾污染影响中国经济发展质量的两个重要传导渠道；政府环境治理能够有效降低雾霾污染从而促进经济发展质量的提升；雾霾污染对大中城市经济发展质量的负面影响显著高于小城市。[①]

2. 政府治理与区位选择

东道国政府治理水平能够影响中国 OFDI 区位选择。付韶军利用世界银行发布的世界治理指数，实证研究了"一带一路"沿线的 59 个国家政府治理水平对中国 OFDI 区位选择的影响。研究发现，东道国治理水平对中国 OFDI 的区位选择具有重要影响，法律规则对中国 OFDI 具有正向效应，监管质量对中国在发展中国家和资源一般国家投资具有显著正向效应。[②] 袁其刚等选取 2007～2015 年间中国企业对非洲 37 个国家直接投资数据，利用 FGLS 模型检验了东道国政府治理水平与治理距离对 OFDI 的影响。研究发现，政府治理水平对投资有正向促进作用，差异较大的治理距离有利于企业对外投资；政府治理水平对市场寻求型和资源寻求型投资均产生抑制作用，而治理距离对资源寻求型投资有抑制作用，对市场寻求型投资有促进作用。[③]

3. 进入规制与市场准入

高铁提高了地区市场准入。张梦婷等定量探究了高铁对企业生产率的

---

① 陈诗一、陈登科：《雾霾污染、政府治理与经济高质量发展》，载《经济研究》2018 年第 2 期。

② 付韶军：《东道国政府治理水平对中国 OFDI 区位选择的影响——基于"一带一路"沿线 59 国数据的实证分析》，载《经济问题探索》2018 年第 1 期。

③ 袁其刚、郜晨、闫世玲：《非洲政府治理水平与中国企业 OFDI 的区位选择》，载《世界经济研究》2018 年第 10 期。

影响及其内在机制。研究发现，高铁开通负向影响了外围城市的企业生产率，效应值为12.46%；高铁提高了地区市场准入，促进了外围城市资本和劳动力等生产要素向中心城市的集聚而对外围城市产生虹吸效应，进而负向影响其企业生产率；城市初始交通禀赋越低，行业资本或技术密集度越高；高铁站距离城市中心越近，高铁的虹吸效应越明显。①

外资准入政策影响了制造业产品质量。韩超等探究了外资准入政策对高质量发展的影响。研究发现，外资准入放松显著提升了外商投资份额，并进而提升产品质量及其增速；外资准入放松的影响是全面的，并没有体现显著的所有制差异；外资准入提高了具有高产品质量企业的市场份额；外资准入的产品质量提升效应更多是由于优惠政策引导所致。②

进入管制降低了企业创新和生产率。明秀南等利用中国工业企业数据库考察了进入管制对企业创新和生产率的影响，实证研究发现，进入管制显著地降低了企业创新和生产率，进入率高的行业在准入管制越高的地区，企业创新与生产率水平越低，也不利于新进入企业的创新与成长；进入管制至少能够解释研发投入差异的12%和生产率差异的27%。③

（三）环境规制

1. 环境规制与经济增长

中国经济增长路径上的环境规制政策提高了企业的污染减排动机。范庆泉等构建了包括企业治污资本投入、政府实施环境税和减排补贴两种环境规制政策的理论模型，模拟解出了拉姆齐－卡斯－库普曼模型鞍点路径上的均衡解。结论认为，渐进递增的动态环境税和渐进递减的动态减排补贴率的政策组合，提高了企业的污染减排动机，有效控制了环境污染累积水平，实现了鞍点路径上的福利最大化目标。④

---

① 张梦婷、俞峰、钟昌标、林发勤：《高铁网络、市场准入与企业生产率》，载《中国工业经济》2018年第5期。
② 韩超、朱鹏洲：《改革开放以来外资准入政策演进及对制造业产品质量的影响》，载《管理世界》2018年第10期。
③ 明秀南、黄玖立、冼国明：《进入管制、创新与生产率》，载《世界经济文汇》2018年第1期。
④ 范庆泉、张同斌：《中国经济增长路径上的环境规制政策与污染治理机制研究》，载《世界经济》2018年第8期。

环境规制促进了中国经济增长质量提升。孙英杰等选择 2000～2015 年中国省际面板数据，采用系统 GMM 估计方法探讨环境规制对经济增长质量的影响。研究发现，从全国来看，环境规制与经济增长质量呈现倒 "U" 型关系，并且目前环境规制强度处于拐点左侧。从地区来看，环境规制与经济增长质量的关系是存在差异性的，中部和西部均呈现倒 "U" 型关系，并且目前中部环境规制强度距拐点左侧较远。[1]

何兴邦也对环境规制提升中国经济增长质量进行了研究，他构建了一个涵盖六方面的经济增长质量评价体系，并基于中国省际面板数据考察了环境规制对经济增长质量的影响。研究发现，总体上看，环境规制有助于显著促进综合经济增长质量的改善；分项来看，环境规制有助于显著改善经济增长效率，促进经济绿色发展程度，提升社会福利水平。[2]

环境规制政策的有效性体现在对绿色发展的促进作用上。王丽霞等利用面板门限回归模型，检验了环境规制政策与绿色发展的关联关系。研究发现，环境规制政策对工业企业绿色发展绩效存在着倒 "U" 型的关系，当环境规制政策强度大于 0.00015 时，环境规制政策会对工业企业绿色发展绩效起到抑制作用。我国大部分的省份已经处于环境规制政策对工业企业绿色发展绩效的抑制阶段，需要注意环境规制政策的方式和强度。[3]

2. 环境规制与出口贸易

不同地区的环境规制对双边贸易会产生不同的影响。成喜玲等研究不同区域内环境规制对贸易的影响情况，选择了具有代表性的世界三大自由贸易区，通过扩展的引力模型，对 2002～2016 年 42 个国家的面板数据进行检验发现，欧盟与中国 – 东盟自由贸易区成员国的环境规制对双边贸易产生了显著的负向影响；而北美自由贸易区，出口国的环境规制能够对双边贸易产生显著的正向影响。[4]

环境规制有利于提升企业出口产品质量。李梦洁等从企业异质性视角

---

① 孙英杰、林春：《试论环境规制与中国经济增长质量提升——基于环境库兹涅茨倒 U 型曲线》，载《上海经济研究》2018 年第 3 期。

② 何兴邦：《环境规制与中国经济增长质量——基于省际面板数据的实证分析》，载《当代经济科学》2018 年第 2 期。

③ 王丽霞、陈新国、姚西龙：《环境规制政策对工业企业绿色发展绩效影响的门限效应研究》，载《经济问题》2018 年第 1 期。

④ 成喜玲、刘淞延：《环境规制与区域经济一体化——基于三大自由贸易区面板数据的实证研究》，载《经济问题探索》2018 年第 11 期。

讨论了环境规制对出口企业产品质量升级的影响机制，并进行实证检验认为，环境规制对企业出口质量的提升具有促进作用，环境规制有利于提升新进入企业和在位企业的出口产品质量。此外，环境规制会缩短低质量企业出口持续时间，并且延长高质量企业出口持续期。[1]

环境规制会影响出口强度。闫文娟等基于两控区政策这一准自然实验，采用倍差法和三重差分法研究两控区政策对高排硫行业出口强度的影响效应，及该影响效应的地区差异和所有制差异。研究发现，两控区政策对高污染行业的出口强度没有显著影响，但抑制了高排硫行业的出口强度并存在滞后效应。两控区政策对非国有企业的出口强度具有显著负向影响，对国有企业的出口强度具有正向影响。[2]

"减碳"政策会影响中国企业出口。康志勇等发现"减碳"政策的实施对中国制造业企业出口存在着成本增加效应和创新促进效应。基于中国制造业企业样本数据，对两个效应进行了识别。第一，"减碳"政策强度与制造业企业出口规模呈倒"U"型关系，适度"减碳"政策强度下创新促进效应超过成本增加效应，促进了企业出口规模扩张；第二，企业研发创新是实现"减碳"政策促进出口规模扩张的关键因素。[3]

3. 环境规制与创新能力

环境规制能够促进工业"创造性破坏"。吴静运用内生增长模型，讨论了环境规制政策与工业"创造性破坏"的关联关系，并借助系统广义矩估计与门槛面板数据模型，从工业经济增长水平和工业创造能力两个维度，验证了环境规制对工业"创造性破坏"存在门槛效应，并且具有显著"U"型曲线关系，同时这种关系在区域的分布呈现出明显的阶梯性结构。[4]

张彩云等采用2001～2007年《中国工业企业数据库》和《中国企业专利申请数据库》高度细化的企业层面匹配数据，运用双重差分法实证研

---

[1] 李梦洁、杜威剑：《环境规制与企业出口产品质量：基于制度环境与出口持续期的分析》，载《研究与发展管理》2018年第3期。

[2] 闫文娟、郭树龙：《环境规制与出口强度——基于两控区政策的考察》，载《财经论丛》2018年第8期。

[3] 康志勇、张宁、汤学良、刘馨：《"减碳"政策制约了中国企业出口吗》，载《中国工业经济》2018年第9期。

[4] 吴静：《环境规制能否促进工业"创造性破坏"——新熊彼特主义的理论视角》，载《财经科学》2018年第5期。

究了绿色生产规制对企业研发创新的影响及机制。研究发现，绿色生产规制抑制企业研发创新；绿色生产规制并未降低生产率、就业等，仅抑制研发创新；通过增加企业补贴的形式可降低绿色生产规制对企业研发创新的负向影响。[①]

韩先锋等采用中国 2004～2015 年的省际面板数据和门槛回归技术考察了 OFDI 的逆向创新溢出效应发现，OFDI 显著提升了国内创新效率，但这种影响存在显著的环境规制三重门槛效应；较低的环境规制强度对 OFDI 逆向创新溢出的积极影响有限，只有当环境规制强度超越一定门槛水平时，才能最大限度地提升 OFDI 逆向创新溢出效应等。[②]

环境规制可提升能源效率。张茜等运用 SBM – DEA 效率评价方法，实证测度了长三角 19 个城市电力行业 2010～2015 年环境规制效率、能源效率及减排潜力，讨论城市间该行业的协同减排作用。研究发现，环境规制对于电力行业能源效率提升有显著推动作用；能源效率与人均 GDP 呈倒 "U" 型曲线，引导拐点延后或产生新拐点是各城市电力行业的发展新方向；城市间存在电力行业减排的协同作用。[③]

三、产业升级与产业转移

（一）产业升级

1. 产业升级路径

芮明杰深入分析中国现行产业体系，探寻了其背后的运行逻辑以及关键点，尤其是通过对影响中国现代产业体系的两个关键要素的把握，对建立形成现代产业体系的目标模式、体系特征、体系架构、战略路径进行了研究，并对中国如何从现行产业体系转变为现代产业体系提出了有针对性

---

① 张彩云、吕越：《绿色生产规制与企业研发创新——影响及机制研究》，载《经济管理》2018 年第 1 期。
② 韩先锋、惠宁、宋文飞：《OFDI 逆向创新溢出效应提升的新视角——基于环境规制的实证检验》，载《国际贸易问题》2018 年第 4 期。
③ 张茜、刘宏笪、孙华平、朱进：《环境规制、能源效率与电力行业协同减排——基于长三角地区的实证研究》，载《产业经济评论》2018 年第 3 期。

的战略路径选择。①

张永恒等对高质量发展阶段新旧动力转换的产业优化升级路径进行分析认为，要素禀赋是产业优化升级并实现新旧动力转换的落脚点。推动产业优化升级，应从提高要素流动形式多样化、提升各类要素禀赋等级、细化要素禀赋分类、创造更多具有创新性的新要素等四方面着手。②

桑瑜提出了一个基于竞争假设的分析框架，并根据此分析框架对产业升级路径做出了两个推论。第一，受价企业由于成本竞争的推动将向资本密集型升级；第二，觅价企业由于觅价权竞争的推动则向技术密集型升级。围绕这两个推论，他不仅给出了理论证明，同时也从证实与证伪两个角度进行了实证。③

刘键等从新型工业化视角下研究了工业设计产业升级路径。以新型工业化中的工业设计产业为切入点，构建 BP 神经网络评价模型，综合研究了国内外工业设计产业的政策及其发展路径，提出了开展工业设计产业的基础研究、技术支撑、成果转化与咨询服务、设计人才教育、国际交流合作方面的五个宏观对策建议。④

张亚豪等研究了复杂产品系统产业全球价值链的升级路径。认为复杂产品系统产业的全球价值链升级，应实施技术研发能力升级、产品市场战略升级、组织运营网络升级、国际规则参与能力升级等路径，促进政府政策与企业发展紧密衔接，推动技术创新与管理能力持续升级，促使产品升级与市场需求有机结合，统筹全球化和本地化生产网络布局。⑤

2. 产业升级的影响因素

（1）收入不平等。王勇等在新结构经济学理论框架下引入异质性家户与非位似偏好，建立了一般均衡模型考察内生的收入不平等与产业升级之间的互动关系。研究发现，劳动收入占比与基尼系数呈负相关关系，与经

① 芮明杰：《构建现代产业体系的战略思路、目标与路径》，载《中国工业经济》2018 年第 9 期。

② 张永恒、郝寿义：《高质量发展阶段新旧动力转换的产业优化升级路径》，载《改革》2018 年第 11 期。

③ 桑瑜：《产业升级路径：基于竞争假设的分析框架及其推论》，载《管理世界》2018 年第 1 期。

④ 刘键、蒋同明：《新型工业化视角下的工业设计产业升级路径研究》，载《宏观经济研究》2018 年第 7 期。

⑤ 张亚豪、李晓华：《复杂产品系统产业全球价值链的升级路径：以大飞机产业为例》，载《改革》2018 年第 5 期。

验事实一致。此外，收入越不平等，则产业升级所要求的最低资本劳动比越低。收入不平等与产业升级的程度之间呈倒"U"型关系。①

（2）人口老龄化。赵春燕利用 1998～2015 年的数据，采用面板回归门槛模型，实证检验了老龄化对产业结构升级影响的门槛效应。研究发现，老龄化产业对结构升级影响存在显著门槛效应，当城镇化水平大于门槛值时，老龄化促进产业结构升级。以人口城镇化为门槛变量时，迈过门槛的只有北京和上海，且迈过平均人力资本积累门槛值后的老龄化对产业结构升级正效应更大。②

（3）环境规制。李强阐释了环境规制影响产业升级的内在机理，并实证研究了环境规制对长江经济带产业升级的影响效应，研究发现，环境规制有利于促进长江经济带产业的转型升级，"波特假说"显著成立。制度环境、经济增长、外商直接投资、R&D 对长江经济带产业升级具有显著的正向促进作用。③ 谭静等以 2013 年设立的 7 个碳交易试点作为准自然实验，采用合成控制法评估了碳交易机制对中国产业结构优化升级的影响。研究也发现，碳交易机制对所在地区产业结构升级具有显著的"倒逼"效应，其中，湖北省碳交易试点的产业结构升级效应最大。碳交易机制对促进技术创新、增加 FDI 流入具有积极作用，对国际贸易、投资需求则表现为抑制作用。④

郑加梅构建环境规制通过技术创新、FDI、对外贸易和绿色消费等供需双方的响应和行为变化而影响产业结构调整的多元机制分析框架，并利用省级动态面板数据进行检验。结果表明，环境规制对产业结构调整不仅具有直接的推动作用，而且通过引导对外贸易升级对产业结构调整产生积极的间接效应。此外，技术创新对产业结构调整具有显著的正效应。然而，环境规制对产业结构调整的作用及其路径存在地区差异。⑤

杨喆等以山东省 2001～2007 年工业企业数据为研究样本，实证检验

① 王勇、沈仲凯：《禀赋结构、收入不平等与产业升级》，载《经济学（季刊）》2018 年第 2 期。

② 赵春燕：《人口老龄化对区域产业结构升级的影响——基于面板门槛回归模型的研究》，载《人口研究》2018 年第 5 期。

③ 李强：《河长制视域下环境规制的产业升级效应研究——来自长江经济带的例证》，载《财政研究》2018 年第 10 期。

④ 谭静、张建华：《碳交易机制倒逼产业结构升级了吗？——基于合成控制法的分析》，载《经济与管理研究》2018 年第 12 期。

⑤ 郑加梅：《环境规制产业结构调整效应与作用机制分析》，载《财贸研究》2018 年第 3 期。

了环境规制如何影响工业结构绿色转型。研究发现，环境规制强度与工业结构之间呈"U"型关系，较弱的环境规制强度不利于工业结构绿色转型，超过一定强度的环境规制可以促进工业结构绿色化。环境规制强度对工业结构绿色转型的影响存在着明显的地区差异。[1]

李晓英利用空间计量模型，实证检验了我国 FDI 和环境规制对产业结构优化的作用。研究发现，FDI 和环境规制均显著促进了我国产业结构优化升级，环境规制对产业结构调整具有倒逼效应，对 FDI 促进产业结构优化升级具有正向引导作用。同时，区域产业结构和环境规制存在空间外部性，影响周边区域产业结构布局和调整。[2]

李虹等将中国 2005 ~ 2016 年 282 个城市划分为资源型和非资源型城市两个组，利用面板门槛回归等方法深入探讨了环境规制、资源禀赋对城市产业转型的门槛特征以及变量间的数量关系。研究发现，对于资源型和非资源型城市，无论是产业结构合理化还是高级化，环境规制、资源禀赋均对其存在着显著的门槛效应。环境规制对产业结构合理化和高级化趋于有利。[3]

（4）产品复杂度。马海燕等实证检验了产品复杂度、产品密度及其二者交互对产业升级的影响。研究发现，第一，产品复杂度越高，产业升级的难度系数递增，实现产业升级的可能性越低；第二，产品密度越高，产业跳跃幅度越小，有利于产业升级的实现；第三，产品复杂度与产品密度具有相互促进作用，二者的交互对产业升级与失势具有显著正向影响。[4]

（5）消费升级。消费升级对产业迈向中高端具有带动作用。杨天宇等认为，消费升级可以通过恩格尔效应和鲍莫尔效应带动产业升级。实证检验也发现，消费升级确实在一定程度上带动了产业升级，其中城镇中等收入以上阶层的消费升级是带动产业升级的主要驱动力量。[5]

（6）对外直接投资。毛海欧等从出口劳动结构视角，研究了发展中国

---

① 杨喆、许清清、徐保昌：《环境规制强度与工业结构绿色转型——来自山东省工业企业的经验证据》，载《山东大学学报（哲学社会科学版）》2018 年第 6 期。

② 李晓英：《FDI、环境规制与产业结构优化——基于空间计量模型的实证》，载《当代经济科学》2018 年第 2 期。

③ 李虹、邹庆：《环境规制、资源禀赋与城市产业转型研究——基于资源型城市与非资源型城市的对比分析》，载《经济研究》2018 年第 11 期。

④ 马海燕、于孟雨：《产品复杂度、产品密度与产业升级——基于产品空间理论的研究》，载《财贸经济》2018 年第 3 期。

⑤ 杨天宇、陈明玉：《消费升级对产业迈向中高端的带动作用：理论逻辑和经验证据》，载《经济学家》2018 年第 11 期。

家 OFDI 对母国产业升级的影响机制，发现存在价值链转移效应和技术溢出效应。实证检验发现，逆分工梯度 OFDI 导致高端环节转出，价值链转移效应为负，而逆向技术溢出效应提高了出口高技术劳动占比，但负效应大于正效应，逆分工梯度 OFDI 抑制了产业升级。[①] 赵云鹏等利用 2004 ~ 2013 年各省份对外直接投资数据与产业结构数据，选取面板回归、空间计量等方法检验对外直接投资对产业结构升级的影响。研究发现，对外直接投资显著地促进了产业结构升级，且对外直接投资对产业结构升级具有显著的滞后效应。[②]

（7）信息技术。信息技术会影响产业结构优化升级。昌忠泽等利用 1995 ~ 2012 年省级面板数据，对信息技术促进产业结构优化升级进行了检验。实证研究表明，信息技术能有效推动制造业向高新技术产业转型，引导或倒逼产业结构由劳动密集型、资源密集型向知识密集型转变，但存在"产业结构演进无效率"现象。[③] 徐伟呈利用 2003 ~ 2015 年中国制造业 30 个行业的大中型工业企业数据，使用零回归实证考察了互联网技术通过不同路径对中国制造业结构调整的影响。研究发现，互联网技术扩散路径能在一定程度上推动制造业结构趋于合理，并实现结构高度化；互联网技术引进基础上的自主创新路径，能驱动制造业结构同时实现合理化和高度化，且影响作用也最大。[④]

（8）创新投入。蔡玉蓉等利用 2000 ~ 2014 年的省级面板数据，运用分位数回归方法研究了创新投入对产业结构升级的影响机制。研究发现，创新投入在所有的分位点均对产业结构升级具有显著的正向驱动效应，作用程度按东部、西部、中部顺序依次减弱；政府干预对西部地区的产业结构升级促进作用显著。[⑤]

（9）财政政策。肖叶等以 2001 ~ 2014 年期间数据为样本，实证分析了税收竞争对产业结构转型升级的影响。研究发现，从税收总量来看，税

①　毛海欧、刘海云：《中国对外直接投资促进了产业升级吗？：基于出口劳动结构视角的研究》，载《世界经济研究》2018 年第 6 期。

②　赵云鹏、叶娇：《对外直接投资对中国产业结构影响研究》，载《数量经济技术经济研究》2018 年第 3 期。

③　昌忠泽、孟倩：《信息技术影响产业结构优化升级的中介效应分析——来自中国省级层面的经验证据》，载《经济理论与经济管理》2018 年第 6 期。

④　徐伟呈：《互联网技术驱动下的中国制造业结构优化升级研究》，载《产业经济评论》2018 年第 1 期。

⑤　蔡玉蓉、汪慧玲：《创新投入对产业结构升级的影响机制研究——基于分位数回归的分析》，载《经济问题探索》2018 年第 1 期。

收竞争抑制了产业结构转型升级；从税收结构来看，增值税竞争与营业税竞争促进了产业结构转型升级，而企业所得税竞争则抑制了产业结构转型升级。① 公共支出效率促进了产业结构升级。张权构建了一个包含公共支出效率的产业结构升级一般静态均衡模型，考察了公共支出效率促进产业结构升级的实现机制。研究发现，公共支出效率提升对产业结构升级产生恩格尔效应，促进了农业产业向非农产业升级。②

（10）市场集中度。戴翔等从地区专业化和行业集中度两个方面进行理论分析，利用 WIOD 最新数据库提供的基础数据开展计量检验。研究发现，总体层面上，行业集中度对制造业价值链攀升具有抑制作用，地区专业化则为促进作用；回归结果显示，市场集中度形式和地区专业化形式的产业集聚优势，影响制造业攀升全球价值链的作用力大小有别。③

（11）金融发展。徐宏等选取 2001～2014 年 30 个省份的地区数据，应用静态面板的双向固定效应，对区域金融发展、地方官员金融及文化背景对于地区产业结构调整的影响进行实证分析。研究发现，区域金融发展能有效促进产业结构调整，而地方官员的金融背景对产业结构调整的积极促进作用，要建立在教育水平的同步提升之上。④

（二）产业升级的效应

1. 产业结构调整与经济周期

赵旭杰等揭示出产业结构变动对经济周期波动影响的两条路径；然后运用贝叶斯空间计量模型研究三次产业通过上述两条影响路径对经济周期波动的影响。研究发现，第一产业对经济周期波动影响较为模糊，第二、第三产业在两条影响路径上对经济周期波动具有显著的非对称加剧作用，

---

① 肖叶、刘小兵：《税收竞争促进了产业结构转型升级吗？——基于总量与结构双重视角》，载《财政研究》2018 年第 5 期。

② 张权：《公共支出效率促进产业结构升级的实现机制与经验辨识》，载《财贸经济》2018 年第 5 期。

③ 戴翔、徐柳、张为付：《集聚优势与价值链攀升：阻力还是助力》，载《财贸研究》2018 年第 11 期。

④ 徐宏、邵明新、孙雨洁：《区域金融发展、地方官员背景与产业结构调整——基于我国省际面板数据的实证研究》，载《经济与管理评论》2018 年第 1 期。

而制造业是第二产业经济周期波动效应的主要来源。①

2. 产业结构调整与收入不平等

吴万宗等考察了改革开放至今约 40 年的产业结构变迁与居民收入差距关系，研究发现，产业结构合理化对收入分配具有积极的改善效果；而产业结构高级化对收入差距的影响并不清晰。从中国经济发展的不同阶段来看，以 2008 年金融危机为界，之前的产业结构高级化会扩大收入差距，而之后则有缩小收入差距的趋势。②

（三）产业转移

刘友金等关注房产税能否有效发挥支持实体经济发展的政策功能。他们利用 2011 年重庆和上海房产税改革试点事件作为自然实验，采用合成控制法客观评估房产税政策对产业转移的影响，研究发现，在房价水平相对较低、处于工业化中期的重庆开征一定强度的房产税，对工业、服务业的相对产值和相对就业率均具有"促增作用"。③

豆建民等利用 2000～2015 年中国省际面板数据探讨国内市场一体化等因素是否促进了污染产业转移。研究发现，国内市场一体化程度的提高显著降低了区域污染产业比重，显著降低了东部地区重污染产业比重。④

产业转移是优化生产要素空间布局，促进区域协调发展的重要途径。孙晓华等以 2004～2013 年中国 30 个省份的面板数据为样本，实证检验了产业转移通过要素集聚影响地区经济发展的中介机制。研究发现，产业转移与要素集聚的交互作用显著影响地区经济发展，传统制造业的迁入在改善承接地生产率水平的同时，增加了能源消耗和污染排放等。⑤

①　赵旭杰、郭庆旺：《产业结构变动与经济周期波动——基于劳动力市场视角的分析与检验》，载《管理世界》2018 年第 3 期。
②　吴万宗、刘玉博、徐琳：《产业结构变迁与收入不平等——来自中国的微观证据》，载《管理世界》2018 年第 2 期。
③　刘友金、曾小明：《房产税对产业转移的影响：来自重庆和上海的经验证据》，载《中国工业经济》2018 年第 11 期。
④　豆建民、崔书会：《国内市场一体化促进了污染产业转移吗?》，载《产业经济研究》2018 年第 4 期。
⑤　孙晓华、郭旭、王昀：《产业转移、要素集聚与地区经济发展》，载《管理世界》2018 年第 5 期。

161

四、产业集聚与产业关联

（一）产业集聚的影响因素

1. 网络零售

王亮实证检验了网络零售对制造业集聚广度和深度的空间外溢效应及其有效边界。结果表明，第一，制造业集聚规模和专业化集聚在内生交互效应的作用下均不存在明显的空间依赖关系。第二，随着网络零售市场规模的扩大，网络零售对邻近地区制造业集聚规模和专业化集聚均产生"U"型空间外溢效应。第三，有效边界分别为1100～1600公里和1700～2000公里。[①]

2. 交通基础设施

唐红祥采用西部地区2003～2011年的交通基础设施和产业发展的数据，从行业细分角度实证分析交通基础设施对制造业集聚的影响，研究发现，交通基础设施对制造业集聚具有促进作用，并存在明显的行业差异，交通基础设施对劳动密集型行业集聚的促进作用最大，对技术密集型行业集聚的促进作用最小。这与全国层面的研究结论有差异，反映出西部地区制造业集聚的特殊性。[②]

3. 对外贸易

张一力等在连续空间上开展数值模拟研究企业的空间分布。结果显示，出口到相同海外市场的企业在中国境内呈现出显著的集中倾向。主要原因是出口目的地的制度环境越差，出口至该市场的企业在中国境内的集

---

① 王亮：《网络零售、空间外溢与制造业集聚》，载《经济与管理研究》2018年第12期。
② 唐红祥：《西部地区交通基础设施对制造业集聚影响的EG指数分析》，载《管理世界》2018年第8期。

聚程度越高；另外，当目的国的出口障碍变弱时，出口至该市场的企业在中国境内的集聚程度会显著降低。[①]

（二）产业集聚的效应

1. 产业集聚的企业成长效应

产业集聚能促进企业出口产品质量升级。苏丹妮等使用 2000～2007 年中国微观数据，对表征本地化生产体系的产业集聚与企业出口产品质量之间的关系及其作用机制进行考察。研究发现，产业集聚显著提升了中国企业的出口产品质量。异质性分析表明，产业集聚产生的集聚经济在一般贸易企业、私营企业、技术密集型行业企业和东部地区企业中更占优于产业集聚带来的过度竞争效应。[②]

产业集聚会影响企业生产率提升。张万里等构建非线性面板平滑转换模型，实证分析了不同地区要素密集度下集聚与生产率之间的关系。研究发现，经济集聚最初由集聚效应转变为拥挤效应，并造成环境污染；人力资本和研发投入对生产率提升存在积极作用；除资源密集型制造业外，其他类型制造业道路密度与生产率呈负相关；相关多样化对生产率存在正向作用，并且会随集聚水平提高而加强。[③]

2. 产业集聚的创新效应

对于产业集聚的创新效应，学界有不同的看法：

一是认为产业集聚度越高，企业的"创新惰性"越强。万道侠等利用 2012 年世界银行的调查数据和中国工业企业数据库，实证分析了产业集聚对企业"创新惰性"的影响效应及金融发展对其的调节效应。研究发现，产业集聚度越高，企业的"创新惰性"则越强。金融发展对产业集聚

---

① 张一力、周康、张俊森：《海外市场、制度环境与本土集聚》，载《经济研究》2018 年第 10 期。

② 苏丹妮、盛斌、邵朝对：《产业集聚与企业出口产品质量升级》，载《中国工业经济》2018 年第 11 期。

③ 张万里、魏玮：《要素密集度、产业集聚与生产率提升——来自中国企业微观数据的经验研究》，载《财贸研究》2018 年第 7 期。

163

与企业的"创新惰性"之间的关系起到显著的正向调节作用。[1]

二是认为产业集聚对企业创新存在差异性。李沙沙等基于中国制造业微观企业数据，采用 Heckman 两步法选择模型，探讨市场机制和产业集聚对企业创新产出规模、企业创新积极性的差异化影响。研究发现，产业集聚与企业创新产出规模之间呈显著倒"U"型关系，与企业创新积极性之间呈显著"U"型关系。此外，不同背景下形成的产业集聚对企业创新的影响，在不同所有制类型和不同技术密集型企业下存在显著差异。[2]

三是认为产业集聚对制造业和服务业的创新影响存在差异。原毅军等以产业集聚的技术外部性为切入点，根据 2008～2015 年省级面板数据，从生产性服务业集聚和制造业产业集聚两个方面，检验产业集聚影响制造业技术创新的作用机制。研究发现，生产性服务业集聚可显著促进技术创新，而制造业产业集聚与技术创新呈倒"U"型关系，且我国绝大部分省份位于倒"U"型曲线的左侧。[3]

3. 产业集聚的资源错配纠正效应

产业集聚对制造业资源错配存在纠正效应。肖兴志等基于中国制造业微观企业数据，探讨产业集聚对中国制造业资源错配的影响效应。研究表明，中国制造业产业集聚和资源错配之间呈显著的倒"U"型关系，产业集聚水平只有高于临界值才能起到降低资源错配的作用，并存在显著的滞后性，而且主要表现在技术密集型行业中。[4]

4. 产业集聚的减排效应

产业集聚减排效应存在空间溢出与门槛特征。刘耀彬等基于 2000～2014 年中国大陆 30 个省的面板数据，检验了中国省域产业集聚与环境污染之间的联系。结论表明，第一，产业集聚与环境污染具有空间非对称格

[1] 万道侠、胡彬：《产业集聚、金融发展与企业的"创新惰性"》，载《产业经济研究》2018 年第 1 期。
[2] 李沙沙、尤文龙：《产业集聚能否促进制造业企业创新？》，载《财经问题研究》2018 年第 4 期。
[3] 原毅军、郭然：《生产性服务业集聚、制造业集聚与技术创新——基于省级面板数据的实证研究》，载《经济学家》2018 年第 5 期。
[4] 肖兴志、李沙沙：《产业集聚对制造业资源错配的纠正效应：线性抑或非线性？》，载《产业经济研究》2018 年第 5 期。

局特征；第二，产业集聚的减排效应的确存在明显的空间溢出效应；第三，产业集聚的减排效应存在显著的门槛特征，在时间上表现出来的是倒"U"型关系。[1]

（三）产业关联

黄桂等利用中国与德国、英国、日本、美国的投入产出表，用非完全假设抽取法对钢铁业的产业关联及其动态变化进行了比较研究，结果显示，中国钢铁业与其他产业的关联程度趋于增强。中国钢铁业与能源、金融业、建筑业等部门的关联程度明显高于发达经济体。同时发现中国钢铁业与农业、部分服务业的关联关系更加紧密。[2]

上游服务业 FDI 会较显著地提升下游企业的出口产品质量。李瑞琴等分别探讨了上游制造业和上游服务业 FDI 的差异性影响，研究发现，上游服务业 FDI 会较显著地提升下游企业的出口产品质量，而上游制造业 FDI 却可能在某种程度上降低下游企业的出口产品质量；同时，分样本看，上游 FDI 主要显著影响下游非纯加工贸易企业、非国有企业和市场化程度较高地区企业的出口产品质量。[3]

区域经济内产业联动与区域内城市经济的长期稳定发展有着密切联系。张智勇选取 2016 年晋陕豫"黄河金三角"地区 4 个地市三产业截面数据，实证分析了 4 个地市的产业结构相似系数、产业结构关联度等。发现地市之间的产业关联度越高，产业间合作性就越高，竞争性就越弱。[4]

---

[1]　刘耀彬、袁华锡、封亦代：《产业集聚减排效应的空间溢出与门槛特征》，载《数理统计与管理》2018 年第 2 期。

[2]　黄桂田、徐昊：《中国钢铁的产业关联效应及国际比较——基于投入产出表的研究》，载《经济问题》2018 年第 11 期。

[3]　李瑞琴、王汀汀、胡翠：《FDI 与中国企业出口产品质量升级——基于上下游产业关联的微观检验》，载《金融研究》2018 年第 6 期。

[4]　张智勇：《区域经济内产业联动的实证分析——以晋陕豫"黄河金三角"地区为例》，载《经济问题》2018 年第 11 期。

五、产业发展

（一）制造业的发展

1. 制造业发展现状

唐晓华等对中国制造业与生产性服务业动态协调发展进行实证研究的结果表明，第一，生产性服务业发展略滞后于制造业，两产业间耦合协调度由初始的失调衰退阶段逐步发展至良好协调阶段；第二，将制造业与生产性服务业耦合协调演化发展归纳为波动同步型、衍化趋同型、单产业主导型 3 种耦合发展模式。[①]

刘明等考察了 2007～2015 年中国制造业发展 β 收敛性问题。他构建了包含空间因素的两组收敛模型以考察中国制造业的收敛性，并结合 σ 收敛和巴罗和萨拉·I. 马丁（Barro and Sala – I – Martin）的 β 收敛，对中国整体及各区域制造业收敛性分别从时间维度和空间维度展开研究发现，中国制造业存在 σ 收敛和 β 收敛特征（时间维度）。中国制造业的空间收敛性是明显的，但进入经济新常态以后，相较于金融危机时期，空间收敛的速度在降低（空间维度）。[②]

2. 制造业发展的影响因素

（1）要素价格。

要素价格扭曲会影响制造业国际竞争力。余东华等采用 CES 生产函数及动态面板模型分析了要素价格扭曲对制造业国际竞争力的作用机制，并实证研究了要素价格扭曲对制造业国际竞争力的影响。结果表明，中国要素市场上资本和劳动要素价格均存在负向扭曲；技术进步整体表现出资本偏向型特征；要素价格扭曲对制造业国际竞争力的直接与间接影响具有显

---

① 唐晓华、张欣珏、李阳：《中国制造业与生产性服务业动态协调发展实证研究》，载《经济研究》2018 年第 3 期。

② 刘明、王思文：《β 收敛、空间依赖与中国制造业发展》，载《数量经济技术经济研究》2018 年第 2 期。

著的行业异质性。[1]

（2）服务业"营改增"。

李永友等基于制造业上市公司数据，对服务业营改增对制造业发展的政策效应做出检验。研究发现，服务业营改增的减税效应的确带动了制造业以生产率提升为标志的转型升级，只是政策效应在年度间、地区间和企业间，呈现出显著异质性。进一步研究证实，原有技术水平较高的制造业企业，主要选择增加研发投入这一升级策略，而技术水平较低的制造业企业，主要选择增加外购技术信息服务支出这一升级策略。[2] 王桂军等以2008～2013 年制造业上市公司为样本，采用双重差分法研究了"营改增"政策对中国制造业企业自主创新的影响及其作用机制。研究表明，"营改增"政策可以通过促进专业化分工，显著地降低制造业企业以专利为表征的自主创新意愿。进一步分析发现，"营改增"在降低企业自主创新意愿的同时提高了企业的技术引进水平。[3]

（3）制造业服务化。

服务化是制造业攀升全球价值链（GVC）的可行路径。罗军从不同角度探讨了服务化对制造业 GVC 地位的影响机理，并分析了生产性服务业效率和贸易自由化在服务化对制造业 GVC 地位的影响中的调节效应。结果发现，第一，制造业通过服务化转型促进了 GVC 地位升级，在不同要素密集度制造业之间存在差异。第二，服务化通过资源配置和成本降低渠道促进了制造业 GVC 地位升级等。[4] 杜运苏等的研究也表明，制造业服务化在总体上有利于提高一国在全球增加值贸易网络中对核心资源的控制能力，提升该国网络地位。[5]

刘维刚等匹配中国工业企业数据和全球投入产出表数据，实证分析了制造业投入服务化对企业技术进步的效应及作用机制，结果表明，制造业投入服务化有异质性特征，对不同所有制、不同区域和是否为出口企业的

① 余东华、孙婷、张鑫宇：《要素价格扭曲如何影响制造业国际竞争力》，载《中国工业经济》2018 年第 2 期。
② 李永友、严岑：《服务业"营改增"能带动制造业升级吗？》，载《经济研究》2018 年第 4 期。
③ 王桂军、曹平：《"营改增"对制造业企业自主创新的影响——兼议制造业企业的技术引进》，载《财经研究》2018 年第 3 期。
④ 罗军：《服务化发展与制造业全球价值链地位——影响机制与门槛效应》，载《当代财经》2018 年第 11 期。
⑤ 杜运苏、彭冬冬：《制造业服务化与全球增加值贸易网络地位提升——基于 2000～2014 年世界投入产出表》，载《财贸经济》2018 年第 2 期。

技术进步有不同效应等。①

唐志芳等基于全球价值链分工的视角，考察了我国制造业服务化对劳动收入占比的影响。研究表明，制造业服务化与劳动收入占比呈倒"U"型规律，我国处于倒"U"型曲线的上行区间。电信服务化、金融服务化和分销服务化对劳动收入占比正向作用明显。全球价值链分工深化减弱了制造业服务化的劳动收入分配效应。②

马盈盈等通过构建相关指标，测算了 1995～2009 年 40 个国家（或地区）的制造业服务化水平和出口技术复杂度指数。结果表明，第一，制造业服务化有利于提高出口产品技术复杂度以及国内生产技术水平；第二，制造业服务化对劳动密集型、资本密集型、知识和技术密集型制造业出口产品的技术复杂度影响依次减弱，而对国内技术水平的提升作用依次加强等。③

（4）全球价值链地位。

刘磊等利用随机前沿模型以及世界投入产出数据库，分别测算了中国制造业 2001～2014 年间的产能利用率和全球价值链地位，并实证分析了全球价值链地位对产能利用率的影响。研究发现，制造业的产能利用率和全球价值链地位均呈现出先升后降的变化趋势，制造业存在明显的产能过剩。全球价值链地位提升促进了产能利用率的提高，缓解了产能过剩。生产效率、出口贸易和研发活动具有显著的中介效应，能够缓解产能过剩。④

（二）生产性服务业的发展

1. 生产性服务业的专业化和多样化集聚有利于提升经济发展质量

文丰安通过构建空间计量模型，探讨生产性服务业集聚对地区经济增

① 刘维刚、倪红福：《制造业投入服务化与企业技术进步：效应及作用机制》，载《财贸经济》2018 年第 8 期。
② 唐志芳、顾乃华：《制造业服务化、全球价值链分工与劳动收入占比——基于 WIOD 数据的经验研究》，载《产业经济研究》2018 年第 1 期。
③ 马盈盈、盛斌：《制造业服务化与出口技术复杂度：基于贸易增加值视角的研究》，载《产业经济研究》2018 年第 4 期。
④ 刘磊、步晓宁、张猛：《全球价值链地位提升与制造业产能过剩治理》，载《经济评论》2018 年第 4 期。

长质量的影响。研究发现，中国经济的质量型增长受制于生产性服务业的专业化和多样化集聚，但考虑人力资本、城市经济发达程度和政府干预行为等因素后，生产性服务业集聚对经济增长质量提升的抑制作用得到了缓解；此外，从集聚外部性视角来看，MAR 外部性对经济增长质量的积极影响相对显著。[①] 因此，生产性服务业集聚能够促进经济绩效提升。曹聪丽等构建一个综合理论框架，分析了生产性服务业集聚和城市规模对城市经济绩效的协同作用。研究发现，高端生产性服务业集聚显著促进了本地区和邻近城市经济绩效的提升，城市规模扩大增强了高端生产性服务业集聚效应的发挥；高端生产性服务业专业化集聚和跨越了门槛规模（167 万人）的多样化集聚，促进了本地区城市经济绩效的提升。[②]

2. 生产性服务业开放正向影响了中国服务业生产率

陈明等采用静态 IV + GMM 和动态 SYS – GMM 方法，探讨了生产性服务业双向开放如何影响服务业生产率。研究发现，生产性服务业双向开放对服务业生产率有着显著的正向作用，且生产性服务业走出去产生的作用略大；在细分行业上，研发设计与其他技术服务、信息服务和货物运输仓储和邮政快递服务走出去，对服务业生产率的影响相对较大等。[③]

（三）战略性新兴产业的发展

战略性新兴产业已成为中国经济新时代构建现代化经济体系的重要组成部分，为推动其发展，学者们对战略性新兴产业发展进行了广泛研究。

1. 新兴战略产业的发展现状

杨源源等基于 DEA – Malmquist 非参数方法，对我国新兴产业发展成效进行评估，并尝试探讨融资约束、研发投入与全要素生产率三者间的互动关系。研究发现，大部分企业生产率低下，新兴产业全要素生产率整体呈低端化趋势。融资约束、固定资产过快扩张是导致新兴产业低端化演进

①　文丰安：《生产性服务业集聚、空间溢出与质量型经济增长——基于中国 285 个城市的实证研究》，载《产业经济研究》2018 年第 6 期。
②　曹聪丽、陈宪：《生产性服务业集聚、城市规模与经济绩效提升——基于空间计量的实证研究》，载《中国经济问题》2018 年第 2 期。
③　陈明、魏作磊：《生产性服务业开放对中国服务业生产率的影响》，载《数量经济技术经济研究》2018 年第 5 期。

的重要原因；研发投入能有效促进全要素生产率改善，且民营企业研发效率显著高于国有企业。①

2. 新兴战略产业发展的影响因素

（1）集群创新网络。

张敬文等实证研究了集群创新网络结构、网络能力、知识协同与协同创新绩效之间的关系。研究发现，集群创新网络结构、网络能力对战略性新兴产业集群创新网络创新绩效具有显著影响，知识协同在战略性新兴产业集群创新网络结构、网络能力与协同创新绩效之间起到中介作用。②

（2）产业集聚。

吕洪渠等研究了我国战略性新兴产业集聚现象，及其对战略性新兴产业技术效率以及全要素增长率的影响，并测度了各地区战略性新兴产业的技术效率。研究结果表明，我国目前战略性新兴产业技术效率偏低，但整体上呈不断上升趋势，规模报酬递增。产业集聚对战略性新兴产业存在线性正向影响，城市化水平、市场化水平、国有产权比重、外资利用水平对战略性新兴产业发展存在正向影响，地区消费水平对战略性新兴产业发展存在负向影响。③

（3）政府补贴。

王宇等建立了一个基于纵向质量差异的双寡头竞争模型，分析了政府调整补贴门槛对产业发展和社会福利的影响。结论显示，当战略性新兴产业中企业之间存在较大成本差距时，降低补贴门槛能够有效缓解企业的"质量升级惰性"，提高整个行业的产品质量水平。优势企业利润下降的同时，劣势企业的利润变化存在不确定性，但是行业总体利润会严格下降；总体来看，消费者剩余的增进要高于生产者剩余的损失，因此社会总福利在补贴门槛下降的过程中严格提高。④ 南晓莉等探讨了政府补助影响成本粘性的原因及其作用机理。研究发现，政府补助显著增强

① 杨源源、于津平、杨栋旭：《融资约束阻碍战略性新兴产业高端化了吗?》，载《经济评论》2018 年第 5 期。
② 张敬文、李一卿、陈建：《战略性新兴产业集群创新网络协同创新绩效实证研究》，载《宏观经济研究》2018 年第 9 期。
③ 吕洪渠、任燕燕：《产业集聚、制度环境与中国战略性新兴产业的效率特征》，载《山东大学学报（哲学社会科学版）》2018 年第 2 期。
④ 王宇、汤家红、江静：《补贴门槛调整与战略性新兴产业发展》，载《中国经济问题》2018 年第 4 期。

了成本粘性。这一关系在融资约束较低条件下尤其明显，而在营业收入连续下降时无显著变化。[1]

六、产业政策

（一）产业政策的效应

1. 积极效应

选择性产业政策会提高企业创新能力。曹平等以国家"五年计划（规划）"为切入点，基于 2001～2010 年中国工业企业数据经验，分析了中国选择性产业政策对企业创新的微观效应。研究发现，选择性产业政策可以显著地提高被扶持企业以新产品为表征的创新能力，选择性产业政策对企业创新的促进作用，可以通过财政补贴、税收优惠和市场准入机制实现。此外，选择性产业政策可以明显地延长企业的创新生存时间。[2]

区域型产业政策会提升企业生产率。林毅夫等使用 2000～2005 年中国规模以上工业企业数据库与国家级经济开发区数据，发现国家级经济开发区对企业全要素生产率存在积极影响。经济开发区内企业的"生产率溢价"并非由政府挑选高生产率企业所致。经济开发区主要通过提供更好的政策环境提升企业生产率。此外，经济开发区存在正向溢出效应。[3] 胡浩然将海关数据、工业企业数据和开发区数据进行匹配，运用双重差分法，研究设立出口加工区政策对企业出口的影响。结果表明，第一，设立开发区政策可以显著地促进地区企业出口，在出口层面政策发挥了积极作用；第二，政策效力东部地区比较显著。[4]

① 南晓莉、张敏：《政府补助是否强化了战略性新兴产业的成本粘性?》，载《财经研究》2018 年第 8 期。
② 曹平、王桂军：《选择性产业政策、企业创新与创新生存时间——来自中国工业企业数据的经验证据》，载《产业经济研究》2018 年第 4 期。
③ 林毅夫、向为、余淼杰：《区域型产业政策与企业生产率》，载《经济学（季刊）》2018 年第 2 期。
④ 胡浩然：《产业政策如何影响出口企业绩效——基于出口加工区企业样本的准自然实验》，载《国际贸易问题》2018 年第 12 期。

产业政策实施下的补贴对企业生存具有积极的政策效应。康妮等基于"反事实"框架，构建生存分析模型，探究产业政策实施下的补贴、竞争与企业生存之间的关系。结果表明，产业政策实施下的补贴对企业生存具有积极的政策效应。但竞争却没有发挥应有的优胜劣汰效应。补贴与竞争存在显著的交互作用，竞争的加剧会强化补贴对企业生存的积极影响。[1]

郑安等在一般均衡框架下构建理论模型，并用数值模拟了"税收优惠""信贷补贴"和"直接研发补贴"三种产业政策，将如何影响平衡增长路径上的自主创新绩效以及经济增长速率等内生变量。结果表明，直接的研发补贴会完全挤出私人部门的研发支出，而间接的产业刺激政策可以有效提高平衡增长路径上的经济增长率，并且信贷补贴效果最好。[2]

2. 消极效应

钱雪松等以中国 2009 年十大产业振兴规划出台为自然实验，运用双重差分法，考察选择性产业政策对企业全要素生产率的影响。结果显示，与对照组相比，十大产业振兴规划这一冲击导致实验组企业的全要素生产率显著下降。基于地区和所有制视角的分组检验显示，第一，政府干预程度较强地区的企业受产业政策影响相对更大；第二，国有企业受产业政策影响相对更大。并且，产业政策冲击导致实验组企业投资对投资机会的敏感程度下降。[3]

杨兴全等基于 2002～2017 年沪深两市 A 股上市公司样本数据，并使用双重差分模型的研究发现，非扶持企业更趋多元化经营，且其通过多元化经营更多地涉入了产业政策所扶持的行业。原因是：非扶持企业涉入受扶持行业的多元化经营，弱化了非产业政策扶持引致的资源受限；并且，非扶持企业涉入扶持行业的多元化经营，在抑制企业价值降低的同时也利于产业生产率的提升。[4]

---

① 康妮、陈林：《产业政策实施下的补贴、竞争与企业生存》，载《当代经济科学》2018年第2期。
② 郑安、沈坤荣：《自主创新、产业政策与经济增长》，载《财经科学》2018年第6期。
③ 钱雪松、康瑾、唐英伦、曹夏平：《产业政策、资本配置效率与企业全要素生产率——基于中国2009年十大产业振兴规划自然实验的经验研究》，载《中国工业经济》2018年第8期。
④ 杨兴全、尹兴强、孟庆玺：《谁更趋多元化经营：产业政策扶持企业抑或非扶持企业》，载《经济研究》2018年第9期。

吴万宗等提出假说，并使用 1998～2007 年中国工业规模以上企业数据对理论假说进行实证检验发现，"中国式"产业政策抑制企业效率带来的负向竞争效应超过了正向的补贴转移效应，最终造成了企业工资水平下降；然而，一旦产业政策的施行促进了行业竞争，竞争效应则为正，那么企业的工资水平也会随之提高。[1]

173

张龙鹏等基于中国工业企业数据库与国家"五年计划（规划）"文件的数据，实证研究了产业政策对资源误置的影响。研究表明，产业政策拉大了行业内企业间的生产率离散程度，产生了资源误置效应；所有的产业政策工具均导致了行业的资源误置；产业政策倾向于支持少数低生产率企业，从而扭曲了市场机制，拉大了企业间生产率离散程度。[2]

3. 产业政策对战略性新兴产业发展的效应

白雪洁等以中国新能源汽车产业为例，阐释其产业政策制定实施过程中显著的双重委托代理关系，以及由道德风险和逆向选择行为导致的激励约束缺失。据此提出新兴产业政策需依据产业发展阶段特征及政策目标差异，构建多元主体的全过程政策实现机制，并适时视政策效果对其进行调整或退出的选择，才可能尽量降低激励约束缺失效应。[3]

逯东等基于不同地区的市场化程度，采用双重差分模型，研究了战略性新兴产业政策对企业创新的影响。研究发现，战略性新兴产业政策促进了受该政策支持企业的创新，但这一影响主要表现在市场化程度较低地区的国有企业中；受战略性新兴产业政策支持的国有企业获得了更多的政府补贴，战略性新兴产业政策通过政府补贴机制促进了国有企业的创新。[4]

以新通信网络行业为代表的战略性新兴产业是国家未来发展的领跑者。在国际投资和贸易环境恶化的背景下，战略性新兴产业的起步和发展亟须税收政策的支持。李紫薇以新通信网络行业为例，分析中国现行税收

① 吴万宗、谭诗羽、夏大慰：《产业政策对企业间工资差距的影响——来自中国工业企业的经验证据》，载《财经研究》2018 年第 2 期。

② 张龙鹏、汤志伟：《产业政策的资源误置效应及其微观机制研究》，载《财贸研究》2018年第 12 期。

③ 白雪洁、孟辉：《新兴产业、政策支持与激励约束缺失——以新能源汽车产业为例》，载《经济学家》2018 年第 1 期。

④ 逯东、朱丽：《市场化程度、战略性新兴产业政策与企业创新》，载《产业经济研究》2018 年第 2 期。

政策在促进高新技术企业发展方面尚存的不足，并提出税收政策调整和完善的路径，以满足战略性新兴产业发展要求。[1]

（二）改革开放40周年产业政策回顾

通过回顾梳理改革开放40年来产业结构政策的变化，有助于更好地把握未来产业结构政策取向。张小筠等研究表明，整体上看，我国产业层次仍处于低端水平，未来产业结构升级需更多依靠技术创新驱动，这要求政策理念由管制和代替市场向矫正和完善市场转变；政策类别由纵向政策为主向促进竞争、激励创新的横向政策为主转变；政策手段由严格投资审批向负面清单、自由进出转变，由行政性指令向竞争性立法转变。[2]

江飞涛等对改革开放40年中国产业政策演进与发展进行了回顾与总结。他认为，中国的产业政策经历了一个由计划管理与选择性产业政策混合的产业政策体系，向以选择性产业政策为主体、以功能性政策为辅助的产业政策体系转变的过程。党的十八大以来，中国的产业政策开始重视功能性产业政策与创新政策的运用。总体上看，中国的产业政策越来越注重市场机制的作用。当前，中国应转为实施以功能性政策为主体的产业政策体系。[3]

宋文月等认为，产业政策作为一把"双刃剑"，既对产业技术、产业组织以及产业结构等方面有促进作用，又因政策制定过程中存在的系统性失效风险，以及执行过程中出现的政府失灵阻碍产业升级。特惠性产业政策与非均衡的产业发展模式造成了较大的政策实施成本，制约了产业升级效率。政府需要通过调整产业政策措施、构建以竞争政策为基础的政策体系，以及进一步优化国家治理体系等方式实现高质量发展阶段的产业升级。[4]

---

[1] 李紫薇：《战略性新兴产业自主研发激励机制研究——以新通信网络业税收政策为例》，载《宏观经济研究》2018年第8期。

[2] 张小筠、刘戒骄：《改革开放40年产业结构政策回顾与展望》，载《改革》2018年第9期。

[3] 江飞涛、李晓萍：《改革开放四十年中国产业政策演进与发展——兼论中国产业政策体系的转型》，载《管理世界》2018年第10期。

[4] 宋文月、任保平：《改革开放40年我国产业政策的历史回顾与优化调整》，载《改革》2018年第12期。

七、研发创新

（一）研发

1. 研发的影响因素

（1）融资。

融资约束在出口企业创新活动中起到了重要的作用。王雅琦等基于 2000～2007 年匹配的中国海关和工业企业数据库数据，探究汇率变动对中国制造业出口企业研发支出的影响，并进一步区分处于不同融资约束状况下企业的异质反应。结果表明，企业层面实际有效汇率上升（本币升值）显著促进了出口企业研发支出增加，且企业受到的融资约束越轻，这种效应越明显。进一步研究发现，竞争渠道和中间品进口渠道，为实际有效汇率上升促进出口企业研发的两个可能渠道。[①]

企业融资结构会影响研发投资强度。张璟等运用中国上市公司 2007～2015 年的面板数据进行实证研究，结果表明，第一，企业越偏向于股权融资，研发投资强度就越高；第二，存在有利于促进研发投资强度提升的最优融资结构；第三，企业的最优融资结构，随企业所属的产业性质、股权集中程度、银企关系强度及所有权性质的不同而呈现显著的差异。[②]

（2）研发同侪效应。

企业研发投入存在一定的"同侪效应"。罗福凯等以 2009～2016 年度沪深两市 A 股上市公司为研究样本，实证检验了企业研发投入同侪效应的形成机制和个体差异性。研究发现，企业研发投入显著受同侪企业的影响，借助工具变量得到的实证结果表明该结论具有稳健性。企业研发同侪效应的形成机制在于获取其决策相关信息和保持竞争优势。此外，该效应存在个体差异性：具有更低市场地位、风险承担水平和融资约束程度的企

---

①　王雅琦、卢冰：《汇率变动、融资约束与出口企业研发》，载《世界经济》2018 年第 7 期。

②　张璟、刘晓辉：《融资结构、企业异质性与研发投资——来自中国上市公司的经验证据》，载《经济理论与经济管理》2018 年第 1 期。

业，其研发投入同侪效应更显著。①

（3）研发补贴。

李杰等通过构建垂直市场结构下的讨价还价博弈模型，探讨在中间品贸易自由化的大背景下，研发补贴政策对下游企业研发投入及社会福利的影响。研究发现，在需要进口中间品的贸易格局下，研发补贴和中间品贸易自由化都会促进下游企业的研发投入，但不一定带来社会福利的改善。从社会福利最大化的角度考虑，中间品贸易自由化政策和研发补贴政策具有替代关系，即社会最优的补贴力度随中间品进口关税的下降而下降。这种替代性的强弱与企业研发效率、企业议价能力以及最终产品差异性有关。②

林木西等基于区域制度环境的视角，提出了财政补贴和税收优惠政策对企业研发投入的激励机制，并对 2010～2016 年中国 A 股上市公司进行实证检验。研究发现，财政补贴和税收优惠均能有效激励企业研发投入；区域制度环境对企业研发激励存在倒"U"型关系，且正式制度环境为硬约束、强激励，非正式制度环境为软约束、柔激励；制度环境对财政补贴的激励效果存在负向调节作用，制度环境建设越好越能有效提高税收优惠对企业研发投入的激励效果。③

童锦治等使用 2012～2016 年中国上市公司数据，从企业生命周期的角度对财政补贴与企业研发创新间的关系进行实证检验。结果表明，总体而言，财政补贴对企业研发创新的影响虽为正，但不显著；区分企业生命周期阶段发现，财政补贴显著激励了成熟期企业的研发创新，对成长期和衰退期企业的影响较小；进一步细分样本研究揭示，财政补贴对成熟期的非国有企业、高科技企业、非制造业企业和非垄断企业的研发创新存在显著的激励效应。④

（4）绿色生产规制。

张彩云等采用 2001～2007 年《中国工业企业数据库》和《中国企业

① 罗福凯、李启佳、庞廷云：《企业研发投入的"同侪效应"检验》，载《产业经济研究》2018 年第 6 期。
② 李杰、王兴棠、李捷瑜：《研发补贴政策、中间品贸易自由化与企业研发投入》，载《世界经济》2018 年第 8 期。
③ 林木西、张紫薇、和军：《研发支持政策、制度环境与企业研发投入》，载《上海经济研究》2018 年第 9 期。
④ 童锦治、刘诗源、林志帆：《财政补贴、生命周期和企业研发创新》，载《财政研究》2018 年第 4 期。

专利申请数据库》高度细化的企业层面匹配数据，运用双重差分法
（DID），实证研究了绿色生产规制对企业研发创新的影响及机制。研究发
现，第一，绿色生产规制抑制企业研发创新，且这种负向影响在多种稳健
性检验中依然显著成立。第二，影响机制分析认为，绿色生产规制并未降
低生产率、就业等，仅抑制研发创新，可以认为整体上是合理的规制
形式。①

2. 研发的效应

研发投入与企业市场价值、经营绩效存在正相关关系。刘睿智等基于
企业声誉的调节效应，利用 A 股上市公司 2006 ~ 2016 年的数据，考察了
企业声誉对研发投入与企业绩效之间关系的强化作用。结果表明，研发投
入与企业市场价值、经营绩效存在正相关关系，企业声誉能够显著增强这
种关系，在此基础上考虑研发投入的递延效果后发现，企业声誉对递延两
期的研发投入，与企业市场价值和经营绩效间的正相关关系的增强效应是
最显著的。②

研发投入会显著提升经济发展质量。向国成等建立了分工发展视角
下，研发投入影响经济发展质量的基本理论模型，并利用 1998 ~ 2015 年
中国 30 个省市的面板数据与非线性门槛模型，对研发投入与经济发展质
量之间的关系进行了实证检验，得到以下结论：第一，分工发展是影响研
发投入提升经济发展质量的关键因素；第二，研发投入对经济发展质量的
影响作用具有显著的分工门槛效应，并且这种效应在选择不同分工发展门
槛变量时呈现出异质性。③

王素莲基于企业资源基础理论和高阶理论，以沪深两市中小企业板
515 家上市公司为研究样本，运用分层回归分析模型对 R&D 投资、公司
创新绩效、企业家冒险倾向和学历水平的关系进行研究。全样本研究结果
表明，R&D 投资强度、企业家冒险倾向对公司创新绩效有正向促进作用，
企业家冒险倾向是 R&D 投资与公司创新绩效关系的半调节变量，正向调
节 R&D 投资与公司创新绩效的关系，高学历企业家的理性冒险倾向，对

---

① 张彩云、吕越：《绿色生产规制与企业研发创新——影响及机制研究》，载《经济管理》
2018 年第 1 期。

② 刘睿智、张鲁秀：《企业声誉、研发投入与企业绩效》，载《财经问题研究》2018 年第
8 期。

③ 向国成、邝劲松、文泽宙：《研发投入提升经济发展质量的分工门槛效应研究——来自
中国的经验证据》，载《世界经济文汇》2018 年第 4 期。

R&D 投资与公司创新绩效关系的调节效应更强。[1]

（二）创新

1. 创新的影响因素

（1）经济政策。

杨以文等基于江苏省微观企业数据，利用双重差分方法检验了政府实施创新型企业试点政策对企业创新绩效的影响。研究表明，创新型企业试点政策对创新型企业创新绩效具有显著的正向作用，但是，创新型企业试点政策对于创新质量提升的效果并不显著。创新型企业试点政策对于中小创新型企业的创新水平提升作用更大，创新型企业试点政策对于苏北地区创新型企业创新水平的提升效果最为显著。[2]

顾夏铭等阐明了一个经济政策不确定性如何影响企业创新的理论机制，提出经济政策不确定性会对企业创新产生激励效应和选择效应。他的实证研究结果表明，经济政策不确定性正向影响上市公司 R&D 投入和专利申请量。此外，这一经济政策不确定性与创新活动的关系受政府补贴、金融约束、企业所有权性质、行业特征等因素影响。[3]

（2）风险投资。

温军等对经典风险投资行为模型进行了拓展，分析了风险投资对企业创新的作用机理，并基于 2004～2013 年深圳中小板和创业板公司 IPO 前数据，运用"匹配法和倍差估计量"技术对假说进行实证检验。结果表明，第一，样本期间风险投资整体上降低了中小企业的创新水平，参与约束放松导致的企业家创新收益增加小于成功概率下降导致的创新收益减少，且增值服务对创新的增量作用不足以抵消攫取效应的消极影响；第二，风险投资对创新的影响呈现先递减而后递增的"U 型"关系。[4]

---

① 王素莲：《R&D 投资与企业创新绩效：企业家冒险倾向和学历水平的影响——基于深沪中小板上市公司的实证研究》，载《东岳论丛》2018 年第 4 期。

② 杨以文、周勤、李卫红：《创新型企业试点政策对企业创新绩效的影响——来自微观企业的经验证据》，载《经济评论》2018 年第 1 期。

③ 顾夏铭、陈勇民、潘士远：《经济政策不确定性与创新——基于我国上市公司的实证分析》，载《经济研究》2018 年第 2 期。

④ 温军、冯根福：《风险投资与企业创新："增值"与"攫取"的权衡视角》，载《经济研究》2018 年第 2 期。

（3）行政审批制度。

王永进等以各地行政审批中心成立为"准自然实验"，结合中国微观企业数据，采用双重差分法和三重差分法，系统考察了行政审批制度改革对企业创新活动的影响。研究发现，行政审批中心的建立显著提升了企业创新水平，但政策效果因专利类型、企业性质不同而存在较大差异。具体表现为：实用新型专利和外观设计专利、内资企业、接近国际技术前沿行业、低融资约束行业以及非专利密集型行业企业从制度改革中获益更大。[①]

（4）僵尸企业。

王永钦等从僵尸企业的角度，基于中国专利申请数据和工业企业数据库的生产数据，探讨中国企业创新的结构性问题。研究发现，僵尸企业显著降低了正常企业的专利申请和全要素生产率。行业内僵尸企业占比每提高1%，正常企业的专利申请总数降低1%，发明型专利申请总数降低0.5%，全要素生产率降低2.41%。在影响机制方面，僵尸企业对企业创新的挤出效应，在资源约束紧的非国有企业、高度依赖外部融资的行业以及高行业集中度的行业中更为显著。[②]

（5）业绩薪酬。

解维敏基于中国2007～2015年非金融类A股上市公司数据，理论分析和实证检验了业绩薪酬对企业创新的影响。研究发现，业绩薪酬导致管理层短期视野，抑制了企业创新，而且业绩薪酬对发明专利和实用新型专利的抑制作用更为显著。进一步研究发现，业绩薪酬对企业创新的抑制作用，对非国有企业更为明显。[③]

（6）劳动力成本。

贺建风等基于沪深A股上市公司2001～2015年的企业面板数据，利用计数模型和工具变量法，分析劳动力成本上升对企业创新的作用机制与影响。研究发现，劳动力成本上升显著提高了中国企业总体创新水平，且对实质性创新的作用要高于策略性创新；而且，从不同维度的异质性分析可知，在年轻企业、非国有企业、外资企业、沿海企业以及非高科技企业中，劳动力成本上升带来的实质性创新产出更为显著。[④]

① 王永进、冯笑：《行政审批制度改革与企业创新》，载《中国工业经济》2018年第2期。
② 王永钦、李蔚、戴芸：《僵尸企业如何影响了企业创新？——来自中国工业企业的证据》，载《经济研究》2018年第11期。
③ 解维敏：《业绩薪酬对企业创新影响的实证研究》，载《财贸经济》2018年第9期。
④ 贺建风、张晓静：《劳动力成本上升对企业创新的影响》，载《数量经济技术经济研究》2018年第8期。

（7）博彩文化。

赵奇锋等从博彩角度研究地区文化对企业创新的影响。使用人均福利彩票和体育彩票销售额占人均地区生产总值的比重刻画本地博彩文化，研究发现，博彩文化对当地企业创新产出具有显著的不利影响，人均彩票销售额占人均地区生产总值的比重每升高 1 个千分点，会导致当地企业下一年专利申请量平均下降约 21.6 个百分点。①

（8）财政补贴。

吴非等借助中国 2007～2014 年上市企业与宏观经济数据集，检验财政 R&D 补贴及地方政府行为对企业创新的影响及其发生机制。研究表明，财政 R&D 补贴所引致的企业创新投入产出效应有着极强的异质性。更进一步，地方政府的绩效考核压力促进了财政 R&D 补贴效果，但财政失衡问题依旧是有效使用财政 R&D 补贴的桎梏。此外，政府强烈的补贴意愿有可能面临企业的"迎合"行为，并造成企业融资需求的挤出效果，最终不利于企业的创新研发活动。②

（9）FDI。

石大千等基于中国 1998～2015 年省级层面大中型工业企业数据，利用双边随机前沿模型，测算了 FDI 对企业创新影响的挤出效应、溢出效应及净效应。结论表明，FDI 对企业创新的挤出效应和溢出效应相互作用，最终导致实际企业创新水平低于前沿企业创新水平。FDI 对企业创新影响的净效应为负，且在不同年份、不同地区和不同省份均未显著改善，FDI 的挤出效应仍然占主导地位。③

（10）产融结合。

杨竹清等选择 2008～2015 年我国投资非上市金融企业的上市公司，深入分析了企业产融结合对研发创新的影响。研究发现，企业产融结合可以促进研发投入和创新产出，但企业的国有属性削弱了这种作用；持股金融企业股权对企业研发投入有一定"挤出效应"。④

---

① 赵奇锋、赵文哲、卢获、赵琼薇：《博彩与企业创新：基于文化视角的研究》，载《财贸经济》2018 年第 9 期。

② 吴非、杜金岷、杨贤宏：《财政 R&D 补贴、地方政府行为与企业创新》，载《金融研究》2018 年第 5 期。

③ 石大千、杨咏文：《FDI 与企业创新：溢出还是挤出？》，载《世界经济研究》2018 年第 9 期。

④ 杨竹清：《产融结合、企业属性和研发创新》，载《产业经济评论》2018 年第 1 期。

（11）进口贸易自由化。

陈维涛等基于 2002～2006 年中国工业企业数据库、海关贸易数据库、WTO 关税数据库等合并数据，实证研究了进口贸易自由化对企业全要素生产率的影响。一方面，进口贸易自由化能够促进企业创新，最终能够导致企业生产率水平的提升，而且对国有企业生产率水平的提升最大。另一方面，中间产品进口贸易自由化不利于促进企业创新，最终导致企业生产率水平下降。[1]

（12）CEO 的技术背景。

张琴以民营高科技上市公司数据为研究样本，实证检验了技术背景 CEO 对技术创新与企业绩效的影响。研究发现，技术背景 CEO 可以有效促进民营高科技企业的技术创新水平，主要是企业研发投入与专利产出的增加。进一步研究发现，技术背景 CEO 与技术创新对企业绩效的提升效应显著。[2]

（13）海外并购。

张雨等以 2001～2011 年中国 27 个工业行业及上市公司的海外并购数据为样本，实证检验了海外并购与产业创新绩效之间的关系。研究结果表明，海外并购显著提升了产业创新绩效；政府支持、市场竞争以及政府支持与市场竞争的交互效应，对海外并购与产业创新绩效之间的关系具有部分中介作用，而政府支持对市场竞争具有部分抑制作用；海外并购显著促进了工业生产率增长，而产业创新绩效对二者的关系具有完全中介作用。[3]

高厚宾等采用 2011～2014 年中国上市公司跨国并购数据，从跨国并购异质性视角实证研究了跨国并购的创新效应，分析了政治关联的调节作用。结果显示，跨国并购规模与创新绩效显著负相关，技术获取型跨国并购与创新绩效显著正相关，跨国并购股权与创新绩效显著正相关。并且，政治关联存在"诅咒效应"，总体上对跨国并购异质性与创新绩效之间的关系具有负向调节作用。[4]

---

[1] 陈维涛、严伟涛、庄尚文：《进口贸易自由化、企业创新与全要素生产率》，载《世界经济研究》2018 年第 8 期。

[2] 张琴：《技术背景 CEO、技术创新与企业绩效——基于民营高科技企业的实证分析》，载《经济问题》2018 年第 5 期。

[3] 张雨、吴先明：《海外并购、产业创新绩效与工业生产率增长——传导机制及其检验》，载《山西财经大学学报》2018 年第 12 期。

[4] 高厚宾、吴先明：《新兴市场企业跨国并购、政治关联与创新绩效——基于并购异质性视角的解释》，载《国际贸易问题》2018 年第 2 期。

182

2. 创新的经济效应

经济增长动力需由要素驱动向创新驱动转换。陶长琪等基于内生经济增长模型开展理论分析，采用双重变量门槛模型与 2001～2015 年的面板数据，探究经济增长动力从要素驱动向创新驱动转换的内在路径。研究发现，我国经济发展中的创新驱动效应以东部沿海地区为集聚中心，具有在时间维度上阶段性增长、在空间维度上"蔓延式"发展的时空格局；创新驱动对经济增长的促进作用在东部、中部和西部地区分别表现为加速效应、收敛效应和分化效应；经济增长方式的转变次序构成了经济增长动力转换的内在路径。①

区域信贷与技术创新对省域经济增长具有显著的正向促进作用。李毓等基于 2007～2016 年中国 31 个省域的面板数据，引入核密度函数、莫兰指数与空间计量模型，实证分析了区域信贷与技术创新对中国区域经济增长的影响。研究发现，第一，中国省域经济增长、区域信贷与技术创新相互间存在空间差异性和空间相关性；第二，区域信贷和技术创新对省域经济增长具有显著的正向促进作用；第三，区域信贷和技术创新具有空间溢出效应，即各省域信贷和技术创新水平的提高不仅会促进本省经济增长，还会促进相邻省份的经济增长。②

孙早等在恩盖和皮萨里德斯（Ngai and Pissarides，2007）模型基础上引入不同产业部门自主创新效应和技术吸收效应，刻画了二者影响一国消费结构高级化和总消费增长率的作用机理。结果表明，提升高技术产业自主创新效应是推动总消费增长和消费结构改善的关键因素。若自主创新能力和技术吸收能力不变，不同生产部门间劳动力配置改善与否不会对总消费增长率产生影响。产业创新通过产出结构高级化这一中介效应促进消费结构升级。③

---

① 陶长琪、彭永樟：《从要素驱动到创新驱动：制度质量视角下的经济增长动力转换与路径选择》，载《数量经济技术经济研究》2018 年第 7 期。

② 李毓、周欢：《区域信贷、技术创新对经济增长影响的实证分析——基于空间面板视角》，载《经济问题》2018 年第 11 期。

③ 孙早、许薛璐：《产业创新与消费升级：基于供给侧结构性改革视角的经验研究》，载《中国工业经济》2018 年第 7 期。

第七章 财政学研究新进展

财政是国家治理的基础和重要支柱，科学的财税体制是优化资源配置、维护市场统一、促进社会公平、实现国家长治久安的制度保障。随着我国经济体制和政治体制改革逐渐步入攻坚期和深水区，如何认识当前中国经济发展新阶段，维护国家的长治久安，发挥财税体制在治国安邦中的基础性、制度性、保障性作用，引发了学界对财政和财税体制改革问题的持续且广泛关注。在 2018 年国内顶尖的经济学期刊上，便涌现出百余篇优秀论文，本章将对此做以简要的总结和综述。

一、财政学研究的基本态势

财政问题既是学术研究的热点，也是经济体制改革实践中的难点。总体而言，2018 年国内顶尖期刊围绕财政问题的研究成果十分丰富，文献数量较其他经济学科占据明显优势地位，并主要呈现出如下特点：

在研究内容上，首先，财政分权、转移支付、土地财政、政企关联和社会保障等问题仍然是研究的主流领域。但与以往相比，呈现出三点不同：一是评估交通基础设施建设经济效益的文献数量明显增加；二是对全要素生产率和资源配置效率的关注增多；三是围绕官员晋升机制问题的讨论日渐式微。其次，论文的故事性和逻辑性提升明显，特别是实证文献，研究重点不再局限于政策对经济变量的影响方向和效果大小，而是更加关注其内在影响机制和传导路径。最后，较为遗憾的是，现有文献的研究主题仍未能取得开创性突破，缺乏启发性的研究思路和框架，而大多是对现有方法的小修小补和对结论的进一步佐证。

在研究方法上，实证类研究仍占据主体地位。具体而言，规范研究方面，新凯恩斯动态随机一般均衡方法的应用日益广泛，已成为当前构建经济理论模型的主流趋势。实证研究方面，首先，探究变量间的因果关系逐渐取代相关关系，解决内生性成为计量模型中不可或缺的环节，工具变量和（准）自然实验等方法被广泛应用，与以往相比，后者呈现超越前者的趋势，成为当前因果推断中的主流方法。其次，实证对象日益微观化，规模以上工业企业数据库、上市公司数据库和住户数据库得以广泛应用。最后，利用空间计量方法评估财政政策的空间溢出效应，以及利用门限回归技术探究变量间的非线性影响关系，是近年来兴起的前沿方法，但研究势头未能得以延续，本年度相关成果并不多见。

二、财政理论探索

党的十八届三中全会提出"财政是国家治理的基础和重要支柱"，引发了学术界围绕财政学学科属性问题的激烈探讨。

李俊生认为，从学说史的发展历程来看，政治经济学产生于财政学、经济学产生于政治经济学，而当前财政学的定位是隶属于经济学下的"二级学科"，被严重"经济学化"，由此导致现代财政理论丧失了解释和预测财政现象的能力。[1] 诸多学者对此表示了认同[2][3][4]。李俊生等的最新研究进一步指出，这一问题的根源在于，当前主流的以市场失灵理论为基础的英美财政理论带有鲜明的财政政策学色彩，侧重运用经济学范式研究财政政策，损害了财政学自身的发展能力和对财政实践的解释力与预测力，因此需要重构财政学理论基础，为财政学揭示财政规律、解释财政现象、检测财政绩效、预测财政结果提供基础性的理论支撑。[5]

吕冰洋认为，财政是一系列制度的集合，财政制度运行的本质是提供公共物品和维护公共秩序，后者指人的基本需要和经济社会运行的保障，而建设良好的公共秩序需要强大的国家能力做支撑，国家能力的两大支柱

---

[1] 李俊生：《盎格鲁—撒克逊学派财政理论的破产与科学财政理论的重建——反思当代"主流"财政理论》，载《经济学动态》2014年第3期。

[2] 陈共：《财政学对象的重新思考》，载《财政研究》2015年第4期。

[3] 高培勇：《论国家治理现代化框架下的财政基础理论建设》，载《中国社会科学》2014年第12期。

[4] 高培勇：《抓住中国特色财政学发展的有利契机（构建中国特色哲学社会科学）》，载《人民日报》2017年2月27日。

[5] 李俊生、姚东旻：《财政学需要什么样的理论基础？——兼评市场失灵理论的"失灵"》，载《经济研究》2018年第9期。

是市场增进能力和组织动员能力，国家治理的三大目标是经济有效、社会有序、政治包容，财政一系列制度天然匹配两大国家能力和三大治理目标，由此论证了"财政是国家治理的基础和重要支柱"这一论断的合理性。①

2018年是改革开放40周年，也是财税体制改革40周年，诸多学者对改革历程进行了梳理和总结。

高培勇认为，改革开放40年来我国财税体制改革的主要特点是配合经济体制改革全局的需要，即伴随着经济体制改革的逐步深化而不断地对财税体制及其运行机制进行适应性的变革，表现为以"公共财政体制"匹配"社会主义市场经济体制"，以"现代财政制度"匹配"现代国家治理体系和治理能力"。②

杨志勇总结了40年间我国财政观念的七个转变，具体表现为：一是国家理财观念，从财政平衡转变为宏观经济稳定；二是财政活动范围，从缩小转变为重新界定财政与市场和社会的边界；三是财政支出，从为国有企业服务转变为对全社会提供公共服务并更加注重效率；四是税收，从淡化税收转变为全面强调税收作用；五是政府预算，从内部事务转变为国家治理工具；六是政府间财政关系，从财政集权分权之争转变为公共服务的有效提供；七是财政观念竞争性，从非此即彼转变为相互包容。③

吕冰洋等通过理论建模发现，当存在两级政府时，中央政府可以通过改变税收分成比例来协调实现中央政府和地方政府各自的政策目标（包括发展地方经济、提高公共服务水平和增强中央财政汲取能力等）。同时结合40年的财税体制改革实践认为，早期的财政包干制度激发了地方经济发展的活力，但降低了中央财政汲取能力，还引发了市场扭曲和市场分割等经济问题；后期的分税制改革提高了财政收入占GDP比重和中央财政收入占比，增强了中央的宏观调控能力，但抑制了地方提供公共服务的积极性。因此，在今后的财税体制改革过程中，思考如何根据经济发展阶段的变化来协调中央和地方两个积极性，将是建立现代财

① 吕冰洋：《"国家治理财政论"：从公共物品到公共秩序》，载《财贸经济》2018年第6期。

② 高培勇：《中国财税改革40年：基本轨迹、基本经验和基本规律》，载《经济研究》2018年第3期。

③ 杨志勇：《中国财政40年：观念与变革》，载《财贸经济》2018年第10期。

政制度的重要内容。[1]

三、财政支出结构

（一） 财政支出结构

　　财政资金分配关乎政府职能的实现，特别是近年来经济下行压力日渐增大的情况下，如何安排财政资金的使用，如何在发展经济与改善民生间权衡，成为社会关注的焦点。黄少安等将政府支出分为生产建设支出和公共福利支出，在公共福利支出刚性的假设下，研究了政府支出结构对长期经济增长的影响，发现对于多数国家而言，随着福利支出占比的增加，经济增长率和居民效用水平呈现倒"U"型走势。考虑到我国目前人均资本存量和基础设施水平尚且偏低，因此建议不应过早过快地提高福利水平，从而抑制长期经济发展，陷入"福利陷阱"。[2]

　　王宇澄等分析了中央投资对地方投资的影响，理论上，中央投资可以通过带动地方配套而增加地方投资，也可以通过价格抑制渠道对地方投资产生挤出效应。实证结果显示，总体上中央投资抑制了地方投资，但异质性明显，表现为：从行业分布上看，公共物品领域内中央投资的带动作用较强，竞争性行业中中央投资的挤出效应较大；从区域差异上看，东部地区主要表现为挤入效应，中西部地区表现为挤出效应；从经济周期角度来看，危机期间中央投资的带动作用会比一般时期显著增强。[3]

（二） 财政支出乘数

　　财政支出乘数是评估财政支出效果的重要指标，衡量了财政支出占总产出比重每增加1%，总产出增长的幅度。李明等利用2000年底民族地区

---

　　[1]　吕冰洋、台航：《从财政包干到分税制：发挥两个积极性》，载《财贸经济》2018年第10期。

　　[2]　黄少安、陈言、李睿：《福利刚性、公共支出结构与福利陷阱》，载《中国社会科学》2018年第1期。

　　[3]　王宇澄、张莉、郑新业：《"准财政政策"能指望么？——中央投资对地方投资的带动效应评估》，载《管理世界》2018年第8期。

转移支付制度的确立构造工具变量，评估了我国地方政府财政支出乘数，研究发现，我国财政支出乘数大于1，且发达地区与欠发达地区的财政支出乘数无显著差异，表明现阶段各级政府扩张性的财政支出偏好有其合理性。[1]

张开等建立了一个含有投入产出框架的多部门 DSGE 模型，研究不同汇率制度下政府消费型支出与投资型支出对贸易部门和非贸易部门的影响。研究发现，第一，引入投入产出结构后，财政扩张将产生乘数放大效应与部门间联动效应（指贸易部门与非贸易部门间的互动关系）；第二，相比于浮动汇率，固定汇率下的政府支出乘数更大，对消费与投资的挤出效应更小；第三，政府对非贸易部门的投资型支出与消费型支出将产生更强的乘数效应；第四，无论对于贸易部门与非贸易部门，政府投资型支出的乘数效应均大于消费型支出的乘数效应。[2]

（三）财政政策与经济波动

改革开放以来，为抵御外部风险、稳定经济增长，我国持续实施积极财政政策，政策设计愈发重视反周期相机调控理念。但政策的实施效果存在争议，不完全满足反周期特征，导致调控结果与初衷存在背离。丛树海等利用带有时变参数的结构向量回归模型（TVP–SVAR）分析了我国预算收支和经济波动的关系，研究发现，我国经济增速变化一个单位将导致预算收支分别同方向变化 0.7 及 0.05 个单位以上，预算收入变化一个单位将导致预算支出变化 0.9 个单位以上，表明我国财政政策的实施结果具有顺周期性，并且预算收入的顺周期属性是导致支出与经济波动顺同的主要影响因素。[3] 司海平等从地方债的视角展开研究，基于省级面板数据的实证结果显示，产出缺口每增加 1%，在繁荣期与衰退期地方隐性债务分别平均增加 5.92% 与 3.97%，即地方债务累积速度呈现顺周期特征，而导致这一现象的原因在于官员的晋升压力，换言之，晋升压力对地方政府

---

[1]　李明、李德刚：《中国地方政府财政支出乘数再评估》，载《管理世界》2018 年第 2 期。

[2]　张开、龚六堂：《开放经济下的财政支出乘数研究——基于包含投入产出结构 DSGE 模型的分析》，载《管理世界》2018 年第 6 期。

[3]　丛树海、张源欣：《财政政策的顺周期实施效应特征与基本成因》，载《财贸经济》2018 年第 6 期。

举债行为影响的方向与程度会随经济周期的变化而变化。[①]

也有不少学者研究认为，财政政策的实施有助于经济稳定。张杰等通过构建嵌入财政自动稳定器的 DSGE 模型，比较了税收、转移支付和生产性财政支出的经济稳定效果，研究发现，三者均有助于降低经济波动，其中生产性财政支出的经济稳定效应最强，转移支付次之，减税再之，且所有财政稳定政策协同作用的经济稳定效应优于单一政策。[②] 骆永民等通过构建符合中国城乡二元经济结构特征的 DSGE 模型，分析了二元经济结构特征、税收结构和产出波动之间的关联，发现二元经济结构特征的弱化、间接税比重的降低和个人所得税累进性的增加，均能增强税收的自动稳定器功能，但由于个税在税收总额中占比较低，作用效果有限。[③] 朱军等将中央与地方两级政府结构引入 DSGE 模型，考察财政分权下地方性财政政策对我国宏观经济的动态影响，研究发现，地方性公共投资不仅能够促进本地经济增长，还能通过地区间贸易对其他地区产生正向溢出效应，地区间的财政投资竞争的反应程度越高，正向溢出效应越大。此外，由于我国中央政策产生的波动较大，因此当分权程度增大时，可引致整体经济波动的减弱。[④]

（四） 基础设施建设

基础设施建设常被视作经济发展的助推器，近年来我国大力开展各类基础设施建设，其经济效应引发了广泛关注。廖茂林等基于 1994～2016 年间省级面板数据考察了基础设施建设对经济增长的影响，发现总体上基础设施投资对中国经济增长具有显著正向影响，影响力度呈现明显的倒"U"型特征，表现为 1994～1999 年间促进作用较弱，2000～2011 年间促

① 司海平、刘小鸽、魏建：《地方政府债务融资的顺周期性及其理论解释》，载《财贸经济》2018 年第 8 期。

② 张杰、庞瑞芝、邓忠奇：《财政自动稳定器有效性测定：来自中国的证据》，载《世界经济》2018 年第 5 期。

③ 骆永民、崔晓霞：《中国税收自动稳定器功能的双重约束研究》，载《经济研究》2018 年第 7 期。注：城乡二元结构影响自动稳定器的机理：（1）收入，农民收入中缴税比重低；（2）消费，农民边际消费倾向较高；（3）农民工就业歧视，被迫选择经济繁荣时外出打工，萧条时务工，增大了经济波动。

④ 朱军、许志伟：《财政分权、地区间竞争与中国经济波动》，载《经济研究》2018 年第 1 期。

进作用显著增强，2012 年以后则不再显著。[①]

在交通基础设施建设方面，诸多学者从不同角度予以分析：

（1）铁路。

施震凯等以 2007 年铁路提速作为中国交通基础设施质量提升的准自然实验，利用双重差分方法研究发现，铁路提速对沿途企业的技术进步和效率改进发挥了积极作用，促进了全要素生产率的增长，其中非国有控股、沿海地区、出口型企业具有更为显著的促进效应。[②] 张梦婷等研究了高铁对企业生产率的影响，发现高铁促进外围城市资本和劳动力等生产要素向中心城市集聚，具有虹吸效应，进而降低外围企业生产率，异质性分析发现，城市初始交通禀赋越低、行业资本或技术密集度越高、高铁站距离城市中心越近，虹吸效应越明显。[③] 周玉龙等基于土地出让数据，利用双重和三重差分方法，考察了高铁建设对城市建设用地市场的影响，发现设有高铁车站的城市比未设站城市的地价平均提高约 7.0%，且每多开设一个高铁车站，城市地价还会提高约 1.3%，促成这一结果的主要原因是，高铁站提升了城市的区位优势，促进生产要素和商业活动聚集，因而刺激了当地土地市场的需求。[④]

（2）公路。

张天华等研究了高速公路建设对企业生产效率的影响，发现高速公路建设主要通过促进在位企业效率提升提高区域经济效率，而非通过引入高效企业和淘汰低效企业来实现。[⑤] 白重恩等研究了我国 1998～2007 年间大规模的国道主干线建设对地区出口的影响，发现由于国道主干线建设引致交通成本的下降，交通成本下降越多的地区，出口额增长率越高，其中出口产品的重量价值比越高的地区，受国道主干线影响越大，而地势崎岖的地区，受国道主干线影响较小。[⑥] 张勋等基于公路面积数据和工业企业数

① 廖茂林、许召元、胡翠、喻崇武：《基础设施投资是否还能促进经济增长？——基于 1994～2016 年省级面板数据的实证检验》，载《管理世界》2018 年第 5 期。

② 施震凯、邵军、浦正宁：《交通基础设施改善与生产率增长：来自铁路大提速的证据》，载《世界经济》2018 年第 6 期。

③ 张梦婷、俞峰、钟昌标、林发勤：《高铁网络、市场准入与企业生产率》，载《中国工业经济》2018 年第 5 期。

④ 周玉龙、杨继东、黄阳华、Geoffrey J. D. Hewings：《高铁对城市地价的影响及其机制研究——来自微观土地交易的证据》，载《中国工业经济》2018 年第 5 期。

⑤ 张天华、陈力、董志强：《高速公路建设、企业演化与区域经济效率》，载《中国工业经济》2018 年第 1 期。

⑥ 白重恩、冀东星：《交通基础设施与出口：来自中国国道主干线的证据》，载《世界经济》2018 年第 1 期。

据库，利用中介效应模型和行业划分的机制验证等方法，探究了交通基础设施建设对经济增长的影响机制，认为交通基础设施可以通过市场扩张、市场竞争和运输成本三种路径影响企业库存，进而促进经济增长，实证结果显示，市场扩张是其首要因素。[①]

（3）城市公交。

林伯强等基于我国 36 个中心城市 2010～2015 年间道路公交运营数据，分析了城市道路公共交通运行效率对车辆能源消费的影响，前者根据非径向方向距离函数（NDDF）方法测度，研究发现，城市公交车的运行效率对车辆能耗的影响显著为负，但出租车效率对车辆能耗的影响却不大。[②]

（4）地铁。

范子英基于 2012～2015 年间上海市新房成交数据，研究了地铁对沿线商品住房价格的影响，发现新增的地铁会使得站点 1 公里范围内的新房价格上涨 26.49%，套均住房面积平均缩小 3.25 平方米，这两种效应均随着距离的增大而逐渐减弱；并且，空间上的虹吸效应同样明显，表现为 3 公里之外的新房价格下降了 35.56%，套均面积则平均增加了 3.40 平方米。[③]

四、政府间财政关系

（一）财政分权

财政分权历来是财政学研究的重点领域，现有研究成果已较为丰富，但在如何度量财政分权程度的问题上仍然存在较大争议，随着选取指标的不同，实证结果往往差异较大。毛捷等从财政收入视角入手，选用县级地区增值税和企业所得税分成比例来衡量财政分权程度，并利用 1998～2007

[①] 张勋、王旭、万广华、孙芳城：《交通基础设施促进经济增长的一个综合框架》，载《经济研究》2018 年第 1 期。

[②] 林伯强、杜之利：《中国城市车辆耗能与公共交通效率研究》，载《经济研究》2018 年第 6 期。

[③] 范子英、张航、陈杰：《公共交通对住房市场的溢出效应与虹吸效应：以地铁为例》，载《中国工业经济》2018 年第 5 期。

年间《全国地市县财政统计资料》《中国县（市）社会经济统计年鉴》和规模以上工业企业数据库进行测算。结果呈现出三点特征：一是自2002年以后县级地区税收分成比例整体呈下降态势；二是县级地区的税收分成表现出一定规律性，包括县高于区、中部和东部高于东北和西部、民族县高于非民族县等；三是经济发展水平、财政状况等经济指标与税收分成存在显著关联。①

在财政分权的影响方面，余永泽等研究了财政分权对全要素生产率的影响，通过构建理论模型发现，当地方政府间的竞争通过市场开放、要素流动及基础设施改善的方式实现资源有效配置时，分权能促进技术进步；当地方政府以分割市场等途径作为竞争手段时，会造成要素扭曲，分权则抑制技术进步。而基于省级面板数据的实证结果显示，财政分权总体上提高了全要素生产率，但也造成要素市场扭曲进而不利于技术进步。② 李政等运用数据包络分析（DEA）方法测算创新效率，并以地方政府科技支出占比作为度量创新偏好的代理变量，在此基础上考察了财政分权程度对政府创新偏好和区域创新效率的影响，研究发现，财政分权在提升区域创新效率的同时，也会抑制地方政府创新偏好，导致创新效率损失。③

（二）财政竞争

分权体制下的地方竞争被广泛认为是中国经济持续多年高速增长的一个基本动力。地方政府积极参与竞争的原因主要来自官员的晋升激励——下级官员需尽量满足上级政府的偏好，优胜者获得晋升。官员晋升规律与政治周期问题成为过去几年财政学研究的重要组成部分，本年度相关研究有所式微。吴敏等考察了地方官员晋升激励对城市维护建设的影响，发现市委书记和市长任期与可视型公共品支出呈现显著的倒"U"型关系，最高点出现在第三年，这一规律对于上任年龄小于55岁的市委书记更为明

---

　　① 毛捷、吕冰洋、陈佩霞：《分税的事实：度量中国县级财政分权的数据基础》，载《经济学（季刊）》2018年第2期。
　　② 余泳泽、刘大勇：《"中国式财政分权"与全要素生产率："竞次"还是"竞优"》，载《财贸经济》2018年第1期。
　　③ 李政、杨思莹：《财政分权、政府创新偏好与区域创新效率》，载《管理世界》2018年第12期。

显，而非可视型公共品则不存在这一现象。[①]

在财政竞争效果的影响因素方面，辖区间的竞争强度和人口规模被广泛关注。根据空间经济学和城市经济学理论，城市经济具有规模报酬递增的特征，通常以知识外溢、共享基础设施等形式表现出来。而一个细碎化（fragmented）的政府组织结构体系既可能促进辖区竞争，又容易导致地区内部的经济活动空间被分割，造成行政边界与经济边界不一致，不利于规模经济和集聚经济的发挥。高琳等通过构建分别表征辖区间竞争强度的空间细碎化指标（用单位国土面积上的县级辖区数量衡量）和规模经济含义的人口规模细碎化指标（用单位人口上的县级辖区数量衡量），实证分析了政府组织结构体系对城市长期经济增长的影响，研究发现，辖区间竞争的经济增长效应主要体现在第二产业，并随时间推移而呈现先强后弱直至消失的变化过程；人口规模细碎化不利于城市规模效应的发挥，进而阻碍了经济增长。[②]

在财政竞争效果方面，李子豪等基于省级面板数据，利用空间计量方法，考察了地方政府税收竞争、产业结构调整对中国区域绿色发展（基于SBM模型测算获得）的影响机制和效果，研究发现，本地政府参与税收竞争以及产业结构的工业化程度将直接对本地绿色发展产生负面影响，而邻近地区的税收竞争和工业化发展也将通过"逐底竞争"的负向激励抑制本地绿色发展。[③] 储德银等运用 Malmquist – Luenberger 生产率指数测度公共服务供给效率，在此基础上研究了财政分权程度对义务教育服务供给效率的影响，发现在我国现有分权模式下，分权水平的提高不仅有利于义务教育服务供给效率的提升，而且激励效应呈现出不断扩大的态势。[④]

此外，诸多文献还利用政策改革的准自然实验对此展开实证研究：

（1）撤县设区。

为配合城镇化的需要，20世纪初我国各地陆续实施了撤县设区改革，将县（县级市）调整为地级市（直辖市）的所辖城区，改革直接导致原

[①] 吴敏、周黎安：《晋升激励与城市建设：公共品可视性的视角》，载《经济研究》2018年第12期。

[②] 高琳、高伟华：《竞争效应抑或规模效应——辖区细碎对城市长期经济增长的影响》，载《管理世界》2018年第12期。

[③] 李子豪、毛军：《地方政府税收竞争、产业结构调整与中国区域绿色发展》，载《财贸经济》2018年第12期。

[④] 储德银、韩一多、张同斌、何鹏飞：《中国式分权与公共服务供给效率：线性抑或倒"U"》，载《经济学（季刊）》2018年第3期。

县政府权力的削弱（表现为财政收入分享比例的降低和审批权限的削减）和地市级政府权力的增强。张莉等基于县级数据，利用双重差分方法分析了撤县设区改革对地方政府支出结构的影响，发现改革通过降低基层政府间的竞争，弱化了地方政府的基础设施建设动机和能力，导致基础设施建设支出占比的减少，以及民生性支出占比和政府行政管理费用的增加。[1]邵朝对等基于地市级数据，利用双重差分方法分析了撤县设区改革对经济增长的影响，认为地市级政府能够通过经营土地吸引大量低生产率企业进入，引发企业数量扩张，进而带动资本、劳动等生产要素快速积累获得短期经济增长，但也造成了生产效率下降和资源错配加剧，综合结果导致人均 GDP 增长率呈现出先升后降的倒"U"型轨迹。[2] 张清源等利用撤县设区的准自然实验，基于地市级面板数据，运用倾向得分匹配和双重差分方法，考察了土地供给对城市房价的影响（撤县设区改革的准自然实验消除了房价对土地供给的反向影响），研究发现，土地供给规模的扩大有助于降低城市的房价水平，而这一结论在排除城镇化推动商品房市场需求增长的情况下依然成立，因此建议调控房价应从扩大土地供给规模入手。[3]

（2）省直管县。

我国于 2004 年开始实施省直管县改革，意图将县级财政与省级财政直接挂钩，省略掉市级政府的干预，实现精简纵向财政层级结构的目标。理论上省直管县的功能有二：一是提高县级财政的税收留成比例，从而加强县级政府自主财力；二是赋予县级政府更多的支出责任，进而促进县域经济发展。王立勇等以山西省"省直管县"改革作为准自然实验，基于县级面板数据，采用双重差分法研究了财政分权对产业结构升级的影响，发现由于"省直管县"改革赋予直管县更多的财政收支权及经济自主权，激发了地方政府发展经济的活力，促进了产业结构升级，并且这种促进效果随着时间推移而逐步加强。[4] 蔡嘉瑶等同样借助省直管县改革的准自然实验，研究了财政分权对环境治理的影响，发现相比于没有纳入试点范围的

① 张莉、皮嘉勇、宋光祥：《地方政府竞争与生产性支出偏向——撤县设区的政治经济学分析》，载《财贸经济》2018 年第 3 期。

② 邵朝对、苏丹妮、包群：《中国式分权下撤县设区的增长绩效评估》，载《世界经济》2018 年第 10 期。

③ 张清源、苏国灿、梁若冰：《增加土地供给能否有效抑制房价上涨——利用"撤县设区"的准实验研究》，载《财贸经济》2018 年第 4 期。

④ 王立勇、高玉胭：《财政分权与产业结构升级——来自"省直管县"准自然实验的经验证据》，载《财贸经济》2018 年第 11 期。

地区，改革区域水质出现了明显恶化，表现为化学需氧量（COD）和氨氮污染物（NH）指标的显著上升。其原因在于，改革试点县在财政自主权扩大后，倾向于利用新增加的财力进行基础设施建设等生产性支出，而忽视了辖区内包括环境在内的公共服务的供给。[①]

（3）开发区建设。

邓慧慧等以开发区建设为例，基于地市级面板数据，利用空间计量方法考察了地方政府的经济决策动机，研究发现，地方官员的经济决策并不会完全基于自身条件，而是会模仿跟随其他辖区做出类似决定，即存在"同群效应"，其中欠发达地区和发达地区的组内同群效应较小，欠发达地区与发达地区的组间同群效应较大，表明地方政府设立开发区时更多是源于对经济发展水平较高城市的模仿，且自身经验并不能抑制模仿冲动。[②]

（4）重点产业政策。

钱雪松等以2009年十大产业振兴规划的出台为准自然实验，利用双重差分方法研究发现，十大产业振兴规划的出台降低了实验组企业投资对投资机会的敏感程度，进而引发全要素生产率下降，并且该效应对地方政府干预程度较强地区和国有企业更为明显。[③] 杨继东等在整理中央和省级政府"十一五"和"十二五"规划中所提及重点产业的基础上，基于2007~2014年间工业土地出让微观数据，检验了重点产业政策对土地资源空间配置的影响，研究发现，重点产业政策容易引发资源空间配置扭曲，导致相关产业的地理熵指数增加，影响机制主要归结为地区间竞争，竞争越激烈，地方保护主义越强，空间扭曲越严重，并且呈现出显著的政治周期性。[④]

（5）农业税改革。

我国于2005年取消农业税，改革的直接影响是减少了县级政府的财政收入。王芳等基于县级数据，利用双重差分方法研究发现，农业税的废除能够提高劳均粮食产量、增加农民收支、降低城乡收入差距，但地方政

① 蔡嘉瑶、张建华：《财政分权与环境治理——基于"省直管县"财政改革的准自然实验研究》，载《经济学动态》2018年第1期。

② 邓慧慧、赵家羚：《地方政府经济决策中的"同群效应"》，载《中国工业经济》2018年第4期。

③ 钱雪松、康瑾、唐英伦、曹夏平：《产业政策、资本配置效率与企业全要素生产率——基于中国2009年十大产业振兴规划自然实验的经验研究》，载《中国工业经济》2018年第8期。

④ 杨继东、罗路宝：《产业政策、地区竞争与资源空间配置扭曲》，载《中国工业经济》2018年第12期。

府由于在改革后面临财政收入缩减，为了弥补损失，会通过卖地筹资，由此导致耕地面积的减少，进而在一定程度上抵消了改革的正面效果。[1] 余靖雯等以农业税改革作为准自然实验，基于县级数据，利用双重差分方法研究了县级政府财政压力对公共服务供给的影响，发现财政压力抑制了县级政府的公共教育供给，财政收入受取消农业税冲击越大的县，改革后教育支出占比下降越多，并且这种负向影响随着时间的推移而逐渐增大。[2]

195

（三）转移支付

转移支付制度是我国财政分权体制中的重要组成部分，细分为一般性转移支付、专项转移支付和税收返还，总体而言作用有三：一是弥补地方财力缺口；二是平衡地区间财力水平，促进基本公共服务提供的均等化；三是引导和激励地方政府履行特定职责和支出责任。需要特别说明的是，转移支付制度不同于转移性支出，前者指政府间的资金转移，后者指政府与居民和企业间的资金转移。

由于一般性转移支付规模与地区经济发展水平负相关，容易让下级政府产生转移支付依赖心理，不利于调动地方发展经济的积极性，而专项转移支付却可以使上级政府锁定下级政府的优先发展目标。吕冰洋等从税收分成的视角解释了我国专项转移支付规模为何逐年增多，理论研究认为，当上级政府的税收分成上升后，如果加大一般性转移支付力度，会降低地方政府的发展积极性，发达地区尤甚；如果加大专项转移支付力度，会提高地方政府的发展积极性，欠发达地区尤甚。因此，上级政府为均衡地区发展，倾向于提高专项转移支付占比。其进一步利用县级和省级财政数据的实证研究证实了上述猜想。[3]

对于转移支付制度的经济影响，学者们从以下几个切入点进行了分析：

（1）在对中央和地方财政收支关系的影响上，储德银等研究发现，一般性转移支付与税收返还可以有效缓解或降低财政纵向失衡程度，而专项

---

① 王芳、陈硕、王瑾：《农业税减免、农业发展与地方政府行为——县级证据》，载《金融研究》2018 年第 4 期。

② 余靖雯、陈晓光、龚六堂：《财政压力如何影响了县级政府公共服务供给?》，载《金融研究》2018 年第 1 期。

③ 吕冰洋、毛捷、马光荣：《分税与转移支付结构：专项转移支付为什么越来越多?》，载《管理世界》2018 年第 4 期。

转移支付则加剧了财政纵向失衡，总体上加剧了财政纵向失衡。[①]

（2）在对地区经济稳定的影响上，张凯强基于县级数据，利用模糊断点回归方法展开研究，发现当一般性转移支付和专项转移支付占比提高10%时，地区经济波动率将分别降低 1.2% 和 2.5%，转移支付有利于地区经济稳定。[②]

（3）在对企业税负的影响上，王小龙等考察了转移支付的不确定性对企业实际税负的影响，理论分析认为，当地方政府财政收入风险加大时，为保持财政可持续性，地方政府往往倾向于通过提高征税努力程度增加企业税负；随后基于工业企业数据库和县级财政数据对此进行了论证，并发现转移支付波动对企业实际税率的正向影响主要源自一般性转移支付波动，而专项转移支付波动则无此效果。[③] 吕冰洋等从政府支出偏好的视角展开研究，认为当上下级政府偏好生产性支出时，增加一般性转移支付会促使地方政府降低税率，增加生产性专项转移支付会促使地方政府提高税率，增加民生性专项转移支付的影响不确定；而当上下级政府偏好民生性支出时，结论相反。[④]

（四）土地财政

《土地管理法（1986）》和《城镇国有土地使用权出让和转让暂行条例（1990）》等法律赋予了地方政府在国有土地一级开发上的垄断权，通过征用并出让国有建设土地进行直接融资，或者以土地作为担保和偿债来源进行举债，成为地方政府干预经济发展的重要手段。

（1）土地财政与地方债。张莉等以 2010～2011 年间实施的住房限购改革为准自然实验（理论上住房限购会对土地出让收入造成负面冲击），发现限购政策显著降低了土地出让收入，进而抑制城投债的发行。[⑤] 杨继

① 储德银、迟淑娴：《转移支付降低了中国式财政纵向失衡吗》，载《财贸经济》2018 年第 9 期。

② 张凯强：《转移支付与地区经济稳定——基于国家级贫困县划分的断点分析》，载《财贸经济》2018 年第 1 期。

③ 王小龙、余龙：《财政转移支付的不确定性与企业实际税负》，载《中国工业经济》2018 年第 9 期。

④ 吕冰洋、张凯强：《转移支付和税收努力：政府支出偏向的影响》，载《世界经济》2018 年第 7 期。

⑤ 张莉、年永威、刘京军：《土地市场波动与地方债——以城投债为例》，载《经济学（季刊）》2018 年第 3 期。

东等基于 2004～2013 年间地级市土地出让与城投债发行匹配数据同样发现,上年度城市土地出让价格或者土地出让收入越高,本年度越有可能发行城投债且发行规模越大。[①]

（2）土地财政与房价。唐云锋等基于 2009～2015 年间 15 个中大城市房价数据的实证研究发现,土地财政是导致房价上涨的根本原因。[②] 但因研究未能完全剔除房价因素对土地财政的反向影响,结论尚有质疑的空间。

（3）土地财政与经济波动。梅冬州等在多部门动态随机一般均衡（DSGE）模型中引入金融加速器效用（即初始冲击通过影响企业的外部融资成本引发投资和产出的大幅下降）,分析了房价影响 GDP 的影响机制,研究发现,地方政府的土地出让行为联结了房价变动与地方政府收入,而地方政府在基础设施投资上的偏向和金融加速器效应放大了房价对投资和整个经济的影响,三者共同作用使得房地产部门成为中国经济波动的重要来源。[③] 徐升艳等基于地市级面板数据的研究发现,土地出让市场化程度的上升,既能通过提高土地资本化程度,增加城市融资规模来促进生产规模扩大,又能通过土地价格信号的更有效发挥,引导生产要素组合的更有效匹配来改善资源配置效率,二者综合影响下,土地出让市场化在长期对经济增长具有显著的促进作用。[④]

（4）土地财政与技术进步。鲁元平等基于 267 个地级市的发明专利数据研究发现,地方政府对土地财政的依赖显著阻碍了区域技术创新水平,其中土地财政模式下的政府支出偏向、企业创新要素的挤出效应和对制度环境的负面影响则是阻碍区域技术创新的重要机制。[⑤]

（5）土地财政与城市建设。陆铭等基于手工收集的新城建设数据,考察了土地产权保护传统对地方政府的新城建设效率的影响,前者选取家庭联产承包责任制实施的先后顺序进行度量,研究发现,土地产权保护传统

① 杨继东、杨其静、刘凯:《以地融资与债务增长——基于地级市面板数据的经验研究》,载《财贸经济》2018 年第 2 期。

② 唐云锋、吴琦琦:《土地财政制度对房地产价格的影响因素研究》,载《经济理论与经济管理》2018 年第 3 期。

③ 梅冬州、崔小勇、吴娱:《房价变动、土地财政与中国经济波动》,载《经济研究》2018 年第 1 期。

④ 徐升艳、陈杰、赵刚:《土地出让市场化如何促进经济增长》,载《中国工业经济》2018 年第 3 期。

⑤ 鲁元平、张克中、欧阳洁:《土地财政阻碍了区域技术创新吗?——基于 267 个地级市面板数据的实证检验》,载《金融研究》2018 年第 5 期。

好的城市，新城规划面积更小、密度更高、离主城区更近，而这一现象在2009年后尤为明显。[①]

五、政企关系

（一）财税激励与产业扶持

财政政策如何服务企业发展，是近年来政府部门关注的焦点，为此，学者们从多个角度展开研究。

在企业研发税收减免的可持续性方面，汪冲等利用 Heckman 选择效应模型研究发现，在研发税收激励和减免资格认定的共同作用下，企业营收规模的扩大引发利润率（净利润与营业收入之比）的降低，削弱了企业下一年度持续满足认定条件的能力，最终降低了企业下一年度持续获得减免的可能性。[②]

在研发补贴效果方面，林菁璐等和胡凯等分别以深市 46 家中小企业和制造业上市公司为样本，实证检验了研发补贴对企业研发投入的促进作用[③][④]。郭玥以沪深 A 股上市公司为样本研究发现，创新补助会显著增加企业研发投入和实质性创新产出，企业在获得创新补助后会向外释放积极信号，从而争取到更多的社会资源集聚，这一现象在民营、成长期且高管具有研发背景的企业尤为明显。[⑤] 章元等以 2001～2012 年间中关村高新技术企业为样本，采用倾向得分匹配和双重差分方法研究发现，政府补贴显著提高了创新经费支出、新产品销售收入和专利申请数量，进一步将创新活动细分为自主创新和购买引进新技术后，发现补贴导致购买引进新技术

① 陆铭、常晨、王丹利：《制度与城市：土地产权保护传统有利于新城建设效率的证据》，载《经济研究》2018 年第 6 期。
② 汪冲、江笑云：《研发税收激励、企业资格认定与减免可持续性》，载《经济研究》2018 年第 11 期。
③ 林菁璐：《政府研发补贴对中小企业研发投入影响的实证研究》，载《管理世界》2018 年第 3 期。
④ 胡凯、吴清：《税收激励、制度环境与企业研发支出》，载《财贸经济》2018 年第 1 期。
⑤ 郭玥：《政府创新补助的信号传递机制与企业创新》，载《中国工业经济》2018 年第 9 期。

的增加和自主创新的减少。① 赵凯等比较了政府直接补贴和税收优惠对企业研发投入的影响，发现二者均呈现正向促进作用，挤入效果都不明显，但税收优惠能有效激励高技术企业在人员方面的投入。②

政府补贴还会通过影响企业的市场进入、退出和规模，引发企业间资源错配，降低生产效率。金晓雨基于工业企业数据库，研究发现，政府补贴是导致资源误置的重要因素，补贴会改变市场的广延边际（指补贴阻碍了市场进入和市场退出）和集约边际（指补贴有利于受补贴企业扩大生产规模，并挤出未补贴企业的市场份额），导致资源在受补贴企业和未补贴企业之间的错配，降低制造业生产率，并且这种资源错配效应在国有资本比重高的行业中更为严重。③

此外，政府不恰当的干预还可能制约企业发展。于文超等分析了税收征管活动对企业融资约束的影响，发现地方政府此前一年财政盈余水平越低，辖区内企业当年面临税务检查的概率和次数则越高，而接受税务检查的企业，经营中遇到融资障碍的可能性显著上升，该效应随法制环境的改善而减弱。④

（二）简政放权

改革开放以来，简政放权成为经济体制改革中的重要内容，目的在于增强企业活力。许和连等借助于 2006 年开始的生产企业出口退（免）税审批权下放的准自然实验，基于工业企业和中国海关进出口匹配数据的研究发现，出口退（免）税审批权下放通过缓解企业资金约束，对企业出口绩效产生了显著而稳健的改善作用，使得企业出口额增加12%、产品质量提升7%，产品价格下降6%，且这种改善作用几乎不存在时滞并具有持续性。⑤ 王永进等借助于地方行政审批中心成立的准自然实验，利用双重差分方法研究发现，行政审批中心的建立降低了企业的制度性交易成本，

① 章元、程郁、佘国满：《政府补贴能否促进高新技术企业的自主创新？——来自中关村的证据》，载《金融研究》2018 年第 10 期。

② 赵凯、王鸿源：《政府 R&D 补贴政策与企业创新决策间双向动态耦合与非线性关系》，载《经济理论与经济管理》2018 年第 5 期。

③ 金晓雨：《政府补贴、资源误置与制造业生产率》，载《财贸经济》2018 年第 6 期。

④ 于文超、殷华、梁平汉：《税收征管、财政压力与企业融资约束》，载《中国工业经济》2018 年第 1 期。

⑤ 许和连、王海成：《简政放权改革会改善企业出口绩效吗？——基于出口退（免）税审批权下放的准自然试验》，载《经济研究》2018 年第 3 期。

从而促进企业研发和技术创新，其中，实用新型专利和外观设计专利、内资企业、接近国际技术前沿行业、低融资约束行业以及非专利密集型行业企业从制度改革中获益更大，但同时行政审批效率的改善也会促进企业进入，挤压已有企业的生存空间，从而抑制企业创新。[1]

（三）寻租与腐败

税收征管领域的寻租问题长期以来是学术研究的热点。具备自由裁量权的税收征管人员能够通过接受贿赂的方式来纵容企业逃税。田彬彬等以企业的业务招待费支出占比作为度量行贿程度的代理变量，研究发现，企业的业务招待费支出占比越高，逃税程度也越高，这一现象在高名义税率的企业较为明显，而享受税收优惠的企业则不存在此类问题。随着中央"八项规定"的实施，反腐力度的加强引发上述效应显著下降。[2] 张敏等分析了距离因素对企业避税的影响，理论上企业与税务局之间在地理上的接近，既可能便利企业通过寻租进行避税（寻租成本的"距离衰减效应"），也可能便利税务局通过获取更多企业信息，强化税收征管力度（信息搜寻成本的"距离衰减效应"），其利用上市公司数据的研究发现，企业与基层主管税务局之间距离越近，避税程度越高，从而支持了寻租成本的"距离衰减效应"假说。[3]

党的十八大以来，中央开展了大规模的反腐工作，诸多学者对此展开研究。汪峰等将各省地方党报在样本期间出现的"腐败"关键词作为政府反腐力度的代理变量，将各省查获腐败官员数量分解为反腐力度和腐败程度两个要素，研究发现，反腐与经济增长之间的关系受到腐败程度的影响，持续性反腐可以降低总体腐败程度，提高国内外投资者的信心，有利于经济社会可持续稳定发展。[4] 晏艳阳等分析了反腐败对高管薪酬激励效果的影响，认为反腐败力度与高管薪酬激励效果存在倒"N"型非线性关系，即随着反腐败力度的加强，高管薪酬激励效果呈现先抑制后促进再抑制的变化过程，现阶段我国多数地区的反腐力度尚未突破第二转折点，表

---

① 王永进、冯笑：《行政审批制度改革与企业创新》，载《中国工业经济》2018 年第 2 期。
② 田彬彬、范子英：《征纳合谋、寻租与企业逃税》，载《经济研究》2018 年第 5 期。
③ 张敏、刘耀淞、王欣、何萱：《企业与税务局为邻：便利避税还是便利征税?》，载《管理世界》2018 年第 5 期。
④ 汪峰、姚树洁、曲光俊：《反腐促进经济可持续稳定增长的理论机制》，载《经济研究》2018 年第 1 期。

明当前中国的反腐败力度有利于高管薪酬激励效果的发挥。[1]

在腐败惩处方面，褚红丽利用 2014 年我国法院公布的受贿罪一审刑事判决材料，分析了受贿主体的职务级别、法律制度设计和腐败惩罚之间的关系，研究发现，在考虑法律设计特征、控制腐败惩罚的边际递减效应后，高级别贪官的腐败惩罚更重，以此反驳了"刑不上大夫"的社会舆论。[2]

（四）僵尸企业

僵尸企业多指丧失自我发展能力，必须依赖非市场因素（包括政府补贴或银行续贷等）来维持生存的企业，因此，僵尸企业不仅自身生产效率低下，而且还会对市场其他个体产生负外部性影响。李旭超等研究了僵尸企业对企业税负扭曲的影响，认为僵尸企业极少纳税且耗费财政资源，在地方财政普遍面临赤字压力的情况下，导致正常企业承担更多的税收负担，而且财政压力越大的省份，僵尸企业对正常企业实际所得税税率的影响也越大。[3] 王永钦等基于专利申请和工业企业数据，研究了僵尸企业对企业创新的影响，发现僵尸企业能通过加剧资源约束、扭曲信贷配置和损害行业公平竞争等渠道弱化正常企业的创新能力，造成正常企业专利申请数和全要素生产率的显著降低。[4]

（五）限薪令

官员腐败和垄断行业工资溢价是导致我国收入差距过大及收入分配不公的主要成因，抑制国企高管薪酬的过快增长对于改善收入分配格局而言意义重大，为此我国在 2009 年颁布了《关于进一步规范中央企业负责人薪酬管理的指导意见》，旨在强化国企高管的薪酬约束。早期张楠等和常风林等对此展开研究，均认为"限薪令（2009）"无法有效降低国企高管

---

[1]　晏艳阳、乔嗣佳：《反腐败的微观效果评价：高管激励视角》，载《经济学动态》2018 年第 2 期。

[2]　褚红丽、孙圣民、魏建：《职务级别、法律制度设计与腐败惩罚扭曲》，载《经济学（季刊）》2018 年第 3 期。

[3]　李旭超、鲁建坤、金祥荣：《僵尸企业与税负扭曲》，载《管理世界》2018 年第 4 期。

[4]　王永钦、李蔚、戴芸：《僵尸企业如何影响了企业创新？——来自中国工业企业的证据》，载《经济研究》2018 年第 11 期。

薪酬，但不同之处在于，前者认为限薪政策有效减缓了（货币）薪酬的增长幅度，后者认为政策未能限制中央企业负责人薪酬过快增长[①②]。

　　杨青等对2014年颁布的《中央管理企业负责人薪酬制度改革方案》的政策效果进行了评估，研究发现，对员工而言，"限薪令（2014）"显著降低了中央企业高管的货币薪酬与企业内部薪酬差距；对企业而言，公司治理越差、行业增长率越高、竞争越激烈、地区市场化程度越高时，公司价值的损失也越大。[③]

六、税收制度

（一）营改增

　　2012～2016年间我国实施了营业税改增值税改革，服务业"营改增"作为中国供给侧结构性改革的重要内容之一，被认为可通过延长抵扣链条对制造业产生减税效应，进而带动制造业转型升级。李永友等基于制造业上市公司数据研究发现，服务业营改增的减税效应的确带动了制造业以生产率提升为标志的转型升级，但升级路径在企业间呈现出明显差异，表现为高技术水平的制造业企业，主要选择增加研发投入作为升级策略，而低技术水平或低研发投入的制造业企业，主要选择增加外购技术信息服务支出作为升级策略。[④]

　　现阶段我国增值税税收划分实行生产地原则，即增值税地方政府分享部分主要按纳税人注册地在各地区间进行分配，当生产地与消费地不一致时，即会引发增值税税收的跨地区转移。何炜等基于2005～2015年间省级面板数据，利用空间动态面板模型，研究了财政压力对增值税税收转移

　　① 张楠、卢洪友：《薪酬管制会减少国有企业高管收入吗——来自政府"限薪令"的准自然试验》，载《经济学动态》2017年第3期。
　　② 常风林、周慧、岳希明：《国有企业高管"限薪令"有效性研究》，载《经济学动态》2017年第3期。
　　③ 杨青、王亚男、唐跃军：《"限薪令"的政策效果：基于竞争与垄断性央企市场反应的评估》，载《金融研究》2018年第1期。
　　④ 李永友、严岑：《服务业"营改增"能带动制造业升级吗？》，载《经济研究》2018年第4期。

的影响，发现我国增值税税收存在从财政压力大的地区向财政压力小的地区转移的现象，其中社会性支出负担对税收转入具有负向强化作用，财政自给率对税收转入具有正向强化作用。[1]

（二） 企业所得税

李明等利用 2002 年所得税分享改革的准自然实验，基于工业企业数据库，利用断点回归方法评估了税率波动的经济效应，研究发现，改革前由地税局负责征管的旧企业的实际有效所得税率显著低于改革后由国税局征管的新企业，二者相差约 1.99%，而旧企业劳均增加值增速约比新企业高 6.43%，简单核算表明，税率每下降 1%，企业劳均增加值增速约提高 3.2%，由此间接评估了减税的经济效应。[2]

（三） 房产税

2011 年重庆和上海实施了房产税改革试点，刘友金等以此作为准自然实验，利用合成控制法（SCM）评估了房产税政策对产业转移的影响，研究发现，在房价水平相对较低、处于工业化中期的重庆开征强度较高的房产税，对工业、服务业的相对产值和相对就业率均具有促进作用；而在房价已经很高、处于工业化后期的上海开征强度较低的房产税，却降低了工业和服务业的相对产值，增加了服务业的相对就业率，没有改变已经形成的产业转出态势。[3]

（四） 企业税负

税负问题是制约企业发展的重要因素。刘啟仁等在理论模型中引入可变加成率，分析了税负对资源配置效率的影响，发现当企业实际税负率增加时，会通过抬升加成率进行税负转嫁，导致生产要素边际产出越发偏离

① 何炜、雷根强：《财政压力、税收转移与增值税分成机制探索》，载《财贸经济》2018年第 8 期。
② 李明、李德刚、冯强：《中国减税的经济效应评估——基于所得税分享改革"准自然试验"》，载《经济研究》2018 年第 7 期。
③ 刘友金、曾小明：《房产税对产业转移的影响：来自重庆和上海的经验证据》，载《中国工业经济》2018 年第 11 期。

社会最优水平；但企业生产率的提升具有扭曲调整效应，通过减少税负转嫁进而有效地降低资源配置扭曲。[①] 樊勇等基于微观企业数据考察了企业固定资产投资行为的税收凸显性（指税负的可见程度），研究发现，增值税税负能够显著降低企业的固定资产投资，而企业所得税税负则无此现象。[②] 陆施予等基于世界银行 2012 年中国企业调查数据研究发现，税收负担越重，企业选择电子商务的概率越大，从事网上销售的比重越高。[③]

中小企业经营难的问题长期制约着我国经济发展，究其原因，现有研究或是归结于用工成本的上涨，或是归结为宏观税负。杨继生等基于多层因子企业绩效模型和中小板上市公司数据，发现对于经营状态较差的企业，用工成本确实是最主要的制约因素，"机器换人"和技术创新是企业脱困的必要手段；而经营状态较好的企业，约束主要来自宏观环境因素，而非用工成本。[④]

七、收入再分配政策

考察政府再分配政策（包括直接税、社会保障缴费和来自政府的转移性补贴等）的收入分配效应历来是财政学研究的重要内容。现阶段研究方法大致有二：一是测算 MT 指数[⑤]，以政府补贴为例，用补贴前基尼系数减补贴后基尼系数，若结果为正，则表明该项补贴缩小了居民间收入差距；二是沿用勒曼和伊扎基（Lerman and Yitzhaki）所提方法[⑥]，对基尼系数按收入来源进行分解，若政府补贴以总收入计算的集中度大于总收入基尼系数，则表明补贴相对集中在高收入群体，继续增加补贴会扩大收入差距。但二者间的研究结论存在差异。徐静等对此展开研究，通过测绘基尼

① 刘啟仁、黄建忠：《企业税负如何影响资源配置效率》，载《世界经济》2018 年第 1 期。
② 樊勇、李昊楠、蒋玉杰：《企业税负、税收凸显性与企业固定资产投资》，载《财贸经济》2018 年第 12 期。
③ 陆施予、李光勤：《税收负担与企业电子商务——来自世界银行中国企业调查数据的经验证据》，载《财贸经济》2018 年第 7 期。
④ 杨继生、黎娇龙：《制约民营制造企业的关键因素：用工成本还是宏观税负?》，载《经济研究》2018 年第 5 期。
⑤ Musgrave, R. A., and T. Thin, 1948, Income Tax Progression 1929 – 1948, *Journal of Political Economy*, Vol. 56, pp. 498 – 514.
⑥ Lerman, R. I., and S. Yitzhaki, 1985, Income Inequality Effects by Income Source: A New Approach and Applications to the United States, *Review of Economics and Statistics*, Vol. 67, pp. 151 – 156.

系数路径曲线，即总收入基尼系数随补贴规模的增加而形成的路径，发现当补贴具有累进性时，随着补贴规模的增大，基尼系数将呈现出先减小后增大的"U"型走势，转折点的出现源于累进补贴打乱了初始收入排序。其进一步基于 2013 年的 CHIP 数据测算发现，我国社保支出总体上能够缩小收入差距，但补贴规模已超过转折点，表明部分群体过度占用了社保资源，若简单地增加补贴规模，反而会进一步扩大收入差距。[①]

在政府再分配政策效果方面，解垩基于 2013 年 CHARLS 数据研究发现，现阶段我国的收入再分配效应主要通过公共转移性支出来实现，而非税收和社会保障缴费，前者贡献了 90% 以上，后者的贡献不足 10%；在转移性支出中，养老金和低保贡献最大，而特困户救助、五保户补助、低保等政策具有较好的贫困瞄准性。[②] 卢盛峰等基于 2000～2011 年间 CHNS 数据的研究同样发现，来自政府、企业以及居民间的转移性救助资金能够更多地被低收入家庭所获得，其中政府性救助的扶贫效果优于居民间救助，优于企业救助。[③] 韩华为评估了农村低保的瞄准效果，研究发现，多维贫困标准是现实中农村低保户认定所依据的主流方法，而相比于收入贫困标准，前者能够部分地纠正贫困测量误差，但瞄准偏误仍然偏高。[④] 这一观点与早期朱梦冰等的研究结论相一致。[⑤]

八、社会保障

社会保障制度旨在针对因丧失劳动能力而陷入生活困难的群体给予物质上的帮助，本质是在促进社会公平。20 世纪八九十年代大量发展中国家陆续建立了社会保障制度，以此为契机，贾俊雪等基于跨国面板数据，利用倾向得分匹配和双重差分方法研究了社会保障制度对经济增长的影响，发现社会保障制度的建立不利于物质资本积累，进而导致实际人均

[①] 徐静、蔡萌、岳希明：《政府补贴的收入再分配效应》，载《中国社会科学》2018 年第 10 期。

[②] 解垩：《税收和转移支付对收入再分配的贡献》，载《经济研究》2018 年第 7 期。

[③] 卢盛峰、陈思霞、时良彦：《走向收入平衡增长：中国转移支付系统"精准扶贫"了吗？》，载《经济研究》2018 年第 11 期。

[④] 韩华为：《农村低保户瞄准中的偏误和精英俘获——基于社区瞄准机制的分析》，载《经济学动态》2018 年第 2 期。

[⑤] 朱梦冰、李实：《精准扶贫重在精准识别贫困人口——农村低保政策的瞄准效果分析》，载《中国社会科学》2017 年第 9 期。

205

GDP 增长率显著下降 2.5957 个百分点。[①]

（一）养老保险

养老保险的最初目的在于抵御长寿风险，同时还会通过缴费和给付等渠道影响家庭消费决策和企业生产决策。

在费用征缴方面，城镇职工基本养老保险制度要求企业和职工各自承担一部分缴费比重，客观上会给企业经营造成负担。赵健宇等以 A 股非金融业上市公司为样本的研究发现，企业为员工支付的养老保险占员工总薪酬的比重与全要素生产率负相关，且这一负向关系仅在员工平均工资较低的企业中显著。[②] 彭浩然等将财政竞争引入分析框架，并基于 2005～2015 年间省级面板数据，利用空间计量方法，检验了我国地方政府在养老保险征缴方面的"逐底竞争"行为，研究发现，养老保险征缴强度会对外资流入产生明显的负面影响，而不同地方政府的养老保险征缴强度和实际缴费率呈显著的正相关关系，因此建议我国在推行养老保险全国统筹过程中，中央政府必须重视防范地方政府在养老保险征缴方面的道德风险，并合理划分中央与地方政府的财政责任。[③] 此外，彭浩然等还通过构建世代交迭模型，在物质资本和人力资本积累过程中引入公共教育与现收现付养老保险之间的代际转移关系，研究了公共教育税率和养老保险缴费率对经济增长和养老金替代率的影响，发现公共教育税率与养老保险缴费率之间存在一个最优组合，可以同时实现经济增长和提高养老金替代率的双重目标，数值模拟结果显示，在当前情况下，我国政府只有在降低养老保险缴费率的同时，加大公共教育投资，才有可能实现促进经济增长和维持养老金替代率不变两大目标。[④]

随着人口平均寿命的延长，养老金给付压力日渐增大，引发了社会各界对延迟退休问题的广泛关注。严成樑在内生化人口出生率的跨期迭代模

---

① 贾俊雪、李紫霄、秦聪：《社会保障与经济增长：基于拟自然实验的分析》，载《中国工业经济》2018 年第 11 期。

② 赵健宇、陆正飞：《养老保险缴费比例会影响企业生产效率吗？》，载《经济研究》2018 年第 10 期。

③ 彭浩然、岳经纶、李晨烽：《中国地方政府养老保险征缴是否存在逐底竞争？》，载《管理世界》2018 年第 2 期。

④ 彭浩然、邱桓沛、朱传奇、李昂：《养老保险缴费率、公共教育投资与养老金替代率》，载《世界经济》2018 年第 7 期。

型中引入延迟退休和隔代教养的研究发现，延迟退休对人口出生率的影响通过两条渠道实现：一是延迟退休使老年时期收入增加，从而年轻时期储蓄压力减少，年轻人倾向于投入更少的时间用于劳动，投入更多的时间用于抚育子女，促使人口出生率上升；二是延迟退休使老年人用于隔代教养的时间减少，年轻人抚育子女的时间成本上升，促使人口出生率降低。数值模拟结果显示，延迟退休对人口出生率的影响是不确定的，取决于上述两种效应的大小对比。[①]

随着社会养老保险的普及，老年人逐步摆脱了对家庭养老的依赖，这对于农村地区的影响尤为深远。徐志刚等基于农业部全国农村固定观察点数据，利用倾向得分匹配和双重差分方法实证分析了新型农村社会养老保险（"新农保"）对家庭土地转出决策的影响，发现上述效果存在不确定性，受到家庭成员是否有老年人和家庭流动性约束的影响，表现为：第一，对于无老年人家庭，当流动性约束较弱时，加入新农保能提升预期养老保障水平，制度性养老保障会替代土地养老保障功能并降低土地经营边际效用，促进土地转出；第二，对于无老年人家庭，当流动性约束较强时，加入新农保能增加短期家庭支出和长远利益，促使家庭短期减少闲暇、增加劳动强度和时间，无益于土地转出；第三，对于有老年人家庭，当流动性约束较强时，新农保会增加老年人生活保障和家庭福利，降低老年人农业劳动供给，促进土地转出；第四，对于有老年人家庭，当流动性约束较弱时，新农保对老年人生活保障和家庭福利的提升作用较弱，促进土地转出作用也较弱。[②]

（二） 医疗保险

医疗保险是社会养老保险体系中的重要组成部分。我国现行医疗保险制度主要由三部分组成，城镇职工适用城镇职工基本医疗保险制度（城职保），与正式劳动合同挂钩，而流动人口大多无正式劳动合同，只能在来源地依据户籍分别参保新型农村合作医疗保险（新农合）和城镇居民医疗保险（城居保）。新农合和城居保在待遇上存在较大差距，造成了医疗保险问题上的户籍歧视。马超等基于 2014 年全国流动人口动态监测数据研

① 严成樑：《延迟退休、隔代教养与人口出生率》，载《世界经济》2018 年第 6 期。

② 徐志刚、宁可、钟福宁、纪月清：《新农保与农地转出：制度性养老能替代土地养老吗？——基于家庭人口结构和流动性约束的视角》，载《管理世界》2018 年第 5 期。

究发现，无论是在事前补偿原则下，还是在事后补偿原则下，参加新农合的农业户籍流动人口都面临着显著的由户籍造成的就医机会不平等问题，但从事前角度看，医保统筹政策对缓解机会不平等有显著的推动作用。[①]

　　钟晓敏等基于杭州市某三甲医院真实门诊就诊数据，实证分析了城乡居民医疗保险中的逆向选择问题，在对居民健康状况的度量上，不同于以往研究中采用问卷调查中居民自评数据，而是利用真实诊疗数据估算个体健康程度，在此基础上研究发现，居民健康状况显著地影响参保状态，表现为未参保居民健康状况优于参保居民，但在选择参保档次时，逆向选择效应则不复存在。[②]

---

　　① 马超、曲兆鹏、宋泽：《城乡医保统筹背景下流动人口医疗保健的机会不平等——事前补偿原则与事后补偿原则的悖论》，载《中国工业经济》2018年第2期。注：罗默（Roemer）提出了机会平等理论，即一个人的"优势"（advantage）由两方面因素导致：一是自己不可控的因素，称为"环境"（circumstance）；二是自己可控的因素，称为"努力"（effort）。医疗保险领域中，大多用个体健康水平或对医疗资源的占用作为个体的"优势"，"环境"因素为造成健康不平等的不合理因素（如种族、父母社会经济地位等），"努力"是造成健康不平等的合理因素（如个体生活习惯等）。事前补偿原则，指社会上存在明确的好环境和差环境，无需根据个体努力的差异，补偿差环境的个体。事后补偿原则指在得知个体的努力之后，补偿相同努力下因环境不同而处于劣势的个体。

　　② 钟晓敏、杨六妹、鲁建坤：《城乡居民医疗保险中逆向选择效应的检验》，载《财贸经济》2018年第10期。

第八章　金融学研究新进展

2018 年，我国金融学研究从我国实际情况出发，充分吸收和借鉴金融理论的国际进展以及金融改革、发展和稳定的国际经验，在货币理论与政策、金融发展与改革、金融风险与监管、商业银行经营管理、金融市场、公司金融以及国际金融领域开展系统全面的理论和实证研究，深入分析现代中央银行制度、系统性金融风险、新兴金融科技、金融市场结构变迁、商业银行转型发展、人民币汇率趋势和国际资本流动等重大理论和现实问题，取得一系列有关健全金融宏观调控机制、强化宏观审慎管理、提升金融业治理能力、建设高度适应性、竞争力和普惠性现代金融体系的具有重要理论意义和政策参考价值的创新性研究结论，为推动金融供给侧结构性改革、扩大高水平金融开放、支持经济高质量发展提供了系统坚实的金融理论和经验支持。

一、货币理论与货币政策

我国金融学的货币理论与政策研究，在继续研究货币政策目标、货币政策工具、货币政策规则、货币政策传导等经典问题的同时，日益关注货币政策的溢出效应，并且积极探讨数字货币等新兴金融现象。

（一）货币政策目标

金春雨等认为，货币政策的实施是为了促进资源的最优配置和实现预期的经济目标，然而不适当的货币政策规则会导致经济系统不存在唯一均衡并且无法达到政策效果。最优的货币政策规则随着不同经济时期的政策目标及外部环境而变化，货币供应量规则最不可取，它的政策空间最小、福利损失最大；在中央银行更希望稳定宏观经济指标并且货币政策偏好较大的时期，泰勒规则是最佳选择；如果中央银行更希望刺激经济发展，并且货币政策偏好较小，则前瞻性利率规则更适合。[①]

郑联盛认为，应发挥货币政策与宏观政策的互补性，以释放单一政策的多重目标均衡。在货币政策与宏观审慎政策的双支柱框架中，央行需要重点发挥两个政策的"链接"功能，实现央行职能与货币政策职能、法定职能与市场职能、合作博弈与均衡博弈等的有效融合。[②]

（二）货币政策工具

张小宇等对后顾性和前瞻性泰勒规则进行实证检验发现，我国中央银行存在针对"伪产出缺口"逆周期调整短期名义利率的偏好，为近年我国产出一直围绕目标增速中高速增长提供了政策依据。[③]

徐忠认为，间接货币政策实践面临着政府过度关注经济增长和预算软约束部门、金融监管体制不健全、金融市场深度不够等因素制约，仍需深化发展金融市场微观基础、制度保障和产品功能等金融市场体系。为及时有效应对流动性冲击和利率扰动，货币价格调控下中央银行的利率决策空间和政策操作自主性也亟待提高，并在制度上予以保证。同时，随着利率市场化的加速推进和基本完成，由于金融创新和脱媒迅猛发展，我国传统的以数量为主的货币调控有效性日益下降，亟须转向价格型调控方式。[④]

苏乃芳等发现，规则行事货币政策的社会福利损失及通货膨胀和产出偏差都要明显优于相机抉择，面临冲击下的产出和通胀波动更加平稳。我国货币政策亟须向规则行事转型。简单规则可以很好地近似完全承诺最优货币规则，这为今后探索并采用符合中国实际的泰勒规则提供了可靠的理论依据。[⑤]

① 金春雨、张龙、贾鹏飞：《货币政策规则、政策空间与政策效果》，载《经济研究》2018年第7期。

② 郑联盛：《货币政策与宏观审慎政策双支柱调控框架：权衡与融合》，载《金融评论》2018年第4期。

③ 张小宇、刘金全：《央行偏好识别与货币政策调控模式检验——基于不同产出缺口的实证研究》，载《国际金融研究》2018年第6期。

④ 徐忠：《经济高质量发展阶段的中国货币调控方式转型》，载《金融研究》2018年第4期。

⑤ 苏乃芳、李宏瑾：《相机抉择、简单规则与完全承诺最优货币规则——新常态下的中国货币政策决策方式选择》，载《国际金融研究》2018年第2期。

刘洪愧等认为，我国中央银行综合运用多种政策工具所产生的"货币政策效应"与"泰勒规则"下的政策效应不同。其中，调整"存贷款基准利率"对产出和总体价格水平的影响最为显著；"公开市场业务"更多起到调节商业银行自身流动性作用，对宏观经济的影响仍十分有限；而调整"法定存款准备金率"对实体经济和金融系统均无显著的紧缩效应。同时，"货币政策冲击"不是我国产出和总体价格水平波动的主要驱动因素，其对"政策变量"解释力的迅速减弱意味着货币政策主要体现为中央银行对宏观经济的内生反应。[①]

211

（三）货币政策规则、操作框架与传导机制

江春等发现，拓展泰勒规则汇率模型中的变量对人民币汇率的影响具有显著的区制转换特征，人民币汇率的动态变化会依托于异质性区制环境而呈现非对称性特点。同时，拓展泰勒规则汇率模型中的变量对人民币汇率的影响既存在一定的滞后，又在短期与长期内存在显著差异。[②]

张朝洋发现，宽松的货币政策会增加银行信贷供给，且银行的资产规模越小、资本比例越低、流动性越差，其信贷供给对货币政策的冲击就越敏感。研究还发现，加强宏观审慎管理会削弱货币政策对银行信贷的冲击，且银行的资产规模越小、资本比例越低、流动性越差，货币政策冲击对银行信贷增速的作用效果降低得越明显。[③]

战明华等从利率市场化和影子银行两个维度测算了金融市场化进程对货币政策不同传导渠道相对地位的影响。以信贷渠道为代表的数量化渠道效应要强于以利率和汇率渠道为代表的价格渠道，并且该结果没有因金融市场化的推进而改变；利率市场化的推进主要强化了利率渠道的作用，但一定程度上弱化了其他渠道尤其是信贷渠道的作用；影子银行的发展，强化了资产价格渠道的效应，而相对弱化了信贷渠道和利率渠道的效应。[④]

---

①　刘洪愧、涂巍、周国富：《多种政策工具下的中国"货币政策效应"——兼论泰勒规则在"中国版"DSGE 模型中的适用性》，载《金融评论》2018 年第 5 期。

②　江春、司登奎、李小林：《基于拓展泰勒规则汇率模型的人民币汇率动态决定：理论分析与经验研究》，载《金融研究》2018 年第 2 期。

③　张朝洋：《货币政策冲击、银行信贷渠道与宏观审慎管理》，载《金融监管研究》2018 年第 7 期。

④　战明华、李欢：《金融市场化进程是否改变了中国货币政策不同传导渠道的相对效应?》，载《金融研究》2018 年第 5 期。

李威等发现，货币增长率与利率之间存在明显的正向关系，货币信贷创造和货币政策传导具有较强的内生性。并且，由于国际金融危机爆发后，货币信贷创造和货币政策传导的内生性相对于外生性更强。[①]

梁斯在探索货币政策利率传导机制具体逻辑的基础上，分析了现阶段货币政策利率传导机制建设中需要重点解决的问题。认为改革重点应集中在破除两元利率调控机制、进一步明确基准利率、消除国有企业预算软约束等方面。应通过全盘优化的改革措施来打破市场藩篱，增加各类主体对利率变化的敏感度，稳定市场利率波动并提升商业银行信贷资产的市场化定价能力。[②]

刘莉亚等通过对利率市场化进程中竞争影响货币政策银行信贷渠道传导效率的作用机制分析发现，竞争有助于提高货币政策银行信贷渠道的传导效率；中小规模银行对竞争的影响最敏感，并承担着主要的信贷传导渠道作用；利率市场化改革可以提高竞争影响信贷渠道传导的效率，金融抑制程度浅的银行信贷渠道传导效率更高。[③]

（四）货币政策效应

楚尔鸣认为，中国中央银行的货币政策操作也将对其他国家的经济增长产生溢出效应。研究表明，中国货币政策存在溢出效应，并且中国数量型与价格型货币政策工具对他国的作用时效存在差异，在其他国家不同金融开放程度、对华不同贸易依存度和不同经贸金融合作的条件下，中国货币政策的溢出程度与溢出渠道存在差异。[④]

马理等发现，在危机中负利率难以达到促进经济复苏与消除通缩的作用，而扩充流动性的货币政策效果更显著。欧洲央行的宽松货币政策对经常项目顺差国产生了较好的影响，但逆差国需要更艰苦的结构调整与自身改革才能解决问题。同时，货币政策需要良好的金融与货币环境，与财税

① 李威、朱太辉：《基于 DSGE 模型的货币供给内生性检验——兼对非常规货币政策效果的解释》，载《国际金融研究》2018 年第 2 期。

② 梁斯：《利率市场化背景下的货币政策利率传导机制研究》，载《金融监管研究》2018 年第 7 期。

③ 刘莉亚、余晶晶：《银行竞争对货币政策传导效率的推动力效应研究——利率市场化进程中银行业的微观证据》，载《国际金融研究》2018 年第 3 期。

④ 楚尔鸣、王真：《中国货币政策溢出效应的异质性研究——基于 51 个国家的面板数据分析》，载《国际金融研究》2018 年第 10 期。

政策和产业政策协调，才能充分发挥宏观调控职能。[①]

　　杨子荣等发现，中美货币政策确实存在双向的溢出效应，但具有不对称性；中美两国数量型货币政策的溢出影响程度皆要强于其价格型货币政策；美国货币政策对中国部分经济变量的溢出影响程度甚至要强于对美国本国经济变量的政策效果，而中国货币政策效应仍以惠及本国经济为主。[②]

　　郭晔分析了货币政策对银行流动性创造的总体和结构性效应，根据商业银行参与同业业务的不同程度分析了货币政策效应的异质性。货币政策同时影响商业银行的流动性创造增速和结构；对参与同业业务程度不同的银行，货币政策的影响存在异质性；货币政策显著地改变了银行的同业资产持有比例。[③]

　　刘东坡发现，数量型货币政策和价格型货币政策均具有较为显著的产业结构效应和区域结构效应，且二者对不同区域内三次产业的调控作用具有一定的差异性。从货币政策调控效果的动态变化趋势来看，危机期间货币政策的调控作用有所下降，危机后的调控作用逐渐增强。[④]

　　朱小能发现，未预期货币政策对沪深股市有显著的负向影响，未预期基准利率调整的影响略大于准备金率调整；货币政策对股票市场的影响存在非对称性，宽松货币政策对股市的影响大于紧缩货币政策；货币政策对股票市场的影响主要通过影响预期未来超额收益实现。[⑤]

　　宋科等分析了新兴市场国家对量化宽松货币政策的回溢效应。在量化宽松政策背景下，新兴市场国家会通过变动外汇储备、国内货币政策以及汇率等渠道对量化宽松政策产生明显的回溢效应。以"金砖五国"为代表的新兴市场国家整体上对美国量化宽松政策存在回溢效应。[⑥]

　　① 马理、李书灏、文程浩：《负利率真的有效吗？——基于欧洲央行与欧元区国家的实证检验》，载《国际金融研究》2018 年第 3 期。
　　② 杨子荣、徐奇渊、王书朦：《中美大国货币政策双向溢出效应比较研究——基于两国 DSGE 模型》，载《国际金融研究》2018 年第 11 期。
　　③ 郭晔、程玉伟、黄振：《货币政策、同业业务与银行流动性创造》，载《金融研究》2018 年第 5 期。
　　④ 刘东坡：《动态视角下中国货币政策的结构效应分析——基于 TVP－SV－SFAVAR 模型的实证研究》，载《国际金融研究》2018 年第 3 期。
　　⑤ 朱小能、周磊：《未预期货币政策与股票市场——基于媒体数据的实证研究》，载《金融研究》2018 年第 1 期。
　　⑥ 宋科、黄泽清、刘相波：《新兴市场国家对发达国家量化宽松政策的回溢效应》，载《国际金融研究》2018 年第 3 期。

（五）区块链与数字货币

吴桐等认为，区块链技术与金融业都存在有待改进的缺陷，应互为补充、互相促进。区块链技术可以利用分布式记账法的去中心化的特点，在很大程度上解决传统金融体系面临的信息不对称问题；而区块链可以通过建立以通证为标的资产的金融产品，例如比特币期货，来解决自身的融资和发展问题。[1]

姚前研究发现，真正的货币是一致同意规则下的社会共识，其实现了所有成员的铸币收益均等的货币方案。私人数字货币不符合货币一致同意规则，难以成为真正货币，更难以取代满足一致同意规则的法定货币。

展望未来，法定货币或将出现数字化和智能化趋势，从而能够更好地降低交易费用和共识成本。法定数字货币有助于优化传统法币支付功能，缓解对私人部门支付服务的依赖，减少中央银行监管负担和压力，提高法定货币地位。同时，法定数字货币的发行还可解决货币政策传导不畅、逆周期调控困难、货币"脱实向虚"、政策预期管理不足等现代货币政策困境。[2][3]

二、金融发展与金融改革

学界立足我国金融发展与改革实践，面向我国金融发展与改革问题，就金融改革方向、金融发展趋势以及金融改革和发展的可借鉴国际经验进行了卓有成效的理论和经验研究。

（一）金融发展

刘培森从企业研发投入的视角分析金融发展对长期经济增长的影响。

---

[1] 吴桐、李家骐：《区块链和金融的融合发展研究》，载《金融监管研究》2018年第12期。
[2] 姚前：《共识规则下的货币演化逻辑与法定数字货币的人工智能发行》，载《金融研究》2018年第9期。
[3] 姚前：《法定数字货币对现行货币体制的优化及其发行设计》，载《国际金融研究》2018年第4期。

金融发展通过增加企业研发投入、促进技术进步来推动经济增长，这提供了一个从微观机制分析金融发展影响经济增长的新视角。[1]

彭俞超等发现，金融业相对盈利性与经济增长的关系存在一定联系。金融业相对盈利性与经济增长之间存在稳健的倒"U"型曲线关系，当金融业与非金融业的净资产收益率趋于相等时，经济增长最快。

同时，房地产投资占固定资产投资的比重偏离其最优结构且继续上升，对金融效率具有抑制效应，不利于金融支持实体经济发展。而且，这一抑制效应在房地产外部性越弱的西部地区、经济欠发达地区和房地产销售状况较差地区更强。[2][3]

吕朝凤等发现，金融发展与FDI区位选择存在关系。经验研究发现，金融发展将会提高该地区对FDI的吸引力，并且契约的宽泛实施会扩大其对FDI流入量的正影响。[4]

刘威等发现，无论是短期还是长期，金融发展均可通过FDI技术溢出和人力资本积累渠道影响中国行业出口复杂度，而技术研发效率影响仅在长期显著。金融规模通过三条渠道对行业出口复杂度的正影响显著大于金融效率效用；金融发展主要对中国劳动密集型产业有较大正影响，对资本和技术密集型产业积极效应偏低；行业出口复杂度提升存在惯性效应，前一期出口复杂度对当期会产生较大正影响。[5]

（二）金融改革

陈胜蓝等以中国金融市场的贷款利率市场化改革作为准自然实验，对照性地考察贷款利率上限放开与下限放开对公司贷款可获得性的外生性冲击如何影响公司商业信用。其中，相对于低风险公司，高风险公司在贷款利率上限放开后减少的商业信用显著更多，在贷款利率下限放开后增加的

① 刘培森：《金融发展、创新驱动与长期经济增长》，载《金融评论》2018年第4期。

② 彭俞超、彭丹丹：《金融业相对盈利性与经济增长——来自121个国家的国际经验》，载《国际金融研究》2018年第8期。

③ 彭俞超、黄娴静、沈吉：《房地产投资与金融效率——金融资源"脱实向虚"的地区差异》，载《金融研究》2018年第8期。

④ 吕朝凤、黄梅波：《金融发展能够影响FDI的区位选择吗》，载《金融研究》2018年第8期。

⑤ 刘威、杜雪利、李炳：《金融发展对中国出口复杂度的影响渠道研究》，载《国际金融研究》2018年第2期。

商业信用显著更多。①

王红建等认为，放松利率管制不仅消除了信贷市场摩擦，而且可以通过调整贷款利率水平以实现信贷风险与资金成本之间的匹配，从而对企业资本结构选择产生影响。放松利率管制不仅显著抑制了企业过度负债，加快了资本结构调整速度，而且延长了企业债务期限。同时，放松利率管制显著抑制了企业短贷长投行为，降低了企业现金与现金流之间的敏感性。②

强静等基于中国货币政策和金融市场的特点，构造利率模型刻画债券市场利率期限结构的形成机制。政策基准利率仍是决定市场各期利率重要的变量，而资金流动性因子主要影响短期利率的变动，风险溢酬因子主要决定长期市场利率的变动。简单地放松利率管制只是市场化改革的开始，建立紧密联系经济基本面的市场化利率则是下一步改革的重点。③

边卫红等立足全球，梳理分析 LIBOR、EURIBOR 和 TIBOR 三大基准利率的改革进程，进一步概括美元、欧元、英镑以及日元等主要国际货币选择近似无风险替代利率的进程。最后，论述瑞士、加拿大、澳大利亚等八个同步采取相关改革措施的国家和地区的情况。通过提取上述过程中的经验与教训，为我国发展在岸/离岸一体化的人民币基准利率体系提供有益参考，以及前瞻性借鉴。④

顾青对银行账户利率风险国际监管标准的框架结构展开分析，指出较2004 年监管原则重点加强的地方，对我国商业银行开展银行账户利率风险进行了定量分析，并分析了我国商业银行实施银行账户利率风险国际监管标准存在的差距。同时，对提升银行账户利率风险管理水平，从利率市场化改革、利率衍生品市场发展、金融市场改革、商业银行转型等方面提出了具体的改革建议。⑤

① 陈胜蓝、马慧：《贷款可获得性与公司商业信用——中国利率市场化改革的准自然实验证据》，载《管理世界》2018 年第 11 期。
② 王红建、杨筝、阮刚铭、曹瑜强：《放松利率管制、过度负债与债务期限结构》，载《金融研究》2018 年第 2 期。
③ 强静、侯鑫、范龙振：《基准利率、预期通胀率和市场利率期限结构的形成机制》，载《经济研究》2018 年第 4 期。
④ 边卫红、田园：《全球主要货币基准利率替代路径研究》，载《国际金融研究》2018 年第 8 期。
⑤ 顾青：《银行账户利率风险国际监管标准实施面临的挑战与改革研究》，载《金融监管研究》2018 年第 2 期。

三、金融风险、金融稳定与金融监管

我国金融学的金融风险、金融稳定与金融监管研究，致力于有效防范和化解金融风险、避免系统性金融风险的理论和对策分析，深入剖析我国金融风险传导路径、分布特点、形成机制和驱动因素，参照《巴塞尔协议Ⅲ》的最新监管架构和监管理念，总结先行改革试点的成果经验并提出完善我国金融监管框架体系的政策建议。

（一）金融风险与金融稳定

杨子晖等发现，在中国银行整体系统性金融风险中，传染性风险占比逐年提高，股份制商业银行是银行业系统性金融风险的主要诱发者。此外，银行资本的增加能够显著降低银行的系统性金融风险，而银行间负债规模和杠杆倍数的提高将显著提高银行业整体的系统性金融风险。[1]

王培辉等发现，中国宏观金融风险较好地刻画了金融体系面临的金融压力，外部金融冲击成分、宏观经济波动成分和金融内在脆弱性是中国宏观金融风险波动的重要推动力，外部金融冲击成分影响更为持久，金融内在脆弱性波动的作用效果相对最短。[2]

王倩等证明了收入差距是推高金融杠杆、损害金融稳定的根源。收入差距扩大增加了高收入群体对低收入群体的债权，推高了金融杠杆，加剧了金融系统的脆弱性；收入差距超过理论阈值会使金融杠杆超过阈值、低收入群体资不抵债，爆发危机；高收入居民户收入占比提高，相比低收入居民户收入占比降低，对金融杠杆及金融稳定的负面冲击更显著。[3]

王朝阳等认为，我国金融风险呈现出点多面广的局面，金融行业、金融市场间均存在不同程度的风险溢出，金融创新可能成为新的风险源头，但尚未达到已经形成系统性风险的程度。应深刻认识系统性金融风险的新

---

① 杨子晖、李东承：《我国银行系统性金融风险研究——基于"去一法"的应用分析》，载《经济研究》2018 年第 8 期。

② 王培辉、康书生：《外部金融冲击、宏观经济波动与金融内在脆弱性——中国宏观金融风险驱动因素分解》，载《国际金融研究》2018 年第 4 期。

③ 王倩、赵铮：《收入差异、金融杠杆与金融稳定》，载《金融评论》2018 年第 6 期。

诱因与传播途径，探索构建全面有效的系统性金融风险评估与预警方法，不断完善宏观审慎政策框架，守住不发生系统性金融风险的底线。①

阮湛洋发现，企业杠杆率的上升会增加金融脆弱性，加大金融逆周期调节的压力，但 GDP 的增长有利于消减金融不稳定因素，并使得金融逆周期调节压力下降。金融不稳定的加剧及企业杠杆率的上升对 GDP 长期增长存在负向影响，但是适度的金融逆周期调节可以有效控制企业杠杆率过快增长而不会对 GDP 增长造成负面影响。②

纪洋等考察从隐性 DIS 转换到显性 DIS 对金融危机发生概率的影响，发现显性 DIS 显著增加了银行退出的概率，同时对金融体系其他部分具有"溢出效应"，能够显著降低非银行类金融危机的概率。进一步，考虑不同设计要素对银行危机与其他金融危机的不同影响，发现对银行部门最优的 DIS 制度安排，对整个金融体系并非最优。③

徐璐等认为，强化竞争政策可以降低市场整体风险，竞争上升会降低单家银行垄断势力，促使均衡贷款利率下降，减弱企业家的风险偏好行为，使得银行经营风险下降、稳健性增强。竞争可能损害银行业的经营利润，但会通过大幅提升存款者收益以及企业家盈利使得社会总福利提高。同时，竞争对市场风险的作用受到市场结构的影响，市场集中度增强将削弱竞争政策的实施效果。④

郭金龙等从当前我国金融风险状况的客观现实出发，运用马克思主义关于金融风险的思想，拓展分析当代中国的金融风险及其防范的问题，既为化解和防范风险提供理论指导，也可以进一步推进马克思主义关于防范金融风险的思想的发展与创新。须从国家安全的政治高度来重视金融风险防范问题，进而及时采取有效措施化解和防范金融体系内部、地方政府债务等重点领域风险，引导金融回归本源。⑤

---

① 王朝阳、王文汇：《中国系统性金融风险表现与防范：一个文献综述的视角》，载《金融评论》2018 年第 5 期。
② 阮湛洋：《我国企业杠杆率与金融体系脆弱性实证研究——基于明斯基的金融不稳定理论》，载《金融监管研究》2018 年第 1 期。
③ 纪洋、边文龙、黄益平：《隐性存保、显性存保与金融危机：国际经验与中国实践》，载《经济研究》2018 年第 8 期。
④ 徐璐、叶光亮：《银行业竞争与市场风险偏好选择——竞争政策的金融风险效应分析》，载《金融研究》2018 年第 3 期。
⑤ 郭金龙、周小燕：《马克思主义关于金融风险的思想及其最新发展》，载《金融评论》2018 年第 1 期。

（二）金融监管的改革创新

徐忠认为，在新时代背景下，为了适应高质量发展、更好地服务实体经济的需求，金融体系要从关注"规模"转向关注"质量"，金融功能要由传统的"动员储蓄、便利交易、资源配置"拓展为"公司治理、信息揭示、风险管理"。要依据金融市场发展一般规律建设我国现代金融体系，明确中央银行与金融监管不可分离，建立激励相容的监管体系。建设现代金融体系要以建设现代金融市场体系为纲，重点是破解市场分割和定价机制扭曲。①

杨东认为，科技驱动的金融创新内含着技术风险、操作风险，甚至诱发系统性风险的可能性。然而，面对监管技术匮乏、监管法律滞后和监管理念守旧等问题，以审慎监管、功能监管、行为监管等为核心构建的传统监管体系和法规无法有效应对去中介、去中心化的金融交易现状，必须在审慎监管、行为监管等传统金融监管维度之外增加科技维度，形塑双维监管体系，从而更好地应对金融科技所内含的风险及其引发的监管挑战。②傅强认为，监管科技具有较强的系统灵活性，有助于推动金融监管方式的持续优化，可显著降低合规管理的人工风险。监管科技在监管数据管理、情景模拟和预测、金融交易实时监测、落实"了解你的客户"原则和对监管规则进行机器解读等方面有广阔的应用前景。但现阶段监管科技也面临技术风险较大、研发成本较高，以及存在隐私保护和数据安全问题、监管科技标准化在短期内难以实现等因素的制约。③

黄震等基于中国实际情况，提出我国引入监管沙盒需进行法律授权，可采用"中央－地方"双授权的模式，以正规金融机构和准金融机构为测试对象，"软硬结合"实施消费者保护，增强监管科技的运用，在改革试点的基础上对监管沙盒进行改造升级。④杨明通过分析特朗普签署的《经济增长、监管放松与消费者保护法案》，提出新法案将带来四个方面的潜

---

① 徐忠：《新时代背景下中国金融体系与国家治理体系现代化》，载《经济研究》2018 年第 7 期。

② 杨东：《监管科技：金融科技的监管挑战与维度建构》，载《中国社会科学》2018 年第 5 期。

③ 傅强：《监管科技理论与实践发展研究》，载《金融监管研究》2018 年第 11 期。

④ 黄震、张夏明：《监管沙盒的国际探索进展与中国引进优化研究》，载《金融监管研究》2018 年第 4 期。

在影响，并结合我国实际情况提出三方面建议：重新审视监管政策，建立差异化的监管思路；警惕美国系列政策的影响，采取妥善政策措施加以应对；借鉴美国相关政策的做法，加大金融消费者权益保护力度。[①]

蔡宁伟认为，在强监管的大背景下，预计未来美国金融监管机构对外资银行或尝试建立独立于巴塞尔委员会外的"美国规则"，持续加强外资银行监管，并不断完善对关键环节和个人的控制，进一步拓展其"长臂管辖权"。作为应对，我国须加快建立独立的人民币金融体系，加强国家间的互利合作，实施内外无差别的银行业监管。[②]

孙若鹏认为，我国资本、流动性和杠杆率的监管体系一直秉承巴塞尔监管架构，故最终版《巴塞尔协议Ⅲ》不会对我国造成很大影响；但最终版所代表的现代化商业银行最新监管架构和监管理念，对我国银行业的发展具有极强的导向作用。我国银行业应以此为契机，从业务发展、风险管控、数据管理等方面谋篇布局，以进一步提升竞争力。[③]

四、金融市场

2018 年学界对金融市场的研究，主要是跟踪研究我国货币市场、债券市场、股票市场和期货市场的运行状况，积极探讨同业业务网络、IPO补税、债券融资、股票溢价及融资融券等领域的现实问题。

（一）IPO 问题

郑志刚等认为，Snap 公司发行三重股权结构股票为我国资本市场合理把握控制权安排带来启发。三重股权结构股票是对公司业务模式创新、创业团队自身管理营运能力的认同，加强了公司业务模式前景的信号强度，但也存在割裂 A 类及 C 类股票持有人长期合作关系的问题，使得风险陡

---

① 杨明：《美国金融监管放松改革的影响与启示研究——〈经济增长、监管放松与消费者保护法案〉评析》，载《金融监管研究》2018 年第 8 期。

② 蔡宁伟：《国际金融危机后美国外资银行监管变革研究》，载《金融监管研究》2018 年第 6 期。

③ 孙若鹏：《〈巴塞尔协议Ⅲ〉最终版的背景、变化及对中国银行业的影响》，载《金融监管研究》2018 年第 10 期。

然增加①。

屈源育等发现，较 IPO 上市而言，更多的企业选择借壳上市，因为企业通过借壳上市不仅缓解了融资约束，同时能够通过市场择时降低上市成本。② 但是，梁上坤等发现，杠杆增持对借壳上市是一把双刃剑。杠杆增持在助力借壳方资金的同时，也带来成本上升和风险隐患，进而使借壳上市失败的可能性增强。③

魏志华等认为，IPO 补税行为多发生在 IPO 前 1~2 年。由于 IPO 补税行为多为有盈余管理所致，IPO 补税公司上市后经营业绩和市场表现更佳，财务政策更稳健、成长性更高，进而成为公司释放业绩的信号传递和纠错行为。同时，分析发现，IPO 补税对 IPO 抑价具有显著正向影响。基于委托代理理论，公司管理层对承销商具有更弱的监督动机可以部分解释这种关系。这种正向关系在承销商声誉较低时以及信息更不透明（如中小板和创业板、税收征管强度较低地区）的环境中表现更为突出。④⑤

（二）货币市场与债券市场

缪得志等认为，目前我国同业业务网络的风险更具复杂性及隐蔽性。通过网络分析将同业复杂网络系统中的节点单个具象化，进而使得网络流向单链化、最短化，以厘清资金流向，掌握关键节点，并在此基础上分别从宏观、微观层面形成有效的穿透式监管。⑥

汤莹玮认为，票据市场制度体系需要与时俱进进行修复调整。票交所作为票据市场重要的制度创新可推动票据市场向全国统一、安全高效、电子化的现代市场转型。在当前经济环境下，需要进一步加强票据市场基础

①　郑志刚、关田田：《"不平等投票权"的股票发行与控制权安排设计制度创新的边界——基于 Snap 公司三重股权结构的案例研究》，载《金融评论》2018 年第 3 期。
②　屈源育、吴卫星、沈涛：《IPO 还是借壳：什么影响了中国企业的上市选择?》，载《管理世界》2018 年第 9 期。
③　梁上坤、李丹、谷旭婷、马逸飞：《借壳上市与杠杆增持下的并购风险叠加——基于上海斐讯借壳慧球科技的案例研究》，载《中国工业经济》2018 年第 6 期。
④　魏志华、易杰、李常青、吴育辉：《IPO 补税：特征、动因与经济后果》，载《世界经济》2018 年第 2 期。
⑤　魏志华、曾爱民、吴育辉、李常青：《IPO 补税影响 IPO 抑价吗？——基于信息不对称理论视角》，载《金融研究》2018 年第 1 期。
⑥　缪得志、金晓艳：《银行业同业业务网络与穿透式监管研究》，载《金融监管研究》2018 年第 3 期。

设施建设和制度建设，深化票据市场为实体经济服务的功能。①

　　吴红兴等认为，短期中债券市场脆弱性指数具有自我惯性运行的特征，通过期限利差、信用利差、流动性利差和刚兑利差能够较好地反映债券市场系统性风险的变化。从中期看，货币市场、股票市场、外汇市场、经济因素等相关指标变动对该指标具有显著影响。鉴于此，政策上需密切关注债券市场内在的风险累积状态，针对意外事件进行预期引导和干预。②

　　钟宁桦等发现，在债券市场的竞价交易中债券价格显著性更高，并且高收益率债券的交易更为频繁。基于散户投资者盲目追求收益率的特征，在散户需求更大（如票面利率更高、认知度更高）的债券上，价格差也更大。同时，有证据表明价格差的持续存在主要是由于套利限制而不是由流动性溢价所导致。③

　　李卓松发现，企业风险承担与高管金融背景都将在一定程度上影响债券融资成本。风险承担与债券融资成本在金融发展水平较高样本组呈现倒"U"型关系，而在金融发展水平较低样本组两者之间呈现显著的正相关关系。其中，若公司高管具有金融工作背景，企业风险承担较高时可以获得较低成本的债券融资。④

（三）股票市场

1. 有效市场假说与市场异象

　　陈逢文等研究发现，股市价格跳跃行为与股票收益之间存在显著关系。将风险因子纳入 Fama – French 三因子模型与组合整体主动风险更为接近，风险预测和解释能力更强，将更加有效率的反映资本定价。⑤

　　钟覃琳等发现，资本市场的开放有助于提高股票价格的信息含量，降

　　① 汤莹玮：《信用制度变迁下的票据市场功能演进与中小企业融资模式选择》，载《金融研究》2018 年第 5 期。

　　② 吴红兴、韩玉嘉、郑哲：《我国债券市场脆弱性监测体系构建与实证检验》，载《金融监管研究》2018 年第 6 期。

　　③ 钟宁桦、唐逸舟、王姝晶、沈吉：《散户投资者如何影响债券价格？——基于交易所同一只信用债的价格差分析》，载《金融研究》2018 年第 1 期。

　　④ 李卓松：《企业风险承担、高管金融背景与债券融资成本》，载《金融评论》2018 年第 2 期。

　　⑤ 陈逢文、金启航、胡宗斌：《中国股市价格跳跃行为的验证及应用》，载《财贸经济》2018 年第 9 期。

低股价的同步性，进而增强价格对资源的引导作用，提高资本市场的运作效率。"沪港通"则是通过知情交易直接促进公司特质信息或间接的通过优化公司治理机制纳入股价中。[①]

屈源育等发现，在控制了规模、账面市值比、盈利、投资等特征后，壳价值含量与股票回报率显著正相关。根据 ESV/MV 构造的对冲组合在时间序列上存在风险因子模型无法解释的超额回报率（壳溢价）。进一步研究表明，壳溢价来源于与管制政策相关的系统性风险而不是股票市场的错误定价[②]。

2. 融资融券

陈康等发现，融资融券对标的投资－股价的敏感性存在正向影响。此类影响在投资者比例高、换手率高和新兴行业组及国有企业和规模较大的企业组有更强的反馈效应，越大的融资融券交易规模会提升投资对股价的敏感强度。[③]

郝项超等发现，融券促进了企业创新数量与质量，而融资起到了相反的作用，而且融资的负面影响超过了融券的正面影响，在总体上阻碍了创新。除了公司治理机制外，融资与融券也通过信息机制影响企业创新。上市公司"重申请数量轻质量"应对策略将最终导致其创新质量明显下降。[④]

吕大永等发现，融资交易、融券交易及二者的波动对标的股价稳定性影响不一致性。融资交易、融券交易均降低了标的股价的上涨、提高了下跌波动性，但在股价整体稳定性的影响上，融资交易存在正向影响，融券交易却不存在明显的影响。同时，融资交易的异常波动加剧了股价的不稳定，而融券交易的异常波动则有助于提高股价稳定性。[⑤]

苏冬蔚等发现，卖空交易对股价变化、价格发现效率和市场稳定性产

① 钟覃琳、陆正飞：《资本市场开放能提高股价信息含量吗？——基于"沪港通"效应的实证检验》，载《管理世界》2018 年第 1 期。

② 屈源育、沈涛、吴卫星：《壳溢价：错误定价还是管制风险？》，载《金融研究》2018 年第 3 期。

③ 陈康、刘琦：《股价信息含量与投资－股价敏感性——基于融资融券的准自然实验》，载《金融研究》2018 年第 9 期。

④ 郝项超、梁琪、李政：《融资融券与企业创新：基于数量与质量视角的分析》，载《经济研究》2018 年第 6 期。

⑤ 吕大永、吴文锋：《融资、融券交易及其波动对股价稳定性的影响一致吗》，载《经济理论与经济管理》2018 年第 4 期。

生复杂的影响。卖空交易既可抑制资产价格泡沫、减小市场风险的非对称性、完善价格发现功能并增强市场稳定性，也可扩大股价波幅、加剧市场暴跌并诱发市场危机。[①]

3. 股价崩盘风险与基金投资

叶康涛等发现，股指成分股调整后股价崩盘风险性显著增强。从影响路径来看，分析师的非理性行为将加剧入选成分股公司正负面消息分布和传播的不对称性，进一步增强股价崩盘的风险。[②]

杨威等发现，在并购引发股价崩盘的过程中，商誉加剧了股价崩盘风险。投资者对并购过度反应从而使股价积累了泡沫，当并购后业绩下滑时商誉与股价崩盘风险的关系更明显；当投资者持股期限较短、公司估值较高和市场行情较好时两者关系更加明显。此外，高商誉公司的高管利用并购引发的股价泡沫实现了财富转移。[③]

孟庆斌发现，卖空交易有助于降低股价崩盘风险，在信息透明度较低、公司治理及外部监督机制较差的情况下影响更加显著。进一步研究发现，在牛市中卖空交易通过挖掘负面信息进而降低了股价崩盘风险，但却并未进一步加剧恶化较差市场行情下的股价崩盘风险。同时，融资买空显著提高了上市公司的股价崩盘风险。[④]

丁慧等发现，投资者信息能力的提高可以降低投资者意见分歧，进而降低股价崩盘风险。在收益率波动更大的公司中，投资者信息能力的提高更能够显著降低股价崩盘风险。[⑤]

赵静等发现，高铁的开通降低了所在地上市公司股价崩盘风险。在只开通非城际高铁和同时开通城际和非城际高铁的年度，以及信息不对称程度较高和外部监管环境较弱的情况下，影响也更为显著。[⑥]

庞家任等通过研究影响上市公司成立并购基金的因素及财富效应后认

① 苏冬蔚、倪博：《转融券制度、卖空约束与股价变动》，载《经济研究》2018年第3期。
② 叶康涛、刘芳、李帆：《股指成份股调整与股价崩盘风险：基于一项准自然实验的证据》，载《金融研究》2018年第3期。
③ 杨威、宋敏、冯科：《并购商誉、投资者过度反应与股价泡沫及崩盘》，载《中国工业经济》2018年第6期。
④ 孟庆斌、侯德帅、汪叔夜：《融券卖空与股价崩盘风险——基于中国股票市场的经验证据》，载《管理世界》2018年第4期。
⑤ 丁慧、吕长江、陈运佳：《投资者信息能力：意见分歧与股价崩盘风险——来自社交媒体"上证e互动"的证据》，载《管理世界》2018年第9期。
⑥ 赵静、黄敬昌、刘峰：《高铁开通与股价崩盘风险》，载《管理世界》2018年第1期。

为，公司特征（规模、营业收入、第一大股东持股比例、企业性质）影响成立并购基金的可能性。资本市场对并购基金设立的平均反应短期显著为正，但长期为负。投资者对并购基金的后续投资持正面态度，但大部分并购基金并没有后续投资。①

顾海峰等研究发现，在股市"羊群效应"下，基金投资风格漂移会显著加剧股市波动。相对于股市的震荡环境，单边环境将增强其影响强度。其中，下跌的单边环境中的影响力度更强。引入场外配资及政府救市等措施将会在股市处于单边环境时放大影响力度。②

刘瑜恒认为，我国私募基金存在诸多风险隐患，相对于美国，我国私募基金监管力度不足。为对私募基金风险进行有效监管，应将私募基金管理机构纳入正规金融机构范畴、厘清监管与自律的边界、强化投资者保护。③

李春涛等发现，社保基金持股通过降低企业发布财务重述的概率、抑制控股股东资金占用、增加机构调研次数等途径提升上市公司盈余质量。社保基金的这一治理作用在国有企业、内部治理水平较差以及市场化程度较低地区的上市公司中更加显著。④

4. 股价影响因素

史永东等发现，不同信息对股价下行风险具有不同的影响。有形信息会减缓股价下行风险，而无形信息对股价下行风险影响不显著。投资者过度自信及损失厌恶的投资行为将会分别弱化及增强有形信息与股价下行风险之间的负向关系。⑤

钟凯等发现，资本市场对外开放能够减缓股价异质性波动。深入研究"沪港通"这一外生政策发现，资本市场对外开放能够提高信息披露质量，

①　庞家任、周桦、王玮：《上市公司成立并购基金的影响因素及财富效应研究》，载《金融研究》2018 年第 2 期。

②　顾海峰、吴剑明：《基金投资风格漂移加剧了我国股市波动风险吗？——来自 2006 年至2016 年期间沪深股市的证据》，载《金融监管研究》2018 年第 1 期。

③　刘瑜恒：《我国私募基金风险及监管对策研究——基于美国的比较分析》，载《金融监管研究》2018 年第 8 期。

④　李春涛、薛原、惠丽丽：《社保基金持股与企业盈余质量：A 股上市公司的证据》，载《金融研究》2018 年第 7 期。

⑤　史永东、杨瑞杰：《是谁影响了股价下行风险：有形信息 VS 无形信息》，载《金融研究》2018 年第 10 期。

进而降低股价异质性波动。[①]

陈冬华以我国产业政策实施的影响为切入点发现，产业政策的宣告使获得产业政策支持的企业股价同步性下降，且在受到重点支持的企业中更加明显；截面分析发现，上述结果主要存在于分析师较多、机构投资者较多及媒体报道较多的企业中；机构投资者的信息作用主要依赖于证券投资基金、社保基金、保险基金、证券公司等，合格的境外投资者作用不明显。[②]

（四）期货市场

许荣等发现，股指期货的限制交易政策极大增强了美国市场对中国市场的影响，尤其是在下跌行情中的影响更大。具体来看，限制性交易实施后，来自美国市场的负冲击对中国市场的影响变得更大。监管部门应在市场稳定后放开股指期货的限制交易，降低准入门槛和合约大小等措施增强股指期货市场的定价效率及开放程度。[③]

黄瑜琴等将沪深300及中证500指数成分股作为实验组，匹配相应的非成分股，发现股指期货的管控政策在短期内显著降低了股票现货市场的波动率。进一步研究发现，针对噪音交易含量高的股票的政策效果更明显。[④]

五、商业银行经营与管理

2018年学界系统分析了我国商业银行的综合化战略选择、有效信贷管理措施、风险承担形成机制和影子银行规模变动等问题，全面揭示了新时期我国商业银行经营与管理所面临的机遇和挑战，努力探索我国商业银

[①] 钟凯、孙昌玲、王永妍、王化成：《资本市场对外开放与股价异质性波动——来自"沪港通"的经验证据》，载《金融研究》2018年第7期。

[②] 陈冬华、姚振晔：《政府行为必然会提高股价同步性吗？——基于我国产业政策的实证研究》，载《经济研究》2018年第12期。

[③] 许荣、刘成立：《股指期货限制交易对定价效率影响研究——基于跨市场信息传递视角的实证》，载《经济理论与经济管理》2018年第1期。

[④] 黄瑜琴、王朝阳、崔朋勖：《管控股指期货的救市政策有效吗？——基于现货市场波动率的视角》，载《国际金融研究》2018年第9期。

行战略性调整和结构性转型的目标、路径和策略选择。

（一）银行发展战略

朱宁认为，银行利息收入不足和不良贷款过高是中国银行业低效率的主要原因。针对不同类别商业银行的特点，提出了国有商业银行应重视对不良贷款的处置、股份制商业银行应减少利息支出并发展非利息收入业务，城市商业银行应提高传统业务经营效益并兼顾对创新业务拓展等建议。[1]

刘彦雷发现，银行综合化经营与绩效存在负相关关系。银行不同综合化路径的选择会呈现不同的相关关系。其中，"渐进式"路径能够有限提升银行业绩；扩张式"和"专业型"路径无法有效提升银行业绩。据此，商业银行应从聚焦主业经营，发挥协同效应，强化风险管控等方面审慎推进综合化经营。[2]

徐璐等发现，银行强化竞争政策与加强竞争性金融监管可以有效降低银行经营风险，提升社会福利继而实现效率和稳定的双赢。银行强化竞争政策会降低单家银行垄断势力，促使均衡贷款利率下降，减弱企业家的风险偏好行为进而降低市场整体风险。同时，竞争会通过大幅提升存款者收益以及企业家盈利使得社会总福利提高。但市场集中度增强将削弱竞争政策的实施效果。[3]

（二）银行信贷管理

张辉等发现，在贷款占 GDP 比值相对稳定的情况下，对公贷款增速有所加快。企业短期贷款在经济下行期增长较快，而基建和房地产投资对中长期贷款依赖较强。各行新增信贷集中度高，行业投向有所差异。对此，提出了强化宏观环境和行业经营研究、研究实施服务轻资产行业的有效经营模式、关注房地产行业的未来走势、调整优化传统信贷投放聚集的

①　朱宁、梁林、沈智扬、杜文洁：《经济新常态背景下中国商业银行内生性效率变化及分解》，载《金融研究》2018 年第 7 期。
②　刘彦雷：《银行综合化经营模式对绩效影响的实证研究》，载《金融监管研究》2018 年第 11 期。
③　徐璐，叶光亮：《银行业竞争与市场风险偏好选择——竞争政策的金融风险效应分析》，载《金融研究》2018 年第 3 期。

部分行业、支持战略性新兴产业中的优势行业企业、关注行业信贷结构变化所蕴含的风险等政策建议。[1]

沈永建发现，在金融抑制背景下，银企之间存在以留存贷款为表现的隐性契约，用以帮助银行在满足管制要求的同时追求利润最大化。隐性契约的发生与否会随着货币政策、企业特征等因素的改变而有所差异，这在一定程度上起到了利率变相市场化的作用，但对企业价值产生了负向影响。[2]

马勇等发现，银行信贷对房地产价格存在显著的非线性和非对称效应。进一步研究表明，在房地产规模越高、需求端贷款的增速及波动、市场情绪高涨及经济过热的情况下，信贷对房价的影响更为显著。[3]

（三）银行风险承担

顾海峰等认为，金融创新与信贷环境对银行风险承担存在影响。其中，金融创新对银行风险承担具有显著的负向影响；宏观经济增长水平提高会增大银行风险承担水平；提高银行净利差会降低银行风险承担水平；净利差与流动性水平对银行风险承担的影响均呈现异质性特征。[4]

周顺兴认为，影子银行业务发展显著提高了商业银行风险承担水平。影子银行主要通过高风险资产增加信用风险，进而影响商业银行的经营风险。因此，应加强对影子银行及商业银行的监管，约束商业银行过度风险承担。[5]

郭田勇等发现，在信息不对称和有限债务的条件下，银行存在着道德风险，表现为过度主动承担风险。因此，货币政策应适当容忍通货膨胀的波动，优先关注实际利率，以降低由银行风险承担行为所导致的社会福利损失。[6]

①　张辉、贺敬芝：《银行业信贷结构及其优化路径研究》，载《金融监管研究》2018 年第 3 期。
②　沈永建、徐巍、蒋德权：《信贷管制、隐性契约与贷款利率变相市场化——现象与解释》，载《金融研究》2018 年第 7 期。
③　马勇、吴雪妍：《银行信贷如何影响房价?》，载《金融评论》2018 年第 3 期。
④　顾海峰、张亚楠：《金融创新、信贷环境与银行风险承担——来自 2006 - 2016 年中国银行业的证据》，载《国际金融研究》2018 年第 9 期。
⑤　周顺兴：《影子银行业务与中小商业银行风险承担：传导机制与实证研究》，载《金融监管研究》2018 年第 8 期。
⑥　郭田勇、杨帆、李丹：《基于 DSGE 模型的货币政策对银行风险承担影响研究——兼论货币政策的应对》，载《经济理论与经济管理》2018 年第 9 期。

邓向荣等研究发现，货币政策通过银行风险承担的中介作用影响银行流动性创造。货币政策通过风险承担渠道对银行表内与表外流动性创造的作用方向相反。进一步研究发现，价格型货币政策工具和数量型货币政策工具对银行风险承担与流动性创造都具有交互影响。①

潘锡泉认为，在发展中国家中存款保险制度的建立会引发商业银行的道德风险和逆向选择，从整体上提高商业银行的风险承担。同时，存款保险制度的纯粹支付型模式和固定费率会提高商业银行的风险承担。进一步完善存款保险的制度模式、制度环境将有助于缓解这一现象。②

（四）　影子银行

方先明等发现，我国影子银行规模变动对金融资产价格（商业银行同业拆放利率、房地产价格、股票市场价格指数、人民币实际有效汇率指数）具有正向冲击。经济系统结构的变化及信心传递时长会导致冲击影响发生时变及滞后。③

高然等发现，我国影子银行融资规模的变动是逆周期的。具体来看，货币政策与存贷比监管冲击分别通过商业银行的资本充足率约束和存贷比约束导致影子银行融资规模逆周期变动。进一步通过反事实模拟验证显示，影子银行造成传统商业银行的信贷渠道被部分替代，从而降低了货币政策的有效性④。钱雪松等也认为，影子银行委托贷款机制呈现出鲜明的逆信贷周期特点，当正规信贷收缩时，企业发放委托贷款的概率和规模都显著增加。进一步研究发现，与正规信贷宽松时期相比，正规信贷紧缩时民营企业等体制外企业获得委托贷款的概率及规模都显著增加且更多流向正规信贷缺口较大的省份。另外，委托贷款违约概率显著高于同期银行不良贷款率，且民营企业等体制外企业获得的委托贷款违约概率相对更大。⑤

①　邓向荣、张嘉明：《货币政策、银行风险承担与银行流动性创造》，载《世界经济》2018年第4期。

②　潘锡泉：《存款保险与商业银行风险承担：理论假设与实证检验》，载《金融监管研究》2018年第4期。

③　方先明、权威：《影子银行规模变动的金融资产价格效应》，载《经济理论与经济管理》2018年第2期。

④　高然、陈忱、曾辉、龚六堂：《信贷约束、影子银行与货币政策传导》，载《经济研究》2018年第12期。

⑤　钱雪松、徐建利、杜立：《中国委托贷款弥补了正规信贷不足吗?》，载《金融研究》2018年第5期。

王喆等认为，由于影子银行期限错配、监管套利、信用转移、高杠杆性和高关联性等属性，致使其风险逐渐积累并放大。影子银行的风险对商业银行、货币政策及实体经济具有外溢效应。面对影子银行的风险，监管需要遵循统一监管主体和标准、打破刚性兑付、增加信息透明度等思路，同时，还应考虑不同银行的承受能力、实体经济的融资需求、金融机构的长远发展以及宏观经济金融环境变化等因素。[1]

温信祥等发现，影子银行形成的非正规金融市场，使我国金融双轨制日趋显著。影子银行形成的非正规金融市场对货币政策的低敏感性削弱了政策效果。未来需进一步规范资产管理业务发展，完善我国影子银行体系。同时，应加快利率双轨并轨，融合二元金融结构，进而加强货币政策的有效性。[2]

纪敏等发现，影子银行扩张使金融市场流动性需求上升且更不稳定，尤其是，近年来大量银行理财资金以委外方式通过非银行金融机构加杠杆投资，更是加大了存款类金融机构与非存款类金融机构的信用利差。[3]

六、公司金融

2018 年学界围绕公司价值的影响因素、公司治理的机制配置及最优资本的结构调整等主题，在公司运行经验规律的基础上创新企业发展和公司治理的新金融理念，推进我国公司金融理论的发展。

（一）公司价值

增志远等发现，基金持股比例与上市公司价值成正比并随着控股股东持股比例的上升而增强，且在非国有企业中较为显著。同时，除主动型和被动型基金外，准指数基金持股也可以提升公司价值。但在控制了基金数量后，基金持股比例对公司价值的影响显著降低。我国基金持股对上市公

---

[1] 王喆、张明：《金融去杠杆背景下中国影子银行体系的风险研究》，载《金融监管研究》2018 年第 12 期。

[2] 温信祥、苏乃芳：《大资管、影子银行与货币政策传导》，载《金融研究》2018 年第 10 期。

[3] 纪敏、李宏瑾：《影子银行、资管业务与货币调控方式转型——基于银行表外理财数据的实证分析》，载《金融研究》2018 年第 12 期。

司的积极影响主要体现为对控股股东侵占行为的约束。[①]

戚聿东等发现，企业金融资产配置在整体上显著降低了企业价值，对于融资约束程度不同的公司，企业金融资产比重与企业价值之间并不存在显著相关关系，而对于市场套利动机越强的公司而言，企业金融资产比重与企业价值之间的负向相关关系越显著。企业配置金融资产对研发投入和资本投资产生"挤出效应"，而且显著抑制了企业经营业务全要素生产率的提升。[②]

潘怡麟等发现，企业集团的集权管理在显著提升现有资源管理效率的同时，增加了过度投资。路径分析结果表明，管理效率和过度投资是决策权配置影响公司价值的重要途径。集权管理通过引致过度投资损害了公司价值，而通过改善管理效率提升了公司价值。高成长性的行业中，集权管理显著损害了公司价值。[③]

（二）公司治理

何青等发现，目前我国积累投票制存在作用有限、强制实行的阈值过高、缺乏前置程序和事后保障程序、董监分别选举、董事会规模较小、容易成为恶意并购的工具等问题。因此，应对控股股东行为进行直接约束，降低强制实行累积投票制的阈值，为股东赋予董事、监事候选人的提名权和罢免权，降低中小股东选出代言人所需的股权集中程度，防止累积投票制成为恶意收购的工具。[④]

尹筑嘉等发现，董事网络确实能缓解企业融资约束，公司网络中心度越高、结构洞位置越丰富，对投资-现金流敏感性的缓解作用就越强，并且结构洞位置的作用强于网络中心度。在作用机制方面，董事网络缓解企业融资约束的途径在于治理效应（抑制代理问题）与信息效应（减少信息不对称）。为缓解企业融资约束，企业有必要进行董事关系网络投资，

① 曾志远、蔡东玲、武小凯：《"监督管理层"还是"约束大股东"？基金持股对中国上市公司价值的影响》，载《金融研究》2018 年第 12 期。

② 戚聿东、张任之：《金融资产配置对企业价值影响的实证研究》，载《财贸经济》2018 年第 5 期。

③ 潘怡麟、朱凯、陈信元：《决策权配置与公司价值——基于企业集团的经验证据》，载《管理世界》2018 年第 12 期。

④ 何青、郭泳秀：《公司治理模式下累积投票制的作用、问题与改进方案——基于国际比较的视角》，载《金融监管研究》2018 年第 2 期。

优先挖掘能产生更高效益的结构洞位置，促进个人社会资本更有效地向企业社会资本转化。①

武立东等发现，董事会非正式层级会增加决策过程中的政治行为、降低程序理性。董事会非正式层级通过提高董事的自我意识、个体影响从而增加政治行为，通过降低决策过程中的信息搜寻、信息加工而降低程序理性。这为转型环境下公司治理行为及中国公司治理实践提供了启示。②

马云飙等发现，高管的性别会影响企业公司治理。女性实际控制人会更少地侵占中小股东的利益，同时，其他女性董事和女性 CEO 并不能影响实际控制人的利益侵占行为。在内外部治理较弱的公司中，实际控制人性别对其利益侵占行为的影响更加明显。③

（三）　资本结构

才国伟等发现，政策不确定性显著降低了企业的债权融资，但对股权融资影响不显著。政策不确定性对企业投资的影响存在两种渠道，一是通过降低企业融资影响投资；二是通过企业资本运作降低融资对投资的影响系数，即政策不确定性越高，企业债权和股权融资对投资的正向作用会越小，这种作用机制在国有企业、大企业等与政策联系紧密的企业中作用更为显著。④

张璟等发现，企业融资结构与企业研发投资强度存在一定关系。具体来看，企业越偏向于股权融资，研发投资强度就越高，存在一个有利于促进研发投资强度提升的最优融资结构。同时，企业的最优融资结构随企业所属的产业性质、股权集中程度、银企关系强度及所有权性质的不同而呈现显著的差异。⑤

徐德财等发现，公司的资本结构随上市时间呈现显著先上升再下降的

① 尹筑嘉、曾浩、毛晨旭：《董事网络缓解融资约束的机制：信息效应与治理效应》，载《财贸经济》2018 年第 11 期。
② 武立东、薛坤坤、王凯：《非正式层级对董事会决策过程的影响：政治行为还是程序理性》，载《管理世界》2018 年第 11 期。
③ 马云飙、石贝贝、蔡欣妮：《实际控制人性别的公司治理效应研究》，载《管理世界》2018 年第 7 期。
④ 才国伟、吴华强、徐信忠：《政策不确定性对公司投融资行为的影响研究》，载《金融研究》2018 年第 3 期。
⑤ 张璟、刘晓辉：《融资结构、企业异质性与研发投资——来自中国上市公司的经验证据》，载《经济理论与经济管理》2018 年第 1 期。

特征，且该特征不受其他外生因素影响。出现公司资本结构具有显著的内生性时间效应的主要原因是审批要求和约束促使企业上市初期保持较低资本结构，上市后企业的扩张活动和寻求最优资本结构的活动将推动资本结构迅速上升，而后企业对破产风险和再融资条件的权衡最终将改善企业资本结构[①]。

233

七、汇率和国际资本流动

2018 年学界针对当前国际经济金融的复杂环境条件，重点考察了外汇交易市场波动、汇率机制选择及资本流动风险等问题，探索和设计稳定灵活的人民币汇率政策和稳健开放的国际金融秩序。

（一）离岸市场与在岸市场联动

王爱俭等对离岸人民币外汇市场交易规模与汇率波动进行研究发现，在外汇市场交易规模激增的"投机主导"时期，交易规模和波动率的相关性显著增加，并兼具非对称与非线性特点。同时，托宾税成为遏制投机和减少汇率波动的有效手段，但其稳定汇率的作用具有明显的短期性。[②]

朱孟楠等发现，美国经济不确定性的提高对在岸人民币具有贬值效应并且降低了在岸人民币汇率的波动。中国经济不确定性的提高对人民币汇率水平没有显著影响，但加剧了在岸和离岸人民币汇率的波动。[③]

（二）汇率机制

王雅琦等发现，企业层面实际有效汇率上升（本币升值）显著促进了出口企业研发支出增加，且企业受到的融资约束越轻时效应越明显。实际有效汇率上升促进出口企业研发的两个可能渠道是竞争渠道和中间品进口

① 徐德财、赵晶、张骞予：《中国上市公司资本结构存在时间效应吗？》，载《管理世界》2018 年第 9 期。
② 王爱俭、冯超：《汇率波动、交易规模与托宾税有效性——基于离岸人民币汇率视角的 STR 模型》，载《国际金融研究》2018 年第 3 期。
③ 朱孟楠、闫帅：《经济新闻的人民币汇率效应》，载《国际金融研究》2018 年第 7 期。

渠道。同时，人民币升值也有利于提升出口产品质量。具体来看，人民币升值能提高一般贸易产品质量，但却对加工贸易产品质量产生负面影响。另外，在人民币升值时整体产品的质量得到提高，但对加工贸易并不明显。①②

管涛研究发现，人民币汇率一度持续下跌不是中国"货币超发"的必然结果，而是由经济快速增长引致的货币需求以及较低的货币使用效率造成的。保持汇率稳定、实现汇率制度成功转型的最大挑战是金融体系的脆弱性而非货币数量，从而提出了发展是关键、预期很重要、金融要稳健、开放宜审慎等政策建议。③

石峰等发现，汇率不完全传递和中间品贸易对货币政策具有影响。具体来看，进口中间品传递程度影响本国中间品产出和消费品价格，进口消费品传递程度影响本国消费品产出和中间品价格。但由于本国消费品价格黏性较高，中间品汇率传递程度对政策影响更为显著。同时，货币政策的福利依赖于进口中间品与消费品的相对汇率传递程度。当进口中间品传递程度低于消费品时，中央银行应钉住本国消费品价格；反之，则应稳定中间品价格。④

彭红枫等发现，实行完全浮动汇率制度配合开放资本账户所获得的经济福利水平显著高于固定或有管理浮动汇率制下的经济福利水平。但在现行的有管理浮动汇率制度下，一味降低汇率市场干预力度或者放松资本管制反而会降低经济福利水平。中国应当协同推进汇率市场化和资本账户开放两大金融改革，并且在汇率完全市场化之前，有必要保持一定程度的资本管制。⑤

魏巍贤等发现，人民币贬值，在短期内会带来中国净出口增加，但长期会引起国内资本的外流，造成国内投资、消费水平和实际 GDP 下降。人民币贬值对中国 GDP 的负面影响大于其升值对 GDP 的正面影响。随着我国资本管制的放松，人民币汇率变动的效应将会放大。建议中国需建立

---

① 王雅琦、卢冰：《汇率变动、融资约束与出口企业研发》，载《世界经济》2018 年第 7 期。
② 王雅琦、谭小芬、张金慧、卢冰：《人民币汇率、贸易方式与产品质量》，载《金融研究》2018 年第 3 期。
③ 管涛：《货币供应与汇率：中国"货币超发"必然导致人民币贬值吗?》，载《金融研究》2018 年第 12 期。
④ 石峰、王忏、龚六堂：《汇率传递异质性、中间品贸易与中国货币政策》，载《世界经济》2018 年第 7 期。
⑤ 彭红枫、肖祖沔、祝小全：《汇率市场化与资本账户开放的路径选择》，载《世界经济》2018 年第 8 期。

包括适当资本管制和宏观审慎管理等在内的新金融政策框架，同时还应加强稳定国内实体经济增长的政策供给。[1]

刘粮等发现，浮动汇率制度能吸收外部收益因素对净资本流动的冲击，以及外部风险因素对总资本流动的冲击，由于其对外部风险冲击的缓冲效果较小，跨境总资本流动呈现出"二元悖论"假象。对于短期跨境资本流动，浮动汇率制度能够对外部收益冲击和外部风险冲击同时起到缓冲作用。在美联储加息和全球金融周期背景下，为实现国内宏观金融稳定，中国应继续适度增强人民币汇率弹性，从而缓解外部冲击对跨境资本流动的影响。[2]

（三）国际资本流动

李芳等认为，突然中断资本流动会造成经济增长速度显著下降，但对不同汇率制度经济体的影响却不一致。在弹性较小的汇率制度下，经济体通货膨胀水平通常较低，价格稳定有利于出口，有利于经济的恢复，进而使经济体受到的负面影响更小。这不仅为盯住汇率制度的做法提供了经验上的支持，也为我国有效应对资本流动突然中断的冲击提供了政策参考。[3]

刘灿雷等发现，大规模外资进入通过扩大企业生产规模、提升企业管理效率、提升劳动和资本产出率对内资企业利润率产生了显著的正向作用。外资进入对内资企业利润率的积极作用主要体现在民营企业、内销企业、一般贸易企业和中等技术行业的企业中，并对提高西部地区企业利润率的作用更大。[4]

何国华等发现，跨境资本存在国际风险承担渠道效应。一方面，跨境资本流入可导致金融中介的道德风险上升，风险偏好增加，金融加总风险被推升，实体部门借贷利率提高，金融系统杠杆增加。另一方面，资产边际风险增加促使中介风险选择趋于保守，资产价格骤降，跨境资本流出，

① 魏巍贤、张军令：《人民币汇率变动、跨境资本流动与资本管制——基于多国一般均衡模型的分析》，载《国际金融研究》2018 年第 1 期。

② 刘粮、陈雷：《外部冲击、汇率制度与跨境资本流动》，载《国际金融研究》2018 年第 5 期。

③ 李芳、卢璐、卢逸扬：《资本流动突然中断、汇率制度与经济增长》，载《财贸经济》2018 年第 2 期。

④ 刘灿雷、康茂楠、邱立成：《外资进入与内资企业利润率：来自中国制造业企业的证据》，载《世界经济》2018 年第 11 期。

金融系统被动去杠杆。进一步研究发现，金融加总风险水平与跨境资本流动造成的风险承担效应成正比。当风险水平高过某一特定值时，本币的升值趋势反而将可能导致跨境资本净流出，造成跨境资本行为反转，加速金融收缩。①

陈思翀等发现，当汇率及利差等状态变量随时间发生改变时，套息交易资产组合的最优权重也会随之发生改变，且能显著解释我国短期资本流动的变化，但套息交易的资产配置并不是导致当前我国资本流动出现趋势性变化的根本原因。②

徐国祥等研究了不同金融发展水平下，资本账户开放对主要国际储备货币、国际计价货币以及国际结算货币的影响，研究结果显示，直接投资开放有助于货币成为国际储备货币和国际贸易计价货币；债务类证券开放有助于货币成为国际金融计价货币；权益类证券开放对国际金融计价货币有正向影响。③

---

① 何国华、李洁：《跨境资本流动的国际风险承担渠道效应》，载《经济研究》2018 年第 5 期。

② 陈思翀、刘静雅：《套息交易对中国短期资本流动的影响——基于动态资产组合理论的研究》，载《金融研究》2018 年第 6 期。

③ 徐国祥、蔡文靖：《金融发展下资本账户开放对货币国际化的影响》，载《国际金融研究》2018 年第 5 期。

第九章 区域经济学研究新进展

当前，随着区域经济研究的不断深入，越来越多的区域经济学问题得到学术界的关注。区域经济学是经济学与地理学交叉而形成的学科，空间经济学一词常作为区域经济学的同义词。2018 年我国区域经济学界主要围绕新空间经济学、新型城镇化与乡村振兴、国家重大区域发展战略、新发展理念与区域经济发展、改革开放 40 年区域发展、区域经济政策等方面展开研究，取得了丰硕的成果。

一、新空间经济学

新空间经济学研究仍然是 2018 年区域经济学研究的热点领域。新空间经济学的基础理论研究、方法论研究、实证研究等又取得了一些新的进展。

（一）新空间经济学基础理论

随着全球化的不断深入和区域经济的新发展，新空间经济学也衍生出了新的分支和理论，比如金融地理学、异质性劳动区位选择理论等。金融地理学作为经济地理学的重要分支领域，其研究成果对维护金融业稳定运行，从而促进社会经济发展具有重要意义。金融地理学作为一门边缘学科拥有很强的开放性，研究视角、方法和领域都能够进一步拓展。且现今金融化进程推进迅速，金融在社会经济结构中的地位越来越重要，该学科值得更多的地理学者投身其中进行深入研究，从而为减轻社会发展不均，促进金融健康发展做出应有的贡献。中国金融地理学研究，首先需要进一步丰富研究领域，以达到与国际金融地理学研究领域覆盖程度相同或相近的程度。其次需要特别关注中国区别于西方的制度背景对该学科研究可能产生的影响。[1]

异质性劳动力区位选择理论是空间经济学与劳动经济学等经济学分支交叉的热点研究领域，对劳动力区位选择行为（包括乡－城迁移、城市间流动等模式）及其引致的城市发展与社会经济现象有较强的解释力。近20年，空间经济学以及区域科学和城市经济学的发展，将空间经济分析范式引入劳动力区位选择问题，取得了可喜的成果，极大地丰富和发展了劳动力区位选择理论及其效应研究。可以说，在异质性劳动力区位选择研究上，空间经济学的工作和劳动经济学的研究互为补充。异质性劳动力区位选择理论可在就业期望的多维选择、地理区位的次序选择、区位的虚拟化以及知识创新的微观机制上进行理论突破。[2]

梁涵通过引入衡量流动要素收入流与支出流空间同步程度的"市场转移指数"指标，构建了一般化的要素流动模型。将此前相互独立的 FC 和 FE 模型变成为同一模型框架下的两个特例；同时，通过可解析的均衡分析，揭示收入遣返程度下降能够增强异质品部门的空间集聚力。对于空间经济长期稳定状态，收入遣返指数同样呈现出战斧形态的影响机制，能够产生"灾变性"影响和形成多重均衡存在的条件等重要空间经济特征。[3]

（二）新空间经济学方法论

当前，空间计量方法在新空间经济学研究领域应用广泛。在空间计量模型的实证分析中，通常采用拉格朗日乘子检验来判断空间计量模型。然而，拉格朗日乘子检验结果对选取的空间权重矩阵和自变量非常敏感，变更空间权重矩阵和增减自变量可以导致拉格朗日乘子检验结果发生根本性改变。因此，拉格朗日乘子检验不能作为判断空间计量模型的唯一标准，应该结合实际理论选择空间计量模型。姜磊探讨了以空间滞后模型为起始模型的空间计量模型决策流程，提出了矩阵指数空间设定模型可以替代传统的空间计量模型设定。在计算上具备便捷性，并且结论具有很强的可解

---

[1] 李振发、徐梦冉、贺灿飞、潘峰华：《金融地理学研究综述与展望》，载《经济地理》2018 年第 7 期。

[2] 梁琦、李建成、陈建隆：《异质性劳动力区位选择研究进展》，载《经济学动态》2018 年第 4 期。

[3] 梁涵：《市场转移与经济地理：一般化的要素流动空间经济模型》，载《统计与决策》2018 年第 9 期。

释性。结果发现，城市间空气污染呈现出显著的衰减效应。人均地区生产总值的提高、PM$_{2.5}$浓度增加以及第三产业的发展是导致空气污染加剧的重要原因，而外商直接投资和环保意识的提高有助于改善中国的空气污染。[①]

潘海峰等考虑金融发展水平、金融发展效率、FDI 及溢出效应因素，选取 2000～2017 年我国 31 个省份的面板数据为样本，进行空间相依性检验，采用空间面板的固定效应和随机效应模型进行估计，探讨了金融发展、实际利用外资与经济增长之间的影响机制。结果表明，金融发展水平与经济增长呈负相关关系；中长期信贷与短期信贷分别对经济增长具有显著的正向和负向影响；FDI 对经济增长没有稳健的正溢出效应。[②]

（三）新空间经济学的实证研究

许多学者围绕企业异质性、劳动力异质性、区位选择、空间溢出等问题，对新空间经济学开展实证研究。

1. 企业异质性研究

杜威剑在异质性企业框架下引入环境约束与政企合谋因素，考察了国有企业过剩产能的形成机理与治理机制。在此基础上，通过改进的生产函数法测度企业层面的产能利用率，并分别采用面板 Tobit 模型与生存分析模型实证检验环境规制对国有企业过剩产能治理的影响。研究结果表明，环境规制不仅能够提升国有企业的产能利用率，同时会提高落后产能企业市场退出的概率，即能够从集约边际与扩展边际两方面实现国有企业的产能治理。此外，通过区分行业污染强度与外部需求条件的估计结果表明，环境规制对于污染程度较强和出口参与型企业的产能治理效果更加显著。[③]

韩剑等建立了一个包含企业异质性假定的理论框架，分析企业是否选择使用 FTA 优惠关税进行出口，理论研究表明，FTA 使用成本是影响企业 FTA 选择的重要因素，只有生产率较高的企业才会利用 FTA 进行出口。

① 姜磊：《论 LM 检验的无效性与空间计量模型的选择——以中国空气质量指数社会经济影响因素为例》，载《财经理论研究》2018 年第 5 期。
② 潘海峰、魏宏杰：《金融发展、FDI 与经济增长关联性的空间效应特征识别》，载《统计与决策》2018 年第 22 期。
③ 杜威剑：《环境规制、企业异质性与国有企业过剩产能治理》，载《产业经济研究》2018 年第 6 期。

利用微观层面的出口数据对利用 FTA 因素的回归结果表明，企业随着商品出口量增加会更倾向于利用 FTA 出口，而原产地规则限制效应对 FTA 利用率有着明显的抑制作用。进一步测算中瑞 FTA 使用成本发现，协定生效后使用成本出现逐年下降，但复杂的原产地规则使得部分行业 FTA 使用成本仍然较高。政府部门提升 FTA 利用效果，不能仅仅放在 FTA 的谈判和签署上，还应重点降低企业 FTA 使用成本，引导更多企业参与国际经贸规则的谈判和制定，有针对性地协助重点行业的企业提升 FTA 使用能力。[1]

李行云等基于 2000~2007 年中国海关数据库和中国工业企业数据库的匹配数据，采用网络分析方法测算了企业层面的贸易网络结构，构建计量模型实证研究了贸易网络结构对企业出口市场的进入与退出行为、贸易目的国的选择行为以及出口生存行为决策的影响。研究发现，强联结的贸易关系网络可以显著降低企业的信息搜寻成本，降低企业所面临的市场不确定性以及企业出口所面临的沉没成本，从而促进企业的市场进入，尤其有助于企业进入高收入国家。此外，采用生存分析模型就贸易网络结构对企业出口的生存行为进行分析发现，贸易网络结构的增强促使企业更好地维持其在新市场的贸易关系，降低企业的市场退出风险，从而显著增加其出口持续时间。因此，贸易网络结构的增强无论在出口的短期效应，还是在生存效应方面都能够显著促进企业的出口行为，贸易网络结构是企业异质性的重要来源。[2]

2. 劳动力异质性研究

江永红等基于 2001~2015 年省级面板数据探讨城市房价上涨及区域性房价差异对异质性劳动力流动的影响。研究结果表明，从总体上看，房价具有"门槛"效应，城市房价的上涨促进了知识型、复合型人才的集聚而阻碍了低技能劳动力的流入，呈高技能偏向型特点；同时，房价上涨对劳动力流动的影响呈现区域性差异，东部地区房价具有"门槛"效应，但中部地区房价上涨引致了劳动力"极化"——即低技能劳动力与高技能人

---

① 韩剑、岳文、刘硕：《异质性企业、使用成本与自贸协定利用率》，载《经济研究》2018 年第 11 期。
② 李行云、霍伟东、陈若愚：《贸易网络结构、企业异质性与出口行为决策》，载《世界经济文汇》2018 年第 5 期。

才聚集，劳动力质量向两端偏移。①

刘晨等结合跨国公司理论和二元劳动力市场理论，利用 CHIP2007 微观数据全面研究了跨国公司对不同户籍劳动者工资提升的作用机制和影响。结果显示，跨国公司对城镇和流动人口的工资均有显著作用，城市外商直接投资存量增加 10%，流动人口工资提升 1.8%，城镇劳动者工资提升 2.9%；在劳动者工资获得机制方面，跨国公司增强了劳动者职业地位回报和人力资本回报，其对流动人口的作用高于对城镇人口的作用。②

3. 区位选择研究

陈林等利用全国 286 个地级市 2009 ~ 2015 年间的数据，基于面板 Logit 模型，对自由贸易试验区区位选择的影响因素进行了实证分析。结果表明，第一，经济发展水平和工业发展水平越高、市场规模和市场消费潜力越大、基础设施越完善的城市越有可能建立自由贸易试验区；市场开放度、外资参与率、政府规模对自由贸易试验区的建立没有明显作用。第二，"一带一路"沿线城市比非沿线城市更有可能获批建立自由贸易试验区；地方政府的推动作用对自由贸易试验区的建立没有显著影响。③

孙楚仁等从对外贸易联系的角度考察了制造业出口企业和非出口企业在我国 51 个主要大中城市内部的区位分布差异。实证结果发现，从交通距离看，出口企业到市中心的距离更近，并且企业所在城市特征会影响出口企业和非出口企业在城市内部的区位分布差异，其中城市人均 GDP、人口总量、城市直径、城市面积以及城市人口密度等城市规模指标弱化了该差异，即城市规模越大，出口企业和非出口企业的区位分布差异越小。但是较高的城市行政等级和城市到最近港口的距离则强化了该差异。④

岳芃等通过引入本地市场效应的多国分析框架和经验估计方法，将本地市场规模效应和外部市场准入效应进行分离，并利用区域间投入产出表数据，对中国区域间产业分布的本地市场效应进行经验检验。研究发现，

---

① 江永红、陈昺楠、张彬：《房价上涨、区域差异与异质性劳动力流动》，载《华东经济管理》2018 年第 7 期。
② 刘晨、葛顺奇、罗伟：《FDI、异质性劳动力市场与城市工资提升》，载《国际贸易问题》2018 年第 1 期。
③ 陈林、邹经韬：《中国自由贸易区试点历程中的区位选择问题研究》，载《经济学家》2018 年第 6 期。
④ 孙楚仁、张楠、王松：《出口状态、城市特征与企业在城市内部的区位选择》，载《国际贸易问题》2018 年第 9 期。

就各行业整体而言，中国区域间的产业分布并不存在显著的本地市场效应，但就行业来看，17 个行业中有 6 个行业表现出显著的本地市场效应，外部市场准入效应影响的大小和方向依行业而异，并且其影响弱于国际贸易中的外部市场准入性。中西部地区在自身资源禀赋优势不断被削弱且政府投入资源有限的背景下，可利用本地市场效应引导相关产业在本地集聚以提高经济发展水平，为此政府在制定相关政策时必须区分引致产业集聚的主导因素是资源禀赋还是本地市场规模，注重对相关产业区域内部市场的培育，并合理配置有限的资源以实现经济的快速发展和产业升级。这对实现中国区域协调发展、减少地区间收入差距具有重要意义。[1]

田宇等基于 2000~2014 年金砖国家与世界 39 个主要生产性服务贸易国家或地区的双边投入产出（WIOD）面板数据，实证研究了金砖国家服务业及其细分产业的本地市场效应。研究发现，金砖国家服务贸易均存在本地市场规模效应，中国、印度和俄罗斯三国服务业整体上不存在本地市场结构效应，而巴西具有显著的本地市场结构效应。中国服务业的发展明显受劳动力比较优势影响，印度、俄罗斯和巴西的资本要素禀赋对服务业的提升作用较为明显。中国生产性服务业细分行业除通信信息业存在本地市场结构效应，科技服务业和商务服务业存在本地市场规模效应外，其他行业主要受要素禀赋比较优势影响，其中通信信息业和金融业主要受资本要素比较优势影响，而其他生产性服务业细分行业均受劳动力要素的比较优势影响。[2]

在空间溢出方面，张露等以小麦为例，利用 2005~2015 年中国小麦主产区地级市的面板数据，分析农业机械化水平与小麦种植规模的相互影响及其空间溢出效应。结果表明，第一，农业分工与市场容量具有相互关联性；第二，农业分工深化及其跨区作业服务，能够进一步产生市场容量的空间溢出效应；第三，市场容量促进农业分工主要表现为区域性服务市场的发育，而农业分工促进市场容量的扩展，则主要是通过纬度路径的跨区外包服务来诱导的。改善小麦生产布局，沿纬度扩大播种面积，有助于改善小麦生产的分工经济性；优先投资小麦生产的机械化，培育外包服务市场，能够有效诱导农户卷入分工，并由此将小农生产引入现代农业的发

① 岳芃、王柄权、郝威亚：《中国区域间产业分布的本地市场效应》，载《西安交通大学学报（社会科学版）》2018 年第 3 期。
② 田宇、马鹏、刘恩初：《金砖国家服务贸易的本地市场效应对比研究——基于投入产出面板数据的实证分析》，载《南京大学学报（哲学社会科学版）》2018 年第 1 期。

展轨道。[①]

文丰安基于外部性理论和新经济地理理论的分析框架，从生产性服务业集聚作用于中国经济增长质量的影响机制着手，运用全国 2003～2016 年 285 个城市的面板数据构建空间计量模型，探讨生产性服务业集聚对地区经济增长质量的影响。分析结果发现，中国经济的质量型增长受制于生产性服务业的专业化集聚和多样化集聚，但当考虑人力资本、城市经济发达程度和政府干预行为等因素的影响时，生产性服务业集聚对经济增长质量提升的抑制作用得到了一定程度的缓解；且区域差异、城市规模和行业特征等约束条件的不同会影响生产性服务业集聚作用于地区经济增长质量的效果。此外，从集聚外部性视角来看，MAR 外部性对经济增长质量的积极影响相对显著。[②]

二、新型城镇化与乡村振兴战略

实施乡村振兴战略，是党的十九大做出的重大决策部署，在我国农业农村发展史上具有划时代的里程碑意义。而"新型城镇化"是党的十八大以后的讨论热点。二者均是推进现代化、解决"三农"问题的重要途径，是相互促进、相辅相成的。2018 年，关于新型城镇化与乡村振兴的研究主要围绕新型城镇化水平的测度、新型城镇化与产业结构调整、新型城镇化与生态、乡村振兴战略、乡村振兴与城乡融合等。

（一）新型城镇化水平测度

熊湘辉等选取 26 个新型城镇化指标，建立新型城镇化水平的综合评价体系，从而测度我国 2006～2015 年新型城镇化水平。采用空间计量模型，从内源动力、外向动力、政府动力、市场动力 4 个方面设定 16 个指标来测度影响城镇化水平的动力因素。研究发现，我国新型城镇化建设取得一定的成就，但是区域之间水平差异较大，这与城镇化发展动力密切相

---

① 张露、罗必良：《小农生产如何融入现代农业发展轨道？——来自中国小麦主产区的经验证据》，载《经济研究》2018 年第 12 期。
② 文丰安：《生产性服务业集聚、空间溢出与质量型经济增长——基于中国 285 个城市的实证研究》，载《产业经济研究》2018 年第 6 期。

关。我国新型城镇化建设市场动力大于外部动力，政府动力和内源动力相当。新型城镇化建设应以市场动力促进新型城镇化建设，以政府动力提高居民生活质量，以外向动力提升区位优势，以内源动力优化城镇发展格局。[1]

余江等根据新型城镇化的基本内涵和中国 2020 年新型城镇化发展的规划目标，综合专家群决策的网络分析法和基于变异系数的因子贡献法，构建三层次四维度的中国新型城镇化发展水平综合评价指标体系，并利用 2000～2016 年中国和各省市的数据进行了时间和空间维度的测度和比较。结果发现，第一，21 世纪以来，中国新型城镇化发展水平提高较快，但各主要维度发展水平不平衡，人口城镇化速度远高于户籍人口城镇化，资源环境水平严重滞后且差距持续扩大；第二，中国各地区新型城镇化发展水平空间差异明显，呈现从东部沿海向中、西部依次递减的特征，并且各地区新型城镇化的优势和短板各不相同；第三，中国各地区的新型城镇化可以划分为质量同步、质量超前和质量滞后三类 7 种组合，超过一半的地区存在城镇化质量滞后于城镇化率的情况，质量滞后仍然是现阶段中国新型城镇化的主要特征。[2]

赵晋琳等以江苏省为例，通过统计 2006～2015 年江苏省各市县的新型城镇化建设数据，运用因子分析和趋势分析方法，对江苏省城镇化水平和地区差异进行了研究。结果表明，江苏省各市县的新型城镇化水平随时间推移而提高，但仍然呈现出明显的区域差异，且这种差异呈扩大趋势；全省城镇化水平由南向北逐渐降低，明显形成三级阶梯：苏南、苏中和苏北。[3]

（二）新型城镇化与产业结构调整

吴穹等在供给侧结构性改革和产业结构升级深度融合的经济发展新常态下，将产业结构调整引入新型城镇化发展理论，研究了中国新型城镇化及其影响因素。基于 2006～2015 年面板数据，构建了新型城镇化复合指

---

[1] 熊湘辉、徐璋勇：《中国新型城镇化水平及动力因素测度研究》，载《数量经济技术经济研究》2018 年第 2 期。

[2] 余江、叶林：《中国新型城镇化发展水平的综合评价：构建、测度与比较》，载《武汉大学学报（哲学社会科学版）》2018 年第 2 期。

[3] 赵晋琳、温燕华、刘蓝琦：《江苏省新型城镇化发展水平测度》，载《统计与决策》2018 年第 4 期。

标体系，选择空间滞后计量模型，从理论分析和实证研究两个方面研究了产业结构调整对中国新型城镇化的影响效应。结果表明，产业结构合理化与产业结构高级化对新型城镇化均有显著正向促进作用。产业结构高级化对新型城镇化的边际效应是产业结构合理化的函数。基于此，提出了区域以产业结构合理化为根基发展产业结构高级化，区域充分利用新型城镇化空间外溢效应，加强区域之间城镇化经验的交流与合作；加大人才引进和人才培养力度，提高金融业服务于工农业的效率，推进多种运输方式协调发展的政策建议。①

郭晨等以新型城镇化建设对区域经济发展质量影响及机制作为研究内容，归纳三大中介机制，并基于中国 2012～2016 年 288 个市级面板数据采用 PSM – DID 方法进行实证检验。研究发现，第一，新型城镇化建设能够提升区域经济发展质量；第二，新型城镇化建设通过提高公共设施水平、促进就业结构转型和健全社会保障体系提升了区域经济发展质量；第三，在经济规模大、人力资本高、政府作用强的前提下，新型城镇化建设能够进一步提升区域经济发展质量。②

杨钧从理论上探讨了农村产业结构调整对城镇化发展的影响路径，并通过实证检验分析了农村产业结构调整影响城镇化发展的区域效应和结构效应。结果表明。农村剩余劳动力转移、规模效应和外部性效应是农村产业结构调整影响城镇化发展的主要理论路径；农村第一、二产业占比对城镇化发展的影响呈现出"U"型路径，而农村第三产业占比的影响效应呈现出倒"U"型路径，其影响效应呈现出显著的区域差异和结构差异；农村产业结构偏离对城镇化的影响呈现出"U"型路径，其中，中西部地区这一影响是负向的，东部地区这一影响是正向的。

（三）　新型城镇化与生态环境

谢锐等通过分析新型城镇化"新"在何处，提出从四个维度构建新型城镇化指数。进一步，利用空间自相关检验和局域 LISA 指数，发现新型城镇化和生态环境质量都存在空间集聚和空间溢出效应。在控制时间和空

---

① 吴旻、仲伟周、张跃胜：《产业结构调整与中国新型城镇化》，载《城市发展研究》2018 年第 1 期。

② 郭晨、张卫东：《产业结构升级背景下新型城镇化建设对区域经济发展质量的影响——基于 PSM – DID 经验证据》，载《产业经济研究》2018 年第 5 期。

间因素的基础上，利用改进的 STIRPAT 模型，采用 2003 ~ 2012 年中国 284 个地级及以上城市的数据实证研究了新型城镇化对生态环境质量的影响及其空间溢出效应。结果表明，在影响城市生态环境质量的因素中，新型城镇化占据决定性的地位，其不仅有助于本地生态环境质量的改善，而且通过空间溢出效应也促进了周边城市生态环境质量的提升；由于存在空间衰减作用和区域行政壁垒，临近城市生态环境质量的改善不利于本城市生态环境质量的提升；从微观的视角来看，人口、经济以及空间城镇化不利于生态环境质量的提升，而社会城镇化的稳步推进则改善了本市的生态环境质量。[1]

淳阳等以快速城镇化的四川省为研究对象，运用重心耦合模型，对 2005 ~ 2015 年新型城镇化与生态足迹的时空演变、转移路径及空间耦合特征进行分析。结果表明，第一，四川省城镇化与生态足迹水平均呈现持续增长态势，时空差异明显，新型城镇化水平呈现出盆地中部高，由内至外逐层降低的圈层式分布格局，生态足迹水平呈现出以攀（枝花）成（都）绵（阳）为轴线，西北低、东南高的对称式分布格局；第二，新型城镇化重心持续北移、移动幅度较小、规律性明显，生态足迹重心先南移后向北回撤、移动幅度较大、规律性较差；第三，新型城镇化与生态足迹的空间重叠性呈现先靠近后分离再靠近的波动态势，变动一致性由相反到趋同，空间耦合趋势显著。[2]

（四）乡村振兴战略

黄祖辉认为，准确把握中国乡村振兴战略，关系到乡村振兴战略实施的效率。首先，把握好乡村振兴战略与城市化战略的关系；其次，把握好"二十字"方针的科学内涵及其内在关系；再次，协调好乡村振兴战略的实施路径。乡村振兴战略要以党的十九大精神为统领，而在具体的实施中，则要从区域新型城镇化战略和乡村差异化发展的实际出发。乡村振兴战略"二十字"方针所体现的五大具体目标任务具有相互联系性。因此，既要准确把握"二十字"方针的科学内涵，又要把握好这"二十字"方

---

① 谢锐、陈严、韩峰、方嘉宇：《新型城镇化对城市生态环境质量的影响及时空效应》，载《管理评论》2018 年第 1 期。
② 淳阳、朱晚秋、潘洪义、周介铭：《重心转移视角下新型城镇化与生态足迹时空差异及其耦合关系研究——以四川省为例》，载《长江流域资源与环境》2018 年第 2 期。

针中五大目标任务的相互关系。在具体的实施过程中，还应重视"三条路径"的协调推进，即"五个激活"驱动、"五位一体"协同和"五对关系"把控的协调推进。①

叶兴庆认为，以乡村振兴战略统领未来国家现代化进程中的农业农村发展，是解决我国发展不平衡不充分问题、满足人民日益增长的美好生活需要的基本要求。与新农村建设的总要求相比，乡村振兴的总要求不仅体现在字面的调整上，更体现在内涵的深化上，可以说是其升级版。在城乡二元结构仍较为明显的背景下，要促进农业农村现代化跟上国家现代化步伐，必须牢牢把握农业农村优先发展和城乡融合发展两大原则。要抓好"人、地、钱"三个关键，促进乡村人口和农业从业人员占比下降、结构优化，加快建立乡村振兴的用地保障机制，建立健全有利于各类资金向农业农村流动的体制机制。②

张海鹏等讨论了乡村振兴战略思想提出的历史背景、时代意义和理论渊源，并且在深入阐述其主要内容和创新的基础上，提出了实现路径。他们认为，乡村振兴战略思想是历史上乡村振兴思想在新阶段的延伸，但又具有明显的历史跨越性；乡村振兴战略思想是对马克思主义农村发展和城乡融合发展思想，以及历代共产党人农村发展思想的融会贯通。乡村振兴战略思想体系完善，对乡村振兴的发展目标、总要求和重点任务进行了充分阐述。乡村振兴战略思想的创新则主要包括：对新时代城乡关系进行了科学定位，首次将"三农"工作放到优先位置，首次提出农业农村现代化，对农业农村产业发展提出更高要求，对农村自然环境提出新要求，首次提出"三治"乡村治理思想，以及强调农民的践行主体地位。乡村振兴战略的实现是一个长期过程，需要在坚持新发展理念的基础上，深化农村综合改革，建立城乡统一的要素市场，创新振兴乡村产业，建立健全城乡统一的公共服务体系，从而全面实现乡村振兴。③

（五） 城乡融合与乡村振兴

刘彦随探讨了新时代城乡融合与乡村振兴的基础理论，剖析了乡村发

---

① 黄祖辉：《准确把握中国乡村振兴战略》，载《中国农村经济》2018 年第 4 期。
② 叶兴庆：《新时代中国乡村振兴战略论纲》，载《中国农村经济》2018 年第 1 期。
③ 张海鹏、郜亮亮、闫坤：《乡村振兴战略思想的理论渊源、主要创新和实现路径》，载《中国农村经济》2018 年第 11 期。

展面临的主要问题，提出了问题导向的中国城乡融合与乡村振兴科学途径及研究前沿领域。第一，城乡融合与乡村振兴的对象是一个乡村地域多体系统，包括城乡融合体、乡村综合体、村镇有机体、居业协同体，乡村振兴重在推进城乡融合系统优化重构，加快建设城乡基础网、乡村发展区、村镇空间场、乡村振兴极等所构成的多级目标体系。第二，"三农"问题本质上是一个乡村地域系统可持续发展问题，当前乡村发展正面临主要农业生产要素高速非农化、农村社会主体过快老弱化、村庄建设用地日益空废化、农村水土环境严重污损化和乡村贫困片区深度贫困化等"五化"难题。第三，乡村是经济社会发展的重要基础，城乡融合与乡村振兴战略相辅相成，乡村振兴应致力于创建城乡融合体制机制，推进乡村极化发展，按照产业兴旺、生态宜居、乡风文明、治理有效、生活富裕的要求，构建乡村地域系统转型—重构—创新发展综合体系。第四，乡村振兴地理学研究应着眼于乡村地域系统的复杂性、综合性、动态性，探究以根治"乡村病"为导向的新型村镇建设方案、模式和科学途径，为实现新时代中国乡村振兴战略提供理论参考。[①]

何仁伟探讨了城乡融合与乡村振兴的科学内涵，剖析了城乡融合与乡村振兴的相互关系，构建了城乡空间均衡模型和定义了城乡等值线，提出了中国城乡融合与乡村振兴实现途径及需要深入研究的方向。第一，城乡融合发展是基于空间布局优化和制度供给创新的经济、社会、环境全面融合发展，"乡村振兴五边形"和"人－地－钱－业"是乡村振兴的核心内涵；城乡融合与乡村振兴战略相互支撑，城乡融合和乡村振兴的过程是城乡空间动态均衡的过程。第二，城乡发展的空间均衡模型可以较好地阐释促进城乡融合发展、实施乡村振兴的关键问题，通过城乡要素的重新优化配置和人口的流动，城乡人均综合发展效益逐渐趋于相等；城乡等值线可以进一步解释城乡发展空间均衡的动态过程与传导机理。第三，从政策制度构建、"点轴"渐进扩散、分区分类推进、典型发展模式提炼等方面探讨乡村振兴的科学路径，可以为中国乡村振兴战略实施提供理论参考。[②]

杨仪青对我国乡村发展面临的深层次问题进行深入剖析，并提出城乡融合视域下我国实现乡村振兴的路径选择：完善乡村基础设施和公共服务，实现均衡融合的协调发展格局；促进农村基层基础工作，强化乡村振

---

①　刘彦随：《中国新时代城乡融合与乡村振兴》，载《地理学报》2018 年第 4 期。
②　何仁伟：《城乡融合与乡村振兴：理论探讨、机理阐释与实现路径》，载《地理研究》2018 年第 11 期。

兴投入保障；推动乡村产业兴旺，促进城乡互动融合发展；保护农村生态环境，繁荣兴盛农村文化。[①]

（六）城镇化与乡村振兴

申端锋等认为，在乡村振兴问题上，已经形成了一个城市化的乐观派，其理由主要是城市中产阶层的消费需求，为乡村振兴提供了动力。乡村建设的主流方案是发展乡村旅游，将田园风光打造成为城里人的消费品。所谓城市化能促进乡村振兴，实际上是通过消费主义振兴乡村，消费主义替代了原来的国家主义，成为乡村建设的主流思路。在这种城乡关系中，乡村会失去主体性、地方性知识和发展能力。在城乡关系并没有发生实质性变化的背景下，城市化振兴乡村可能只是一种幻觉，城市化也许能为城市中产阶层建设美丽乡村，却无法改变城乡之间的不平等关系。城市化能否促进乡村振兴，关键是能否实现城乡平等和城乡融合。为了实现城乡关系的平衡，必须要限制消费和资本的作用，确保农民对乡村建设的领导权和参与权，进一步打开乡村振兴的思路。唯此，才可能实现以农民为主体的乡村振兴，破解现代化进程中的乡村衰败铁律。[②]

涂丽等构建了乡村发展水平测评指标体系，运用中国家庭追踪调查（CFPS）2014年数据，实证测算了我国乡村发展水平，并深入分析了城镇化对乡村发展的影响效应和作用机制。研究结果表明，乡村宜居条件在乡村综合发展水平上具有较高权重，是当前乡村建设和发展的主要内容之一；乡村发展的东西差异明显。城镇化对乡村发展水平的整体效应为正，其正向影响主要体现在产业非农化方面；人口的城镇化迁移会抑制乡村发展水平，抵消部分产业非农化带来的正向促进效应。城镇化主要通过经济促进效应、组织治理效应、公共服务滞后效应和宜居条件改善效应对乡村综合发展产生影响。不同地区的城镇化水平对乡村发展呈现出不同的影响效应，东部地区的城镇化对当地乡村发展具有促进效应，中西部地区的城镇化则抑制了当地乡村的综合发展。[③]

---

①　杨仪青：《城乡融合视域下我国实现乡村振兴的路径选择》，载《现代经济探讨》2018年第6期。

②　申端锋、王孝琦：《城市化振兴乡村的逻辑缺陷——兼与唐亚林教授等商榷》，载《探索与争鸣》2018年第12期。

③　涂丽、乐章：《城镇化与中国乡村振兴：基于乡村建设理论视角的实证分析》，载《农业经济问题》2018年第11期。

三、国家重大区域发展战略

当前，"一带一路"建设、京津冀协同发展、长江经济带发展、粤港澳大湾区建设等已成为国家重大的区域发展战略，受到学者们的关注。高国力等认为，党的十九大明确了新时代我国进入高质量发展阶段的国家重大战略目标和任务，切实推进"一带一路"建设同京津冀协同发展、长江经济带发展、粤港澳大湾区建设等国家重大区域发展战略的对接，对于推动形成全面开放新格局、加快实施区域协调发展战略、促进新时代中国特色社会主义建设，具有重要战略意义。[①]

（一）"一带一路"建设

"一带一路"既是重大区域发展战略，也是中国对外经济合作的重大倡议。秦亚青等提出，共建"一带一路"是以新型全球治理观为指导的国际实践，以构建多元协商的合作体系、开放包容的世界经济和以可持续发展为核心的共同体为主要内涵和目标。共商共建共享的全球治理思想和"一带一路"国际合作实践有助于全球治理走出实践和理论困境，引领塑造新型全球治理和世界秩序。[②]

刘志彪等认为，"一带一路"倡议顺应了全球化的区域主义浪潮，突出强调内与外、东与西、沿海与内地、工业与农业的多重互动，从多时空、多维度、多领域实现区域战略合作。通过构建以中国为核心的全球经济治理平台，并基于对外投资和引进外资并重的战略思想，将中国区域经济的重大转型放到重塑世界经济地理格局，以及全球治理模式变迁这一全新的国际关系之中。通过重构对外经济开放新格局，依托地区要素禀赋，优化资源配置，实现区域规模经济效应，重塑双向开放的全球价值链和国内价值链，实现两种价值链的全方位衔接和互动，统筹协调国际和国内两个市场、两种资源，进而构筑陆海统筹、东西互济、面向全球的对外开放

---

① 高国力、黄征学、张燕：《促进"一带一路"与三大区域发展战略对接》，载《宏观经济管理》2018年第8期。
② 秦亚青、魏玲：《新型全球治理观与"一带一路"合作实践》，载《外交评论（外交学院学报）》2018年第2期。

经济新格局。[①]

欧阳康则认为，"一带一路"倡议是中国在全球化进程中提出的重要国际合作方案，既是对于逆全球化的批评性回应，更是对于全球化的积极推进，目标在于搭建"合作共赢"新型国际合作平台，以经济互通促进政治互信、民心相通和文明互鉴，促进相关国家和地区在"共商、共建、共享"基础上的共同发展，推进新时代人类命运共同体构建。实施"一带一路"建设，意味着当前中国的国内事务与当代世界的国际事务已经前所未有地融为一体，其能否成功及其成效如何，一方面在于是否能够自觉有效地把国内发展提升到国际水平，另一方面在于能否自觉有效地把国际事务融入国内发展。[②]

贸易与投资是"一带一路"建设的重要内容，也是学术界关注的重点领域。贺娅萍等基于 2003～2015 年中国对"一带一路"沿线 43 个国家的 OFDI 面板数据，通过 Heckman 两阶段模型和扩展的投资引力模型，检验了中国 OFDI 在"一带一路"沿线国家的区位分布特征。实证结果发现，东道国经济制度同时影响了投资选择偏好和投资规模；中国 OFDI 偏向于货币自由度和投资自由度较好的国家和地区，商业自由度在长期影响着投资行为；近 3 年来东道国商业自由度的提升促进了中国企业的投资行为，而贸易自由度的变化在一定程度上抑制了中国 OFDI。[③]

李林玥等首次将夜间灯光数据应用于引力模型研究，对中国与"一带一路"沿线国家的贸易发展状况进行分析。研究发现，地理距离、边界及区域协定对中国与"一带一路"沿线国家之间贸易的显著影响表明灯光数据对贸易研究的有效性；同时，对 1996～2012 年贸易趋势的预测与实际贸易的对比结果显示，以灯光数据预测的"一带一路"贸易趋势与实际贸易基本吻合。[④]

方英等以 2011～2015 年中国对"一带一路"沿线 64 个国家的文化产品出口数据为基础，利用随机前沿引力模型实证分析影响中国文化产品出口的因素，测算了中国与主要伙伴国及地区的文化产品出口潜力，并量化

①　刘志彪、吴福象：《"一带一路"倡议下全球价值链的双重嵌入》，载《中国社会科学》2018 年第 8 期。

②　欧阳康：《全球治理变局中的"一带一路"》，载《中国社会科学》2018 年第 8 期。

③　贺娅萍、徐康宁：《"一带一路"沿线国家的经济制度对中国 OFDI 的影响研究》，载《国际贸易问题》2018 年第 1 期。

④　李林玥、孙志贤、龙翔：《"一带一路"沿线国家与中国的贸易发展状况研究——夜间灯光数据在引力模型中的实证分析》，载《数量经济技术经济研究》2018 年第 3 期。

评估了人为因素对中国文化产品出口效率的影响。实证结果表明，经济规模、人口规模等因素对文化贸易发展具有促进作用，而地理距离、文化距离等因素对文化贸易发展有阻碍作用。关税、自由贸易协定安排、进口清关时间等人为因素构成了影响中国文化出口效率的重要因素。中国与"一带一路"沿线国家具有较大的文化贸易潜力，这种潜力在不同国家和地区之间呈现出较大的不均衡性，潜力最大的国家是老挝，最大的区域是中东欧地区。[①]

基于推进绿色"一带一路"建设的需要，部分学者开始探讨"一带一路"绿色发展问题。刘钻扩等提出绿色"一带一路"，强调增长动力的转换，其落脚点是绿色全要素生产率（GTFP）的提升，而中国沿线重点省域是推进绿色"一带一路"实施的先锋与主力军。他们首次基于"一带一路"沿线中国重点省域视角，采用基于SBM方向距离函数的GML指数测算并分析了沿线重点省域GTFP的发展现状与动因来源；利用断点回归首次定量分析了"一带一路"建设对沿线重点省域GTFP的影响净效应，并探讨沿线重点省域下一步加快GTFP发展的务实路径。研究发现，沿线重点省域的GTFP发展现状总体较好，"一带一路"建设对沿线重点省域的GTFP和技术进步均起到了显著促进作用，"一带一路"建设对丝绸之路经济带和海上丝绸之路沿线重点省域的GTFP均表现为显著正效应。提出沿线重点省域下一步应重点从借力对外贸易，发展绿色经济；完善创新机制，重视人才效用；强调科技创新，优化研发结构等方面入手来提升自身的GTFP发展水平。[②]

有些学者关注"一带一路"建设背景下的产业合作与发展问题。张述存等认为，德国是中国在欧洲重要的合作伙伴，"德国技术"与"中国制造"优势互补，奠定了两国产业合作的良好基础，对推动"一带一路"经贸合作乃至全球经济增长具有十分重要的意义。在新形势下，中德产业合作具有了新的内涵、特征和要求。基于这一背景，以对德交往渊源深厚、经济发展与全国相似度高的山东省为分析重点，探讨"一带一路"倡议下山东省与德国产业合作的产业选择问题，为全国其他地区加强对德产

---

① 方英、马芮：《中国与"一带一路"沿线国家文化贸易潜力及影响因素：基于随机前沿引力模型的实证研究》，载《世界经济研究》2018年第1期。
② 刘钻扩、辛丽：《"一带一路"建设对沿线中国重点省域绿色全要素生产率的影响》，载《中国人口·资源与环境》2018年第12期。

业合作提供了启示。①

王钰等构建了包括宏观经济环境、服务业发展规模、产业结构、增长速度在内的服务业发展评价指标体系，采用因子分析方法，对"一带一路"涉及的省份和区域的服务业发展水平做出了综合评价，并提出在"一带一路"倡议背景下优化服务业发展的对策建议。②

（二）京津冀协同发展

如何破解人口资源环境矛盾、推进区域发展体制机制创新和城镇化健康发展是京津冀协同发展的重要内容。学者们主要做了一下研究：

1. 京津冀协同发展状况

陈昕等以京津冀城市群为研究对象，以 DMSP/OLS 夜间灯光亮度表征城市综合实力，通过引力模型测算 1993～2013 年京津冀城市空间关联强度，分析城市社会经济区位度的时空变化趋势。研究结果表明，京津冀城市群发展极不平衡，北京与天津关联强度值远远高于其他城市；除廊坊、保定与承德市外，河北省其余各市社会经济区位度呈下降趋势，京津冀地区的极化现象有所加剧。③

2. 城市群发展与环境的关系

崔学刚等以京津冀城市群 13 个地级以上城市为例，以成本 - 效益理论和效率 - 水平理论为基础，分别构建环境规制强度和城镇化质量评价指标体系，发现京津冀城市群环境规制强度和城镇化质量在时空格局上呈现高度吻合，两者均以京津为双峰值点，并向南北两翼梯度递减。之后采用象限图分类识别方法对京津冀城市群环境规制强度和城镇化质量协调类型进行划分，从而判断两者协调性状况及时空演变特征。④

---

① 张述存、顾春太：《"一带一路"倡议背景下中德产业合作——以山东省为分析重点》，载《中国社会科学》2018 年第 8 期。
② 王钰、张维今、孙涛：《"一带一路"沿线区域服务业发展水平评价研究》，载《中国软科学》2018 年第 5 期。
③ 陈昕、彭建、刘焱序等：《基于 DMSP/OLS 夜间灯光数据的京津冀地区城市空间扩展与空间关联测度》，载《地理研究》2018 年第 5 期。
④ 崔学刚、方创琳、张蔷：《京津冀城市群环境规制强度与城镇化质量的协调性分析》，载《自然资源学报》2018 年第 4 期。

254

杨浩等基于京津冀地区 1995～2015 年统计数据，构建京津冀地区产业结构水平、城市化发展水平和空气污染综合指数评价指标体系，在分析京津冀地区产业结构、城市化进程和空气污染现状的基础上，通过建立 VAR 模型，运用脉冲响应与方差分析的方法分析各指数间的动态关系。结果表明，京津冀地区产业结构水平和城市化发展水平在稳步提升的同时，表现出明显的区域差异；京津冀地区产业结构水平、城市化发展水平和空气污染综合指数之间存在着长期稳定均衡关系；天津市城市化水平对空气污染的影响要大于北京市、河北省；产业结构水平是影响北京市与河北省空气污染的主要因素。[①]

孙涛等运用社会网络分析法，选取京津冀及周边地区 2010～2017 年间 22 个央地政府主体环境治理合作网络的数据样本，对该区域大气治理府际合作网络的基本演化形式、结构属性和内部特征进行分析。研究发现，京津冀大气治理府际合作网络由最初的"部委合作牵头、地方分割执行"，逐渐演化出"部委引导支持、地方主动联系"的特征；中央政府始终居于网络中心位置，地方政府中心性逐年上升，府际合作网络密度总体上趋于增大，多政府主体的区域环境协同共治网络趋于成熟。[②]

3. 产业协同发展

王金杰等则利用 2006～2014 年京津冀 13 个城市数据，对京津冀 27 个制造业行业转移和集聚状态以及区域合作机制进行实证研究。研究表明，京津冀制造业地理分工格局整体上呈现出"由北京向津冀转移"、"由北部向中南部转移"的变动趋势；虽然北京制造业行业多处于转移状态，但仍在大部分行业中占有较高份额，能够在区域制造业转移和合作中发挥中心带动作用；津冀各城市在各个行业都具有承接和发展优势，从而为区域制造业梯度转移创造了条件；河北各城市在技术和知识密集型行业的竞争优势较弱，需要京津两地提供更多的外在动力。[③]

① 杨浩、张灵：《京津冀地区产业结构演进及城市化进程对空气质量影响的实证研究》，载《中国人口·资源与环境》2018 年第 6 期。
② 孙涛、温雪梅：《动态演化视角下区域环境治理的府际合作网络研究——以京津冀大气治理为例》，载《中国行政管理》2018 年第 5 期。
③ 王金杰、王庆芳、刘建国、李博：《协同视角下京津冀制造业转移及区域间合作》，载《经济地理》2018 年第 7 期。

4. 人口流动与人口集聚

陈明星等基于 2015 年流动人口卫生计生动态监测调查数据，探讨京津冀城市群流动人口的年龄结构、教育水平、就业、收支情况等流动特征，以及流动人口的"源"（来源地）、"汇"（流入地）的分布格局。研究发现，流动人口年龄结构以青壮年劳动适龄人口为主，呈现出受教育水平偏低，户口类型以农业为主，并以跨省流动为主等特征；流动原因以务工经商为主，收入水平以低、中收入为主，恩格尔系数高于常住人口平均水平，行业分布多样化，但以中低端商业服务业为绝对主体。从流动人口的"源"、"汇"格局来看，流动人口主要来源于与其地理位置邻近省份和劳动力输出大省，如河北、山东、河南、黑龙江、安徽等省份，占总流动人口的 70.75%；京津两市为流动人口的主要流入地，分别占京津冀城市群的 37.76% 和 29.11%。①

童玉芬等基于空间经济学的"中心—外围"理论，使用中国人口普查数据，采用探索性空间分析法和空间计量经济学模型，测度京津冀高学历人口的空间集聚格局并分析其形成机制。研究表明，京津冀高学历人口呈向心集聚特征，沿点轴演化模式演变。高学历人口的集聚具有显著的空间关联性，北京与天津不仅具有"虹吸效应"，能够吸纳河北省高学历人口，同时也具有"溢出效应"，促进河北相邻地区提高人口集聚力。高学历人口的集聚呈现高高和低低连片分布，人口增长极和人口洼地并存。在向心力与离心力的相互博弈下，京津冀地区形成了以北京与天津为中心、河北省为外围的高学历人口空间集聚格局。②

5. 雄安新区建设

雄安新区顶层设计的面世是京津冀区域协同发展进程中至关重要的一步，对于疏解北京非首都功能意义非凡。赵新峰等通过系统梳理京津冀协同发展历史进程中的理念变迁，针对区域协同治理的思维障碍和理念发展困境，基于国家利益的最高价值、区域公共利益的现实价值和地方利益的基础价值视角，提出具有协同意蕴的雄安新区治理理念，以破解合作治理

---

① 陈明星、郭莎莎、陆大道：《新型城镇化背景下京津冀城市群流动人口特征与格局》，载《地理科学进展》2018 年第 3 期。

② 童玉芬、刘晖：《京津冀高学历人口的空间集聚及影响因素分析》，载《人口学刊》2018 年第 3 期。

困境，优化组织治理架构，建构雄安新区新型治理模式。①

郭园庚认为，打造京津冀协同创新共同体的逻辑包括深化京津冀协同创新的过程，实际上是围绕空间布局优化与协同创新绩效提升两大主线展开的过程，其实质是破除区域行政边界的局限，在更大范围、更广领域及更高层次上对创新资源加以整合和优化，推进协同创新路径与机制创新，实现京津冀区域发展动力的转型。雄安新区建设是构建京津冀协同创新共同体进程中的重要环节，是从空间维度深化协同创新并推动其向更高层次发展的重要举措，其本质是对京津冀原有区域创新体系与内部运行机制的变革，是对京津冀创新资源空间重新配置的重大调整，将改变区域科技和经济的基本结构及运行逻辑，以创新驱动实现京津冀区域高质量发展。②

方大春等基于灰色预测模型对 2022 年的雄安新区相关数据进行预测，运用社会网络分析方法，对比分析雄安新区建成前后对于京津冀城市群空间结构的影响。结果显示，在 2022 年的京津冀城市群空间关联网络中，网络关联数与网络密度有所上升；网络的点度中心度均值与接近中心度均值上升，而中间中心度均值下降；点出度中心势明显大于点入度中心势，但其增加变化率却大于点出度中心势的增加变化率；子群内城市位置也发生相对的变化，子群内部平均密度、子群间平均密度，都有很大提升。这证实了雄安新区建设有利于优化京津冀城市群空间结构，促进京津冀地区一体化发展。③

（三）长江经济带发展

1. 长江经济带的绿色发展

陆大道对长江经济带的战略地位与落实习近平总书记关于"共抓大保护，不搞大开发"指示的重大意义进行了阐述，指出近 20 年来长江经济带在实现高速经济增长的同时却忽视了保护的重要性；贯彻习总书记的"共抓大保护，不搞大开发"最为关键的是落实"共抓"，并提出了各地

---

① 赵新峰、王浦劬：《京津冀协同发展背景下雄安新区治理理念的变革与重塑》，载《行政论坛》2018 年第 2 期。

② 郭园庚：《雄安新区与京津冀协同创新共同体建设的互联共生》，载《河北学刊》2018 年第 4 期。

③ 方大春、马为彪：《雄安新区建设对京津冀城市群空间结构影响研究——基于社会网络分析》，载《经济与管理》2018 年第 4 期。

区各部门要长时期采取协调一致的具体行动的几个主要领域。①

修复长江生态环境，逐步解决长江生态环境透支问题，是推动长江经济带发展的首要任务。因此，许多学者关注长江经济带的生态环境保护与绿色发展问题。任胜钢等采用网络 DEA 模型对长江经济带 9 省 2 市的工业生态效率及三个子系统效率进行评价发现，长江经济带工业生态效率水平整体呈上升趋势，且自上游至下游效率水平依次递增；长江经济带工业经济子系统效率水平相对稳定，环境子系统效率水平和能源子系统效率水平呈增长趋势；从收敛性检验来看，长江经济带工业生态效率及各子系统效率呈收敛趋势，其中工业经济子系统效率呈相对稳定的状态。② 吴传清等也对长江经济带工业绿色发展绩效进行评估，发现长江经济带工业绿色发展水平呈上升态势，整体处于全国中等靠后水平。此外，长江经济带工业绿色发展效率增长偏缓，处于全国中等偏后水平。工业绿色发展绩效协同效应显著，工业绿色发展水平和发展效率的协调度处于中高级协调阶段。③

吴传清等探究了偏向型技术进步对全要素能源效率的影响，他们基于 1997~2015 年长江经济带沿线 11 省市面板数据，采用三要素超越对数生产函数，测算长江经济带上中下游地区技术进步偏向性指数和全要素能源效率。研究结果表明，长江经济带全要素能源效率地区差异显著，上中下游地区依次递增；偏向型技术进步对长江经济带全要素能源效率具有明显促进作用，下游地区技术进步偏向人力资本，中上游地区技术进步偏向物质资本。④

杨树旺等则基于绿色创新视角，选用长江经济带 11 个省市 2005~2014 年的面板数据，运用含非期望产出的 SBM 模型和探索性空间数据分析（ESDA）方法，评价长江经济带的绿色创新效率及其空间分异特征，并采用面板 Tobit 模型对长江经济带绿色创新效率的驱动机制进行回归

---

①　陆大道：《长江大保护与长江经济带的可持续发展——关于落实习总书记重要指示，实现长江经济带可持续发展的认识与建议》，载《地理学报》2018 年第 10 期。

②　任胜钢、张如波、袁宝龙：《长江经济带工业生态效率评价及区域差异研究》，载《生态学报》2018 年第 15 期。

③　吴传清、黄磊：《长江经济带工业绿色发展绩效评估及其协同效应研究》，载《中国地质大学学报（社会科学版）》2018 年第 3 期。

④　吴传清、杜宇：《偏向型技术进步对长江经济带全要素能源效率影响研究》，载《中国软科学》2018 年第 3 期。

分析。[①]

郝国彩等在测度长江经济带城市绿色经济绩效的基础上，依据经济空间权重构建多种空间计量模型实证检验了长江经济带绿色经济绩效的空间溢出效应，并运用空间回归模型偏微分方法对绿色经济绩效的影响因素及其溢出效应进行了检验与分解。[②]

2. 全要素生产率的变动特征

陈明华等基于 Dagum 基尼系数和面板数据回归分析方法，对长江经济带 TFP 增长的地区差异及影响因素进行了分析。结果显示，长江经济带 TFP 增长的总体、区域内、区域间差异均呈整体扩大趋势，下游区域内差异最大，上游与下游的区域间差异最大，区域内贡献大于区域间。[③]

李汝资等则运用非期望产出的 Malmquist – Luenberger 指数、ESDA 方法探讨长江经济带城市绿色全要素生产率变化时空格局，以 GIS 空间叠加方法对城市绿色 TFP 变动主要类型进行划分，识别不同类型城市存在的发展问题。结果发现，考虑非期望产出的长江经济带城市绿色 TFP 提升更明显，污染物减排效应反映出的技术进步对绿色 TFP 改善贡献突出；区域差异表现为上、中、下游城市绿色 TFP 增长率依次递减；长江经济带城市绿色 TFP 变化具有显著空间自相关性，局部热点区域表现为上、中、下游"哑铃"型分布，并开始由下游地区逐步向上游地区转移。[④] 易明等运用 DEA – Malmquist 指数法及探索性空间数据分析方法测算 2004～2015 年长江经济带 11 省（市）绿色全要素生产率（GTFP）的时空分异特征，结果显示，GTFP 的变化主要源于技术进步，综合技术效率的贡献并不明显；从时间演变规律看，GTFP 整体呈现波浪式类"W"型变化规律，但总体呈下降趋势；从空间分布特征看，GTFP 的空间相关性日趋显著，空间分布集聚现象逐步增强。[⑤]

---

① 杨树旺、吴婷、李梓博：《长江经济带绿色创新效率的时空分异及影响因素研究》，载《宏观经济研究》2018 年第 6 期。
② 郝国彩、徐银良、张晓萌、陈明华：《长江经济带城市绿色经济绩效的溢出效应及其分解》，载《中国人口·资源与环境》2018 年第 5 期。
③ 陈明华、张晓萌、仲崇阳：《长江经济带全要素生产率增长的地区差异及影响因素》，载《经济社会体制比较》2018 年第 2 期。
④ 李汝资、刘耀彬、王文刚、孙东琪：《长江经济带城市绿色全要素生产率时空分异及区域问题识别》，载《地理学报》2018 年第 9 期。
⑤ 易明、李纲、彭甲超、陈文磊：《长江经济带绿色全要素生产率的时空分异特征研究》，载《管理世界》2018 年第 11 期。

3. 美丽中国与旅游业的耦合

时朋飞等建构了美丽中国—旅游业耦合协调度指标体系，并运用加权TOPSIS 法对长江经济带 11 省市两大系统的综合发展水平进行测度，然后基于耦合协调模型从时空维度对该区域 11 省市两大系统的耦合协调演化关系进行分析，发现长江经济带 11 省市美丽中国系统与旅游业系统发展水平呈波动上升态势且发展态势趋同，但旅游业系统发展水平波动幅度较美丽中国系统更为明显。该区域美丽中国系统评价值长期高于旅游业系统评价值，表明旅游业对美丽中国建设的驱动作用滞后于美丽中国建设对旅游业的促进作用。[①]

4. 建设用地扩张与经济增长

黄木易等基于 GIS 平台及探索性空间数据分析方法和脱钩模型，以地级行政单元为对象，分析 2000～2013 年长江经济带建设用地扩张、经济增长的时空差异及脱钩关系。研究发现，长江经济带建设用地扩张与经济增长具有明显的阶段性和区域性；2000～2013 年，长江经济带建设用地扩张与经济增长耦合关系经历了"增长负脱钩、弱脱钩"为主—"弱脱钩"为主—"弱脱钩、增长联结"为主的变化过程；从脱钩程度的空间异质性来看，长江经济带各时期的城市扩张与经济增长脱钩关系具有弱空间集聚性。[②]

金贵等以长江经济带 110 个地级市为研究对象，基于 2005～2014 年市级投入产出面板数据，引入随机前沿模型测度城市土地利用效率，并分析其空间关联特征发现，2005～2014 年长江经济带城市土地利用效率由0.34 升至 0.53，上游效率增长速率快于中游和下游，全域土地利用效率仍有较大上升潜力；城市土地利用效率呈现"条块状"分布特征，从东向西逐步递减，不仅省内、省际差异显著，上中下游的差异也较大，下游地区土地利用效率最高、中游次之、上游最低；城市土地利用效率存在空间正相关性且集聚特征逐年增强。[③]

① 时朋飞、李星明、熊元斌：《区域美丽中国建设与旅游业发展耦合关联性测度及前景预测——以长江经济带 11 省市为例》，载《中国软科学》2018 年第 2 期。

② 黄木易、岳文泽、何翔：《长江经济带城市扩张与经济增长脱钩关系及其空间异质性》，载《自然资源学报》2018 年第 2 期。

③ 金贵、邓祥征、赵晓东、郭柏枢、杨俊：《2005～2014 年长江经济带城市土地利用效率时空格局特征》，载《地理学报》2018 年第 7 期。

5. 交通基础设施和经济增长

王磊等基于 2005~2014 年长江经济带数据，利用莫兰指数考察了交通基础设施和经济增长的空间相关性，并建立了空间杜宾模型就交通基础设施对经济增长的影响进行了实证研究，发现前者对后者存在正的空间溢出效应，经济增长存在自身的空间溢出效应。在实证分析的基础上，提出长江经济带应进一步完善区域协同发展机制，加快推动交通基础设施互联互通，提高交通网络综合运行效率，提高劳动力利用效率，推动产业升级，同时避免过度的政府投资。①

（四）粤港澳大湾区建设

1. 粤港澳大湾区发展模式与路径选择

赵晓斌等结合粤港澳大湾区现状优势，探讨了湾区发展战略定位与发展路径，认为可通过粤港澳三方通力合作，创造一个内生型的经济与产业本土增长模式。②

刘金山等认为，粤港澳大湾区是全球化与国家战略互动的引领性平台，是未来具有举足轻重影响力的全球治理空间载体和经济增长极群落。以智能制造全球生产权引领构建开放型经济新体制，粤港澳大湾区要率先而为。因此，全球化时代粤港澳大湾区建设需要全球化"融智"和全球化"融资"，通过全球化"融智"实现全球化"融资"，吸引全球高端要素集聚。③

2. 粤港澳大湾区一体化发展

陈昭等在新经济地理的 3D 框架下，利用粤港澳地区 2001~2015 年的面板数据分析了粤港澳地区密度、距离和整合的历史与现状，并在此基础上实证研究了各经济地理要素对粤港澳市场一体化的影响作用。结果发

---

① 王磊、翟博文：《长江经济带交通基础设施对经济增长的影响》，载《长江流域资源与环境》2018 年第 1 期。
② 赵晓斌、强卫、黄伟豪、线实：《粤港澳大湾区发展的理论框架与发展战略探究》，载《地理科学进展》2018 年第 12 期。
③ 刘金山、文丰安：《粤港澳大湾区的创新发展》，载《改革》2018 年第 12 期。

现，自 2001 年以来，粤港澳地区的密度和经济整合因素呈现上升趋势，距离因素则呈现出波动性下降趋势；粤港澳大湾区的市场一体化程度越来越高，各城市区域之间市场趋于整合而非分割；就粤港澳整体而言，经济密度、交通、通信基础设施、市场化、对外开放水平和政府规划支出的增加都促进了其市场一体化，人口密度的增加却没有促进其市场一体化；经济地理因素对粤港澳三大城市圈市场一体化的影响表现出明显的空间个体异质性。①

　　王方方等基于 2009 年、2012 年、2015 年粤港澳大湾区城市群的经济联系数据，运用凝聚子群和 QAP 等网络分析方法，对城市群空间经济网络结构及其影响因素进行分析。研究结果发现，第一，动态比较来看，城市群空间经济网络的联系程度得到显著增强，广州、香港、深圳、佛山处于空间经济网络中心位置；第二，粤港澳大湾区城市群空间经济网络可划分为四大子群：以香港、深圳为核心的凝聚子群，以珠海、澳门组成的凝聚子群，以广州为中心、佛山为次中心的凝聚子群，以中山等六个城市组成的凝聚子群；第三，城市间的距离、要素扩散与集聚、产业结构、经济全球化等四类因素对经济网络有显著影响。②

　　陈燕等基于粤港澳大湾区 2016 年 9 市 2 区 19 个行业数据，对湾区分行业区位熵以及城市间和行业间的灰色关联度进行实证分析表明，区位熵反映出各城市在不同产业上具有各自的比较优势，但除了澳门在湾区产业协同的整体关联度为 0.888 以外，其他城市的灰色关联度都在 0.9 以上，说明粤港澳大湾区各城市的产业关联度高，产业结构趋同，其中最高的为深圳、广州和珠海。湾区分行业关联度的测算结果反映出批发零售商业服务、文化旅游业、信息技术和制造业等优势差异行业是未来产业协同的方向。③ 覃成林等对粤港澳大湾区 11 个城市的产业结构趋同及合意性进行分析，结果也显示，在三次产业层面粤港澳大湾区存在明显的产业结构趋同，在制造业内部产业结构趋同问题仍存在，但程度降低，这是珠三角地区产业升级过程中对先进制造业的统一规划和行业内分工的结果。因此，应鼓励粤港澳大湾区城市实现产品差异化发展，促进城市间的产业内分工

---

①　陈昭、林涛：《新经济地理视角下粤港澳市场一体化影响因素研究》，载《世界经济研究》2018 年第 12 期。

②　王方方、杨焕焕：《粤港澳大湾区城市群空间经济网络结构及其影响因素研究——基于网络分析法》，载《华南师范大学学报（社会科学版）》2018 年第 4 期。

③　陈燕、林仲豪：《粤港澳大湾区城市间产业协同的灰色关联分析与协调机制创新》，载《广东财经大学学报》2018 年第 4 期。

与合作，尤其注重战略性新兴产业领域的分工与合作，确保产业结构的升级。①

3. 粤港澳大湾区创新发展

辜胜阻等认为粤港澳大湾区经济实力雄厚，创新主体高度集聚，产业体系完备，环境开放包容，具备了打造创新生态系统的现实基础，但也存在三地产学研脱节、企业自主创新能力不强、创新型人才不足、金融服务创新驱动发展的力度有待提升等制约因素。因此，粤港澳大湾区应在互惠互利的基础上，合力打造多主体联动、要素充裕且流动自由、制度高效协同的创新生态系统，以减少三个区域的同质竞争与"摩擦"，降低交易成本，增强创新活力，协同推进区域创新能力的提高。②

毛艳华则指出湾区经济是区域经济发展的高级形态。粤港澳大湾区是中国开放程度最高和经济活力最强的区域，但与国际典型湾区和国内主要城市群存在的本质差别在于粤港澳区域是"一国两制、三个关税区和三种法律体系"的跨境合作。因此，推动体制机制创新是粤港澳大湾区协调发展的核心问题。粤港澳大湾区要加快体制机制创新，改善营商环境，加强湾区市场体制对接，消除要素跨境流通障碍，强化湾区跨境政策协调，形成湾区协调发展新格局，加快建设富有活力和竞争力的国际一流湾区和世界级城市群。③

张虹鸥等认为，推动粤港澳区域联动发展需要进行理论创新，关键是研究"一国两制"下粤港澳区域联动理论，探索粤港澳区域联动机制、关键因素、模式与路径。由此提出了粤港澳区域联动发展应关注的4个重点议题：粤港澳区域一体化/协同理论的研究与探索；粤港澳地位与作用研究；粤港澳联动的多尺度、多主体影响机制与模式研究；粤港澳联动发展的实施路径研究。④

① 覃成林、潘丹丹：《粤港澳大湾区产业结构趋同及合意性分析》，载《经济与管理评论》2018年第3期。

② 辜胜阻、曹冬梅、杨嵋：《构建粤港澳大湾区创新生态系统的战略思考》，载《中国软科学》2018年第4期。

③ 毛艳华：《粤港澳大湾区协调发展的体制机制创新研究》，载《南方经济》2018年第12期。

④ 张虹鸥、王洋、叶玉瑶、金利霞、黄耿志：《粤港澳区域联动发展的关键科学问题与重点议题》，载《地理科学进展》2018年第12期。

四、新发展理念与区域经济发展

创新、协调、绿色、开放、共享是指引我国全局发展的基本理念。中国区域经济学科发展须以新发展理念为指导，从基础理论和实践热点两个层面创新完善研究内容体系。[①] 因此，许多学者结合新发展理念对区域经济发展问题进行了研究。

（一）区域创新发展

1. 区域创新系统

马永红等在对区域创新系统自组织特征予以描述的基础上，构建了区域创新系统协同演化的哈肯模型，选用基础共性技术创新数据与制度创新数据进行实证研究，运用 Minitab 软件设计系统演化方案并提出优化对策。研究结果表明，基础共性技术创新代表量是区域创新系统动态演化的序参量；基础共性技术创新与制度创新在区域创新系统演化过程中具有协同效应，但协同度欠佳；制度创新递增的正反馈机制在区域创新系统演化过程中的信噪比最大，基础共性技术创新对制度创新推动作用的反映最灵敏。[②]

周迪等基于创新价值链视角将创新活动分为知识创新、科研创新以及产品转化创新三个阶段，考察各阶段创新水平的分布动态特征，并研究处于创新价值链上游的创新活动对下游创新水平分布动态的影响。研究发现，第一，随着时间变化，三类创新活动的创新水平分布都呈现出更加分散的态势，区域差异逐渐增大同时极化现象逐渐缓解甚至消失；第二，三类创新水平分布的内部流动性都较低，但流动程度随着价值链阶段的上升不断提升；第三，价值链上游的创新活动对下游创新分布的内部流动性有显著的积极影响。[③]

---

① 吴传清、董旭：《新发展理念与中国区域经济学科创新发展研究》，载《新疆师范大学学报（哲学社会科学版）》2018 年第 1 期。

② 马永红、苏鑫、赵越：《区域创新系统协同演化机制与优化设计研究》，载《运筹与管理》2018 年第 2 期。

③ 周迪、钟绍军：《创新价值链视角下区域创新水平分布动态及链间影响》，载《中国科技论坛》2018 年第 6 期。

263

崔华泰等根据区域内的原始禀赋、参与主体和创新动能之间的相互关系提炼出区域创新系统中的创新因子，然后运用所得的关键创新因子和代表就业与增长的宏观经济变量构建结构方程模型，最终找到创新与就业及增长之间的互动关系。研究结果表明，一些创新因子具有非常良好的特性，只要积极引导，对于提高福利水平、促进经济增长非常有效。但也必须注意到某些创新因子的两面性，如果不结合市场潜力和需求因素而盲目地使用单一的刺激政策，也会导致失业增加和增长放缓等问题。[①]

刘旭红等通过因子分析提炼出包容性创新主体投入、环境投入、支撑条件投入、科技产出和社会产出五大综合评价指标，然后运用 Malmquist 指数模型对 2005～2014 年中国区域包容性创新效率进行动态评价发现，中国包容性创新效率整体呈小幅增长状态，技术进步发挥主要作用；各地区包容性创新效率存在显著差异，呈现"东高西低"的梯级分布，且规模效率差异是造成各地区技术效率差异的主要原因。[②]

2. 区域创新评价

徐晓丹通过梳理中国改革开放 40 年从计划经济向市场经济转型过程中的区域科技政策和发展路径认为，市场经济是推动科技成为经济增长的重要因素，因而创业文化和区位因素是地域科技发展的内在动力；科技在地区经济发展中的作用日益凸显，科技的极化作用仍在延续，科技政策和规划的导向将导致科技资源的再次不均衡。[③]

李二玲采用协整检验和耦合协调模型方法，分析不同尺度区域创新能力与经济发展水平耦合协调状况的时空演化及差异规律。结果表明，第一，中国区域创新能力与经济发展水平具有长期稳定而短期跳跃性，区域创新并不必然带来经济发展；第二，2005～2014 年间，两者动态的耦合协调程度具有尺度敏感性且在地级尺度上偏低，但正逐步改善，区域差异随尺度的缩小而增大；第三，耦合协调高值区在省级层面分布在北京、上海、广东等沿海省份，地级层面分布除沿海城市外，还有内陆省会城市及其周边城市，分布由分散逐渐集聚，宏观上已经形成"沿海－腹地"型大

---

① 崔华泰、曾晨：《新因子对就业及增长的影响机制分析——基于区域创新系统的结构方程模型》，载《经济社会体制比较》2018 年第 6 期。

② 刘旭红、揭筱纹：《基于因子分析和 Malmquist 指数的中国区域包容性创新效率评价研究》，载《宏观经济研究》2018 年第 2 期。

③ 徐晓丹、柳卸林：《中国区域科技创新与发展 40 年》，载《科学学研究》2018 年第 12 期。

创新－经济合作区。[①]

杨明海等综合运用泰尔指数、GeoDa 空间分析、空间 Markov 链分析及空间杜宾模型等方法，探究八大综合经济区科技创新能力的区域差距、时空转移、影响因素及其空间溢出效应。研究发现，八大综合经济区科技创新能力呈空间异质性，区域间差距是主要根源；总体呈正空间相关，在不同水平邻域科技创新环境的影响下，时空转移呈异质性；在空间关联模式下，经济基础、空间区位与企业创新均呈显著正向的区域内、区域间溢出效应，人力资本呈显著负向溢出效应，而人才投入仅呈显著正向的区域内溢出效应。[②]

宋旭光等采用复杂网络理论解析中国区域创新空间关联结构，并运用 QAP 方法探究中国区域创新空间关联及其主要影响因素。研究发现，我国东部发达省份发展成为高－高集聚的良性地带，西部地区则走向低－低集聚的创新洼地；同时，东部和中部地区还表现出向同一板块内集中的趋势。中国区域创新表现出明显的"梯度"可达的关联特征。中国区域创新空间关联结构受地区间地理距离与人力资本水平差异影响显著，进一步还发现省份间人力资本水平差异与人力资本投资力度差异有关。[③]

3. 区域创新的影响因素

（1）经济集聚。杜爽等考察了京津冀、长三角两大经济圈制造业产业集聚与市场集中对区域技术创新能力的作用。实证结果表明两大经济圈制造业集聚与市场集中均在一定程度上促进了区域创新能力的提升，但由于两大区域体制机制条件、创新环境、产业组织形态等不同，制造业产业集聚影响区域技术创新的程度、特征与路径也存在一定差别。[④] 张可等则基于 2000~2016 年长三角地区的行业数据考察产业共聚对区域创新的影响。研究发现，第一，产业共聚显著促进了区域创新产出，相比部门内不同的产业共聚，跨部门产业的共聚对区域创新的促进作用更大；第二，产业共

---

① 李二玲、崔之珍：《中国区域创新能力与经济发展水平的耦合协调分析》，载《地理科学》2018 年第 9 期。
② 杨明海、张红霞、孙亚男、李倩倩：《中国八大综合经济区科技创新能力的区域差距及其影响因素研究》，载《数量经济技术经济研究》2018 年第 4 期。
③ 宋旭光、赵雨涵：《中国区域创新空间关联及其影响因素研究》，载《数量经济技术经济研究》2018 年第 7 期。
④ 杜爽、冯晶、杜传忠：《产业集聚、市场集中对区域创新能力的作用——基于京津冀、长三角两大经济圈制造业的比较》，载《经济与管理研究》2018 年第 7 期。

聚对区域创新的影响存在显著的行业异质性。不同的产业共聚对同种创新产出的促进作用存在差异，同一产业与不同产业的共聚对区域创新的影响亦存在差异；第三，邻近地区的产业共聚和区域创新均对本地的区域创新具有显著的促进作用。[1]

杨淳等基于2010～2015年跨区域的"产–学"科学论文合作数据，以地级行政单位为分析单元探讨了区域间结构对区域创新的影响。研究结果表明，区域"产–学"知识生产网络中节点的接近中心性和群聚特征越明显，相应区域的创新绩效越突出；而城市中心度与结构洞对区域创新的作用不明显。此外，产学知识生产网络结构对区域创新的影响因区域经济、社会与制度发展程度的不同而有所差异。[2]

（2）人力资本。张辉等从创新的异质性出发，将创新分为基础创新和应用创新，运用1998～2015年中国大陆的省级面板数据分析了人力资本对区域创新的影响。结果表明，第一，从创新的异质性看，我国人力资本对基础创新具有显著的正向影响作用，对于应用创新的影响并未凸显；第二，人力资本结构中，高等教育对于区域创新的影响发挥关键作用，平均受教育年限则不显著；第三，从基础创新与应用创新的关系来看，基础创新对于应用创新的先发拉动机制没有完全体现。因此，政府要加强创新环境建设力度，多维度支持创新；继续扩大教育规模，提升人力资本质量；根据实际要求合理分配基础创新、应用创新配套的人力资本投入和配置。[3]

卓乘风等利用中国2003～2015年省级面板数据，从创新型人才区际流动视角构建空间权重矩阵，考察了人口老龄化对产业结构升级的区域异质性影响、区域创新在其中的异质性杠杆作用及演化特征。研究表明，提升区域创新能力能明显弱化人口老龄化对产业结构升级的阻碍作用，但区域创新的这种杠杆作用在中部地区并不显著；对于全国、东部及西部地区而言，随着区域创新能力跨越两个门槛值，人口老龄化对产业结构升级的影响表现出"阻碍→不显著→促进"的演化特征，而对于中部地区，其演

① 张可、毛金祥：《产业共聚、区域创新与空间溢出——基于长三角地区的实证分析》，载《华中科技大学学报（社会科学版）》2018年第4期。

② 杨淳、肖广岭：《"产—学"知识生产网络与区域创新》，载《科学学研究》2018年第11期。

③ 张辉、石琳：《人力资本与区域创新研究——基于空间面板模型的分析》，载《湖南大学学报（社会科学版）》2018年第5期。

化规律则为"阻碍→促进→不显著"。[1]

（3）社会资本。社会资本是一个具有争议性的概念，有关"社会资本助力区域创新"的研究也各有侧重，两者之间更精细的关联以及其发生作用的因果机制，尚有许多理论空白。刘伟通过回溯有关文献，重新梳理了社会资本与区域创新的相关研究，并总结了社会资本促进区域创新的关键要素。接着从个体、组织和区域三个层面，对社会资本促进区域创新的因果机制进行了梳理，提出了七个理论命题。最后讨论了"社会资本有助于区域创新"这一命题在当前双创背景下的实践意义及政策建议。[2]

（4）政府行为。政府参与区域创新活动方式分为战略引领、创新环境建设以及直接参与三种，李政等从理论与实证角度分析了政府参与对区域创新效率的影响。同时，考虑到寻租活动对政府行为的扭曲，他们进一步考察了寻租作用下政府参与区域创新活动的效果。研究结果表明，政府主导创新环境建设以及直接参与区域创新活动均能够有效提升区域创新效率，而政府战略引领对创新效率的影响不显著。此外，寻租活动会扭曲政府行为，弱化政府参与区域创新活动的效果。[3]

李政等还基于 2003～2015 年省级面板数据实证分析了财政分权对区域创新效率的影响。结果表明，财政分权促进了区域创新效率提升，但也会抑制政府创新偏好，导致区域创新系统中政府"有形之手"的作用发挥不够，引起创新效率损失；就综合作用效果而言，财政分权仍能够提升区域创新效率。分地区考察发现，财政分权对区域创新的影响与政府创新偏好的遮掩效应均存在区域差异。从综合作用来看，在东部地区和西部地区，财政分权能够提升区域创新效率；但在中部地区，财政分权对创新效率的影响不显著。就作用机制而言，在东部地区，财政分权在提升区域创新效率的同时，也会抑制地方政府创新偏好，导致创新效率损失；而在西部地区，在控制政府创新偏好的内生性问题后发现，财政分权会降低政府对区域创新活动的过度干预，间接提升区域创新效率。[4]

---

[1]　卓乘风、邓峰：《人口老龄化、区域创新与产业结构升级》，载《人口与经济》2018 年第 1 期。

[2]　刘伟：《社会资本与区域创新：理论发展、因果机制与政策意蕴》，载《中国行政管理》2018 年第 2 期。

[3]　李政、杨思莹、路京京：《政府参与能否提升区域创新效率？》，载《经济评论》2018 年第 6 期。

[4]　李政、杨思莹：《财政分权、政府创新偏好与区域创新效率》，载《管理世界》2018 年第 12 期。

（5）土地财政。阎波等以中国大陆 31 个省级政府 2003～2011 年间的面板数据，采用两阶段最小二乘法检验土地财政对区域创新的影响发现，土地财政与区域创新之间具有显著的倒"U"型曲线关系，即土地财政的正外部性呈现边际递减而负外部性逐渐显现，对区域创新呈现出一种先促进、后抑制的作用。[①] 鲁元平等则利用中国 267 个地级市 2002～2012 年的发明专利数据，实证检验了土地财政对区域技术创新的影响与作用机制，结果发现，第一，地方政府对土地财政的依赖显著阻碍了区域技术创新水平；第二，土地财政模式下的政府支出偏向、企业创新要素的"挤出效应"、对制度环境的负面影响是阻碍区域技术创新的重要机制；第三，土地财政对技术创新的影响在区域、土地出让形式等方面存在显著异质性。[②]

（二）区域协调发展

1. 新时代区域协调发展的形成与内涵

张贡生指出，随着我国渐进式改革的不断深入，中央先是提出区域规划、协调发展战略、区域经济、区域经济协调发展，然后提出"要继续实施区域发展总体战略"，进而形成新时代的"区域协调发展战略"；从区域板块划分的角度看，先是提出"沿海和内地""东、中、西部"地区，然后提出"西部、中部、东部和东北地区"，进而形成西部、东北、中部和东部的划分；从城市群形成的角度看，先是提出城市建设、大中城市建设、中心城市建设、逐步提高城镇化水平、大中小城市和小城镇协调发展、中国特色城镇化、新城市群建设，然后提出城市群规划布局，进而提出新时代要"以城市群为主体构建大中小城市和小城镇协调发展的城镇格局"。[③] 冯雪艳也认为，改革开放 40 年来，中国区域经济的理论和实践取得快速发展。通过不断探索适合国情的经济发展道路，中国先后经历了向东部沿海倾斜的不平衡发展阶段和关注中西部的区域协调发展阶段，并逐

① 阎波、武龙、韩东伶、程齐佳徵、吴建南：《土地财政对区域创新的影响研究——来自中国省际面板数据的证据》，载《科研管理》2018 年第 5 期。
② 鲁元平、张克中、欧阳洁：《土地财政阻碍了区域技术创新吗？——基于 267 个地级市面板数据的实证检验》，载《金融研究》2018 年第 5 期。
③ 张贡生：《我国区域协调发展战略的演进逻辑》，载《经济问题》2018 年第 3 期。

步入了科学的区域总体发展阶段。①

刘德海等以江苏省为例说明，改革开放 40 年来，江苏区域发展经历了从非均衡发展到区域共同发展、区域协调发展和更高层次的区域协调发展的演变。总体来看，江苏区域发展与国家重大发展战略相呼应、与江苏的三次转型相对应、与空间发展的规律相适应。②

高国力认为，新时代推进实施区域协调发展战略，应从国家重大区域性战略引领、四大板块差异化重点推进、城市群辐射带动、短板地区扶持、国土空间开发保护五个方面明确相应的重点任务。③

张可云认为，新时代区域协调发展战略的重点内容可概括为"两主""三核""四从"。穷、堵、老是区域协调发展战略的直接发力点，是政府协调区域发展的核心关注点。④

2. 区域协调发展的空间布局

改革开放以来，我国以"T"字形为空间结构组织骨架，实施了东中西、四大板块和主体功能区等多个区域发展战略，区域协调发展格局发生了重要变化。樊杰等采用以菱形区为核心的国土空间开发格局分析方法，阐释了 1980 年以来各区域的人口、GDP、资源环境承载状况的变化，试图综合刻画我国区域协调发展格局变化的基本特征，并讨论了新时代进一步完善区域协调发展格局的战略重点。分析表明：我国人口仍在向菱形顶点区域集聚，GDP 却已经开始由菱形顶点区域分散，而由菱形顶点区域包围的菱形内部区域的 GDP 比重开始增长；菱形区域因集中在城市化区域表现为局部小范围的环境超载，而菱形外部区域因自然条件较差而导致资源环境超载面积占比很大。未来，我国在新时代迈向全面现代化的过程中仍应走节点区域极化、优先发展菱形顶点区域，通过菱形顶点区域带动菱形内部区域发展、进而带动菱形外部区域发展的发展路径。在优化国土空间格局方面，以"T"字形为主轴，在"两横三纵"的城镇化战略格局基

① 冯雪艳：《改革开放 40 年中国区域经济学理论的演进》，载《改革与战略》2018 年第 7 期。

② 刘德海、刘西忠：《改革开放以来江苏区域发展的历史进程与经验启示》，载《现代经济探讨》2018 年第 12 期。

③ 高国力：《新时代背景下我国实施区域协调发展战略的重大问题研究》，载《国家行政学院学报》2018 年第 3 期。

④ 张可云：《新时代的中国区域经济新常态与区域协调发展》，载《国家行政学院学报》2018 年第 3 期。

础上，进一步打造以长三角为龙头连接西南和西北的发展轴带，并打造以粤港澳大湾区为龙头的西南纵深发展轴，逐步发展形成以粤港澳大湾区为圆心，面向东南沿海辐射东南亚的扇形区域。①

3. 区域协调发展的影响因素

（1）财政支出。田海燕等基于引致技术进步动态多区域 CGE 模型，实证模拟了我国财政科教支出规模和比例变化对八大地区技术进步和经济协调发展的影响。模拟结果显示，增加东北、中部和西部地区的财政研发支出规模可以提高这些地区的物质资本效率和经济增长，但不利于提高其人力资本效率和部分非受援区域经济增长；增加这些地区的财政教育支出规模对八大地区的技术水平和经济增长的影响不显著；在控制东北或中部地区财政支出规模的情况下，提高财政研发支出比例可以持续地促进八大地区的技术进步和经济增长，而且同时提高两地区财政研发支出比例的政策效果更好。财政科教支出的政策效果会随时间变化，需要适时调整财政科教资金支出的规模、比例和地区选择，才能使中国走上技术进步和区域经济协调发展的双赢道路。②

（2）专业化分工。黎峰通过建立国内专业化分工与区域协调发展的理论框架，对两种不同类型的国内价值链分工与区域发展差距的关系进行经验分析，进而探讨其背后的影响机理，揭示国内专业化分工能否成为实现区域协调发展的新机制。研究发现，在国内专业化分工中获得的技术进步效应及资源配置效应差异，成为决定区域协调发展的关键。嵌套于全球价值链的国内价值链分工（NVC1）有利于实现区域协调，而基于内生能力的国内价值链分工（NVC2）反而拉大了区域收入差距。NVC1 更有利于中低收入地区资源配置优化，而 NVC2 呈现一定的"中心—外围"特征，对中高收入地区意味着更加显著的技术进步效应和资源配置效应。③

（3）知识产权保护。唐保庆等从知识产权保护（IPR）实际强度与"最适强度"偏离度的视角解读了中国服务业增长区域失衡的理论机制，并借助于不同的计量模型开展间接论证和直接论证，基于多样化知识产权

① 樊杰、梁博、郭锐：《新时代完善区域协调发展格局的战略重点》，载《经济地理》2018年第 1 期。
② 田海燕、李秀敏：《财政科教支出、技术进步与区域经济协调发展——基于引致技术进步动态多区域 CGE 模型》，载《财经研究》2018 年第 12 期。
③ 黎峰：《国内专业化分工是否促进了区域协调发展?》，载《数量经济技术经济研究》2018 年第 12 期。

保护指标和基于服务业企业微观数据的多次回归均得到了较为稳健的研究结论。研究发现，知识产权保护显著地促进了中国的服务业增长，而且中国知识产权保护实际强度尚未达到理论上的"最适强度"；东中西部地区存在各自理论上的知识产权保护"最适强度"，相对于东部地区而言，中西部地区知识产权保护实际强度与自身"最适强度"的偏离度较大，导致中西部地区原先落后于东部地区服务业增长的劣势进一步加剧，中国服务业增长的区域失衡越发严峻。[①]

（4）文化差异。戴天仕等基于 1992 ~ 2012 年中国县级面板数据集，考察了文化差异对区域协调发展的影响。研究发现，与所在地级市市中心文化差异较大的县，相对于文化差异较小的县，在撤地设市以后经济发展受到抑制。在控制了各县与市中心的地理距离以及各县初始经济发展水平等一系列因素之后，研究结论仍然是稳健的。进一步分析发现，文化差异影响县域经济发展的渠道可能是财政转移支付和工业布局。因此，在进行行政区划调整的过程中，需要重视区域内文化差异对区域协调发展的影响。[②]

4. 区域协调发展评价

陈丰龙等使用校准后的城市卫星灯光数据，从空间收敛的视角分析中国区域协调发展演变特征显示，在考虑空间互动关系的前提下，中国城市经济增长总体上存在绝对收敛和条件收敛，基于不同空间权重的估计结果都支持了这一结论。基于空间溢出的学习效应、分享效应、竞争效应等是不同城市实现经济收敛的内在机制。进一步研究还发现，在过去的 20 年中，城市群收敛并不是中国俱乐部收敛的普遍现象，俱乐部收敛仅出现在相对富裕的城市群内。但高铁开通后，大多城市群的表现发生了逆转，经济增长基本呈现出收敛的趋势。[③]

5. 区域协调发展的难点及其解决途径

余璐等指出，协同治理理论为经济协调发展中的地方政府推进合作共

---

① 唐保庆、邱斌、孙少勤：《中国服务业增长的区域失衡研究——知识产权保护实际强度与最适强度偏离度的视角》，载《经济研究》2018 年第 8 期。
② 戴天仕、徐文贤：《文化差异与区域协调发展——基于撤地设市自然实验的证据》，载《中山大学学报（社会科学版）》2018 年第 4 期。
③ 陈丰龙、王美昌、徐康宁：《中国区域经济协调发展的演变特征：空间收敛的视角》，载《财贸经济》2018 年第 7 期。

治的治理路径指出了可行方向。当前，我国地方政府协同治理阻滞因素主要源自治理环境层面的资源短缺和配套制度滞后、治理方式层面的治理流程不畅、治理结构层面的结构失衡和分散化治理。提升区域经济协调发展过程中的地方政府合作共治水平，需要从基础环境层、技术保障层和治理主体层三个方面共同努力，尽快跳出协同治理标准、协同治理功能和协同治理行动的发展困境。[1]

白晔等认为，当前我国在区域发展协调上存在一定的低效、甚至无效问题，突出表现为区域间"合作悖论"。地方政府既是推动区域合作的关键力量，其本位主义又是阻碍区域合作深化的主要因素。区域发展缺乏有效协调的一个关键在于良性合作环境缺失。因此，建立良性合作环境对于破解"合作悖论"、推动区域协调发展起着重要作用。[2]

刘诗琪认为，在我国区域化发展过程中，逐渐形成了建构型区域协调发展与自发型区域协调发展两种基本模式。其中，建构型区域协调发展模式以中央政府为主导，以国家发展战略和宏观发展政策为促发机制，通过行政权力自上而下的强力介入来促进区域合作，实现经济社会的区域性协调发展。自发型区域协调发展模式诞生于市场经济背景下资源自由流动形成的共同市场，创造性地引入契约与平等协商精神，以共同利益为前提实现地方政府之间的合作。不论是建构型区域发展还是自发型区域发展，在实现区域协调的过程中都会面临区域纠纷，但传统的以上级政府协调为主导的纠纷解决机制已经无法满足区域发展的现实需要。为保证和促进我国区域协调发展，有必要构建上级协调、平等协商、ADR 机制等多元并举并存的区域纠纷解决机制。[3]

（三）区域绿色发展

1. 区域绿色发展效率评价

田泽等构建区域产业绿色发展指数与评价模型，对我国 2011～2015

---

① 余璐、戴祥玉：《经济协调发展、区域合作共治与地方政府协同治理》，载《湖北社会科学》2018 年第 7 期。

② 白晔、黄涛、鲜龙：《区域协调发展的"合作悖论"与有效性增进路径》，载《经济学家》2018 年第 12 期。

③ 刘诗琪：《我国区域协调发展模式及其纠纷解决机制论析》，载《改革与发展》2018 年第 5 期。

年 30 个省份的绿色发展水平进行评价与动态比较分析，并采用面板数据回归模型进行产业绿色发展影响因素分析。实证研究显示，近五年来我国区域产业绿色发展水平整体升高且比较稳定，东、中、西部区域绿色发展水平仍存在一定差距。影响区域绿色发展的驱动因素各有特色，东部地区绿色发展优势主要为产业绿色增长度和政府政策支持因素，西部地区比较优势在于资源环境承载力，而中部地区相对优势则比较薄弱。①

陈晓等运用 SBM - DDF 函数和 Luenberger 生产率指标测度了中国 30 个省份 2000 ~ 2016 年的绿色生产效率、绿色全要素生产率及其成分，在此基础上构建经济增长绿色化水平衡量指标，定量研究了中国区域经济增长绿色化进程及其阶段性特征。研究发现，环境污染和资源过度使用对中国的效率造成了较大损失，效率水平呈现"东 - 中 - 西"递减结构；绿色全要素生产率增长率平均低于全要素生产率增长率，环境规制的加强使得两者在 2009 ~ 2016 年变动趋势趋同，考虑资源环境约束后省份排名变化较大，不同省份对环境因素的反应存在异质性；在考察期内中国整体经济增长绿色化水平较低，分区域来看，64% 的东部和 63% 的中部省份经济增长绿色化水平呈现改善，西部仅有 18% 的省份呈现较低程度的改善。②

黄杰采用非径向、投入产出双角度窗口 DEA 模型测度出中国内地除西藏以外 30 个省份的绿色发展效率，通过 Dagum 基尼系数对中国省际绿色发展效率的区域差异进行测度和分解，并利用核密度函数对其演进趋势进行分析。结果表明，在样本考察期内中国省际绿色发展效率的总体区域差异呈明显的上升态势，其中西北地区、西南地区和黄河中下游地区的区域内差异显著增大；Dagum 基尼系数分解显示，区域间差异和超变密度是中国绿色发展效率区域差异的主要来源，区域内差异对绿色发展效率区域差异的贡献率正逐渐降低；核密度曲线反映出中国绿色发展效率的区域差异日趋扩大，各省份绿色发展效率之间存在梯度效应，部分地区呈现出明显的极化特征。③

陈瑶基于 R&D 研发驱动理论，构建包括 R&D 投入的 DEA - DDF 模型，测算我国区域工业绿色发展全要素生产率及全要素增长率，并利用广

① 田泽、魏翔宇、丁绪辉：《中国区域产业绿色发展指数评价及影响因素分析》，载《生态经济》2018 年第 11 期。

② 陈晓、车治辂：《中国区域经济增长的绿色化进程研究》，载《上海经济研究》2018 年第 7 期。

③ 黄杰：《中国绿色发展效率的区域差异及动态演进》，载《地域研究与开发》2018 年第 4 期。

义最小二乘法（GLS）模型实证分析工业绿色发展效率的影响因素。研究结果表明，相较于传统要素，我国工业绿色发展的创新要素利用效率更高，但波动程度较大。东部地区的工业绿色发展创新效率均值达到 0.91，远高于其他经济区域。东部地区的工业绿色全要素增长率相对较高，技术进步在 2009～2013 年期间对工业绿色全要素增长率提升作用显著，2013年以后技术效率的贡献作用更大；工业规模以及单位能耗的工业产值均对工业绿色发展效率产生显著的正向效应；全国及中东部地区的 R&D 投入强度对工业绿色发展效率产生显著的正向影响，而 R&D 投入规模以及R&D 成果转化因素则产生负向影响。①

绿色是农业的本色，也是农业现代化的重要标志，推进农业绿色发展既是回归本色，也是发展观的变革。魏琦等在系统阐释农业绿色发展概念实质的基础上构建了包含资源节约、环境友好、生态保育和质量高效四个维度 14 个指标的中国农业绿色发展指数，并对近年来全国及各省份的农业绿色发展水平进行了初步评估。结果显示，2012 年以来，全国农业绿色发展水平显著提升，面源污染防治取得明显进展，农业供给质量效益得到极大提高；各地区之间农业绿色发展水平差异较大，其中浙江综合得分最高；环境友好和质量高效两个维度的地区差异最大，增长潜力也更为明显。②

绿色创新是突破当前资源环境约束，推动中国经济高质量增长的重要手段之一。钱丽等考虑创新资源在两阶段的共享关联性，并将单位 GDP的工业碳排放量和"三废"污染物纳入两阶段绿色创新效率研究框架，利用共享投入关联两阶段 DEA 模型测度 2008～2015 年中国工业企业绿色研发和成果转化效率。结果表明，第一，东部和西部企业绿色研发效率均值相对较高，而中部地区效率明显偏低；绿色成果转化阶段，东部地区接近于最优水平，中西部地区还有较大提升空间；第二，各省份绿色创新资源利用模式分类发现，低绿色研发低成果转化型企业占 20%，主要来自中西部地区，还有 46.7% 的企业在绿色研发（或成果转化）阶段效率损失较大。③

---

① 陈瑶：《中国区域工业绿色发展效率评估——基于 R&D 投入视角》，载《经济问题》2018 年第 12 期。
② 魏琦、张斌、金书秦：《中国农业绿色发展指数构建及区域比较研究》，载《农业经济问题》2018 年第 11 期。
③ 钱丽、王文平、肖仁桥：《共享投入关联视角下中国区域工业企业绿色创新效率差异研究》，载《中国人口·资源与环境》2018 年第 5 期。

不断缩小绿色全要素生产率的地区差距是高质量发展阶段区域协调发展的重要任务。刘华军等将卫星灯光数据作为期望产出，在 DEA 框架下运用曼奎斯特生产率指数测度中国绿色全要素生产率并实证考察其地区差距及影响因素。研究发现，中国绿色全要素生产率的地区差距呈扩大态势，加强区域内协调并不断缩小技术进步的地区差距成为缩小绿色全要素生产率地区差距的关键。①

2. 城市绿色转型

曾贤刚等选择 16 个煤炭资源枯竭型城市作为研究对象，构建了煤炭资源枯竭型城市绿色转型评价指标体系，运用熵值法进行绿色转型绩效评价，并通过聚类分析法对每一类城市绿色转型绩效结构进行比较分析。结果表明，第一，不同城市之间绿色转型绩效差别很大，一些城市的绿色转型取得了比较明显的进展，相对而言有的城市转型效果不佳；第二，不同类型城市的经济转型绩效、社会转型绩效和环境转型绩效存在明显的不平衡，绿色转型绩效的结构差异与各个城市转型路径的选择密切相关；第三，从经济转型速度来看，除了辽源之外其他城市都低于全国平均增长速度；从社会转型速度来看，所有城市的社会转型速度都低于全国的平均水平；从环境转型速度来看，各个城市差异较大，有半数城市环境转型速度好于全国平均水平；第四，综合来看，仅有枣庄、焦作、韶关绿色转型速度快于全国平均速度，这说明煤炭资源枯竭型城市在绿色转型进程中普遍较慢；从煤炭资源枯竭型城市内部对比看，枣庄综合转型速度最高，转型相对最快，而阜新、抚顺、双鸭山转型速度弱于其他城市最多，显示出转型相对较慢。②

林伯强等基于城市道路公交的角度，利用中国 36 个中心城市 2010 ~ 2015 年的道路公交运营数据，结合非径向方向距离函数（NDDF）的方法，来分析城市道路公共交通的运行效率对城市车辆能源消费的抑制效应。结果显示，城市道路公交效率对私人交通能源消费的影响呈逐渐上升态势，即对于人均收入较低的城市来说，道路公交效率的提升对于抑制车

① 刘华军、李超、彭莹：《中国绿色全要素生产率的地区差距及区域协同提升研究》，载《中国人口科学》2018 年第 4 期。
② 曾贤刚、段存儒：《煤炭资源枯竭型城市绿色转型绩效评价与区域差异研究》，载《中国人口·资源与环境》2018 年第 7 期。

辆能耗的作用更强。①

（四）区域开放发展

1. 区域开放变动特征

安树伟指出，区域政策是针对区域问题而出现的，区域问题是有阶段性变化的，区域政策的重点也会随着主要区域问题的变化而改变。1978年至"八五"计划时期，我国区域经济发展与政策是以东、中、西三大地带为代表的梯度发展阶段；"九五"计划时期是发生重大转变的时期，国家将区域协调发展提高到一个新的高度；1999年以来是以"区域问题"为导向的区域协调发展阶段。在落实国家"一带一路"倡议的背景下，新时代我国区域经济应该是面向全球的"沿海－内陆－沿边"全面开放新格局。②

段巍等基于"一带一路"倡议、长江经济带勾勒的开放格局，构建两国四地区的新经济地理学模型，分析开放格局变迁与区域一体化对中国经济地理带来的影响。研究结果表明，开放格局的变迁会引致国际市场对产业的"向心力"与"离心力"发生改变，临近一个区域的国际市场规模越大，集聚力就越大；临近的外国竞争产品越多，分散力就越大；构建内陆的国际贸易通道，会使得本国产业布局趋于分散化，降低外部市场一体化对本国造成的冲击；内陆国际贸易通道改变了本国市场一体化对经济地理重塑的影响，当国内一体化优先于国际一体化时，本国市场进一步一体化会导致产业布局沿"从分散到集聚再到分散"的"钟状曲线"路径演化。③

潘文卿等利用包含中国不同区域的跨国投入产出表，从增加值供给与需求的双重视角考察在参与国家价值链（NVC）与全球价值链（GVC）的过程中，中国各区域之间以及它们与亚太各经济体的增加值互动关系，并从增加值绩效角度分析中国各区域参与 NVC 和 GVC 的增加值收益。研

① 林伯强、杜之利：《中国城市车辆耗能与公共交通效率研究》，载《经济研究》2018年第6期。
② 安树伟：《改革开放40年以来我国区域经济发展演变与格局重塑》，载《人文杂志》2018年第6期。
③ 段巍、吴福象：《开放格局、区域一体化与重塑经济地理——基于"一带一路"、长江经济带的新经济地理学分析》，载《国际贸易问题》2018年第5期。

究发现，中国各区域在增加值地域分布上表现出明显的"向极性"；同时，中国内陆对沿海地区在增加值供求上的"礼尚往来"特征显著，沿海地区则对美国和日本而非对内陆地区在增加值供求上具有更为明显的"礼尚往来"特征。在参与价值链的增加值收益上，NVC 高于 GVC；在参与 NVC 的增加值收益率上，内陆区域基本都高于沿海区域，而在参与 GVC 的增加值收益率上则是沿海地区高于内陆地区；中国各区域参与价值链带来的增加值收益大部分来自参与本区域价值链；参与 NVC 以及 GVC 对中国各地区带来的增加值收益特征呈现与增加值供求特征的高度契合性，表明紧密的增加值供求关系可以更大程度地实现贸易双方的互利共赢。①

杨朝均等通过构建合理的区域对外开放度评价指标体系，利用熵权－G1 法对 31 个省级单位的区域对外开放度进行了综合评价，并通过基尼系数等指标对我国区域对外开放度差异进行分解，利用 2004～2014 年的省级面板数据建立空间计量模型检验了我国区域对外开放度的空间收敛性。研究结果印证了我国区域对外开放度在时间维度上表现出"增加—降低—平稳"的发展特点，发现空间维度上存在"东高西低"的差异；我国区域对外开放度的内部差异程度是西部地区最大，东部次之，中部最小；促进我国整体区域对外开放度提升的重要因素主要是降低国有资产比重；促进东部区域对外开放的重要因素是降低国有资产比重、提高研发投入、增强污染治理内部成本；加速西部区域对外开放的重要因素是提高人均 GDP 和工业企业主营业务利润率。②

2. 区域开放发展效应

张治栋等借助长江经济带 108 个地级市 2005～2015 年面板数据，对区域融合与对外开放促进产业集聚的作用展开研究。结果表明，区域融合与对外开放均对长江经济带产业集聚产生了显著推动作用，在政府干预行为的支持下这一作用效果更为显著。二者对长江经济带不同地区产业集聚产生了不同的作用结果：在中、上游地区两者均起到了一定程度的促进作用，而下游地区在区域融合对其起积极作用的同时，对外开放表现出抑制作用。因此，各地区应当合理协调产业资源，因地制宜实施开放战略，利

---

①　潘文卿、李跟强：《中国区域的国家价值链与全球价值链：区域互动与增值收益》，载《经济研究》2018 年第 3 期。

②　杨朝均、杨文珂、李宁：《中国区域对外开放度的差异分解及空间收敛性研究》，载《研究与发展管理》2018 年第 1 期。

用产业政策更好地促进产业集聚。[1]

　　袁冬梅等以大学毕业生就业人数度量就业，出口贸易、产业结构优化独自或协同作用有利于全国整体及东部地区高技术劳动力就业，但对中西部地区作用为负。因此，各地区需进一步发挥贸易开放和产业结构调整的协同作用，注重劳动力异质性匹配需求，东部地区应侧重发展高端产业以提高高技术劳动力吸纳力，中西部地区应注重依托传统产业转型升级提高总就业率，区域间力争形成产业布局与劳动力就业的梯度互补式发展。[2]

　　石峰等运用 2000～2013 年我国省级面板数据和面板向量自回归模型，实证分析产业结构升级与贸易开放的双向动态影响关系。研究发现，贸易开放对产业结构升级影响的累积效应呈现出西部、中部、东部、东北地区和全国依次递减的差序格局，且在东、中、西部和东北地区都为正向效应。从产业结构升级对贸易开放影响的累积效应绝对值看，则呈现出"东北地区 > 东部 > 全国 > 西部 > 中部"的空间格局，东北地区和东部为负向效应；全国、西部地区为正向效应。[3]

　　仲伟周等利用中国 1997～2015 年省级面板数据，建立了以人力资本为门限变量的门限回归模型，实证分析了贸易开放水平对以专利申请量为代表的区域创新的影响。研究结果表明：贸易开放水平对专利申请量的影响存在显著的人力资本门限效应。在人力资本水平低于某一门限值时，贸易开放对我国各地区的专利申请量有着显著的负面影响，但是随着人力资本水平的提高，贸易开放最终会促进我国各地区专利申请活动，成为区域创新发展的重要动力；后续的稳健性检验也进一步说明了贸易开放对以专利申请量为代表的区域创新发展存在人力资本门限效应。[4]

　　李锴等根据 1999～2014 年中国省区样本数据，将总体样本分为贸易开放地区样本和贸易相对封闭地区样本两组数据，基于准实验的"反事实"研究设计，构建倾向得分匹配模型（PSM），建构与贸易开放地区样本之协变量相类似的贸易相对封闭地区样本，进而评估各种平均处理效

　　① 张治栋、吴迪：《区域融合、对外开放与产业集聚发展——以长江经济带为例》，载《科技进步与对策》2018 年第 15 期。
　　② 袁冬梅、陈晓佳、信超辉：《贸易开放与产业升级对我国区域就业的协同影响——基于分区域省级面板数据的分析》，载《湖南师范大学社会科学学报》2018 年第 5 期。
　　③ 石峰、吴振顺、余博：《产业结构升级与贸易开放动态响应的区域异质性——基于 2000 - 2013 年省级面板数据的 PVAR 分析》，载《软科学》2018 年第 1 期。
　　④ 仲伟周、陈晨：《贸易开放、人力资本门限与区域创新发展——基于省级面板数据的实证研究》，载《经济问题探索》2018 年第 2 期。

应，以降低选择偏误估计误差。研究结果显示，贸易开放地区的全要素碳排放绩效比贸易相对封闭地区平均高 0.692 ~ 1.009；从贸易开放地区的平均处理效应来看，其全要素碳排放绩效比假定封闭时平均要高 1.111 ~ 1.635；而贸易相对封闭地区的平均处理效应显示，该地区的全要素碳排放绩效与假定该地区贸易开放时平均低 0.478 ~ 0.739。结果变量为人均碳排放的平均处理效应估计值表明，贸易开放对人均碳排放的影响显著为负，贸易开放地区人均碳排放比贸易相对封闭地区平均少 0.648 ~ 0.709 吨/人。而使用非参数回归的估计量、基于匹配样本和倾向值的计量回归分析也证实贸易开放可以提高碳排放绩效，促进节能减排。[1]

李磊等构建了一个 2004 ~ 2013 年的企业层面微观数据集，研究"引进来"对中国内资企业"走出去"的影响。研究结果显示："引进来"显著地促进了中国企业"走出去"。外商投资的水平溢出、前向溢出和后向溢出效应均会导致企业对外直接投资的增加。外资溢出对企业向中、高收入国家或地区的投资影响较强；对于商贸服务型、研究开发型、垂直生产型对外直接投资的正向影响更为明显。外商投资在直接促进内资企业走出去的同时，还通过提升内资企业生产率水平，间接推动了其对外直接投资。[2]

（五）区域共享发展

1. 区域共享发展新趋势

汪波等指出，互联网与大数据正在深度改变区域公共服务模式，中国区域公共服务正由"新区域主义"逐渐转向"区域共享公共服务"。区域一体化公共服务不再单纯依赖成本高昂的行政区划合并或者大都市政府扩容，而是另辟蹊径地由信息化驱动区域公共服务共享化：区域公共服务的价值观转向共享价值观；信息与大数据消解区域服务的行政壁垒，区域公共服务资源由行政空间非均衡配置转向信息空间一体化、均衡化与共享

① 李错、齐绍洲：《贸易开放、自选择与中国区域碳排放绩效差距——基于倾向得分匹配模型的"反事实"分析》，载《财贸研究》2018 年第 1 期。
② 李磊、冼国明、包群：《"引进来"是否促进了"走出去"？——外商投资对中国企业对外直接投资的影响》，载《经济研究》2018 年第 3 期。

化；区域公共服务组织结构由官僚制转向人才共享机制与项目创新机制。[1]

2. 区域共享发展评价

安秀梅等利用2010~2016年中国省级面板数据，编制基于经济发展条件与机会共享、经济发展成果共享两个维度的共享发展指数，并以共享发展、财政分权与官员晋升激励构建空间杜宾模型进行分析。共享发展指数评估结果表明，全国共享发展总体水平偏低，地区间差异显著，"发展不平衡不充分"问题凸显。空间杜宾模型结果表明，财政体制性分权与自主性分权对共享发展具有正向效应，财政支出性分权对共享发展具有显著负向效应，官员晋升激励对公共产品、公共服务共享具有显著正向效应。各省市间存在策略模仿式的"标尺竞争"效应和"搭便车"效应。深化财政体制改革应坚持改善民生的政策取向，致力于"四个比率"的提升，以形成"共同缔造，共享改革发展成果"的制度安排。[2]

赵培红等从增加公共服务供给、消除贫困现象、发展教育事业、促进就业创业、缩小居民收入差距、完善社会保障制度、提高居民健康水平、促进人口均衡发展8个方面，选取2005~2016年共12年的数据，对京津冀共享发展水平进行综合评价。结果表明，京津冀共享发展虽然已经有显著成效，但仍然存在很多问题。北京市共享发展成效最佳，在促进就业创业、消除贫困现象以及完善社会保障等方面取得了较好的成果，但在人口均衡增长方面仍存在不少问题。天津市共享成效位居第二，人均GDP增长较快，居民城乡收入差距相对较小，但是失业率较高。河北省的共享成效最差，但河北省在缩小城乡居民收入差距以及在促进人口均衡增长等方面取得了较好效果。[3]

熊兴等通过构建基本公共服务水平综合评价指标体系，运用熵权TOPSIS方法客观评价我国287个市域基本公共服务综合水平，采用基尼系数测度各省份基本公共服务均等化水平。结果表明，总体上看，2011~2014年我国基本公共服务水平呈不断提升趋势，空间分布与我国人口密度分布"胡焕庸线"大体一致；基本公共服务基尼系数呈先下降后上升的

---

[1] 汪波、赵丹：《互联网、大数据与区域共享公共服务——基于互联网医疗的考察》，载《吉首大学学报（社会科学版）》2018年第3期。

[2] 安秀梅、李丽珍、王东红：《财政分权、官员晋升激励与区域共享发展》，载《经济与管理评论》2018年第4期。

[3] 赵培红、卜凡月、李立国：《京津冀共享发展水平研究》，载《区域经济评论》2018年第2期。

趋势，总体差异程度相对合理，基本保持在 0.38 左右波动，中部地区基本公共服务均等化程度最高，其次是东部地区，西部地区基本公共服务均等化程度最低；经济发展水平、地方财政能力以及人口密度在 10% 的显著性水平下对基本公共服务均有显著正向影响，东部地区地方财政能力对基本公共服务的贡献程度最大，西部地区经济发展水平对基本公共服务影响最大，人口密度对基本公共服务水平的影响由东向西呈阶梯下降趋势。[①]

3. 区域共享发展效应

李佳等基于对区域创新服务平台间科技资源共享分析行为，构建演化博弈模型，探究博弈均衡策略及平台间科技资源共享行为的动态演化过程与影响因素，并进行数值仿真。研究表明，区域创新服务平台间科技资源互补程度越大、平台配置科技资源水平越高、运用先进信息技术能力越强、共享科技资源成本越低，越有利于促进区域创新服务平台选择科技资源共享策略。[②] 李佳等引入熵权与层析分析法进行组合赋权，设计基于规则的评价模型，以黑龙江省科技创新创业共享服务平台为例进行实证研究表明，区域科技资源共享平台对高效配置区域科技资源、服务支撑区域科技创新具有重要作用。[③]

史静静等旨在研究新型城镇化与共享经济的互动关系，认为新型城镇化为共享经济的发展奠定了坚实的基础，而共享经济又为进一步推进城镇化提供了新的动力。剔除体制障碍，有利于新型城镇化的进一步推进，从而在供给侧和需求侧对共享经济的发展提供保障；完善法律法规，创新发展理念，扶持共享经济的发展，则从供给侧的角度更好地服务于新型城镇化的推进，二者最终都将落脚点放在了提升居民幸福感上。[④]

---

① 熊兴、余兴厚、王宇昕：《我国区域基本公共服务均等化水平测度与影响因素》，载《西南民族大学学报（人文社会科学版）》2018 年第 3 期。
② 李佳、王宏起、李玥、王昉：《基于组合赋权与规则的区域科技资源共享平台综合绩效评价研究——以黑龙江省科技创新创业共享服务平台为例》，载《情报杂志》2018 年第 8 期。
③ 李佳、王宏起、李玥、孙亮：《大数据时代区域创新服务平台间科技资源共享行为的演化博弈研究》，载《情报科学》2018 年第 1 期。
④ 史静静、谈镇：《协调发展视角下共享经济与新型城镇化战略的多维互动》，载《城市发展研究》2018 年第 2 期。

五、宏观经济政策对区域经济发展的影响

（一）财政政策的影响

杨志安等在区域公共服务支出均等化的基础上，运用 2006~2015 年我国宏观数据测算现阶段财政政策调控区域间公共服务的影响效应。结果表明，从具体内容上来看，卫生医疗、基础教育及社会保障的均等化水平提高比较明显，基础设施均等水平改善一般。从总体上来看，区域间各项公共服务的差异与我国区域总体差异基本上保持一致。中央与地方政府在中国转型经济中扮演了关键角色，而多级政府结构往往为传统的财政政策文献所忽略。[①]

（二）货币政策的影响

涂红等基于多层混合效应模型探讨了 2005~2016 年间中国货币政策对 70 个大中城市房价影响的区域性差异。研究发现，货币政策对房价影响在一二三线城市组别间、八大综合经济区间、省份间、城市间均存在显著差异；这一区域性差异在同一省内的各城市间较小。中国房地产市场具有显著的以省份为主体来吸收货币政策影响的特征。[②]

（三）产业政策的影响

杨继东通过整理中央和省级政府"十一五""十二五"两个五年规划提及的重点产业，使用 2007~2014 年工业土地出让微观数据，检验了重点产业政策对土地资源空间配置的影响。结果发现，第一，重点产业政策容易引发资源空间配置扭曲。在空间分布上，重点产业政策导致相关产业

---

① 杨志安、邱国庆：《财政政策对区域公共服务均等化的影响效应、作用机理及调控路径》，载《当代经济管理》2018 年第 2 期。

② 涂红、徐春发、余子良：《货币政策对房价影响的区域差异：来自多层混合效应模型的新证据》，载《南开经济研究》2018 年第 5 期。

的地理熵指数增加21%；第二，地区间竞争是导致重点产业政策引发资源空间配置扭曲的重要原因。地区竞争越激烈，地方保护主义越强，空间扭曲越严重，且重点产业政策引发的资源空间配置扭曲存在显著的政治周期性；第三，资源空间配置扭曲是导致产能过剩的一个重要原因，但提高市场化程度、扩大对外开放水平有利于减弱政府竞争的影响，进而减弱重点产业政策对资源空间配置的扭曲。①

王晓珍等以1994～2015年我国部委及以上级别部门发布的216项风电产业政策为研究对象，采用负二项回归估计模型研究产业政策和区域创新环境对风电企业创新绩效的影响。研究结果表明，风电产业综合政策对企业创新绩效具有正向影响；单一产业政策对微观企业创新绩效的传导效果受到区域创新环境影响而存在显著差异，且作用于不同所有制企业的创新绩效也存在明显差异。②

（四）　竞争政策的影响

唐保庆等构建了一个两地区两部门服务业增长模型，从知识产权保护这一视角，研究弱化地方保护主义和加强知识产权保护两者之间的协同效应、促进区域间服务业行业结构发散的理论机制，并且运用236个地级市2004～2016年的面板数据，从多地区的角度改进产业结构相似度测算方法，进而开展经验研究，结果表明，第一，弱化地方保护主义与加强知识产权保护能够借助于构建"大一统"市场和促进创新性资源跨区域配置的协同效应显著地促进我国区域间服务业行业结构发散；第二，弱化地方保护主义与加强知识产权保护的协同效应对区域间知识密集型服务业结构发散的作用较大，对非知识密集型服务业发散程度的提高作用较弱；第三，弱化地方保护主义与加强知识产权保护的协同效应对生产者服务业的区域间差异化发展的影响大于消费者服务业；第四，随着地方保护主义的逐步弱化，其与知识产权保护的协同效应对区域间服务业行业结构发散的作用逐渐强化。③

---

① 杨继东、罗路宝：《产业政策、地区竞争与资源空间配置扭曲》，载《中国工业经济》2018年第12期。

② 王晓珍、邹鸿辉、高伟：《产业政策有效性分析——来自风电企业产权性质及区域创新环境异质性的考量》，载《科学学研究》2018年第1期。

③ 唐保庆、吴飞飞：《知识产权保护、地方保护主义与区域间服务业结构发散》，载《经济学动态》2018年第7期。

六、区域经济政策

区域经济政策作为国家调控区域经济发展的重要工具，其空间属性包括空间中性和空间干预两种不同的发展思路。空间中性不直接考虑空间因素而强调经济集聚效益，空间干预政策直接针对特定地区以改善地区福利水平。邓睦军等认为，区域政策的两种发展思路并不矛盾，单一的区域政策思路并不能有效解决区域的公平与效率问题，兼顾空间中性政策和空间干预政策，符合当前中国区域经济发展的现实逻辑。新时期重塑中国经济地理、促进区域经济优化升级、实现区域经济协调发展，是推动区域经济迈向高质量发展阶段的客观要求。[①]

乔志程等基于中国经济创新驱动转型的现实要求，借助 1999～2015 年中国 30 个省市自治区的面板数据，检验地方产业政策对区域创新活动的影响。研究发现，地方产业政策的出台的确促进了区域创新活动，然而不同属性产业政策之间的协同创新驱动作用尚不如人意。进一步地，地方的绩效考核压力的确扰动了地方产业政策的创新导向，但也尽可能地校正了对总量经济增长模式的偏爱；财政收支均衡是维系产业政策促进区域创新的重要因素，即便存在财政压力，地方政府也有着较强"精打细算"的能力，能够尽可能地利用产业政策拓展创新空间。特别地，法规型地方产业政策的效力更佳，在良好市场机制下的功效更为明显。[②]

杨宜构建空间计量模型实证研究了京津冀科技金融政策发展对区域创新的影响。研究结果表明，现阶段京津冀各区市科技金融政策发展程度具有明显的梯度性，区域创新发展水平差异悬殊；大部分区市科技金融政策的发展对促进本区市区域创新具有显著的作用；邻接地区科技金融政策的发展对该地区区域创新发展具有正的空间溢出效应，不过这种区域辐射效应或空间溢出效应还不够显著。[③]

[①] 邓睦军、龚勤林：《中国区域政策的空间属性与重构路径》，载《中国软科学》2018 年第 4 期。

[②] 乔志程、吴非、刘诗源：《地方产业政策之于区域创新活动的影响——基于政府行为视角下的理论解读与经验证据》，载《天津财经大学学报》2018 年第 9 期。

[③] 杨宜：《科技金融政策对区域创新的影响——基于京津冀地区的空间计量研究》，载《北京联合大学学报（人文社会科学版）》2018 年第 4 期。

第十章 劳动经济学研究新进展

以人民为中心发展思想的提出，为劳动经济学的研究开创了巨大的发展空间。2018 年学者们围绕人口红利、人力资本、人口流动、工资、就业、收入差距、社会保障等热点问题展开深入研究，取得了可喜的进展。

一、人口结构与人口红利的演变趋势

（一）经济活动人口减少与人口红利式微

改革开放以来，我国实现了四十余年的高速增长，其中，廉价劳动供给提供了巨大支撑。[①] 然而，自 2004 年民工荒爆发后，无限剩余劳动供给的神话开始打破，劳动短缺问题日益凸显，特别是自 2012 年起，劳动年龄人口连续 6 年下降，减少总量达 2500 万。可以预见，在未来一段时间内，这种趋势还将延续。首先，人口出生率不升反降，即便放开二胎政策也不能有效逆转这一趋势。[②] 其次，人口老龄化程度不断加剧，中国已步入标准的老龄化社会。这两个因素使中国劳动年龄人口不断减少，且逐年加剧。再次，即便在日益减少的劳动年龄人口中愿意参加劳动的比例还在不断下降，劳动参与率不断递减，目前中国劳动参与率甚至低于发达国家的水平。[③] 把这三个方面因素结合起来，就是经济活动人口的减少趋势，

---

① 林毅夫、蔡昉、李周：《比较优势与发展战略——对"东亚奇迹"的再解释》，载《中国社会科学》1999 年第 5 期。
② 靳卫东、宫杰婧、毛中根：《"二孩"生育政策"遇冷"：理论分析及经验证据》，载《财贸经济》2018 年第 4 期。
③ 丁守海、丁洋、吴迪：《中国就业矛盾正在从数量型转向质量型》，载《经济学家》2018 年第 12 期。

已引起了学术界的广泛关注。

在这三个方面因素中，最引起关注的就是为什么放开二胎政策不能有效刺激生育率反弹？2018 年很多学者对这一问题展开了研究，在往年提出的生育成本高的基础上，学者们又得出以下几个主要结论：第一，女性面临就业歧视与家庭照料双重压力，生孩子需要请产假和哺乳假，造成职场竞争力下降，为避免这一情况，很多女性选择不生或少生①。第二，养老方式的转变。过去是"养儿防老"，现在随着收入水平提高以及社会保障制度的完善，养老对子女的依赖性大大下降，生育压力降低。②

无论如何，中国的人口红利正在消减，这会使未来中国经济发展面临更大的压力和不确定性。现在这种担心具有很大的普遍性。③④

（二）人口红利消失后的对冲机制

但也有人认为，对人口红利减少不必须过度担忧。就以人口出生率为例，虽然从这几年的情况来看，放开二胎政策没有取得预想的效果，出生率还在下降，但这种趋势未必会延续下去，因为人们对一项新政策的调适需要一个过程，特别是在生育决策方面。过去制约中国人口出生率的主要是政策强制，从 20 世纪 80 年代开始，计划生育政策对中国人的生育决策施加了重大的影响，"想生不敢生"的状况维持了 30 多年，"晚婚晚育""少生优育""一对夫妻只生一个孩子"已成为社会主流的生育观念。现在一下子放开，人们很难适应，但随着时间推移，再加上生育条件的改善，放开生育政策的效果终将逐渐显现。⑤

至于人口老龄化的影响，虽然从人口年龄结构的角度讲，我国 60 岁以上老年人口占比已超过 10% 的临界值，但从对经济增长的影响角度看，它未必就是经济意义上拐点，毕竟，人口年龄结构对经济增长的影响是复

① 葛玉好、邓佳盟、张帅：《大学生就业存在性别歧视吗？——基于虚拟配对简历的方法》，载《经济学（季刊）》2018 年第 4 期。

② 闫珂：《经济学视角下全面二孩政策的实施效果及对策探究》，载《中国国际财经》2018 年第 2 期。

③ 汤希、任志江：《"民工荒"与我国"刘易斯拐点"问题》，载《西北农林科技大学学报（社会科学版）》2018 年第 2 期。

④ 郭念枝、村濑英彰：《劳动力成本上升、资产泡沫与中国经济波动》，载《经济学（季刊）》2018 年第 3 期。

⑤ 谢富胜、匡晓璐：《中国劳动力短缺的时代真的到来了吗——基于产业后备军理论的存量和流量分析》，载《经济学家》2018 年第 1 期。

杂而多变的，而且在不同地区之间呈现出较大的差异，其影响究竟如何，还要综合多种因素来考量。齐红倩等利用 31 个省份的面板数据回归发现，人口老龄化对我国经济增长的影响是非线性的，即一开始是负向的，但随着时间推移，会逐渐转成正向效应。[①] 朱超等研究也表明，人口老龄化对我国贸易盈余能产生积极作用，并为经济增长注入新的动力。[②]

回到问题的本源上，中国现在到底有没有出现劳动力短缺？对于这个问题，学术界也有争论。郭磊磊等认为，中国目前仍有大量的农业剩余劳动力，他们导致资本收益率仍维持在较高水平，同时也造成全要素生产率维持在较低水平，这些都表明中国尚未跨越刘易斯拐点，劳动要素的支撑还在。[③] 谢富胜等则发现，尽管中国产业后备军的数量在减少，但仍有 2 亿人的规模，现在谈中国劳动力短缺为时尚早。[④]

另外，我们还有很多对冲机制来弱化人口年龄结构所带来的不利影响。

回顾我国改革以来的经济增长历程，随着农村剩余劳动力资源的日渐减少，经济增长模式已从劳动要素驱动转向劳动和资本双驱动，现在甚至又由劳动资本双驱动转向资本要素和自主创新双驱动。在这种模式下经济增长对廉价劳动要素的依赖度已大大下降，即便人口红利消减，冲击也会弱化。[⑤]

另一个要考虑的因素就是劳动力流动带来的效率提升。按贝克尔经典的人力资本理论，劳动力流动性是人力资本的一个重要组成方面，"树挪死，人挪活"，同样一个劳动者，在某个地方不能发挥价值，换个地方或岗位，就能发挥作用，这些就是效率提升的表现。近年来随着户籍制度、用工制度等改革力度的加大，我国劳动力流动性大大提高，特别地，城乡劳动力流动障碍被逐渐清除，劳动力流动在很大程度上改善了人力资源的空间配置结构和人岗匹配效率。[⑥] 研究表明，农村劳动力跨省流动的效率

---

① 齐红倩、闫海春：《人口老龄化抑制中国经济增长了吗?》，载《经济评论》2018 年第 6 期。

② 朱超、余颖丰、易祯：《人口结构与经常账户：开放 DSGE 模拟与经验证据》，载《世界经济》2018 年第 9 期。

③ 郭磊磊、郭剑雄：《基于农业要素收益率视角的"刘易斯拐点"判断》，载《经济经纬》2018 年第 3 期。

④ 谢富胜、匡晓璐：《中国劳动力短缺的时代真的到来了吗——基于产业后备军理论的存量和流量分析》，载《经济学家》2018 年第 1 期。

⑤ 李建伟：《中国经济增长四十年回顾与展望》，载《管理世界》2018 年第 10 期。

⑥ 史桂芬、黎涵：《人口迁移、劳动力结构与经济增长》，载《管理世界》2018 年第 11 期。

更大，这主要源于产业集聚效应、干中学引致的劳动者素质和技能提升。①除改善空间配置效率外，劳动力流动还能矫正产业间的人力资本错配问题。马颖等指出，当前第一产业人力资本供给过多；制造业人力资本供给不足；服务业特别是生产性服务业则是严重短缺，这种错配至少会造成1.5%的产出损失。劳动力流动可以在相当程度上消除这种损失，并抵消人口红利丧失所带来的负面影响。②

二、人力资本与就业质量

（一）转型期的人力资本积累难题

人力资本中最厚重的因素就是教育，特别是基础教育，它对一个人的影响是至深的，是一国人力资本水平的先决性力量，正因为如此，世界各国都普遍重视基础教育。早在 2000 年我国就普及了九年制义务教育。此后，为整合教育资源，在广大农村地区实施了撤点并校政策，但对农村基础教育带来了一些不确定性。侯海波等的研究发现，源于撤点并校后学生通勤成本变化等的影响，该政策对低龄寄宿儿童的人力资本积累产生了持续的负面冲击，应该引起关注。③

在威胁人力资本回报水平的诸多因素中，就业歧视是一个比较突出的现象，但又一直不为人们所重视。所谓的就业歧视是指因为某些非人力资本因素所导致的就业机会或工资差异，比如两个人拥有同样的生产率，但因为其中一人是女性，就得不到这个岗位或拿的工资比别人低，这会遏制女性提升人力资本的积极性。就业歧视广泛地存在于性别歧视、户籍歧视、地域歧视等方面。最近还有学者发现了相貌歧视，那些相貌出众的应

---

① 程名望、贾晓佳、俞宁《农村劳动力转移对中国经济增长的贡献（1978－2015 年）：模型与实证》，载《管理世界》2018 年第 10 期。

② 马颖、何清、李静：《行业间人力资本错配及其对产出的影响》，载《中国工业经济》2018 年第 11 期。

③ 侯海波、吴要武、宋映泉：《低龄寄宿与农村小学生人力资本积累——来自"撤点并校"的证据》，载《中国农村经济》2018 年第 7 期。

聘者往往能有更好的工作机会并谋得更高的薪水。[①]

　　按贝克尔的经典理论，人力资本中有一个极重要的基础变量，那就是健康，没有健康的体魄，人就会丧失基本的劳动能力，人力资本就会极大地贬值。过去人们侧重于研究恶劣的就业环境，特别是职业病危害对劳动者健康的影响，最近有学者研究空气污染对劳动者健康和劳动供给的影响。就以雾霾为例，2018 年北京市 $PM_{2.5}$ 平均浓度为 51 微克/立方米，超过国家标准46%，空气污染天数达 138 天，重污染日 15 天，秋冬季节曾多次出现重霾天气。[②] 有文章运用局部均衡模型和环境毒理学理论，利用近十年来我国省级层面的宏观数据发现，空气污染确实会对劳动者健康产生负面影响，并进一步削弱劳动参与率。[③]

　　转型期中国人力资本建设遇到的另一个难题就是代际继承的问题。马草原等发现，父辈的政治资本能有效提升子女的人力资本水平，凡父辈在国有单位就职的，子女的就业竞争力往往更高，并更有机会谋得优先部门的就业岗位，进而导致稀缺就业岗位的代际承袭。相反，那些父辈人力资本水平低的孩子，也更容易"继承"低的人力资本和职场竞争力。[④]

　　另一个要关注的现象就是女性劳动力人力资本的闲置和退化问题。改革以来我国女性劳动力的劳动参与率一直呈下降趋势，目前只有 70% 左右，[⑤] 究其原因，在我国传统的家文化背景下，女性通常要承担家庭生产活动的重任，家庭与工作的冲突使很多人不得不退出劳动力市场，特别是对那些无法通过祖父母辈来分担家务劳动的家庭来说，中青年女性劳动参与率低的问题更严重。[⑥] 对她们来说，长期不参加工作，就会出现劳动技能退化，甚至与社会脱节。

　　这个问题在农村尤为严重，中国农村有近 4700 万留守妇女，正值青壮年，却因为要照顾孩子与家庭而不得不放弃外出务工的机会。李勇辉等研究发现，即便子女随父母迁移到城市，由于家务负担加重，女性劳动力

　　① 王慕文、卢二坡：《颜值越高越容易找到工作吗？——基于中国家庭追踪调查（CFPS）的实证分析》，载《中国经济问题》2018 年第 5 期。
　　② 资料来源：北京市生态环境局网站。
　　③ 蔡芸、周梅、Julian CHOW：《空气污染对劳动力供给的影响研究——基于健康人力资本视角》，载《社会保障研究》2018 年第 6 期。
　　④ 马草原、王东阳、程茂勇：《家庭背景与就业机会——父母的职位特征为何介入了子女在首要部门的就业竞争？》，载《南开经济研究》2018 年第 6 期。
　　⑤ 丁守海、丁洋、吴迪：《中国就业矛盾正在从数量型转向质量型》，载《经济学家》2018 年第 12 期。
　　⑥ 杜凤莲、张胤钰、董晓媛：《儿童照料方式对中国城镇女性劳动参与率的影响》，载《世界经济文汇》2018 年第 3 期。

仍可能不工作，比如，专门照顾孩子上下学的陪读妈妈就是"流而不工、迁而再守"的隐形失业者。如何用好这些人的人力资本，让她们重返就业岗位，对于防止其劳动能力退化、延缓人口红利消退速度，具有重要意义。[1]

（二）工资变化与就业质量

改革开放40年来我国劳动力市场发生了巨变，就业矛盾正从过去的就业不充分问题变为就业质量不高的问题。[2] 最主要的就是工资水平过低。这两年，我国工资领域出现了一些异化现象，那就是非生产率因素所诱致的工资上涨，它具有较大的迷惑性，使人误认为工资上涨推动了劳动者利益的提升，就业质量改善了，但细究起来，其实并没有这么简单。张巍等以房价为例指出，房价上涨导致生活成本上升，后者进一步推动了工资水平上涨，但这并非生产率上升所导致的，对提高就业质量并无裨益，相反，还会恶化劳动力市场的资源配置效率。[3]

另一个值得关注的现象是近年来技能工资差距的扩大趋势。农民工进入城市部门后增加了低技能劳动力的供给，导致此类劳动力的工资相对下降；而高技能劳动力的相对工资上涨，技能工资差距的扩大是劳动力市场成熟的标志，体现了人力资本的应有回报，它会进一步激励劳动者提高技能水平，促进人力资本积累，也有利于产业结构升级。[4] 由于高技能劳动力与低技能劳动力有一定的互补性，产业结构升级又反过来带动低技能劳动力的需求，推动后者的工资补涨。[5] 可见，两类劳动力工资的存在联动关系、技能工资差距的演变具有动态特征。

不论如何，产业结构升级先从高技能劳动力入手提高了劳动报酬在产

---

① 李勇辉、李小琴、陈华帅：《流而不工、迁而再守——子女随迁对女性就业的影响研究》，载《经济科学》2018年第3期。
② 丁守海、丁洋、吴迪：《中国就业矛盾正在从数量型转向质量型》，载《经济学家》2018年第12期。
③ 张巍、许家云、杨竺松：《房价、工资与资源配置效率——基于微观家庭数据的实证分析》，载《金融研究》2018年第8期。
④ 成友、孙涛、焦勇：《要素禀赋、工资差距与人力资本形成》，载《经济研究》2018年第10期。
⑤ 赵西亮：《农民工与城市工资——来自中国内部移民的证据》，载《经济学（季刊）》2018年第3期。

值中的分配份额，① 这无疑是有益于就业质量提升的。

关于劳动者报酬的分配份额问题，一直是劳动经济学界关注的焦点，前几年人们发现它在逐年下降，但最近有学者发现它实际上呈倒 U 型的变化关系，即随着经济发展水平的提高，劳动报酬份额先降后升。现阶段我国本来还应该处于下降阶段，但金融危机的出现打乱了工业化的节奏，第二产业占比提前下降，这带动了劳动报酬份额的提前上升。②

当然，最终我们还是希望劳动者通过提高自身的人力资本来提高就业质量，这才是根本的解决之道。高质量的人力资本不仅有利于提高就业质量，还会提高经营质量，纪雯雯等通过在生产函数中引入了人力资本要素后发现，人力资本密度对创新有显著的促进作用。③

三、结构转型与收入分配差距

（一）收入差距的演变趋势

收入分配差距是中国经济最大的不平衡。④ 目前我国收入分配结构呈明显的金字塔形状，低收入家庭数量庞大，其收入份额远低于人口份额。杨天宇等利用 CHIP 数据分析发现，目前中等收入者占人口总数的比例只有 10.63%，而低收入者却高达 54%，这与党的十八届三中全会提出的橄榄型分配格局目标相距甚远。⑤ 金字塔型收入结构的一个重要诱因就是城乡间收入差距。

要缩小城乡收入差距，就必须提高农民收入，而提高农民收入只有两个途径：要么改善农业收益，要么提高农民工工资。过去人们都过于强调后者的作用，而相对忽视改善农业收益的作用，最近有学者提出不要忽视

---

① 周茂、陆毅、李雨浓：《地区产业升级与劳动收入份额：基于合成工具变量的估计》，载《经济研究》2018 年第 11 期。

② 刘亚琳、茅锐、姚洋：《结构转型、金融危机与中国劳动收入份额的变化》，载《经济学（季刊）》2018 年第 2 期。

③ 纪雯雯、赖德胜：《人力资本配置与中国创新绩效》，载《经济学动态》2018 年第 11 期。

④ 贾康：《我国收入分配格局和企业负担问题辨析》，载《经济学动态》2018 年第 3 期。

⑤ 杨天宇、张令达：《如何实现橄榄型分配格局：基于客观阶层标准的实证分析》，载《中国人民大学学报》2018 年第 6 期。

了它的增长潜力，比如，通过农业机械化提高农业生产率而为农业增收创造条件。[1] 在这一过程中要大力提升农民的教育水平，帮助他们尽快积累起适应于发展现代农业的人力资本。[2]

最近的一些研究表明，即便在转移劳动力内部不同群体间，户籍歧视的程度也是不同的，它呈典型的 U 型变化特征：越年轻的农民工，所遭遇的职业歧视程度可能越大，在同等条件下，进入白领岗位的机会明显更少。[3]

当然，对于城乡收入差距，我们也不必过于悲观，相关研究表明它似乎正在呈收敛趋势。收敛的主要原因是大城市的集聚效应和选择效应。大城市的集聚效应能显著提高各层级劳动者的工资水平，尤其是集中在民营企业的以农民工为代表的低端劳动力获益会更大，他们是缩小城乡间、城市间收入差距的重要载体。[4]

除城乡间存在较大的差距外，即便在城市内部和农村内部，不同劳动者由于受教育程度、技能水平等的不同，收入水平也会存在较大的差距。[5]

（二）结构转型、劳动力流动与收入均衡化

刘守英等认为，经过近百年的变迁，尤其是改革开放 40 年的变革，中国已从乡土中国转为城乡中国。一方面，农民已高度分化，不同类型的农民与乡村的经济社会关系已发生分野；另一方面，城镇化过程中，生产要素已从过去城乡单向流动转为城乡交互流动，城乡之间的分工与互联互通增强。这种新型的城乡关系呈现出独特的阶段性特征，此时再搞单向城镇化不仅会诱发大城市病，还会加剧收入分配差距。只有在城乡平等发展的基础上，不以消灭乡村为代价，在城乡共生、共融、共荣的基础上推进

① 李谷成、李烨阳、周晓时：《农业机械化、劳动力转移与农民收入增长——孰因孰果?》，载《中国农村经济》2018 年第 11 期。

② 杨天宇、张令达：《如何实现橄榄型分配格局：基于客观阶层标准的实证分析》，载《中国人民大学学报》2018 年第 6 期。

③ 孟凡强、初帅：《职业分割与流动人口户籍歧视的年龄差异》，载《财经研究》2018 年第 12 期。

④ 张国峰、王永进：《中国城市间工资差距的集聚效应与选择效应——基于"无条件分布特征—参数对应"方法的研究》，载《中国工业经济》2018 年第 12 期。

⑤ 郭熙保、朱兰：《城镇化水平影响收入不平等的机制分析——基于中国综合社会调查数据》，载《经济理论与经济管理》2018 年第 7 期。

城镇化，才有助于改善分配结构。[1]

地区间的收入均衡化与区域经济协同发展是同一个命题，其中一个重要渠道就是促进地区间要素流动包括劳动力流动。它们应该在产业协同的背景下展开，它需要加强不同层级城市的产业分工，形成产业合力。[2] 比如，中西部地区利用自身的资源优势和劳动力优势承接东部地区的转移产业形成产业集群，通过产业集群来放大产业效率，缩小地区差距。[3]

通过结构转型来缩小收入差距，必然涉及产业结构升级问题。产业结构越高级化，资本有机构成也会越低，这会对收入差距造成进一步影响。[4] 对于政策制定者来说，如何在产业结构和收入差距间找到一个合意的均衡点是很重要的。当然，这并不是说产业升级就一定会恶化收入差距，吴万宗等发现，产业升级对收入差距的影响并不明晰，在合理的升级路径下，可能会缩小差距；在不合理的路径下，则可能会扩大收入差距。所以，单从收入结构的角度看，并不是所有的产业升级都是好事。[5]

一段时间以来，我国经济增长高度依赖外贸，出口导向型制造业吸纳了大量的以农民工为代表的低端劳动力，但自 2018 年中美贸易战以来，对外贸易开始面临巨大的不确定性，出口导向型产业受到很大的冲击，这不仅会危及就业，也会对工资结构产生深远的影响。有研究发现，贸易环境不确定性的加剧会通过"遏制就业创造"和"提高就业破坏"双重效应削弱就业增长，其中低技术劳动力尤甚，相应地，工资差距也会进一步扩大。[6]

① 刘守英、王一鸽：《从乡土中国到城乡中国——中国转型的乡村变迁视角》，载《管理世界》2018 年第 10 期。
② 赵善梅、吴士炜：《基于空间经济学视角下的我国资本回报率影响因素及其提升路径研究》，载《管理世界》2018 年第 2 期。
③ 李金华：《中国建设制造强国的系统性约束与地域结构矛盾》，载《经济理论与经济管理》2018 年第 4 期。
④ 王勇、沈仲凯：《禀赋结构、收入不平等与产业升级》，载《经济学（季刊）》2018 年第 2 期。
⑤ 万宗、刘玉博、徐琳：《产业结构变迁与收入不平等——来自中国的微观证据》，载《管理世界》2018 年第 2 期。
⑥ 李胜旗、毛其淋：《关税政策不确定性如何影响就业与工资》，载《世界经济》2018 年第 6 期。

四、人口与社会保障政策

（一）人口老龄化与人口政策的调整

中国劳动年龄人口出现拐点性下滑已是不争的事实，这将给劳动力市场带来深远的影响，它不仅会造成缺工问题，还可能会由于劳动力密度下降而带来效率提升的障碍。诸多的国际研究证明了这一担心。[①]

为应对劳动年龄人口下降所带来的问题，政府正在探索延迟退休制度。那么这一政策能否达到预期的效果呢？严成樑认为，延迟退休政策的直接效果可能会被它对人口出生率的影响所抵消，因为在一定条件下延迟退休政策会对人口出生率产生负向影响。[②] 因此，我们应该从多个维度来综合评判延迟退休政策的后果。

与延迟退休相呼应的是放开生育政策。"全面二孩"政策是继"单独二孩"政策之后我国生育政策调整的重要举措，也被视作是调整人口结构、补充劳动力供给的重要抓手之一。不过，截至目前，此政策似乎并没有取得预期成效，虽然国家在大力鼓励生育，但农村家庭的生育意愿已大幅下降，城镇家庭的也仅有小幅增长。[③]

按贝克尔家庭经济学的分析范式，家庭的生育决策是成本收益分析的结果，不愿生说明生孩子"不划算"，为什么会出现这一情况呢？一方面，随着房价的快速攀升以及城乡生活成本的提高，生育成本水涨船高，"生不起"，"不敢生"现象严重。[④] 另一方面，生育意愿主要取决于女性劳动力，她们在"多生"方面顾虑更大，因为养育的负担更多地由她们来承担，即便隔代照料能帮她们分摊掉一部分精力，但仍不可避免地会对其职

---

① 杨本建、黄海珊：《城区人口密度、劳动力市场与开发区企业生产率》，载《中国工业经济》2018 年第 8 期。

② 严成樑：《延迟退休、隔代教养与人口出生率》，载《世界经济》2018 年第 6 期。

③④ 靳卫东、宫杰婧、毛中根：《"二孩"生育政策"遇冷"：理论分析及经验证据》，载《财贸经济》2018 年第 4 期。

业发展造成制约。① 更何况，在延迟退休政策下，老人用于隔代照料的时间也会减少，换言之，全面二孩政策与延迟退休政策很有可能会引起隔代照料、生育率与女性劳动供给的多方矛盾。②

那么，该出台怎样的辅助政策呢？基本原则就是降低生育成本或女性劳动力的时间成本，比如，发放生育补贴、提高生育保险水平、保障女性劳动力产后的工作机会。③

（二）最低工资与社会保障政策

近年来，各地相继提高了最低工资标准，特别是自 2004 年新的《最低工资规定》和 2008 年《劳动合同法》出台后，最低工资的调整步伐明显加快，调整幅度也明显加大。这些做法有利于保护低端劳动力的劳动权益，减少劳资纠纷，促进劳资关系和谐化。④

尽管在早些时候提高最低工资标准不会对就业造成什么影响，但持续性地、过快过大地调高最低工资标准会产生一些负面影响，对就业的冲击已初露端倪，这一点应引起决策者的注意。研究表明，持续提高最低工资标准不仅显著增加了流动人口的失业概率，还会诱发他们参与犯罪的可能性⑤。

当然，也有学者认为最低工资制度的影响要一分为二地看待，对不同产业的影响也不一样。就以服务业为例，因为整体工资水平较低，提高最低工资标准很容易吞噬边际利润，影响就会大一些；对技术含量较高的制造业部门来说，利润水平高，工资吸纳能力强，影响就会小一些；但对那些技术含量低的传统制造业部门来说，成本压力也会很大。⑥

除最低工资标准外，近 10 年来，我国社会保障水平也不断提高。郑

---

① 邹红、彭争呈、栾炳江：《隔代照料与女性劳动供给——兼析照料视角下全面二孩与延迟退休悖论》，载《经济学动态》2018 年第 7 期。

② 王丽莉、乔雪：《放松计划生育、延迟退休与中国劳动力供给》，载《世界经济》2018 年第 10 期。

③ 靳卫东、宫杰婧、毛中根：《"二孩"生育政策"遇冷"：理论分析及经验证据》，载《财贸经济》2018 年第 4 期。

④ 孙中伟、刘明巍、贾海龙：《内部劳动力市场与中国劳动关系转型——基于珠三角地区农民工的调查数据和田野资料》，载《中国社会科学》2018 年第 7 期。

⑤ 张丹丹、李力行、童晨：《最低工资、流动人口失业与犯罪》，载《经济学（季刊）》2018 年第 3 期。

⑥ 刘贯春、吴辉航、刘媛媛：《最低工资制度如何影响中国的产业结构》，载《数量经济技术经济研究》2018 年第 6 期。

功成认为，完善社会保障制度有助于保护劳动者权益、提高劳动者素质、激活消费潜能，但也面临诸多新的挑战。[1] 就以发达国家为例，当社会保障水平的提高幅度超过劳动生产率的增速时，就会抬升实际用工成本，削弱企业的用工需求，同时还会造成高福利陷阱，降低劳动年龄人口的劳动参与率，因此，我国应根据经济社会发展状况构建符合自身国情的社会保障制度。[2]

（三）新技术革命下的政策重构

以互联网、大数据、人工智能等为代表的新技术革命正在对经济社会的各个方面产生深远的影响，劳动力市场也不例外。为适应这种变化，人口政策、社会保障政策、劳动管制政策也要做出相应的调整。

程虹等分析了机器人在我国的使用情况并对未来进行了预期，他们发现机器人在我国呈爆发式增长趋势，已对国内超过 1/3 的制造业企业产生影响。按照现有速度，机器人使用密度将在 5 年内逼近发达国家水平。使用机器人能在相当程度上提高企业的生产率、管理效率，并降低经营的不确定性风险。在就业方面，机器人对非技能型劳动力的替代效应明显，会大幅压缩对此类劳动力的需求，但对技能型劳动力没有明显替代效应，反而会增加对他们的需求。可见，人工智能不仅会导致就业总量的变化，更会导致就业结构的变化。它对劳动力的替代不同于"挤出式替代"，这种诱导式创新引致的"补位式替代"能够提高就业质量。[3]

陈秋霖等利用中外面板数据发现人口老龄化导致的劳动力短缺会诱发人工智能的发展，它所带来的生产率优势能在相当程度上抵补人口结构变化所造成的负面影响。[4] 另外，人工智能还会带来另外一个好处，那就是智能化设备能把女性从繁杂的家庭生产活动中解放出来，比如智能洗碗机、洗衣机、轮椅等，提高劳动参与率。[5]

---

[1] 郑功成：《中国社会保障改革与经济发展：回顾与展望》，载《中国人民大学学报》2018年第1期。

[2] 郝宇彪、侯海萌：《社会保障制度会加剧失业吗——基于 OECD 国家数据的 PVAR 分析》，载《经济学家》2018 年第 6 期。

[3] 程虹、陈文津、李唐：《机器人在中国：现状、未来与影响——来自中国企业—劳动力匹配调查（CEES）的经验证据》，载《宏观质量研究》2018 年第 9 期。

[4] 陈秋霖、许多、周羿：《人口老龄化背景下人工智能的劳动力替代效应——基于跨国面板数据和中国省级面板数据的分析》，载《中国人口科学》2018 年第 6 期。

[5] 张鹏飞：《人工智能与就业研究新进展》，载《经济学家》2018 年第 2 期。

按拉坦－速水佑次郎的诱致性技术变迁理论，要素比价变化会引发对应的技术创新，以节约使用相对昂贵的要素。今天劳动力短缺、工资上涨正在催生一大批劳动节约型技术进步。[①] 从短期看这有利于缓解缺工问题、提高效率；从长期看，能否与未来的劳动年龄人口变化节奏匹配，而不至于矫枉过正，走向另一极端，引发失业风险。这些都构成了未来人口、就业、社会保障政策的参考变量。

297

---

① 贺建风、张晓静：《劳动力成本上升对企业创新的影响》，载《数量经济技术经济研究》2018 年第 8 期。

第十一章　国际贸易学研究新进展

在中国对外贸易领域，尽管 2018 年开年就遭遇中美贸易战的冲击，但是整体贸易状况仍然相对平稳：进出口总额创历史新高，贸易结构不断优化，直接投资缓中趋稳。据海关统计，2018 年我国全年货物进出口总额 30.51 万亿元人民币，创历史新高，较 2017 年增长 9.7%。其中，出口 16.42 万亿元人民币，同比增长 7.1%；进口 14.09 万亿元人民币，同比增长 12.9%；贸易顺差为 2.3 万亿元人民币。虽然中美贸易摩擦波动不断，但我国对主要贸易伙伴进出口仍旧全面增长，对欧盟、美国和东盟进出口分别增长 7.9%、5.7% 和 11.2%，对"一带一路"沿线国家合计进出口增长 13.3%。[①]

在中国经济由高速增长阶段转向高质量发展阶段的同时，中国对外贸易也处于从"低质低价"向"优质优价"转变的重要阶段。在此背景下，不论是采用异质性企业理论聚焦企业的出口和投资行为选择、全球生产抉择与全球价值链嵌入问题，还是对自由贸易协定、企业空间集聚与产品关联密度、"一带一路"专题、服务贸易和跨境电商等传统贸易问题取得最新进展，都成为 2018 年国际贸易学前沿研究的重中之重。从整体来看，在核心研究领域与上一年度大体保持一致的基础上，2018 年的国际贸易领域研究也出现了一些新变化，体现出强烈的现实导向性。

一、国际贸易学课程改革探索

随着国际贸易格局、规则和秩序的新变化，国家对优质外经贸人才的需求持续增加，这就对国际贸易课程教学和国际贸易人才培养提出了新要求和新挑战。学者们分析了当前国际贸易教学中存在的问题，并对新时代

[①]　http://www.mofcom.gov.cn/article/i/jyjl/j/201901/20190102829495.shtml.

背景下如何改进《国际贸易学》课程进行了有益探索。

（一）现有《国际贸易学》课程教学存在的问题

第一，教材内容与时代发展不匹配。《国际贸易学》教材内容在理论上仍以传统贸易理论为讲授内容，新贸易理论、新新贸易理论的内容过于单薄；在实践上对于"一带一路"推动形成全面开放新格局、跨境电商风靡全球、全球价值链分工持续深入等国际贸易新热点和新现象，教材内容关注度不够，存在一定的滞后性。

第二，人才培养与社会需求不相符。当前，很多高等院校国际贸易专业的人才培养定位较为单一，人才培养方向还是以面向传统外贸企业为主，人才培养目标仍是以培养传统外贸岗位所需掌握的理论知识和操作技能为主。反观现实，越来越多的中国企业踏上了国际化的征程，并更深程度地嵌入全球价值链之中，需要的是兼备"外贸技能＋英语技能＋跨境电商技能＋计算机技能"的复合型专业人才。可见，既有的国际贸易专业人才培养模式难以满足快速发展的新时代社会的需求。[①]

（二）《国际贸易学》课程改进建议

第一，吸纳国际贸易理论的前沿问题，增加课程教学内容。及时关注前沿贸易理论，完善课程的理论体系内容，增加对国际贸易新理论、新形势的解释力和逻辑性，将"一带一路"[②]、全球价值链分工[③]、跨境电商等新内容融入课程教学之中。

第二，扩充国际贸易学科的应用性内容，改进课程教学模式。一方面，力图通过多维度、立体化的教学方法，突破以教师讲授为主的单向"填鸭式"传统教学，打破"教师讲、学生听"的简单课堂教学模式。[④]另一方面，增加与相关学科的联系性，统筹兼顾学生的外贸技能、外语技

---

① 钟飞燕：《精准对接，精准育人：深化国际贸易专业教学改革探究》，载《教育与职业》2018年第22期。

② 刘宝存、肖军：《"一带一路"倡议下我国国际组织人才培养的实践探索与改革路径》，载《高校教育管理》2018年第12期。

③ 童红斌：《基于岗位生态链的电子商务复合型人才培养模式研究》，载《中国职业技术教育》2018年第2期。

④ 叶譞：《国际贸易专业学生英语需求的分析及对策——以福建省两所应用型高校为例》，载《西南交通大学学报（社会科学版）》2018年第19期。

能、电商技能、计算机技能等水平，提高学生的复合型能力。

二、异质性企业的贸易与投资问题

随着新新贸易理论的突飞猛进和不断完善，国内学者对贸易与投资的研究也从国家和产业层面全面转向企业和产品层面，并在要素配置与异质性企业进出口行为选择、出口产品质量与种类的选择、制度与环境变量对异质性企业出口的影响、异质性企业对外直接投资四个方面取得了新进展。

（一）要素配置与异质性企业进出口行为选择

在新新贸易理论强调企业生产率异质性的基础上，学者们在继续考察生产率与出口关系的同时，逐渐意识到劳动、技术和资本等要素市场的有效配置通过提高企业生产率的方式，也可以改变企业的进出口行为，且要素配置的影响因素和要素市场变化所带来的出口福利均值得进一步探讨。因此，2018年涌现出大量关于劳动要素、技术要素、中间品市场如何影响进出口概率和进出口规模的文献。

第一，根据异质性贸易理论的核心观点，生产率是企业出口决策的关键因素，只有生产率较高的在位厂商才能突破出口临界生产率的限制而进入国外市场。围绕企业的出口临界生产率到底几何，段连杰采用非参的ROC方法测算了中国工业企业的最优出口阈值，并进一步讨论了企业最优出口阈值的动态变迁。研究结果表明，全样本企业的最优出口阈值的估计值为-0.624，其中劳动密集型行业的出口门槛较高，资本、技术密集型行业次之，采掘业与公用事业行业较低；东部地区的出口门槛较高，中部地区次之，西部地区较低；出口门槛的演进轨迹与外贸宏观环境息息相关，如1997年亚洲金融危机、2001年中国入世、对外贸易经营者登记备案制的实施、WTO成员享有的保留条款等。[①]

第二，要素的有效配置可以通过提高企业生产率的途径增加出口。劳

---

① 段连杰：《中国工业企业最优出口阈值的估计——基于非参的 ROC 方法》，载《国际贸易问题》2018 年第 12 期。

动、技术和资本要素是国内学者最为关心的内容，而中间品市场作为要素市场的一种，也同样吸引了国内学者的关注。

在劳动力要素层面，学者们通过细致区分不同劳动要素类别，考察了异质性企业的出口情况。许家云采用中国工业企业数据库、中国海关数据和中国上市公司治理结构研究数据库的匹配数据发现，海归会对企业出口产生积极作用，且上述正向的出口拉动效应在样本期内具有持续性和递增性；同时，良好的地区制度环境有利于强化海归对企业出口的促进效应，而资源再配置效应对行业出口质量提高的贡献高达54%，并在海归促进行业出口质量提高中发挥了关键作用。① 与之相类似，郑妍妍等也指出与非出口企业相比，出口企业具有更高的女性雇佣偏好，且伴随企业出口规模的扩大，企业的女性雇佣偏好显著提升。②

在技术要素层面，技术要素市场的发展显著提升了高技术产品出口的技术复杂度，而出口产品技术复杂度的提升又对出口规模和出口增长产生了影响。在技术要素影响出口产品技术复杂度方面，戴魁早通过分析高技术产品中凝结的技术要素，发现技术市场发展显著提升了高技术产品出口的技术复杂度，这种提升效应通过增加研发投入、推动技术转化和增强技术溢出效果等机制实现，并对东部沿海地区、技术密集度和外向度及垂直专业化程度等较高的企业来说更为显著。③

学者们对出口技术复杂度的影响因素进行了补充。熊永莲等指出，产品出口技术复杂度的显著影响因素还应包括人口年龄结构变动；④ 张凤等则发现，出口产品技术复杂度的整体提升在一定程度上取决于企业出口持续期的延长⑤。在产品技术复杂度影响出口方面，闫志俊等利用制造业微观企业数据，实证考察了出口产品的技术复杂度对企业出口规模和出口增长的影响。研究结果表明，出口产品的技术复杂度越高，企业出口规模越小，出口增速越快。具体而言，产品技术复杂度对企业出口规模的负向影

---

① 许家云：《海归与企业出口行为：来自中国的微观证据》，载《金融研究》2018 年第 2 期。

② 郑妍妍、李磊、刘鹏程：《出口与企业雇佣的性别偏好——来自中国制造业企业的经验证据》，载《国际贸易问题》2018 年第 12 期。

③ 戴魁早：《技术市场发展对出口技术复杂度的影响及其作用机制》，载《中国工业经济》2018 年第 7 期。

④ 熊永莲、谢建国、文淑惠：《人口年龄结构与出口技术复杂度——基于跨国面板的实证分析》，载《国际贸易问题》2018 年第 12 期。

⑤ 张凤、季志鹏、张倩慧：《出口持续期延长有利于出口国内技术复杂度提升吗——基于中国微观出口数据的验证》，载《国际贸易问题》2018 年第 10 期。

响在资本技术密集度较低的行业和经济较发达的地区更小。① 与之相类似，张龑等采用微观企业层面的数据补充认为，出口波动水平除了受到产品技术复杂度的影响，还会受到体现企业经营策略的出口选择创新度的影响，企业出口选择创新度相较产品的技术复杂度特征而言，会同时加剧企业的内源性波动和外源性波动，对出口波动的影响程度更大。②

在资本要素层面，学者们考察了外资进入对异质性企业出口的影响。一方面，这种影响能够通过技术溢出效应影响企业出口行为。李磊等发现，外资进入降低了企业的国际市场退出概率，其原因在于外资进入加剧了市场竞争，且外资进入的技术溢出引致了相关地区和行业的技术进步。③ 另一方面，这种影响能够通过降低中间品成本途径影响企业出口行为。孙浦阳等通过构建引入包含外资自由化政策影响的企业生产率内生化决定模型，发现外资进入通过降低下游企业购买外资中间品的成本，从而导致企业购买的、具有质量优势的外资中间品种类扩大，从而提高了企业生产率水平，影响企业出口行为。④

在中间品市场层面，中间产品也可以被视为一种生产要素，且与使用国内中间品相比，中间品进口存在更高的固定成本和沉淀成本。程虹等研究指出，只有高生产率的企业才有能力克服这些额外成本，进入国际市场选择高质量的中间品，即中间品进口具有自我选择效应，而企业的异质性特征可能会影响进口中间品的自我选择效应。⑤ 黄新飞等考察了中国工业企业中间品进口贸易对中国企业生产率的即期效应与长期影响，发现从国外进口中间品的企业生产率显著高于其他企业；当考虑时间因素时，首次从国外进口中间品的企业当年生产率比上一年有大幅提升，且在进口后 3 年中存在持续且较为显著的生产率提升效应。⑥ 与上述研究定位于工业部门不同，侯欣裕等、孙浦阳等均基于服务业作为制造业重要的生产投入且

① 闫志俊、于津平：《产品技术复杂度与企业出口增长》，载《国际贸易问题》2018 年第 2 期。

② 张龑、孙浦阳：《企业经营策略选择、产品复杂度与出口波动——基于反射法分析的微观证据》，载《中国工业经济》2018 年第 8 期。

③ 李磊、蒋殿春、王小洁：《外资进入、性别就业差距与企业退出》，载《世界经济》2018 年第 12 期。

④ 孙浦阳、侯欣裕、盛斌：《外资自由化与贸易福利提升：理论与经验研究》，载《世界经济》2018 年第 3 期。

⑤ 程虹、马娟霞、罗连发：《进口中间品自我选择效应的异质性——基于"中国企业—劳动力匹配调查"的实证分析》，载《国际贸易问题》2018 年第 2 期。

⑥ 黄新飞、高伊凡、柴晟霖：《中间投入品进口与企业生产率：短期效应与长期影响》，载《国际贸易问题》2018 年第 5 期。

服务业中间品比重持续提高的事实，考察了中国服务业中间品进口贸易对中国企业生产率的影响，发现从国外进口中间品的种类和数量不仅显著影响了企业生产率，而且通过成本渠道影响下游制造业企业的出口倾向和出口规模。①② 在对中间品价格的进一步分析中，龙世国等认为，中间品贸易价格上升会导致最终贸易品与最终非贸易品的产出减少；进口中间品会增加最终贸易品与最终非贸易品的产出；总体上中间品贸易对贸易品的影响作用比非贸易品大；其中对资本品贸易增长影响较大的多为技术密集型行业，而对消费品出口贸易增长影响较大的多为低技术密集型行业。③

第三，基础设施建设、知识产权保护、汇率变化等均会刺激要素（特别是技术要素）的有效配置，从而对出口产生影响。与往年相比，该方面的研究呈日渐增多之势。

在知识产权保护方面，对知识产权的保护是推进创新驱动发展的重要抓手，致使技术要素市场的发展更为活跃。李俊青等的研究证实，加强知识产权保护会通过激励企业的人力资本投资高技术活动，激活企业创新动力的渠道，从而提升企业出口产品技术复杂度。同时，加强知识产权保护水平不仅有利于契约密集度高的企业、非国有企业和中西部地区企业的出口技术复杂度提升，而且有利于缩小东部与中西部的出口技术复杂度差距。④ 魏浩等也从理论和实证上证实，知识产权保护通过影响进口显著促进了创新型领军企业的创新。具体来看，通过提高知识产权保护水平来促进创新的作用机制有三：一是能够显著提升民营企业和专利密集型行业企业的进口产品种类；二是能够显著提升出口企业的进口产品质量；三是能够提升民营企业、专利密集型行业企业以及出口企业的进口规模。⑤ 韩剑等利用产品层面贸易数据的研究也发现，含有知识产权保护条款的自由贸易协定促进了中国在知识产权密集型产品方面的进出口规模；⑥ 顾晓燕等

---

① 侯欣裕、孙浦阳、杨光：《服务业外资管制、定价策略与下游生产率》，载《世界经济》2018 年第 9 期。

② 孙浦阳、侯欣裕、盛斌：《服务业开放、管理效率与企业出口》，载《经济研究》2018 年第 7 期。

③ 龙世国、湛柏明：《中间品贸易对中国的增长效应研究》，载《国际贸易问题》2018 年第 2 期。

④ 李俊青、苗二森：《不完全契约条件下的知识产权保护与企业出口技术复杂度》，载《中国工业经济》2018 年第 12 期。

⑤ 魏浩、巫俊：《知识产权保护、进口贸易与创新型领军企业创新》，载《金融研究》2018 年第 9 期。

⑥ 韩剑、冯帆、李妍：《FTA 知识产权保护与国际贸易：来自中国进出口贸易的证据》，载《世界经济》2018 年第 9 期。

阐明了以知识产权为标的以及含有知识产权产品的出口贸易能够有效促进创新链－产业链－市场链的衔接，知识产权出口贸易引致的要素配置效应和创新溢出效应对经济增长具有驱动作用。[①]

在交通基础设施方面，交通基础设施质量的改善能够引致更为充分的市场竞争，促使要素资源流向更具效率的地方。施震凯等通过考察以铁路提速为代表的交通基础设施质量改善，发现其通过技术进步和效率改进两个渠道促进了沿途企业（尤其是出口型企业）的全要素生产率增长，也促进了更多的企业服务国际市场。[②] 白重恩等以中国国道主干线规划为例，实证检验了交通基础设施通过降低运输成本对企业出口产生的深远影响。结果表明，与国道主干线连接的地区、与国道主干线距离近的地区，均有更高的出口额增长率；而交通成本下降幅度与出口额增长率呈同比例关系；较高的出口产品重量价值比和平坦的地势均有利于强化公路对出口的促进作用。[③] 卓乘风等的研究发现，无论是一般性基础设施还是科技型基础设施，均能显著促进我国制造业企业出口规模扩张，且科技型基础设施的边际效应更为显著。[④]

在汇率变动和信贷支持等方面，王雅琦等探究了在不同融资约束状况下汇率变动对中国制造业出口企业研发支出的异质性影响。结果表明，企业层面实际有效汇率上升（本币升值）显著促进了出口企业研发支出增加，且企业受到的融资约束越轻，这种效应越明显。[⑤] 张馨月等则指出，贸易信贷作为传统融资方式的重要补充，通过为企业提供资金支持，促进了企业技术创新活动的开展。[⑥]

第四，学者们从贸易利得或资本利得的视角出发，发现要素市场的变化能够影响社会或企业在出口方面的福利水平。

在贸易利得方面，学者们主要采用国内增加值率（或产品加成率）来衡量贸易利得水平。以崔晓敏等为代表的学者从最低工资出发，认为劳动

① 顾晓燕、史新和、刘厚俊：《知识产权出口贸易与经济增长——基于创新溢出和要素配置的研究视角》，载《国际贸易问题》2018年第3期。
② 施震凯、邵军、浦正宁：《交通基础设施改善与生产率增长：来自铁路大提速的证据》，载《世界经济》2018年第6期。
③ 白重恩、冀东星：《交通基础设施与出口：来自中国国道主干线的证据》，载《世界经济》2018年第1期。
④ 卓乘风、邓峰：《基础设施投资与制造业贸易强国建设——基于出口规模和出口技术复杂度的双重视角》，载《国际贸易问题》2018年第11期。
⑤ 王雅琦、卢冰：《汇率变动、融资约束与出口企业研发》，载《世界经济》2018年第7期。
⑥ 张馨月、武力超：《贸易信贷对企业技术创新的影响研究》，载《国际贸易问题》2018年第8期。

力最低工资通过要素替代效应和成本加成效应两个渠道影响企业出口国内增加值率，且最低工资对加工贸易、低生产率和低资本劳动比企业的负向影响显著小于其他企业。[①] 而更多的学者则是从中间产品出发，认为研发补贴和中间品市场自由化都会促进下游企业的研发投入，但是否带来社会福利的改善则存在一定的争议。[②③] 祝树金等在研究中阐述了中间品贸易自由化可以通过成本降低效应和质量升级效应提高多产品出口企业的产品加成率，并且对核心产品加成率的促进效应要显著大于非核心产品。[④] 余淼杰等发现，汇率波动通过影响企业对进口和国内中间品的配置，导致企业出口国内增加值率变化，即本币贬值致使企业出口国内增加值率显著提高。[⑤] 诸竹君等认为，进口中间品质量本身的波动也是企业出口国内增加值率变化的原因，且进口中间品质量对企业出口国内增加值率表现出不同的静态影响和动态效应，即在静态条件下二者呈现负相关关系，其通过自主创新产生"加成率效应"和"相对价格效应"，动态改进企业出口国内增加值率。[⑥]

在资本利得方面，刘灿雷等发现，大规模外资进入并未恶化内资企业利润率，反而通过扩大企业生产规模、提升企业管理效率、提升劳动和资本产出率对内资企业利润率产生了显著的正向作用。这一积极作用主要体现在民营企业、内销企业、一般贸易企业和中等技术行业的企业中，并对提高西部地区企业利润率的作用更大。[⑦] 毛其淋等研究也指出，外资进入的水平溢出渠道降低了本土企业出口国内增加值率，但通过前向关联和后向关联渠道提高了本土企业出口国内增加值率，外资进入总体上促进了本

305

①　崔晓敏、余淼杰、袁东：《最低工资和出口的国内附加值：来自中国企业的证据》，载《世界经济》2018 年第 12 期。

②　李杰、王兴棠、李捷瑜：《研发补贴政策、中间品贸易自由化与企业研发投入》，载《世界经济》2018 年第 8 期。

③　樊海潮、张丽娜：《中间品贸易与中美贸易摩擦的福利效应：基于理论与量化分析的研究》，载《中国工业经济》2018 年第 9 期。

④　祝树金、钟腾龙、李仁宇：《中间品贸易自由化与多产品出口企业的产品加成率》，载《中国工业经济》2018 年第 1 期。

⑤　余淼杰、崔晓敏：《人民币汇率和加工出口的国内附加值：理论及实证研究》，载《经济学（季刊）》2018 年第 3 期。

⑥　诸竹君、黄先海、余骁：《进口中间品质量、自主创新与企业出口国内增加值率》，载《中国工业经济》2018 年第 8 期。

⑦　刘灿雷、康茂楠、邱立成：《外资进入与内资企业利润率：来自中国制造业企业的证据》，载《世界经济》2018 年第 11 期。

土企业的贸易福利。[①]

（二）企业出口产品质量和出口产品种类的选择

我国出口贸易逐渐从"低质低价"阶段向"优质优价"阶段转变，在质量异质性模型的基础上，从出口产品质量、产品种类和产品价格选择的角度解读企业的出口行为，也成为国际贸易学研究的热点之一。

1. 出口产品质量

刘军等通过构建质量内生的异质性企业贸易模型，得出了产品质量较高的企业倾向于选择出口的理论推论。[②]廖涵等进一步指出，出口产品的质量－价格"性价比"的提高显著促进了中国制造业的出口增长，且在不同类型行业和不同类型进口地中呈现出一定的差异性。通过结构分解发现，中国出口产品"性价比"的提高恰好满足了不断扩大的国外市场需求，成就了中国制造业的出口奇迹，揭示了在价格优势逐渐弱化而产品质量与发达国家尚存在差距的情况下，中国制造业出口仍能持续增长的原因。[③]

部分学者考察了出口产品质量的影响因素，重点集中于汇率变动、产业集聚、反倾销、环境规制、中间品或上游产品等方面。

汇率波动是学者们关注的重点影响因素。王雅琦等、张明志等的研究均认同人民币升值有利于提升制造业企业的出口产品质量。所不同的是，前者结合贸易方式和动态视角进一步指出，人民币升值提高了一般贸易产品质量，但对加工贸易产品质量产生负面影响；与进入企业和退出企业相比，存续企业显著提升了企业产品质量；[④]后者结合垂直专业化视角进一步指出，企业垂直专业化水平的提高扩大了汇率升值的正向影响作用，垂直专业化主要通过成本效应、进口中间品的质量效应和种类效应这三条渠

① 毛其淋、许家云：《外资进入如何影响了本土企业出口国内附加值?》，载《经济学（季刊）》2018 年第 4 期。

② 刘军、赵姝、靳婷婷：《产品质量与企业出口决定：中国表现及演变动态》，载《国际贸易问题》2018 年第 7 期。

③ 廖涵、谢靖：《"性价比"与出口增长：中国出口奇迹的新解读》，载《世界经济》2018 年第 2 期。

④ 王雅琦、谭小芬、张金慧、卢冰：《人民币汇率、贸易方式与产品质量》，载《金融研究》2018 年第 3 期。

道来调节人民币汇率变动对出口产品质量的影响。[1]

产业集聚也成为学者们关注的新内容。苏丹妮等对表征本地化生产体系的产业集聚与企业出口产品质量之间的关系及其作用机制进行了考察。认为产业集聚通过提高企业生产率和固定成本投入效率显著提升了企业出口产品质量，且该效应在一般贸易企业、私营企业、技术密集型行业企业和东部地区企业的表现更为明显。[2]

反倾销认定也会对出口产品质量产生影响，且产品质量提升对反倾销认定的作用效果会受到商品敏感性、企业所有制性质和进口国特征等因素的影响。张先锋等发现，当出口产品为低端产品、处于中端产品中较高水平、处于高端产品中较高水平时，出口产品质量升级有利于减少进口国对中国企业出口的倾销认定；当产品质量处于中端产品中较低水平、高端产品中较低水平时，出口产品质量升级会增加进口国对中国企业出口的倾销认定。[3]

环境规制如何影响企业产品组合行为，进而如何影响产品质量也是2018年的新研究内容之一。韩超等探究了环境规制通过产品转换对产品质量提升的影响机制，发现从整体而言，环境规制对产品组合行为的影响与企业内在经营能力有关，对于存续时间长、规模较大和高生产率企业来说，环境规制对产品转换的影响较小。[4]

中间品或上游产品也同样会影响出口产品质量。王雅琦等指出，中间品进口下降所带来的负面冲击是我国出口产品质量大幅滑坡的其中一个重要原因，但是这一负面冲击对国内各个行业的影响并不均衡。其中，国内上游产能可以迅速提升的行业所受影响较小。而基于产品层面的动态分析可以进一步发现，中间品进口的下降会通过高质量产品的进入减少、退出增加这一渠道来影响出口产品质量的变动。[5] 李瑞琴等则实证检验了上游企业对外直接投资对下游企业出口产品质量的影响，并区别探讨了上游制

① 张明志、季克佳：《人民币汇率变动对中国制造业企业出口产品质量的影响》，载《中国工业经济》2018年第1期。
② 苏丹妮、盛斌、邵朝对：《产业集聚与企业出口产品质量升级》，载《中国工业经济》2018年第11期。
③ 张先锋、陈永安、吴飞飞：《出口产品质量升级能否缓解中国对外贸易摩擦》，载《中国工业经济》2018年第7期。
④ 韩超、桑瑞聪：《环境规制约束下的企业产品转换与产品质量提升》，载《中国工业经济》2018年第2期。
⑤ 王雅琦、张文魁、洪圣杰：《出口产品质量与中间品供给》，载《管理世界》2018年第8期。

造业和上游服务业对外投资的差异性影响。结果表明，上游服务业对外直接投资会显著提升下游企业的出口产品质量，而上游制造业对外直接投资存在降低下游企业的出口产品质量的可能；分样本来看，上游对外直接投资主要显著影响下游非纯加工贸易企业、非国有企业和市场化程度较高地区企业的出口产品质量，而对纯加工贸易企业、国有企业和市场化程度较低地区企业的影响并不显著。①

2. 出口产品种类

2018 年初，美国宣布对进口钢铁和铝产品实施关税、配额等贸易壁垒措施，由此拉开了中美贸易战的序幕。中美贸易战引发的贸易壁垒和反倾销等话题也是中国学者较为关注的新兴内容。例如，龙小宁等实证研究发现，美国对华反倾销措施的确显著增加了受影响企业销至美国的非倾销产品出口额和出口量，即存在出口产品种类的溢出效应，这一效应随企业所有制不同以及是否为多行业企业而有所不同；同时，美国对华反倾销措施仅增加了非倾销产品企业原有出口渠道的出口。②

与上述研究出发点不同，易靖韬等重点研究了贸易自由化对企业产品范围调整的作用机制，提出贸易自由化使多产品出口企业的产品范围缩小且向生产核心产品集中，且这一趋势在组织效率、资本密度及生产率低的企业中更为明显。③ 尚涛等则通过测算中国集约边际增长与新产品边际增长情况，还原了中国对外出口增长中产品种类外延扩展的真实作用。具体而言，新产品边际是促进贸易增长的重要因素，尤其是对于人均收入较低、经济增长率较高的发展中国家，新产品边际发挥了更为重要的作用。④

3. 出口产品种类和质量的福利效应

出口产品种类和出口产品质量均是贸易福利的重要源泉。张永亮等通过构建进口产品种类和质量的精确价格指数模型，从理论上证明了产品价

① 李瑞琴、王汀汀、胡翠：《FDI 与中国企业出口产品质量升级——基于上下游产业关联的微观检验》，载《金融研究》2018 年第 6 期。
② 龙小宁、方菲菲、Chandra Piyush：《美国对华反倾销的出口产品种类溢出效应探究》，载《世界经济》2018 年第 5 期。
③ 易靖韬、蒙双：《贸易自由化、企业异质性与产品范围调整》，载《世界经济》2018 年第 11 期。
④ 尚涛、殷正阳：《中国与"一带一路"地区的新产品边际贸易及贸易增长研究——基于不同贸易部门性质的分析》，载《国际贸易问题》2018 年第 3 期。

格、种类、质量三者对福利影响的差异性。同时，进口产品种类多样化对中国贸易福利的改进呈波动上升趋势，产品质量与产品种类的改变带来大体等价的贸易福利。[1] 徐小聪等通过构建可变需求框架下进口产品种类增长的福利效应估算模型，进一步发现在不变需求框架下，进口产品种类增长总是会带来正的福利效应；而当考虑需求可变时，进口产品种类增长的福利可能会高于或者低于不变需求时的福利，有时甚至会造成福利损失，具体大小取决于各国需求特征的变化。[2]

309

（三） 制度与环境变量对异质性企业出口的影响

学者们将宏观环境与微观异质性贸易结合起来，探讨了融资约束、环境规制、制度环境等外生变量对企业进出口和企业生产率的影响。

首先，我国企业融资约束具有普遍性，对活跃在国际市场的企业来说，同样也不例外。因此，许多学者考察了面临融资约束时异质性企业的进出口行为选择。綦建红等通过将信贷约束和贸易中介同时引入异质性企业中，发现信贷约束提高了企业直接出口决策的生产率阈值，导致信贷约束严重的企业对贸易中介的依赖程度更深。同时，信贷约束显著抑制了直接出口企业的出口规模，但对间接出口企业的负向影响并不显著，这意味着受到较高信贷约束的企业在扩大出口规模方面仍需依赖贸易中介。[3] 张时坤认为，融资约束与企业出口规模存在显著的倒 U 型关系，金融市场化程度过低是导致这一关系产生的主要原因。梳理企业所有制的情况可发现，融资约束存在所有制歧视问题，国有企业受到融资约束的影响较小，而民营企业和外资企业则存在显著的融资约束门槛效应。[4] 许和连等人的研究视角转向出口退税制度，指出出口退税管理制度的简政放权改革可以缓解企业资金约束，从而对企业的出口绩效产生显著而稳健的改善作用，促使企业出口额和产品质量均有提升，出口产品价格下降。这种改善效应对于委托－代理失灵更微弱的地区、非国有企业（特别是民营企业）的影

① 张永亮、邹宗森：《进口种类、产品质量与贸易福利：基于价格指数的研究》，载《世界经济》2018 年第 1 期。

② 徐小聪、符大海：《可变需求与进口种类增长的福利效应估算》，载《世界经济》2018 年第 12 期。

③ 綦建红、李丽丽：《信贷约束严重的出口企业会更加依赖贸易中介吗——来自中国工业企业的证据》，载《国际贸易问题》2018 年第 5 期。

④ 张时坤：《融资约束、金融市场化与企业出口行为》，载《管理世界》2018 年第 12 期。

响更大，且这种改善作用基本上不存在时滞性，并具有持续性。[1]

其次，在世界各国对环境重视程度与日俱增的背景下，有的学者将环境政策与微观异质性贸易结合起来，探讨了面对环境规制时异质性企业的生产率和出口行为选择。从环境政策对企业生产率的影响来看，刘悦等认为，由于企业生产率取决于其内生的研发投资决策，因此企业异质性体现在不同企业的研发投资效率不同。在局部均衡条件下，随着环境规制强度不断增加，企业的最优反应是降低投资，导致生产率下降；但在一般均衡条件下，由于短期环境规制加强带来的成本致使部分企业会退出市场，从而降低了存活企业的竞争，企业预期利润上升激励企业增大投资，进而提高生产率。[2] 从环境政策对企业出口决策的影响来看，盛丹等强调指出，尽管一般性环境立法对企业出口决策没有显著影响，但是有利于增加企业出口数量。就不同类型立法而言，水和大气污染立法对企业出口决策产生了负向作用，但却促进了企业出口数量增加，而固体废弃物污染立法对企业出口决策和出口数量均产生负向作用；行业污染密集度越高，环境立法对企业出口决策的负向作用越大，对出口数量的正向作用越强；行业研发密集度越高，环境立法对企业出口数量的促进作用越大；较之国有企业，环境立法更能促进非国有企业出口数量的增加。[3] 康志勇等的研究偏重出口规模方面的决策，认为"减碳"政策强度与制造业企业出口规模呈倒"U"型关系，在适度"减碳"政策强度下创新促进效应会超过成本增加效应，促进企业出口规模扩张，且创新促进效应会随时间推移得到逐步释放，表现为促进出口规模扩张的政策区间逐步扩大。[4]

再次，财政政策和产业政策也是影响贸易的重要宏观因素。针对财政政策，张磊等强调了政府财政行为波动对外贸失衡的影响。具体来说，分税制下信息外溢性的标尺效应和政治体制对地方政府行为的影响是导致政府财政行为波动的主要原因。一方面，政府财政行为的波动通过影响储蓄投资缺口导致中国贸易失衡；另一方面，通过对经济和政策环境的影响，破坏了以财税为核心的政府和企业之间双边关系的稳定性和可预期性，阻

---

① 许和连、王海成：《简政放权改革会改善企业出口绩效吗？——基于出口退（免）税审批权下放的准自然试验》，载《经济研究》2018年第3期。

② 刘悦、周默涵：《环境规制是否会妨碍企业竞争力：基于异质性企业的理论分析》，载《世界经济》2018年第4期。

③ 盛丹、李蕾蕾：《地区环境立法是否会促进企业出口》，载《世界经济》2018年第11期。

④ 康志勇、张宁、汤学良、刘馨：《"减碳"政策制约了中国企业出口吗》，载《中国工业经济》2018年第9期。

碍技术创新与产业升级，影响贸易结构，进一步强化了加工贸易竞争优势，从而使中国的对外贸易长期保持巨额顺差。① 针对产业政策，张健等考察了产业政策在促进中国企业出口转型升级中的有效性。结果表明，尽管各种产业政策的效果不尽相同，但总体而言促进了中国企业出口转型升级；除政策力度本身的影响之外，政策公平性也在其中扮演着重要角色，公平性越高则政策效果通常越好。② 谢申祥等考察了企业谈判势力对一国出口政策的影响。结果表明，无论是在企业同时竞争的情形，还是在企业先后进入市场竞争的情形，企业谈判势力均通过影响中间产品的价格进而影响到水平转移利润和垂直转移利润的相对大小，从而影响到一国贸易政策的选择。③

　　最后，贸易伙伴国制度质量也是异质性企业出口行为的重要影响因素。孙楚仁等检验了行业制度密集度与国家制度水平的差异对出口比较优势及其动态变化的影响。从行业层面来看，国家制度越好，那么该国在该行业上的显示性比较优势就越强；国家制度水平与行业制度密集度之间的差异越大，那么该国在该行业上的显示性比较优势就越弱；从产品层面来看，国家制度越好，上一年度该国比较劣势产品在下一年度转化为比较优势产品的可能性就越大；国家制度与产品制度密集度之间的差异越大，上一年度该国比较劣势产品在下一年度转化为比较优势产品的可能性就越小。④ 有的学者从行业契约密集度的视角，指出行业契约密集度越高，贸易伙伴国制度质量的提高对该行业出口集约边际和扩展边际具有显著的正向促进效应，且政治制度质量明显高于经济制度的质量。也就是说，中国更倾向于向制度质量较好的国家出口契约密集度较高的产品。⑤⑥⑦

　　① 张磊、王德祥：《财政行为波动影响了外贸失衡吗》，载《国际贸易问题》2018 年第4 期。
　　② 张健、鲁晓东：《产业政策是否促进了中国企业出口转型升级》，载《国际贸易问题》2018 年第 5 期。
　　③ 谢申祥、蔡熙乾：《中间品生产企业的谈判势力与出口政策》，载《世界经济》2018 年第 3 期。
　　④ 孙楚仁、王松、陈瑾：《国家制度、行业制度密集度与出口比较优势》，载《国际贸易问题》2018 年第 2 期。
　　⑤ 李俊青、刘凯丰、李双建：《法治环境、契约密集度与企业出口决策》，载《国际贸易问题》2018 年第 9 期。
　　⑥ 吴飞飞、唐保庆、张为付：《地区制度环境与企业出口二元边际——兼论市场取向的供给侧结构性改革路径》，载《国际贸易问题》2018 年第 11 期。
　　⑦ 林玲、刘尧：《制度质量、行业契约密集度与出口贸易——基于中国对"一带一路"国家的出口研究》，载《国际贸易问题》2018 年第 7 期。

（四）异质性企业对外直接投资

如果说异质性企业的出口行为研究考量的是企业—产品—东道国层面，那么异质性企业的对外直接投资（OFDI）研究则是更多的侧重企业—资本—东道国层面。

有的学者分析了生产率与异质性企业 OFDI 行为决策之间的关系。蒋殿春等研究表明，外资倾向于并购生产率高、规模大、出口密度强的内资企业，即存在典型的"挑尖"现象，且企业生产率在并购后第二年存在大幅提升且具有一定的持续性。[①] 李磊等还发现，外商投资在直接促进内资企业走出去的同时，能够通过提升企业生产率水平的方式间接推动企业 OFDI。[②]

有的学者在考虑异质性效应的基础上，分析了 OFDI 对中国企业出口竞争力的影响。诸竹君从微观层面定量测算了僵尸企业投资后的加成率效应，指出 OFDI 显著降低了僵尸企业的当期加成率，僵尸企业 OFDI 具有明显的正向动态加成率效应。其中，技术研发型、生产加工型和对高收入经济体的僵尸企业 OFDI 具有显著超过平均值的动态加成率效应。[③]

有的学者则深入考察了"走出去"和"引进来"对异质性企业创新的影响。在"走出去"方面，近年来以中国企业为代表的新兴市场企业在跨国并购中异军突起，表现出了强烈的创新追赶动机。冼国明等、高厚宾等分别从海外并购异质性视角实证研究了跨国并购的创新效应。结果显示，海外并购规模与创新绩效显著负相关，技术获取型跨国并购与创新绩效显著正相关；海外并购企业创新产出的增加不仅体现在数量上，还体现在质量上，且这种提升效应具有持续性但呈逐年下降的趋势。[④][⑤] 在"引进来"方面，陈晓华从微观异质性视角深入分析了外资进入速度对本土制造业生产技术革新的作用机制，发现外资进入速度能够有效推动整体本土

---

① 蒋殿春、谢红军：《外资并购与目标企业生产率：对中国制造业数据的因果评估》，载《世界经济》2018 年第 5 期。

② 李磊、冼国明、包群：《"引进来"是否促进了"走出去"？——外商投资对中国企业对外直接投资的影响》，载《经济研究》2018 年第 3 期。

③ 诸竹君、张胜利、黄先海：《对外直接投资能治愈僵尸企业吗——基于企业加成率的视角》，载《国际贸易问题》2018 年第 8 期。

④ 冼国明、明秀南：《海外并购与企业创新》，载《金融研究》2018 年第 8 期。

⑤ 高厚宾、吴先明：《新兴市场企业跨国并购、政治关联与创新绩效——基于并购异质性视角的解释》，载《国际贸易问题》2018 年第 2 期。

企业"质变"和"量变"型生产技术革新，这种推动机制主要发生在私营企业，且在不同贸易方式、不同地区间存在差异性。① 田毕飞等则是考察了外商直接投资对东道国企业创业情况的影响，发现"引进来"对东道国企业创业具有促进作用，且这种促进作用主要通过降低创业失败惧怕率和提高东道国吸收能力来实现。②

更多学者依然关注中国企业 OFDI 的影响因素，并涵盖东道国的制度因素、自然资源、文化距离等。学者们的研究结果发现，东道国市场规模、自然资源、基础设施、劳动力成本对中国 OFDI 的影响显著，但这些因素对不同收入水平国家的影响有所差异，劳动力成本过高是阻碍中国在"一带一路"沿线高收入国家开展直接投资的主要原因之一，而对低收入国家的直接投资则更多关注自然资源获得成本和基础设施的影响。③④⑤

三、异质性企业的全球生产抉择与全球价值链嵌入

近年来国际贸易研究中的另一个前沿方向是全球组织生产和全球价值链分工，很多文献都是从异质性企业角度来分析跨国企业全球生产组织的选择、外包等。当然，这一领域也有部分文献是在传统理论框架下分析跨国企业的生产分工，并分析与此相连的全球价值链和增加值贸易等问题。

（一）异质性企业的全球生产抉择

在异质性企业的全球生产抉择方面，学者们探讨了企业生产率与国际分工之间的双向关系。

有的学者研究了企业生产率对国际分工的影响。唐宜红等从微观层面

---

① 陈晓华、彭榴静：《外资进入速度对本土企业生产技术革新的影响分析——来自 2000 – 2007 年持续经营企业的经验证据》，载《国际贸易问题》2018 年第 8 期。
② 田毕飞、梅小芳、杜雍、王波浪：《外商直接投资对东道国国际创业的影响：制度环境视角》，载《中国工业经济》2018 年第 5 期。
③ 宋利芳、武皖：《东道国风险、自然资源与国有企业对外直接投资》，载《国际贸易问题》2018 年第 3 期。
④ 杨勇、梁辰、胡渊：《文化距离对中国对外直接投资企业经营绩效影响研究——基于制造业上市公司微观数据的实证分析》，载《国际贸易问题》2018 年第 6 期。
⑤ 熊彬、王梦娇：《基于空间视角的中国对"一带一路"沿线国家直接投资的影响因素研究》，载《国际贸易问题》2018 年第 2 期。

研究了企业生产链位置变动的机制，发现企业全要素生产率是影响企业全球生产链位置变动的重要原因。通过进一步考察中国企业的全球生产链位置，还发现中国企业进口生产链位置的提升速度明显高于出口生产链位置，其中加工贸易企业、国有企业和东部地区企业生产率的提高是推动全球生产链位置提升的动力。① 许和连等在针对服务业外包的研究中，也发现生产率提高是一国离岸服务外包网络联系广度、强度和网络中心性影响其服务业网络分工地位的主要渠道之一。②

有的学者则反向研究了国际分工对企业生产率的影响。针对中国企业以进出口中间品的方式参与全球组织和生产的事实，陈颂等对参与产品内国际分工的技术溢出效应及其影响因素进行了实证研究。结果表明，以出口中间品方式参与国际产品内分工产生了显著的正向技术溢出效应，然而进口中间品方式会对中国企业的全要素生产率产生抑制作用。③ 李惠娟等进一步研究发现，企业参与全球组织生产通过知识溢出和技术溢出效应提高了企业生产率，进而还促进了东道国产业结构升级。研究结果显示，基于知识溢出、技术创新的中介变量，离岸生产性服务外包对一国产业结构升级产生显著的正向影响；中高技术离岸生产性服务外包对东道国产业结构升级的促进作用大于低技术离岸生产性服务外包。在参与全球的组织和生产后，发展中国家企业通过吸收技术溢出和知识溢出，从而提高了东道国服务业生产率，最终促进了东道国产业结构升级。④

（二）全球价值链

2018 年针对全球价值链的国内文献相当之多，大致可以归为三类：一是对全球价值链现实问题的探讨；二是全球价值链的位置分工；三是全球价值链和区域价值链双重嵌入。

---

① 唐宜红、张鹏杨：《中国企业嵌入全球生产链的位置及变动机制研究》，载《管理世界》2018 年第 5 期。
② 许和连、成丽红、孙天阳：《离岸服务外包网络与服务业全球价值链提升》，载《世界经济》2018 年第 6 期。
③ 陈颂、卢晨：《产品内国际分工技术进步效应的影响因素研究》，载《国际贸易问题》2018 年第 5 期。
④ 李惠娟、蔡伟宏：《离岸生产性服务外包与东道国产业结构升级——基于跨国面板数据的中介效应实证分析》，载《国际贸易问题》2018 年第 3 期。

1. 全球价值链现实问题

这一话题不仅包括全球价值链嵌入对经济的影响，也包括中国全球价值链嵌入忽略本土需求的事实。

唐宜红等从增加值贸易视角研究了全球价值链嵌入对国际经济周期联动的影响，结果表明，GVC 嵌入是促进经济周期联动的重要因素。从行业层面上看，同行业和跨行业的 GVC 嵌入均具有显著的积极影响，但同行业嵌入对国内增加值存在明显的"挤出效应"，而服务业与制造业的跨行业相互嵌入对经济周期联动的促进作用较大；从区域层面上看，欧盟、北美的区域内价值链以及欧盟、北美和亚太相互之间的区域间价值链嵌入程度较高，对经济周期联动的影响较大；从国别层面上看，垂直一体化程度最高的"南北国家嵌入"对经济周期联动影响最大。[①] 从国内视角来看，邵朝对等认为，国内价值链增强了中国地区间经济周期的联动性，且这种传导效应不仅受价值链分工地位差异的影响，而且呈现出显著的危机前后时段特征和东部与中西部内外空间特征。在进一步纳入全球价值链后发现，嵌入全球价值链对国内价值链的正向经济周期协同效应具有放大作用。[②]

长期以来，支撑中国发展脱离本土需求贸易模式的一个直觉判断是，这种出口模式顺应了产品内分工深化的客观趋势。对此，易先忠等认为，中国全球价值链嵌入中忽视了本土需求问题，他们在厘清产品内分工格局下内需—出口关联机制及其意义的基础上进行了经验研究。结果表明，产品内分工深化并不必然弱化内需—出口关联，本土需求仍然是产品内分工格局下外贸优势的重要来源；脱离本土需求融入产品内分工不仅会抑制出口升级，而且脱离本土需求融入产品内分工带动的出口升级难以成为经济持续增长的驱动力；脱离本土需求融入产品内分工，难以通过贸易部门与本土产业部门的广泛关联带动国内生产率的整体改进，因而偏离了外贸发展作为"增长引擎"的本质。[③]

---

① 唐宜红、张鹏杨、梅冬州：《全球价值链嵌入与国际经济周期联动：基于增加值贸易视角》，载《世界经济》2018 年第 11 期。
② 邵朝对、李坤望、苏丹妮：《国内价值链与区域经济周期协同：来自中国的经验证据》，载《经济研究》2018 年第 3 期。
③ 易先忠、高凌云：《融入全球产品内分工为何不应脱离本土需求》，载《世界经济》2018 年第 6 期。

2. 全球价值链的位置分工

首先，明确企业在全球生产链的位置，对分析中国企业国际分工角色的演变和企业利得具有重要意义。吕越等利用企业层面的数据发现，制造业企业嵌入全球价值链对企业研发创新行为具有显著的抑制作用，这一作用在外资企业、加工贸易企业以及高技术企业中尤其明显；而技术外溢的过度依赖、技术吸收能力和发达国家的"俘获效应"是阻碍制造业企业在全球价值链分工中获得技术升级效应的主要原因。①

其次，越来越多的学者还意识到，全球价值链嵌入位置会带来要素质量和要素收入的变化。在理论分析方面，耿伟等分析了全球价值链嵌入位置对高技能与低技能劳动收入差距影响的理论机制，并指出在全球价值链越接近下游的生产位置，高技能劳动收入占比越大，低技能劳动收入占比越小，劳动收入差距随之扩大；全球价值链嵌入位置变化通过增加值率的变化改变了劳动的需求结构，进而改变了劳动相对收入差距。② 在实证分析方面，吴云霞等实证检验了中国参与全球价值链位置的变化对中国行业内高、中和低技术劳动者工资报酬差距的影响。结果表明，中国在全球价值链位置的变化缩小了高技术劳动者工资报酬与中、低技术劳动者工资报酬的差距，且这一影响对服务行业高、中、低劳动者工资报酬变化的影响系数的绝对值大于货物行业相对应的技术水平的劳动者工资报酬变化的影响系数的绝对值。③ 李丹等强调了要素质量会影响嵌入全球价值链后所获得的要素收入。对中国而言，尽管中国高技能劳动的要素质量有所提升，但要素质量问题仍然严重抑制了嵌入全球价值链后中国整体劳动要素收入的提升。④

如果说要素质量是全球价值链分工体系下决定分工地位的基本因素，那么要素组合对要素作用的发挥也同样具有重要影响。戴翔等从"要素质量匹配"视角，分析了要素质量匹配对"人才红利"实现的关键作用。

---

① 吕越、陈帅、盛斌：《嵌入全球价值链会导致中国制造的"低端锁定"吗？》，载《管理世界》2018 年第 8 期。
② 耿伟、郝碧榕：《全球价值链嵌入位置与劳动收入差距——基于跨国跨行业下游度指标的研究》，载《国际贸易问题》2018 年第 6 期。
③ 吴云霞、蒋庚华：《全球价值链位置对中国行业内劳动者就业工资报酬差距的影响——基于 WIOD 数据库的实证研究》，载《国际贸易问题》2018 年第 1 期。
④ 李丹、崔日明：《价值链分工、劳动收入与要素质量》，载《国际贸易问题》2018 年第 10 期。

理论分析表明，由于生产要素质量对价值链攀升的影响不仅取决于单一生产要素本身的质量，而且还取决于生产要素之间的匹配质量状况，即质量匹配程度越高，越有利于促进价值链攀升；而相应的计量检验结果也显示，单纯人才因素对价值链攀升呈倒"U"型作用趋势，而在充分考虑人才与技术和制度匹配等因素后转变为显著正向线性作用趋势，这说明"人才红利"对中国制造业价值链攀升充分发挥作用的关键在于人才与技术和制度之间的适宜性质量匹配。① 与上述研究的切入视角不同，齐俊妍等提出在全球价值链分工日益深化的背景下，国际非股权形式逐渐成为企业参与全球价值链分工的重要形式，为此通过分析国际非股权形式异质性对东道国全球价值链分工地位的影响机制，可以发现模块型和关联型国际非股权形式提高全球价值链前向参与，促进东道国全球价值链分工地位提升；俘获型国际非股权形式则降低全球价值链前向参与，抑制东道国全球价值链分工地位提升；国际非股权形式异质性对全球价值链分工地位的影响取决于前向参与和后向参与的净效应，且前向参与效应大于后向参与效应。②

最后，许多学者从中国嵌入价值链的现实情况出发，考察了中国在双重价值链分工下的地位和收益等问题。潘文卿等分析了在参与国内价值链与全球价值链的过程中，中国各区域之间以及它们与亚太各经济体的增加值互动关系。结果表明，无论是增加值供给还是增加值需求，内陆区域与国内的邻近经济极的增加值关联更强，而沿海区域则与海外的日本和美国两大经济极的增加值关联更强，同时各区域在增加值供求上的"礼尚往来"特征显著；国内价值链的增加值收益率高于全球价值链，在参与国内价值链的增加值收益率上，内陆区域高于沿海区域，而在参与全球价值链的增加值收益率上则是沿海地区高于内陆地区，中国各区域参与价值链带来的增加值收益大部分来自参与本区域价值链，参与国内价值链以及全球价值链对中国各地区带来的增加值收益特征呈现与增加值供求特征的高度契合性。③ 赵桐等以中国装备制造业为例，发现中国在双重价值链中的地位仍然是以"进口—加工—再出口"为流程的加工贸易为主，这一特点在技术密集型行业尤其明显。而在国内价值链中，东部区域开始由全球价值

① 戴翔、刘梦：《人才何以成为红利——源于价值链攀升的证据》，载《中国工业经济》2018 年第 4 期。

② 齐俊妍、聂燕峰：《NEM 异质性、上下游嵌入与东道国 GVC 分工地位》，载《国际贸易问题》2018 年第 7 期。

③ 潘文卿、李跟强：《中国区域的国家价值链与全球价值链：区域互动与增值收益》，载《经济研究》2018 年第 3 期。

链紧密型向国内价值链紧密型转变，总体上形成了以东部区域为主导，带动中西部区域发展的趋势，部分子行业形成了供需较为均衡的国内价值链体系；虽然西、东、中部区域依次位于国内价值链的上、中、下游，但三区域在全球价值链分工中仍具有"低端锁定"效应。[①] 刘志彪等以"一带一路"国家为例，考察了中国企业双重嵌入区域价值链和全球价值链模式的特征事实、演变逻辑和嵌入路径，提出在区域价值链建设中，嵌入全球价值链各个主体的技能水平与其产业的技术复杂度，必须具有一定的耦合度和互补性。当各主体的技能水平落差过大时，"一带一路"各国的产业协调度会因技能水平和技术复杂度的不匹配而下降，导致资源配置效率以及合作双方技能水平的提升效应的下降。[②]

四、传统贸易理论框架下的经典贸易问题

传统贸易理论框架下的研究包括在古典贸易理论、新古典和新贸易理论的框架下对贸易领域热点和前沿问题进行研究。2018 年国内该领域的文献集中在以下几个方面：贸易与经济发展、自由贸易协定、企业空间集聚与产品关联密度、"一带一路"新格局、服务贸易、互联网和跨境电商。

（一）贸易与经济发展

林发勤等通过构造以地理因素（距离、面积和比邻等因素）为基础的国际贸易工具变量，发现国际贸易与收入增长之间存在着非线性的倒 U 型分布关系，当国际贸易达到一定程度的时候，其对经济增长的影响由正变为负。[③] 张同斌等进一步分析了贸易开放通过产能利用率和资本深化两条途径间接促进经济增长的效应，结果表明，贸易开放度的提高不仅能够产生引致需求和增进要素使用效率并提高产能利用率，还可以通过吸引投资加速资本积累和资本深化以扩大产出规模；与资本深化相比，产能利用率

---

① 赵桐、宋之杰：《中国装备制造业的双重价值链分工——基于区域总产出增加值完全分解模型》，载《国际贸易问题》2018 年第 11 期。
② 刘志彪、吴福象：《"一带一路"倡议下全球价值链的双重嵌入》，载《中国社会科学》2018 年第 8 期。
③ 林发勤、冯帆、符大海：《国际贸易与经济增长一定是线性关系吗——基于中国省级面板数据的因果效应再估计》，载《国际贸易问题》2018 年第 8 期。

在贸易影响经济增长中的地位更为突出，化解产能过剩对经济增长的提升作用更为显著。[1]

有的学者从失业角度出发，探讨了一般贸易和加工贸易出口变动对经济发展的影响。陈陶然等认为，出口变动对失业的影响取决于要素禀赋结构，即出口变动对劳动密集部门的失业产生负向影响，对资本密集部门的失业产生正向影响；由于私有部门劳动更加密集，而国有部门资本更加密集，因而出口变动显著降低了私有部门劳动密集组的失业，提高了国有部门资本密集组的失业；相比于中西部地区，东部地区受到更强的出口变动影响，上述模式对于东部地区影响更为明显。[2]

（二）自由贸易协定

加快实施自由贸易区战略、逐步构筑高标准的自由贸易区网络，是"十三五"时期中国进一步对外开放的重要举措，关于自由贸易协定对经济贸易影响的相应研究也持续升温。其中，自由贸易协定整体上对贸易的影响几何、又具体影响了哪些企业出口，是学者们关心的新问题。

从整体影响来看，李春顶等定量评估和比较了现有大型区域贸易协定的潜在经济影响，模拟结果发现，大型区域贸易协定成员都会获利，其中经济规模小和出口依存度高的成员受益更多；而针对中国的分析发现，大型区域贸易协定会提高中国的福利、产出、就业和贸易，其中贸易效应最强、产出和就业效应其次、福利效应相对较小。[3] 康妮等具体考察了自由贸易协定对劳动人口就业的影响，结果显示，加入自由贸易协定总体上显著促进了制造业企业劳动人口的就业增长，是"提高就业创造"和"降低就业破坏"两个途径共同作用的结果；这种作用显著提高了非国有企业、劳动密集型、技术密集型企业的就业增长；自由贸易协定对企业劳动人口就业的影响存在一定的滞后性，其边际效应随着时间的推移呈递增趋

319

① 张同斌、刘俸奇：《贸易开放度与经济增长动力——基于产能利用和资本深化途径的再检验》，载《国际贸易问题》2018 年第 1 期。

② 陈陶然、谭之博、张慧慧：《出口变动、产业特性与失业——基于中国微观数据的实证研究》，载《国际贸易问题》2018 年第 2 期。

③ 李春顶、郭志芳、何传添：《中国大型区域贸易协定谈判的潜在经济影响》，载《经济研究》2018 年第 5 期。

势。① 计飞等具体考察了自由贸易协定对进出口贸易的影响，指出自由贸易协定整体上有助于提升中国的进出口贸易水平，贸易协定对中国进口贸易水平的提升幅度要明显高于对中国出口贸易水平的提升幅度，其中多边贸易协定对进出口贸易的提升幅度要高于双边贸易协定。② 林僖等也认为，区域服务贸易协定能有效促进服务贸易，即执行区域服务贸易协定通过增加中间服务品出口的方式对服务总值和增加值出口均有显著的促进作用，且对于开放水平越高、缔结国经济水平相近、缔约国内制度环境越好的协定，这种正面效应越强；与此同时，协定对外国增加值出口的影响程度显著大于国内增加值出口。③

从具体影响来看，韩剑等分析了什么样的企业会选择使用自由贸易协定优惠关税进行出口。理论研究表明，使用成本是影响企业自由贸易协定选择的重要因素，只有生产率较高的企业才会利用自由贸易协定进行出口；而利用微观层面的出口数据进一步表明，随着商品出口量增加企业会更倾向于利用自由贸易协定出口，而原产地规则限制效应对自由贸易协定利用率有着明显的抑制作用。④

（三）企业空间集聚与产品关联密度

一方面，目前已有较多的学者发现，集聚可以提高企业生产率。李波等通过构建产业集聚视角下贸易便利化对企业生产率影响的理论分析框架，指出推进贸易便利化会显著促进企业生产率进步，尤其是促进了处于产业集聚程度较高行业企业的生产率进步；同时，相对于东部企业、出口企业、低中间品进口依赖行业企业及外资企业而言，集聚对中西部企业、非出口企业、高中间品进口依赖行业企业和本土企业的生产率作用更大，对非出口企业和本土企业中处于产业集聚程度较高行业的企业尤甚。⑤ 盛

① 康妮、刘乾、陈林：《自由贸易协定与劳动人口就业——基于"中国—东盟自贸区"的公共政策准实验》，载《国际贸易问题》2018 年第 10 期。

② 计飞、陈继勇：《提升贸易水平的选择：双边贸易协定还是多边贸易协定——来自中国的数据》，载《国际贸易问题》2018 年第 7 期。

③ 林僖、鲍晓华：《区域服务贸易协定如何影响服务贸易流量？——基于增加值贸易的研究视角》，载《经济研究》2018 年第 1 期。

④ 韩剑、岳文、刘硕：《异质性企业、使用成本与自贸协定利用率》，载《经济研究》2018 年第 11 期。

⑤ 李波、杨先明：《贸易便利化与企业生产率：基于产业集聚的视角》，载《世界经济》2018 年第 3 期。

丹等在异质性企业选择模型中也引入集聚经济，讨论了开发区"集聚效应"和"选择效应"对企业生产率的作用机制，并考察了开发区的数目、面积占比、成立时间、级别与类型对企业成本加成率分布的异质性影响，从企业研发密集度、所有制、产品种类、产品质量和年龄等方面揭示了开发区对不同企业的异质性作用。①

除了提升企业生产率外，集聚还为出口新优势的培育提供了可能。蒋灵多等考察了城市空间邻近对城市出口比较优势的动态影响，发现城市间交互作用对毗邻城市新产品与现有产品出口优势的培育具有显著促进作用，这种促进作用在以珠江三角洲城市群为主的东南地区最为显著，且更大程度促进了毗邻城市非优势出口产品与中低技能技术密集型产品的出口优势培育。② 赵永亮等考察了本土邻居企业海外市场集聚对出口企业边界扩展的异质性影响，也得出了类似的结论，即出口企业的母国同行邻居早期在旧市场的海外集聚会对企业产生吸附作用，企业专注于旧市场出口，不会向边界市场扩展，在后期旧市场集聚饱和以及出口经验的积累则会推动企业向边界市场扩展；同行邻居企业在边界市场的海外集聚初期会对企业进入市场产生拉动作用，而后期边界市场容量趋于饱和则不利于企业的进入。③ 与上述研究相比，张一力等在技术方法上实现了一定的突破，即在研究企业的空间分布时，不再将空间上的点（企业）转化成平面上不均匀的黑盒子（行政区），进而破坏集聚经济的原始状态，而是借助于新近获取的经纬度坐标数据，在连续空间上开展数值模拟。结果发现，中国出口企业在空间分布上呈现出口目的地的本土集聚模式，即出口到相同海外市场的企业在中国境内呈现出显著的集中倾向。④

另一方面，相关研究从企业所在地的集聚密度转向研究产品的关联密度。吴小康等研究了产品关联密度与企业新产品出口稳定性的关系。结果发现，产品关联密度对新产品出口稳定性有显著影响，企业出口新产品与其所在地区其他产品间的平均关联强度越强，新产品出口关系越稳定，而

① 盛丹、张国峰：《开发区与企业成本加成率分布》，载《经济学（季刊）》2018年第1期。

② 蒋灵多、陆毅、陈勇兵：《城市毗邻效应与出口比较优势》，载《金融研究》2018年第9期。

③ 赵永亮、葛振宇、王亭亭：《市场相似性、企业海外集聚与出口市场边界扩展——基于出口市场选择的空间路径分析》，载《国际贸易问题》2018年第6期。

④ 张一力、周康、张俊森：《海外市场、制度环境与本土集聚》，载《经济研究》2018年第10期。

企业生产效率越高，其新产品出口稳定性受产品关联密度的影响就越大。[①] 孙天阳等指出，产品关联对企业出口扩展边际的促进作用存在群体差异，依赖于出口扩展边际类型、产品技术密集度、企业所在地区以及贸易类型特点。与当地其他企业的产品关联和市场邻近有助于提升出口扩展边际表现，但新增出口关系多为低技术产品，将已出口种类产品销往新的市场是其扩展出口范围的主要方式。[②]

322

（四）"一带一路"新格局

"一带一路"倡议及其所带来的国际经贸关系变化，是当前国际贸易研究的热门话题。

从"前因"的角度看，李兵等考察了恐怖袭击对"一带一路"沿线国家出口和进口的影响，发现恐怖袭击显著降低了"一带一路"沿线国家的出口和进口；相对其他国家而言，恐怖袭击对中国与"一带一路"沿线国家之间的贸易的负面影响较小。企业家精神和"和平共处、互不干涉内政"的外交政策共同构成了我国与"一带一路"沿线国家双边贸易的新比较优势。但是，这种比较优势在中国与非洲国家和欧洲的 OECD 国家之间的贸易中并不存在。[③]

从"后果"的角度看，朱晶认为，"丝绸之路经济带"建设提高了沿线国家贸易便利化水平，对中国农产品出口深度和广度产生了深远影响。当"丝绸之路经济带"沿线国家的贸易便利化水平得到提升后，不仅可以增加中国农产品出口的贸易额、扩大中国农产品的市场份额，还能改善中国农产品的出口结构、提高中国农产品出口的多样化水平。[④] 王亚军则从参与主体异质、治理对象模糊、治理机制缺位、环境复杂多变等方面，分析了"一带一路"作为国际公共产品所面临的潜在风险，即参与主体的异质使利益诉求难以有效调和、治理对象模糊致使议程设置和项目实施面临

---

① 吴小康、于津平：《产品关联密度与企业新产品出口稳定性》，载《世界经济》2018 年第 7 期。

② 孙天阳、许和连、王海成：《产品关联、市场邻近与企业出口扩展边际》，载《中国工业经济》2018 年第 5 期。

③ 李兵、颜晓晨：《中国与"一带一路"沿线国家双边贸易的新比较优势——公共安全的视角》，载《经济研究》2018 年第 1 期。

④ 朱晶、毕颖：《贸易便利化对中国农产品出口深度和广度的影响——以"丝绸之路经济带"沿线国家为例》，载《国际贸易问题》2018 年第 4 期。

巨大挑战、治理机制缺位使共商共建共享的协同治理难以落地、环境复杂多变导致权利结构深度调整面临外部干扰与压力。①

（五）服务贸易

服务业的开放对制造业企业和国际分工地位的作用不可小觑。李宏亮等、孙湘湘等分别认为，服务业开放显著提高了制造业企业效率和制造业国际分工地位，同时进一步分析了人力资本、生产性服务业发展和制度环境上述影响中的门槛效应。结果显示，人力资本存在显著的单门槛效应，生产性服务发展水平越高，服务业开放对提高制造业国际分工地位的效应也越强；制度环境存在双门槛效应，当制度环境较差时，服务业开放对提高制造业国际分工地位的影响不显著，随着制度环境的改善，促进效应逐渐增强。②③

（六）互联网和跨境电商

近年来跨境电子商务快速发展，逐渐成为国际贸易领域的重要议题，相关研究也随之如火如荼地得以发展。岳云嵩等在异质性企业贸易理论模型基础上，引入电子商务平台这一因素，分析了电子商务平台应用对企业出口概率和出口规模的影响。研究结果发现，从规模上看，电子商务平台显著提高了企业进入出口市场的概率，促进了企业出口规模的扩大；从结构上看，出口规模的扩大主要源于国家和产品扩展边际的提升，电子商务平台使得企业更多地向发达国家、远距离国家出口。④潘家栋等提出，互联网对出口贸易的影响机制主要体现在成本路径上，包括降低信息搜寻成本、沟通成本和生产成本。相应的实证检验也表明，出口国家与进口国家的互联网发展对于我国出口贸易均存在显著的正向影响，但互联网发展对

---

① 王亚军：《"一带一路"国际公共产品的潜在风险及其韧性治理策略》，载《管理世界》2018 年第 9 期。

② 李宏亮、谢建国：《服务贸易开放提高了制造业企业加成率吗——基于制度环境视角的微观数据研究》，载《国际贸易问题》2018 年第 7 期。

③ 孙湘湘、周小亮：《服务业开放对制造业价值链攀升效率的影响研究——基于门槛回归的实证分析》，载《国际贸易问题》2018 年第 8 期。

④ 岳云嵩、李兵：《电子商务平台应用与中国制造业企业出口绩效——基于"阿里巴巴"大数据的经验研究》，载《中国工业经济》2018 年第 8 期。

于我国出口发达国家的影响显著高于出口发展中国家的影响。[①] 与上述研究的切入视角不同，张奕芳从弥补人口红利的角度出发，发现互联网带来的贸易福利可以弥补因人口红利消失而减少的贸易福利。[②] 上述研究均在一定程度上为跨境电子商务促进贸易发展进一步提供了理论基础和实证证据。

[①] 潘家栋、肖文：《互联网发展对我国出口贸易的影响研究》，载《国际贸易问题》2018年第12期。

[②] 张奕芳：《互联网贸易红利能否弥补人口红利——基于福利效应的内生贸易模型及中国经验》，载《国际贸易问题》2018年第7期。

第十二章　国防经济学研究新进展

2018 年，我国国防经济学界，认真贯彻落实习近平总书记的指示精神，在军民融合深度发展研究方面取得一系列重要成果，同时，在国防经济学科建设、军费管理、国民经济动员建设、军品贸易发展、国防产业安全维护等方面，也汇聚了众多研究成果。

一、国防经济学科建设

（一）国防经济学科建设面临的问题

严剑峰基于对国防经济的学科性质、研究范围、研究方法以及特征的分析，提出了国防经济学科目前面临的几大问题。一是国防经济的研究范式得不到承认。国防经济实质上应该是属于军事学、经济学和管理学的交叉学科，但目前还是作为应用经济学的二级学科存在的。二是国防经济研究的萎缩与人才断层。由于国防经济研究问题的敏感性、文章难发表等尴尬局面，导致国防经济研究很难吸引并留住高水平的研究人才，而军队的国防经济招生规模又在压缩，长此以往，必将导致国防经济研究队伍的萎缩和国防经济研究的停滞。三是研究的水平还不够高，具有重大现实影响的成果还不多。目前的一些研究成果，原则性、思辨性的东西多，应用性、实操性的东西少，缺乏应有的理论广度和深度。四是课程体系设置不合理、课程内容陈旧。由于当前把国防经济作为应用经济学的二级学科对待，许多国防经济管理的课程不能纳入本专业来，导致了国防经济专业知识的碎片化。① 此外，目前国防经济专业体系化不够，许多可以划归到国防经济专业的现在却分属于不同的专业，如装备经济与管理、国防财政与预算、军事人力经济与管理、国防科技创新与工业、军队组织行为学等。

方正起等从一系列影响国防经济学科发展的外在制度环境和内在因素出发，提出了几点我国国防经济学科建设面临的新情况、新问题。一是面临转型滞后困境。新时代如何把握当前应用经济学所要求的国际化属性、标准化属性与国防经济学科的军事应用属性、部门化属性之间的关系，有待进一步研究。二是面临内容泛化困境。由于国防经济本身所具有的系统复杂性，国防经济学科研究内容泛化，学科研究边界、研究内容、学术分工、研究侧重点还有待进一步聚焦。三是面临研究方法单一困境。目前国防经济研究方式和研究方法离科学化、标准化还有一定距离，在吸收和借鉴国外先进国家的研究成果方面还存在形式上的生搬硬套，研究方法创新拓展还不够。②

除此，白卫星等通过现状分析认为，现在国防经济学不景气，还没有"热"起来。③ 国防经济学要获得发展，学术视野必须开阔，用创新、协调、开放、绿色、共享的新发展理念去思考这门亟须发展的"冷"学科。

（二）国防经济学科建设的发展途径

白卫星等从推进军民融合的国家战略框架下进行考量，认为必须高度重视国防经济学学科建设问题，用"一级学科"的热情和思维对待这个"二级学科"中的小学科，推动国防经济学向大学科跨越。一是要以习近平新时代中国特色社会主义经济思想为指导重新审视国防经济学。二是要给国防经济学以宽松的建设环境。三是要立足国防经济学的特殊性做大做强学科。四是要加快建设一批专业的国防经济研究机构。五是要站在新时代的高度探索国防经济学的新领域。六是要适时对国防经济学的学科层级进行"升级"。④

方正起等立足于国防经济学科的转型建设，从教学转型、应用属性、

---

① 严剑峰：《国防经济学科发展面临的问题与建议》，载《企业家日报》2018 年 12 月 17 日。
② 方正起：《新时代中国国防经济学科转型建设的基本路径》，载《企业家日报》2018 年 12 月 3 日。
③④ 白卫星：《国防经济学路在何方——谈国防经济学的学科建设问题》，载《企业家日报》2018 年 1 月 29 日。

实践能力、研究范式等方面，提出了国防经济学科转型思路。一是军队院校国防经济学科建设应该适应人才培养需求，科学设计人才培养目标，完善教学内容体系，探索教学方法创新，推动学科教学改革转型；二是突出打赢能力建设，明晰国防经济学科研究边界，推动学科研究内容转型；三是提升决策服务能力，紧盯新形势国家安全和军队建设需求，积极开展重大现实问题研究，推动学科应用研究转型；四是加强学科创新发展，借鉴吸收现代经济学或其他学科的先进研究范式，推动学科研究范式转型。①

严剑峰针对国防经济学科发展面临的问题提出了一系列建议：一是建议在管理学下面设立"军民融合"专业（或"国防经济管理"专业），以解决目前国防经济专业作为应用经济学二级学科在研究范围、研究范式上所受到的制约。二是建议增强学科研究的实战性和应用性。国防经济除了要加大基础理论创新力度外，还要加大向应用层面的研究，更好地服务国防和部队。三是建议优化课程体系。应增加战争经济学、国防采办与合同理论、国防科技创新管理、国防科技工业经济学、作战方案的经济分析、国际军事联盟与武器贸易、反恐经济学等方面的课程与内容。四是建议改进学科研究方法。广泛吸收经济学和管理学的研究方法，做到规范分析与实证分析相结合、定性与定量相结合，力求做到科学化、结构化、流程化、模型化、定量化、实证化、实战化、规范化等。②

郭统等提出在学科教学方面，要坚持开放办学，构建多元融通、内聚外联的教学体系。一是要大力开展国际军事教育交流合作，学习借鉴世界著名军校办学经验做法。二是要积极贯彻军民融合发展战略，探索依托"双一流"高校教育资源培养军事人才的新途径新办法。三是要加强院校之间、院校与部队的合作交流，加大实践性教学比重，不断完善联教联演联训联考制度机制。四是要创造条件接入著名高校在线课程，大力开发精品课程，形成丰富的在线教育资源。③

（三）"国防经济与军民融合研讨会"所做努力

在 2018 年 11 月 25 日举办的"国防经济与军民融合研讨会"上，众

---

① 方正起、赖洋：《军队院校国防经济学科转型研究》，载《继续教育》2018 年第 2 期。
② 严剑峰：《国防经济学科发展面临的问题与建议》，载《企业家日报》2018 年 12 月 17 日。
③ 郭统、付明华：《对建设中国特色世界一流军校的思考》，载《中国军事科学》2018 年第 2 期。

多军地专家学者围绕国防经济与军民融合学科建设的现实需求与核心难题，就国防经济与军民融合学科加强和建设的必要性、重要性，学科建设的路径、课程等问题进行了深入探讨，提出了可执行的意见、建议，分享了各单位在国防经济与军民融合学科建设中的有益经验和做法。

库桂生强调了国防经济与军民融合学科建设对军民融合国家战略实施的极端重要性和学科持续建设的重要性。游光荣提出了"关于中国特色军民融合发展学科体系建设的思考与建议"；罗永光结合自身教学科研经验分享了"构建军民融合人才培训体系的实践与思考"；曾立从经济战的角度分析了国防经济学和军民融合学科建设的内容要求和建议；李湘黔针对军民融合学科建设提出要"打造以国防经济学科为主体、多学科支撑的中国特色军民融合学科体系"；马惠军分析了军民融合学科建立的前提与范畴，提出军民融合学科建设要有成熟的研究范式、稳定的研究对象等；王亚红认为要"站在理性、审慎的学科建设角度分析军民融合发展学科体系建设问题"，并从学理派、融合派视角提出了学科建设的建议；张勇分享了关于"创设中国特色军民融合发展学科的思考与建议"。[①]

二、军民融合

（一）军民融合发展战略

姜鲁鸣认为，在国家安全利益和发展利益已经高度融为一体的时代背景下，坚定实施军民融合发展战略具有重大的现实需求。一是能够为国防安全提供强大支撑。从战争形态加快演变的现实看，信息化条件下的体系对抗，已不仅仅是两大军事体系的直接对抗和较量，而是更加鲜明地表现为以国家整体实力为基础的体系对抗，推进军民深度融合能够打造以国家整体实力为支撑的巩固国防和强大军队。二是能够为国家发展提供强大引擎。推进军民融合深度发展，通过形成需求创造效应、技术创新效应、创造就业效应和资源节约效应，以有效完成经济由高速增长转向高质量发展阶段的任务。三是能够为综合国力提升提供强大动能。现阶段，我国发展

---

① 中央财经大学官方网站，http://idem.cufe.edu.cn/xwzx/zhxw/111882.htm。

的不平衡不充分问题十分突出，只有加快实施军民融合发展战略，才能消除国家统筹安全和发展方面与主要发达国家的"制度差"，构建一体化国家战略体系和能力，为综合国力持续提升提供国家治理的现代化框架。[①]

张军果认为，党的十九大报告提出，"构建一体化的国家战略体系和能力"，是我党首次提出的重大战略决策，同时把"形成军民融合深度发展格局"与"构建一体化的国家战略体系和能力"紧密联系在一起，深刻揭示了军民融合深度发展的独特战略意蕴，充分反映了以习近平同志为核心的党中央对当今世界发展大势的深刻洞悉，对建设现代化强国、实现中华民族伟大复兴中国梦所做的超前谋划。"构建一体化的国家战略体系和能力"，其根本目的是为民族复兴崛起提供坚强有力的战略支撑。实现中华民族复兴崛起的梦想既面临难得机遇又面临严峻挑战，加快构建一体化国家战略体系和能力是崛起的中国抓住机遇应对挑战的必然选择。其核心要求是统筹推进现代化经济体系和国防体系建设。一体化国家战略体系和能力包含经济体系和国防体系的现代化，一体化国家战略体系和能力的形成有赖于现代化经济体系和现代化国防体系建设的统筹推进。其科学途径是深入实施军民融合发展战略。实施军民融合发展战略是构建一体化国家战略体系和能力的必由之路，新时代推进军民融合深度发展必须以构建一体化国家战略体系和能力为指向。为此，一要加强战略引领；二要加强改革创新；三要加强军地协同；四要加强任务落实。在上述"四个加强"中，加强战略引领，明晰了军民融合深度发展的正确走向；加强改革创新，激活了军民融合深度发展动力之源；加强军地协同，聚合了军民融合深度发展强大力量；加强任务落实，确保了军民融合深度发展见到实效。只有这"四个加强"协同发力，军民融合深度发展才有无限光明前景，构建一体化国家战略体系和能力的宏伟构想才能变为现实。[②]

唐林辉认为，贯彻落实好军民融合发展战略思想，把军民融合发展深下去实起来，就必须统筹好"四力"。一是要在抬升站位与落实落地上精准发力。推动军民融合深度发展，必须进行一场思想革命，做到领会战略深意、拓宽思维视野和聚焦打仗方向。二是要在促进国防动员军民融合上用功着力。国防动员是军民融合的重要领域，必须充分发挥国防动员领域军民融合发展的独特优势，聚力在体制机制和人才培养等方面出实招、用

329

---

① 姜鲁鸣：《坚定不移实施军民融合发展战略》，载《解放军报》2018年3月14日，第10版。
② 张军果：《论构建一体化国家战略体系和能力》，载《中国军事科学》2018年第5期。

真功。三是要在赓续传统与破旧立新上持续加力。加快破解当前军地二元困局，推进融合立法进程，不断探索军民融合发展新路子。四是要在军事科技领域新拓展与军事保障力量走出去上借势聚力。当前，军事科技领域与军事保障力量走出去都迎来了前所未有的新时代，必须做到盯着核心技术自主可控抓融合、突出重点领域突破抓融合和紧跟海外职能拓展抓融合，不断开拓军民融合深度发展新天地。①

骆建成等认为，实施军民融合战略评估具有重要意义，是科学制定军民融合发展战略规划的重要保证，是调整完善军民融合发展战略规划的重要依据，是全方位监控军民融合发展状况的重要途径。评估指标体系的设计应注重系统性、坚持导向性、把握科学性、考虑动态可拓展性，可以从融合要素、融合领域、融合效益和战略支撑力四个层面设计评估指标。在实施过程中，要按照确保客观公正、量化评估结果和发挥评估作用的基本原则，做好事前态势评估、事中检测评估和事后执行评估等工作。②

（二）基础设施领域军民融合

张笑认为，交通运输具有典型的经济与国防双重属性，是军民融合的重要方面和基础要素。要坚持多措并举，把国防交通纳入整体国家交通的综合交通体系，实现国防交通力量和民用交通力量的深度融合。一是聚焦保障军队打赢，大力推进民用交通设施工具贯彻国防要求。以民用交通基础设施和民用交通运载工具为重点，预置或搭载军事交通职能，全面提升交通系统综合保障能力。二是依托国家路网基础，大力推进军地交通运输网络统筹纳入。依托国家综合交通运输网络和重大交通枢纽建设，根据国家安全战略布势，加快构建骨架清晰、干支相连，铁路公路为主、水空补充，多式衔接、综合运用，覆盖国土全域、辐射境外远域的国防交通网络体系，统筹军地交通运输网络纳入与有效衔接。三是强化应战应急一体，大力推进各种交通力量建设互补衔接。增强战略投送力量要在发展军队骨干力量的同时，充分依托国家交通运输资源，加快建立军地一体的战略投送力量体系。四是着眼战略投送能力，大力推进军民交通物流体系有机结

---

① 唐林辉：《对推动军民融合发展战略深下去实起来的几点思考》，载《国防》2018 年第 11 期。

② 骆建成、张昕：《努力发挥战略评估作用，科学推进军民融合深度发展》，载《中国军事科学》2018 年第 1 期。

合。以"互联网＋"时代为契机，加强对军地物流建设的统一筹划和资源整合，建立军地物资联合储运的大综合物流系统，实现军民物流沟通零障碍发展。①

苗野等认为，构建军民融合的基础领域资源共享体系，推动军地基础领域资源共享，是推进军民融合深度发展的应有之义，对构建一体化的国家战略体系和能力具有重要意义。一是要探索建立基础领域军地资源共享组织管理体系。针对基础领域资源管理存在的军地分立、条块分割和各自为政的问题，从需求提报、标准制定、利益补偿、制度保障等各个环节理顺组织管理架构。二是探索建立基础领域军地资源共享技术标准体系。推动军用装备和设施采用先进适用的民用标准，将先进适用的军用标准转化为民用标准，军地协作制定一批军民通用标准。三是探索建立基础领域军地资源共享利益补偿机制。按照军建民用、民建军用、共建共用的总体思路，兼顾各方合理利益，充分调动军地各方的积极性和主动性。四是探索建立基础领域军地资源共享资金保障体系。中央和地方财政部门要按照事权划分，落实满足共享需求项目资金保障，健全完善配套政策。五是探索建立基础领域军地资源共享法规制度体系。坚持运用法治思维和法治方式推动资源共享，充分发挥法律法规对军地资源共享的规范、引导和保障作用。六是探索建立基础领域军地资源共享服务平台体系。军地有关部门积极参与组建国家基础领域资源共享服务平台，加大信息数据开放共享力度。②

（三）国防科技工业军民融合

杜人淮认为，国防工业武器装备建设军民融合系统是由发展主体、市场、资源、产品、标准及军民融合科研生产和服务保障建设活动等子系统构成的有机整体，系统的有效运行有着其内在机理。一是军队和地方相关建设主体深度参与。破除国防工业武器装备建设军民分割和相互封闭发展格局，推动武器装备建设向地方科研生产主体充分开放，推动军地相关建设主体广泛深入地参与武器装备建设。二是广泛采用和充分共享社会优质资源。扩大武器装备建设资源的对外开放和利用力度，既要积极引入和广

——————————
①　张笑：《关于军民融合大交通体系建设的几点思考》，载《国防科技》2018 年第 1 期。
②　苗野、郭叶波、刘鹤：《构建基础领域军地资源共享体系的思路与对策》，载《军民融合》2018 年第 2 期。

泛采用非军工系统的优势资源，又要充分共享共用民用领域的优势资源。三是武器装备建设活动军民一体化布局。着力打破军工企业科研生产和服务保障活动分厂、分线、分地等军民分离布局，对武器装备科研生产和服务保障活动进行军民一体化布局，最大限度地提高资源利用和配置效率。四是发挥好市场在武器装备建设中的作用。在不影响国防安全和军事安全前提下努力构建军民统一市场，使竞争机制、价格机制和供求机制等市场机制作用得到充分发挥。五是强化武器装备建设统筹协调和保障。加强对国防工业武器装备建设军民融合发展的管理、监督和服务，更好地发挥政府、军队和社会服务等有关机构的管理服务职能。[1]

侯建国认为，标准化对国防科技工业企业军民融合具有重要意义，要做好国防科技工业标准化的军民融合，就必须重点抓好以下三个方面：一是做好一个统筹规划，从国家层面加快研究建立统筹的标准体系，系统规划布局国防科技工业各领域的军民通用标准项目，打通国防科技工业各领域之间、国防工业与国民经济相关领域间标准化系统性不强的限制；二是借鉴正反两类经验，从军民融合标准化系统性和风险管控两个方面入手，分析存在问题、总结经验做法，更好地推进标准化建设工作；三是推进三个重点维度，以技术维度、管理维度和应用维度为重点，根据国防科技工业不同产业领域的特点进行积极创新，加快建立一体化的军民标准体系。[2]

王轶等认为，兵器工业是国防科技工业战略性基础产业，是推进军民融合深度发展的主战场。兵器工业军民融合发展经历了计划经济体制时期、社会主义市场经济时期和全面深化改革时期三个阶段，通过建立自主创新军民融合双核管理机制、深化能力结构调整和运行机制改革、优化兵工能力体系提高效能和加强信息技术资源融合共享，走出了一条具有兵工特色的军民融合发展道路。[3]

（四）军民科技协同创新

槐芙利等认为，金融作为一种特殊的制度安排，在促进军民科技协同

---

[1] 杜人淮：《国防工业武器装备建设军民融合系统及其构建》，载《中国科技论坛》2018年第5期。

[2] 侯建国：《加快新时代国防科技工业标准化军民融合建设》，载《航天工业管理》2018年第9期。

[3] 王轶、孙桂洁、朱礼安：《兵器工业军民融合深度发展研究》，载《军民融合》2018年第1期。

创新中发挥着资本融通、激励约束和市场引导等功能。为有效支撑军民协同创新，必须加快构建"一个平台、三项机制、五条渠道、三种环境"的金融支持体系。一是搭建军民协同创新金融支持平台。平台由信息平台、投融资平台和综合服务平台三大板块组成，运用信息手段实现金融机构与军民融合有关企业的有效对接。二是建立金融支持军民协同创新机制。要建立军政银企多方合作机制，实现金融支持系统中各主体之间功能互补、资源共享，形成一条军民协同创新融资绿色通道；要建立投贷保基多元联动机制，确保金融支持系统中的每一个主体能够紧密咬合、环环相扣；要建立聚焦重点分期支持机制，依据军民协同创新项目及军民融合企业所处的不同创新阶段和项目类型区分融资需求，聚焦军民协同创新的重点领域。三是拓宽金融支持军民协同创新渠道。统筹军民协同创新信贷、军民协同创新风险投资、军民协同创新资本市场、军民协同创新保险和 PPP 融资等五种金融支持模式，畅通金融支持军民协同创新渠道。四是营造金融支持军民协同创新环境。营造金融支持军民协同创新的信用环境、人才环境和生态环境，为推动军民协同创新可持续发展提供有力保障。[①]

张远军认为，利益相容是开展军民协同创新的重要前提，当前军民协同创新中主要存在交易费用分摊、利益诉求多元、利益分配冲突和创新风险分摊等利益不相容问题，要着眼现实需求构建军民协同创新的利益相容机制，使得军民两类科技创新主体利益相容、诉求一致，协同合作，共同推进国防科技创新与武器装备发展。一是要塑造利益相容的文化环境。要破除传统的"排坐坐，分果果"的利益分配旧机制，突破高校及科研院所重成果轻应用、企业重生产轻科研的传统思想意识束缚，治好"文人相轻""同行是冤家"的心理痼疾，努力塑造一个有利于协同创新的文化环境。二是构建公正的利益分配机制。要按照公开、公平、公正的原则，合理设计军民协同创新中不同国防科技创新主体间的利益分配方案，科学确定不同国防科技创新主体间利益分配的具体规则和分配方法，使得利益分配结构设计与不同科技创新主体的贡献度、创新投入以及风险分摊度相匹配、相适应。三是构建合理的风险分摊机制。严格按照"谁投资多谁受益大、谁受益大谁承担风险高"的风险分摊原则，根据军民协同创新面临的各类风险，合理确定风险分摊的主体，科学设计有效的风险分摊机制，明确不同国防科技创新主体的目标与任务、责任与义务，制定量化考核指

---

① 　槐芙利、肖欢欢：《金融支持军民协同创新问题研究》，载《军民融合》2018 年第 2 期。

标，分层次、分阶段分解风险责任。四是建立有效的利益保障机制。通过完善产权保护机制、健全安全保密机制和搭建协同创新平台，最大限度地调动军民各类科技创新主体参与军民协同创新的积极性和主动性，确保军民协同创新的顺利开展。①

丁灿等从创新链理论出发，提出了军民融合协同创新中存在军民创新体系分离、创新主体地位不明确、协同主动性不足、保障机制不完善等问题。针对存在的问题，提出了基于创新链的军民融合协同创新发展的对策。一是要发挥政府的引导作用。二是要构建核心企业主导高校与军民企业参与的协同创新联盟。三是建立系统沟通协调机制。四是要完善协同创新的资源共享机制。五是要强化协同创新全链条金融服务。六是要充分发挥第三方服务机构的作用。②

（五）后勤领域军民融合

顾建一认为，成体系推进军事后勤军民融合发展，就必须依托国家主渠道、借力地方政府、融合社会力量，明确建设思路逐步推进。一是做好成体系推进的战略筹划。根据军队保障需求规模、结构和质量要求，合理确定利用社会力量和保障资源的规模、结构和品种等内容，科学编制成体系推进军民融合的总体方案和实施办法。二是健全成体系推进融合发展的运行机制。军地双方要加强沟通协调，建立军事需求牵引、政府部门引导、军队组织实施、社会力量参与、市场机制运作的工作机制。三是培育军事后勤军民融合创新服务平台。利用"互联网＋"和大数据技术促进线上线下活动，架起连接军队后勤、政府、高校、科研院校和优势民营企业之间的桥梁，为解决双方信息不对称提供平台支撑。四是完善军事后勤军民融合发展的政策。根据后勤各专业保障活动，制定针对性和操作性强的实施办法，明确社会各经济主体的责任和义务，使依托社会力量和地方资源进行后勤保障活动有法可依、有章可循。③

谢茜等认为，军民融合发展的动力演化机制主要包括国家带动、市场

---

① 张远军：《利益相容理论下国防科技军民协同创新的主要问题及对策》，载《国防科技》2018 年第 2 期。

② 丁灿、朱广财、李晶：《基于创新链的军民融合协同创新分析》，载《西北大学学报（哲学社会科学版）》2018 年第 5 期。

③ 顾建一：《成体系推进后勤领域军民融合深度发展的思考》，载《军民两用技术与产品》2018 年第 9 期。

拉动、利益驱动和创新带动四种形式，推进后勤保障军民融合必须根据融合发展不同时期的不同特点，采取不同动力。一是在后勤保障军民融合发展形成期，通常存在前期投入多、政策不配套、推进难度大等问题，需要从国家层面进行统筹安排，坚持国家推动为主、创新带动为辅。二是在后勤保障军民融合稳步推动时期，国家更多的是以服务的角色推进融合进程，需要主动开放市场，可以采取以市场拉动为主的同时，更加重视国家推动和利益驱动的作用。三是在后勤保障军民融合成熟稳定期，军民融合的供需结构不断完善、市场发育逐渐成熟、发展潜力趋于稳定，应该选择以利益驱动和市场拉动为主，兼顾创新带动的引领作用。四是在后勤保障军民融合转型变革期，进入了军民融合的高级阶段，应主要依靠创新带动，推动经济建设和国防建设协调发展、平衡发展和兼容发展。[①]

（六）人才培养军民融合

林启湘等认为，军民融合人才战略是军民融合国家战略的重要组成和部队战斗力提升的强劲引擎，军事装备科研人才作为军事人才的尖端重要组成，可采取价值激励、环境激励和制度激励和单位激励四种模式，最大限度地调动各方积极性，鼓励和引导更多人才汇集探索军事装备相关问题，充分挖掘有关人员的内在潜力，更好地推进部队装备事业发展。同时，在军民融合式装备科研人才培养激励模式的具体实施过程中，要做到转变培养思路，树立装备科研人才融合式培养理念；加强顶层规划，做好融合式装备人才培养激励的战略统筹；健全法制机制，为实施军民融合式人才培养激励模式提供法制保障；完善考评监督，提高融合式装备科研人才培养质量。[②]

（七）新兴领域军民融合

贺光杰等认为，网信领域军民融合是信息时代军民融合发展主战场和战略制高点。目前，我国网络安全军民融合正处在全面深度发展的关键时

---

① 谢茜、蔡楠峰：《着眼构建融合发展动力机制，推进后勤保障军民融合深度发展》，载《军民融合》2018 年第 1 期。
② 林启湘、战仁军、吴虎胜：《军民融合式装备科研人才培养激励模式研究》，载《科学管理研究》2018 年第 3 期。

期，国家战略层面高度重视，但仍面临当前融合程度较低的现状。因此，必须结合我国国情，实现多个维度融合。一是意识融合。在军队和地方都应牢固树立网络安全军民融合理念，不断增强国家整体的网络安全军民融合意识。二是人才融合。要有针对性地优化和整合军民两地网络技术人才的培养模式，加快建立一套适应新时代新要求的网络安全军民融合人才培养体系。三是技术融合。充分利用市场的优质技术、人才等资源，强化国家整体实力，将网络安全军民融合发展融入国家整体信息化发展的快速轨道。四是装备融合。把网络信息装备军地标准一体化作为融合基础，持续加强军地双方共同的软硬件研发和制造能力，不断加快"第五空间"装备升级。五是体系融合。要以自主可控为前提，持续增强国家软硬件研发能力，加快形成覆盖网络安全治理体系的整体安全。[①]

徐海等认为，军民力量深度融合、协同发展已经成为未来海上维权的趋势。打造军民融合的海上维权体系，首先要构建军民融合的海洋安全信息体系。该体系应以新时期我国海洋安全形势为牵引，以军、警、民融合为指导，包含感知探测手段层、信息传输网络层、信息服务支撑层和典型业务应用层等。其次，要推进相关技术与产品的军民融合共用。在以民掩军方面，可以考虑在民用的钻井平台、大型渔船或远洋货轮上加载部分军用设施，根据平台的机动特点，进行适当改装；在寓军于民方面，可以将军用领域的一些技术和服务向民用领域转化，实现为民所用。最后，要建立军民融合的信息共享与联动机制，特别是需要实现各类情报信息的实时共享和行动方案的协同联动。[②]

三、军费管理

（一）军费管理体制机制

周炎明认为，对于新体制下的军费战略管理，要从军委领导管理职

[①] 贺光杰、孟庆微、张静：《网络安全军民融合势在必行》，载《网信军民融合》2018年第2期。
[②] 徐海、刘明辉、石健：《打造军民融合的海上维权体系》，载《中国电子科学研究院学报》2018年第2期。

能、军费资源配置决策、军种预算配置能动三个方面入手，发挥好军费战略管理职能；另外，要着眼打通军事能力需求与资源投入、资源投入与战斗力生成之间的链路，进一步提升军费战略管理水平；同时，要从完善项目预算制度、完善资源配置体系、探索全过程绩效管理三个层面提升军费投入战略效益。①

梧题就军改进程中的国防预算决策体制建设进行了研究，指出我国国防预算决策体系主要区分为总体规模确定和军内结构确定两个阶段，并分析了美国的相关体制建设，提出了建设中国特色的"规划—计划—预算—执行"（PPBE）制度，加强全国人大在国防预算决策中的权力，从国防预算科学决策层面实现国防战略管理职能的相关建议。②

（二）军费预算绩效评价

邵凌云认为，当前我国国防预算绩效评估还只停留在研究阶段，在评价制度建设、评价指标体系、评价研究方法仍存在不少问题，要使得国防预算绩效评价更科学合理，必须进一步界定名词概念、确定研究范围、选择好研究方法。③

李坤等就推进军费绩效改革进行了分析，提出四点建议：一要在军费的配置环节、支出环节、管理成效上把住绩效管理内涵；二要根据预算编报，立足军队建设需求，落实可行可操作的原则，合理设置绩效目标；三要注重以绩效指标体系设计和评价结果应用为着力点，创新绩效评价模式；四要加强军费绩效管理的法规制度建设和技术规范建设。④

（三）军费预算审计

李国强认为，军费预算审计有利于维护军委首长权威、有利于推进政治生态治理、有利于优化军费资源配置、有利于加强依法从严治军、有利于提高军费使用效益，并提出当前审计重点不够突出、审计效果还需提

---

① 周炎明：《紧扣使命任务强化军费战略管理》，载《解放军报》2018 年 3 月 21 日，第 10 版。
② 梧题：《新军改进程中的国防预算决策》，载《管理观察》2018 年第 29 期。
③ 邵凌云、余冬平：《国防预算绩效评价研究的现状、问题与展望》，载《现代商贸工业》2018 年第 4 期。
④ 李坤、肖红滨、江春云：《深入推进军费绩效改革需做好四方面工作》，载《中国会计报》2018 年 9 月 21 日，第 8 版。

高、审计督导有待加强的问题，提出要以组织筹划、军种审计、军费规划为审计重点，以大数据分析、网络化审计、军民融合式发展为主要手段，强化自身追责问效、官兵主动监督、审计回访监督，以军费预算绩效审计为目标，积极推进军费绩效管理，加强军费预算审计建设。[①]

四、国民经济动员建设

（一）国民经济动员的传统制度

刘进伟以北京市为例，对 20 世纪 60 年代初期参军动员工作进行研究指出，依托民兵组织征兵这一传统动员制度，是 20 世纪 60 年代初期我国参军动员工作的重要特点。这种动员制度延续了党在革命战争时期的军队建设传统，有利于密切军民关系、军地关系，并推动了国家预备役制度的发展，是对义务兵役制的完善，为国家积蓄了雄厚的后备兵员。此外，该制度适应党和国家应对战备工作的需要，反映出民兵在国家经济社会发展中发挥着重要作用。他指出，20 世纪 60 年代初期的征兵工作在复杂的国内外形势下展开，既继承了党在民主革命时期的动员传统，又保留了新中国成立以后国家制定的以义务兵役制为基础的现代化动员制度，从而使动员方式更加灵活有效。[②]

（二）动员指挥体系建设

王保胜等指出，构建权威高效顺畅的国防动员指挥体系，是国防动员系统有效履行动员指挥职能的客观要求，必须遵循与一体化联合作战相适应、与国防动员体制相匹配、与国防动员任务相协调的原则，按照"军地联合、平战结合"要求，科学编组指挥机构；按照"权责一致、协调顺畅"要求，合理确定指挥关系；按照"军民兼容、信息主导"要求，升

---

① 李国强：《新时代深化军费预算审计研究》，载《金融经济》2018 年第 14 期。

② 刘进伟：《20 世纪 60 年代初期参军动员工作研究》，载《当代中国史研究》2018 年第 1 期。

级改造指挥手段；按照"精准调控、快速高效"要求，灵活运用指挥方法。①

郑威波围绕融入联合作战指挥体系，从基本原则、框架结构、指挥关系、指挥流程等四个方面进行分析，提出建设权威高效、关系顺畅、运转灵活的省级国防动员指挥机构的方案，确保国动动员服务主战、统一指挥、军地联合、平战衔接。②

（三）　动员能力与趋势

王作森围绕国民经济动员建设进行研究指出，国民经济动员建设，目前还存在着军事需求不明确、法规制度不健全、动员工作难协调等问题。必须通过建立合理的动员模式，构建有效的动员链接等科学有效手段，化解难题，提高效益，不断推动国民经济动员建设创新发展。③

（四）　动员潜力建设

马建良等围绕国防动员潜力建设进行研究指出，当前，国防动员潜力建设存在着指导理念偏差、调查方式滞后、数据统计繁杂、信息化水平不高等问题。加强国防动员潜力建设，必须坚持问题导向，端正潜力建设指导、创新潜力调查方式、提升数据建设质量、提高潜力建设信息化水平，不断推动国防动员潜力建设向能打仗聚焦、向打胜仗聚力。④

（五）　动员转化能力建设

张方等围绕国民经济动员转化能力不高的问题，提出促进转化能力，提高动员绩效的对策措施，其着力点主要是：紧扣经济动员应战使命、加强经济动员法制建设、构建军民融合动员机制、加强经济动员演练、加强

---

① 王保胜、罗三笑：《构建权威高效顺畅的国防动员指挥体系的几点思考》，载《国防》2018年第2期。
② 郑威波：《探索构建融入联合作战指挥体系的省级国防动员指挥机构》，载《国防》2018年第7期。
③ 王作森：《加强国民经济动员建设问题研究》，载《国防》2018年第9期。
④ 马建良、宗明：《按备战打仗要求加强国防动员潜力建设浅议》，载《国防》2018年第11期。

经济动员信息网络建设、完善经济动员物流体系、加强经济动员中心建设。①

（六）装备动员信息系统建设

王纪震等从外军装备动员系统发展角度对我国装备动员信息系统建设进行了探讨，分析了我国装备动员建设发展现状和存在的问题，提出了装备动员信息系统建设的 5 种技术和 3 种模式，为我国装备动员信息系统的发展和完善提供参考。②

五、军事贸易

（一）我国军品贸易走向

赵文静等认为，军品贸易有市场开放性高、研制程序特殊、项目管理要求高、产品质量控制难、服务保障压力大的特点，认为当前我国的军品贸易在国际规则不明朗的条件下，还缺乏针对性的过程管理要求和有效的标准指导，下一步应该重点开展军贸项目国际标准研究、军贸项目标准化方法研究、军贸项目关键标准编制，推动军贸项目标准化建设。③

温刚认为，当前中国兵器品牌影响力在不断提升，但仍要始终坚持服务于国家安全战略、发挥装备制造业综合实力优势、坚持开放合作共赢、全面加强党的领导四项原则，继续统筹国际国内两个市场，深入推进军贸供给侧结构性改革，创新合作支付模式，引领"中国制造"向高质量、可持续发展。④

李卫认为，国际贸易的发展要与战略平衡的国际关系相适应，要着眼

---

① 张方、裴沈华：《新形势下提高国民经济动员转化能力的思考》，载《军民融合》2018年第 1 期。

② 王纪震、丁冠东：《装备动员信息系统构建》，载《指挥信息系统与技术》2018年第 3 期。

③ 赵文静、刘康、程大夯、吴永亮、马祥：《军贸项目发展中的标准化需求分析》，载《标准科学》2018 年第 4 期。

④ 温刚：《砥砺奋进再创新时代军贸工作新辉煌》，载《现代兵器》2018 年第 12 期。

于过剩产能的"走出去"和新技术的"引进来"，在"一带一路"倡议的引领下，下功夫打造国家级军贸出口基地，广泛开展国际军贸合作，以需求为索引，极力降低技术风险、控制成本，形成自己有效的出口综合体系和标准。①

（二）军贸质量监管

李力群等认为，提高军贸产品价值监督引导，应按选择价值分析对象、开展功能分析及评定、确定增值监督管理要素的分析思路，识别"源头"要素，严格推进"过程要素"监督，探索有效的监督管理模式，确保增值增效。②

林任等认为，当前军贸产品质量监督工作还存在验收任务繁重、一线监督不深入、问题综合分析力度不够等问题，明确了产品质量监督的四项基本要求，深入分析了资格审查、质量管理体系审核与监督、过程监督和检验验收三类质量监督基本类型，指出要围绕研制、生产、验收、售后四个过程的主要内容展开工作。③

六、国防产业安全

陈瑾等认为，随着新一轮技术革命的不断推进，我国装备制造业正从工业化支撑发展到信息化、工业化两化融合引领创新驱动和升级发展，但同时既面临着发达国家和其他发展中国家"双向挤压"的严峻挑战，也面临着产业转型升级挑战，表现出总体技术水平不高、自主创新能力较弱、产业政策亟待优化与落实等问题。为确保我国装备制造业产业安全，应强化功能性产业政策的引导作用，促进创新能力提升；应高度关注装备制造业资产结构，打造军民融合产业聚集地；应推动信息技术与装备制造业深度融合，建立基于技术成熟度的产学研结合机制；应不断提升经济创新力

---

① 李卫：《对我国军贸模式创新的思考》，载《国防科技工业》2018年第3期。
② 李力群、刘丽梅：《基于价值工程的军贸产品增值监督的认识与思考》，载《质量与可靠性》2018年第1期。
③ 林任、侯小平、彭新芒、李静、吴永亮：《军贸产品质量监督形式、方法与主要内容探讨》，载《质量与可靠性》2018年第1期。

和全球竞争力，积极融入国际分工网络。[1]

李远景等从结构特征、发展存在的瓶颈、结论与对策三个方面对我国高端装备制造业进行分析，指出我国高端装备制造业正处在爬坡过坎的关键时期，面对复杂多变的国际形势，面对国内增长动能更迭的强烈需求，要大力发展高端装备制造业，促进产业结构的优化升级，带动国民经济可持续的高质量发展。具体实现方式是：加强创新驱动，拓宽融资渠道，建设人才梯队。[2]

---

[1] 陈瑾、何宁：《高质量发展下中国制造业升级路径与对策》，载《企业经济》2018 年第10 期。

[2] 李远景、薛鹏：《中国高端制造业的结构特征和瓶颈突破》，载《经济师》2018 年第8 期。